国家社会科学基金项目《建构与创新：中国经济法哲学研究》项目成果（鉴定等级：优秀）。

经济法前沿文库

陶广峰 总主编

构建与创新：
经济法哲学研究

Goujian Yu Chuangxin: Jingjifa Zhexue Yanjiu

陶广峰 等／著

中国检察出版社

图书在版编目（CIP）数据

构建与创新：经济法哲学研究/陶广峰等著．—北京：中国检察出版社，2017.12
ISBN 978-7-5102-2035-7

Ⅰ.①构… Ⅱ.①陶… Ⅲ.①经济法－法哲学－研究 Ⅳ.①D912.290.1

中国版本图书馆 CIP 数据核字（2017）第 298013 号

构建与创新：经济法哲学研究
陶广峰　等著

出版发行：	中国检察出版社
社　　址：	北京市石景山区香山南路 109 号　（100144）
网　　址：	中国检察出版社（www.zgjccbs.com）
编辑电话：	（010）86423707
发行电话：	（010）86423726　86423727　86423728
	（010）86423730　68650016
经　　销：	新华书店
印　　刷：	北京中石油彩色印刷有限公司
开　　本：	710 mm×960 mm　16 开
印　　张：	19.75
字　　数：	362 千字
版　　次：	2017 年 12 月第一版　2017 年 12 月第一次印刷
书　　号：	ISBN 978-7-5102-2035-7
定　　价：	69.00 元

检察版图书，版权所有，侵权必究
如遇图书印装质量问题本社负责调换

《经济法前沿文库》总序

经济法诞生于现代社会,是生产力进一步发展,商品经济演进为现代市场经济,国家以自己的意志直接参与、干预经济生活的产物。所以,经济法是市场经济充分发展的结果,是脱胎于现代市场经济的法制现象。

一般认为,现代意义经济法的产生,以美国1890年《保护贸易和商业不受非法限制与垄断之害法》,即《谢尔曼反垄断法》的颁布为标志,而现代经济法概念的形成,以及被作为一个独立的法律部门,则始于20世纪初的德国。与西方发达国家经济法的形成比较,中国经济法的发展和演进虽与西方经济法有相似之处,但差异也是明显的。其共同点在于,中西方经济法的产生、发展都与生产社会化和国家经济职能对社会经济生活的自觉干预相关。不同的是,中国经济法是在国家经济体制改革,即由计划经济向社会主义市场经济转轨中发展起来的,西方经济法则是在自由市场经济向现代市场经济演进中产生和发展的;中国经济法是在政府全面干预社会经济向减少政府干预的过程中发展起来的,西方经济法是在国家由放任政策向干预政策转变的过程中产生和发展的。中西方社会历史和经济生活条件的不同，形成了中西方经济法各具特色的发展轨迹。

虽然，中西方经济法的产生、发展历程有着较大的差异性，但中西方经济法的发展史告诉我们，中西方经济法都具有鲜明的现代性和关注社会前沿问题的特性。诸如政府介入经济生活问题、市场规制与监管问题、企业改革问题、经济全球化背景下国家的经济发展、经济安全问题、资源与环境保护问题、社会公平与社会保障问题、循环经济法制建设问题等，均体现了中西方经济法关注社会前沿问题的特性。正基于此，我们中国经济法研究所从自己的办所理念、办所宗旨出发，在充分酝酿和与有关经济法同仁磋商后，决定出版《经济法前沿文库》，以反映我们的目标追求，体现我们对社会的关注。

《经济法前沿文库》在把握人类社会发展大势、世界发展大势、中国社会发展大势的基础上，立足于国家发展、民族发展、社会发展，聚焦当今世界、当代中国经济法的前沿问题、热点问题，展现我所同仁的学术理念、学术追求和对社会的关注、对基层的关注、对民众的关注。

《经济法前沿文库》在坚持学术性、前沿性、系统性、开放性、实践性、热点性的同时，还将以满足经济法理论界、实务界的需要，作为我们的努力方向。因而，《经济法前沿文库》不仅是反映我所同仁有关研究成果的平台，也是全国经济法同仁展示研究成果的平台。《经济法前沿文库》是一个开放性的法学园地，欢迎全国经济法同仁的加盟。

《经济法前沿文库》总主编　陶广峰
谨识于中国经济法研究所
2006年岁末　南京

前　言

　　哲学始于思辨，但不停于思辨。一般说来，哲学可以分为理论哲学、实践哲学。如形而上学、科学哲学、认识论、语言哲学、知识论、心灵哲学等属于理论哲学；而法哲学、道德哲学、政治哲学、社会哲学等则属于实践哲学。也有学者从哲学发展的角度，将哲学分为思辨哲学、身体哲学、整体哲学等。作为实践哲学的法哲学是关于法的最高形式的理论思维，或说是关于法的高度抽象思维，主要研究法的各个层次中最高抽象以及现实化运动。

　　论述经济法产生的学者，大都从经济法产生的法理基础的角度，论述经济法基于传统公法、私法的划分，公法、私法的融合，法理理论的演进以及经济法理论的产生等。实际上，经济法还有其产生的经济基础和政治基础。经济法产生的经济基础，即经济法是因计划经济理论的缺陷、自由市场经济理论的缺陷，导致混合经济和经济法的产生。经济法产生的政治基础，在西方，是法治下的消极政府、全面干预政府、有限政府，即西方政府职能的变化，以及由此确立的政府对经济领域的依法干预导致经济法的产生；在中国，从政府职能的演变来看，政府职能经历了"全面管制"到"逐步退出"的历史过程，中国经济法产生的政治根源在于政府的作用从经济领域逐步退出。西方和我国政府职能的演变历程最终表明政府和市场是一对优缺互补的对应力量。因此经济法作为"既能规制市场失灵，又能匡正政府失灵；既能强调政府干预，又能规范政府干预；既能维护社会公益，又能保护个体私益"① 的法律，它不但强

---

①　王绍乐：《试论经济法的现代性——从经济法的产生谈起》，载经济与法网，ht-tp：//www.jjyf.com/webpage/article/020512/jjfxdx.htm.

调政府对经济的干预，同时也强调对政府干预经济行为的规范，这是此前任何形式的法律都不具备的。因此，经济法的产生和发展如果从政治基础的角度看，是与政府经济职能的演变相辅相成的。

改革开放以来，我国的经济法研究经众多学者的努力，取得了辉煌的成绩。但同时，由于历史和学术环境的原因，学界关于经济法基础理论的研究，多从调整对象入手，并以调整对象作为界分经济法研究派别或学说的主要依据。而从法哲学的角度对中国经济法基本问题进行系统研究，在我国的经济法研究中甚少，更没有像宪法学、刑法学等学科那样出版有宪法哲学、刑法哲学、行政法哲学、民法哲学、知识产权法哲学等法哲学研究专著。应当说，这也从一定层面说明了为什么我国的经济法理论研究与经济法具体问题、具体制度的研究出现不协调，经济法理论对经济法实践的概括乏力等，实际上，也正是我国经济法哲学研究的阙如，使得我国的经济法学至今未能构建出自己的经济法理论体系，并进而影响到我国经济法对经济改革和经济发展的解释力和作用的发挥。

经济法哲学不仅要对经济法立法和经济法制度的构建给予研究，对已形成的法律制度、法律体系，我们也需要理性认知，并进行价值判断，以使制度更趋完善，行之更加有效。所以，社会主义市场经济法治的深化发展需要经济法哲学的认知条件。正是基于以上思考，本书以经济法、法理学、哲学、政治学等学科研究成果为基础，对中国经济法哲学从本体论、认识论、价值论、运行论、变迁论等方面展开系统研究。在研究为什么要建构、如何建构、如何创新中国经济法哲学等的基础上，重点研究了：（1）中外经济法哲学的经济、政治和法哲学基础，指出中国经济法哲学的特殊性；（2）中国经济法的价值系统、价值冲突、价值实现；（3）中国经济法的认识论、解释论；（4）中国经济法的时空变换、全球化与本土化、国际性与民族性等。通过回答经济法形成与发展的特殊性和经济法的"中国经验"，阐述我们关于建构与创新中国经济法哲学的思考。

要实现经济法基础理论的创新，必须着眼于我国经济发展和法律发展的宏观趋势，从经济法哲学的层面来考量我国经济法理论和实践所面临的问题，坚持以人为本的价值观和全面、协调、可持续发展的理念，在广泛吸纳国内外学界研究成果的基础上，针对我国法学界经济法哲学

前言

研究较薄弱的现状,力争对中国经济法哲学进行全面系统的研究,构建符合我国国情和民族传统的中国经济法哲学体系,无疑具有相当的理论意义和价值:

其一,本书的研究,将有助于拓展我国经济法理论研究的领域,丰富经济法理论的内涵,繁荣我国的经济法理论研究,填补"中国经济法哲学"研究领域的空白。

其二,本书的研究,将为我国经济法理论体系的构建奠定重要的法哲学基础,有助于我国经济法理论研究的创新,为我国的经济法制度研究提供理论支持。

其三,本书的研究,有助于增强经济法对我国经济社会发展的法制保障功能,促进经济法制、科学发展与和谐社会三位一体的协调,为我国经济社会发展与经济法实践提供理论支持。

其四,将坚持以人为本、社会可持续发展、和谐社会等同部门法研究结合起来,不仅为经济法研究提供了认识论和价值观支持,也为我国的经济法研究提供了新的视角。

总之,本书的有关研究,力图在中外学者有关经济法理论研究成果的基础上,从法哲学的角度思考中国经济法哲学的理论和体系。从坚持以人为本、和谐社会、促进经济法治的角度研究中国经济法哲学,有利于解决经济法的本质属性和价值功能的定位,有利于对经济法的实践性和规律性进行整体界说,更有利于结合中国的经济法理论与实践,解决中国经济法自主发展与创新面临的问题,丰富我国经济法理论研究的内涵,为我国的经济法学研究增添新的理论视域。

陶广峰

2017 年 11 月 16 日

目 录

第一编 经济法本体论

第一章 经济法的形成基础 ·············· 3
  第一节 经济法律规范的历史考察 ············ 3
    一、古代诸法合体阶段的经济法律规范 ········· 3
    二、近代市场经济阶段的经济法律现象 ········· 7
    三、现代市场经济时期的经济法律规范 ········· 9
  第二节 经济法产生的经济基础 ············· 12
    一、计划经济理论的缺陷 ················ 12
    二、自由市场经济理论的缺陷 ············· 14
    三、混合经济与经济法的产生 ············· 17
  第三节 经济法产生的政治基础 ············· 18
    一、西方国家职能的演变 ················ 18
    二、我国政府职能的演变 ················ 21
  第四节 经济法产生的法理基础 ············· 23
    一、传统公法、私法的划分 ·············· 23
    二、公法与私法的融合 ················· 25
    三、法律理论的演进与经济法理论的产生 ······· 26

第二章 经济法的本质和属性 ·············· 29
  第一节 法的本质 ···················· 29
    一、关于法的本质相关观点的考察 ··········· 29
    二、法的本质的研究前提 ················ 30
    三、法的本质的概括 ·················· 31

第二节　经济法的本质 …………………………………………… 36
  一、经济法本质的研究路径 …………………………………… 36
  二、经济法的本质 ……………………………………………… 39

第三节　经济法的属性 …………………………………………… 42
  一、现代性 ……………………………………………………… 42
  二、本土性 ……………………………………………………… 43
  三、经济性 ……………………………………………………… 44
  四、社会性 ……………………………………………………… 45

第三章　经济法的基本范畴 ………………………………………… 47

第一节　经济法基本范畴的概念 ………………………………… 47
  一、经济法基本范畴的含义及其研究的意义 ………………… 47
  二、经济法基本范畴的确立 …………………………………… 49

第二节　经济法行为 ……………………………………………… 51
  一、经济法行为的概念 ………………………………………… 51
  二、经济法行为的分类 ………………………………………… 52
  三、经济法中的政府经济行为 ………………………………… 53
  四、经济法中的经济自治行为 ………………………………… 55

第三节　经济法关系 ……………………………………………… 58
  一、经济法关系的概念 ………………………………………… 58
  二、经济权力 …………………………………………………… 60
  三、经济权利 …………………………………………………… 63
  四、经济自治权 ………………………………………………… 66
  五、经济法义务（职责） ……………………………………… 68

第四节　经济法责任 ……………………………………………… 69
  一、经济法责任的概念 ………………………………………… 69
  二、经济法责任的归责原则 …………………………………… 71
  三、经济法责任的主体 ………………………………………… 73
  四、经济法责任的形式 ………………………………………… 74

第二编　经济法认识论

第四章　经济法认识论 …… 79
第一节　经济法认识论概说 …… 79
一、经济法认识论的含义 …… 79
二、经济法认识论的意义 …… 81
第二节　经济法认识论的主要理论基点 …… 82
一、功利主义法学理论 …… 82
二、实证主义法学理论 …… 83
三、社会学法学理论 …… 85
四、马克思主义法学理论 …… 87
第三节　经济法认识论运用的一种尝试 …… 89
一、社会功利主义及其理论演变 …… 90
二、社会功利主义与市场经济 …… 91
三、社会功利主义与政府职能 …… 93
四、社会功利主义与经济法 …… 94

第五章　经济法解释论 …… 95
第一节　经济法解释论概说 …… 95
一、经济法解释的概念 …… 95
二、经济法解释的目标 …… 97
三、经济法解释的类型 …… 99
四、经济法解释的原则 …… 101
第二节　经济法解释的主体 …… 103
一、经济法解释体制 …… 103
二、立法机关的解释及效力 …… 104
三、司法机关的解释及效力 …… 106
四、行政机关的解释及效力 …… 108
第三节　经济法解释的对象 …… 110
一、法律解释的对象 …… 110
二、经济法解释对象之经济法文本 …… 112

三、经济法解释对象之经济政策……………………………………115

第四节 经济法解释的规则、方法与程序………………………………116
　　一、经济法解释的规则……………………………………………116
　　二、经济法解释的方法……………………………………………117
　　三、经济法解释的程序……………………………………………119

第六章 经济法方法论………………………………………………………121

第一节 经济法方法论概述………………………………………………121
　　一、经济法研究方法与方法论研究………………………………121
　　二、经济法方法论的特点…………………………………………123
　　三、经济法方法论与经济法理论的关系…………………………125
　　四、经济法方法论的基本原则……………………………………126
　　五、方法论在经济法研究中的意义………………………………127
　　六、经济法方法论体系……………………………………………129

第二节 经济法研究方法…………………………………………………131
　　一、历史分析方法…………………………………………………131
　　二、价值分析方法…………………………………………………133
　　三、实证分析方法…………………………………………………135
　　四、经济分析方法…………………………………………………137

第三编　经济法价值论

第七章 经济法价值理论……………………………………………………143

第一节 经济法价值释义…………………………………………………143
　　一、法的价值与经济法价值………………………………………143
　　二、法的价值的演进与经济法价值的产生………………………146

第二节 经济法价值的社会基础…………………………………………149
　　一、经济法价值的经济基础………………………………………149
　　二、经济法价值的政治基础………………………………………151
　　三、经济法价值的价值观基础……………………………………152

第三节 经济法价值的表现形式…………………………………………153
　　一、立法目的………………………………………………………153

二、法律基本原则 …………………………………………………… 154
三、法律规范 ………………………………………………………… 155
四、法律选择适用 …………………………………………………… 156
五、法律解释 ………………………………………………………… 157

第八章 经济法价值系统 …………………………………………………… 159
第一节 经济法价值系统概说 ……………………………………………… 159
一、经济法价值的多元性 …………………………………………… 159
二、经济法价值系统 ………………………………………………… 161
第二节 经济法的自由价值 ………………………………………………… 163
一、自由的含义 ……………………………………………………… 163
二、法律上的自由 …………………………………………………… 167
三、经济法的自由价值 ……………………………………………… 169
第三节 经济法的秩序价值 ………………………………………………… 171
一、秩序的含义 ……………………………………………………… 171
二、法律上的秩序 …………………………………………………… 172
三、经济法的秩序价值 ……………………………………………… 173
第四节 经济法的公平价值 ………………………………………………… 175
一、公平的含义 ……………………………………………………… 175
二、法律上的公平 …………………………………………………… 178
三、经济法的公平价值 ……………………………………………… 179
第五节 经济法的效率价值 ………………………………………………… 180
一、效率的含义 ……………………………………………………… 180
二、法律上的效率 …………………………………………………… 180
三、经济法的效率价值 ……………………………………………… 182
第六节 经济法的安全价值 ………………………………………………… 183
一、安全的含义 ……………………………………………………… 183
二、法律上的安全 …………………………………………………… 184
三、经济法的安全价值 ……………………………………………… 185

第九章 经济法价值冲突 …………………………………………………… 187
第一节 经济法价值冲突 …………………………………………………… 187
一、法律价值冲突 …………………………………………………… 187

二、经济法价值冲突 ………………………………………… 189

第二节 经济法价值冲突的原因 ………………………………… 190
 一、经济法价值冲突的社会原因 …………………………… 190
 二、经济法价值冲突的法律原因 …………………………… 192

第三节 经济法价值冲突的主要表现 …………………………… 193
 一、自由与秩序 …………………………………………… 193
 二、效率与公平 …………………………………………… 195
 三、自由与安全 …………………………………………… 196
 四、秩序与效率 …………………………………………… 197

第十章 经济法价值实现 …………………………………… 199

第一节 经济法价值实现概说 …………………………………… 199
 一、法价值实现的含义 …………………………………… 199
 二、经济法价值实现及其基本内容 ………………………… 201

第二节 经济法价值实现的方式和途径 ………………………… 202
 一、经济法价值实现的基本方式：价值选择 ……………… 202
 二、经济法价值实现的途径之一：立法活动 ……………… 203
 三、经济法价值实现的途径之二：执法活动 ……………… 204
 四、经济法价值实现的途径之三：司法活动 ……………… 205

第四编　经济法运行论

第十一章 经济法立法 ……………………………………… 209

第一节 经济法立法体制 ………………………………………… 209
 一、经济法立法体制概述 ………………………………… 209
 二、经济法立法权 ………………………………………… 211
 三、经济法立法模式 ……………………………………… 216

第二节 经济法立法主体 ………………………………………… 218
 一、经济法立法主体的含义 ……………………………… 218
 二、中央立法主体 ………………………………………… 219
 三、地方立法主体 ………………………………………… 220

第三节 经济法立法程序 ………………………………………… 221

一、经济法立法程序的含义……………………………………………… 221
二、经济法立法程序的价值取向和基本原则…………………………… 222
三、经济法立法程序的阶段划分………………………………………… 223

第四节 经济法立法技术……………………………………………… 225
一、经济法立法技术的含义……………………………………………… 225
二、经济法立法技术的内容……………………………………………… 226
三、经济法立法的结构技术……………………………………………… 227

第十二章 经济法执法………………………………………………… 230

第一节 经济法执法概述……………………………………………… 230
一、经济法执法的含义…………………………………………………… 230
二、经济法执法原则……………………………………………………… 231
三、经济法执法的功能…………………………………………………… 234

第二节 经济法执法主体……………………………………………… 236
一、经济法主体和经济法执法主体……………………………………… 236
二、经济法执法主体的法律文本分析…………………………………… 237
三、经济法执法主体的特征……………………………………………… 239
四、经济法执法主体的类型……………………………………………… 240
五、我国经济法执法主体及其职责……………………………………… 244

第三节 经济法执法程序……………………………………………… 246
一、经济法执法程序的含义……………………………………………… 246
二、经济法执法程序的特征……………………………………………… 246

第十三章 经济法司法………………………………………………… 248

第一节 经济法司法概述……………………………………………… 248
一、经济法的适用………………………………………………………… 248
二、经济司法与经济法司法……………………………………………… 249
三、经济审判及经济审判庭的变迁……………………………………… 250
四、经济法的可诉讼性之争……………………………………………… 253

第二节 公益诉讼与经济法司法……………………………………… 256
一、公益、公共利益与公益诉讼………………………………………… 256
二、外国与公益诉讼类似制度的简介…………………………………… 258
三、公益诉讼与经济法司法……………………………………………… 260

四、经济法司法程序 …………………………………………… 261

第五编　经济法变迁论

第十四章　经济法变迁的一般理论 …………………………………… 265
第一节　经济法变迁的原因和方式 …………………………………… 265
一、经济法变迁的原因 …………………………………………… 265
二、经济法变迁的方式：以我国为例 …………………………… 268
第二节　经济法变迁的内容和途径 …………………………………… 271
一、经济法变迁的内容 …………………………………………… 271
二、经济法变迁的途径 …………………………………………… 275

第十五章　经济全球化与经济法变迁 ………………………………… 280
第一节　经济全球化对经济法的影响 ………………………………… 280
一、经济全球化概述 ……………………………………………… 280
二、经济全球化与我国经济转型 ………………………………… 282
三、经济全球化背景下的法律全球化 …………………………… 283
四、经济法的变迁与经济全球化背景 …………………………… 284
第二节　经济法的国际性与民族性 …………………………………… 285
一、经济法的国际性背景 ………………………………………… 285
二、经济法国际性的含义和表现 ………………………………… 286
三、经济法民族性的含义 ………………………………………… 288
四、经济全球化对经济法民族性的影响 ………………………… 290
第三节　经济全球化与我国经济法的变迁路径 ……………………… 291

参考文献 ………………………………………………………………… 294

后　　记 ………………………………………………………………… 297

第一编　经济法本体论

第一章 经济法的形成基础

第一节 经济法律规范的历史考察

就经济法律规范与经济法的关系而言,并非所有的经济法律规范都可以归入经济法中。亦即,经济法不是所有经济法律规范的总和。这一点已成为法学界之共识。经济法律规范在历史上是长期存在的,但由于各种因素的限制,只是发展到现代,才形成经济法这个独立的法律部门。

从认识论角度来说,理性的认知必须是建立在对实践的感性把握这一基础之上。就事物自身而言,对其产生及发展过程的考察,有助于揭示事物自身蕴含的必然性因素,从而对事物进行理性的把握。同样,在研究经济法的本体问题时,应当超越时间和空间的限制,以历史的演进为路径,对经济法的孕育、产生、发展、演变的整个历史过程尽可能全面地感性把握,才有可能获得对经济法本质的理性认识。

按照法律形式的历史演进过程以及经济发展阶段,可将经济法律现象分为三个阶段进行考察,即古代诸法合体时期、近代市场经济时期以及现代市场经济时期。

一、古代诸法合体阶段的经济法律规范

(一) 中国诸法合体时期的经济法律规范

自公元前21世纪初的夏代始,至清末半封建半殖民地时期止的这一时期,中国法律体系的特点是诸法合体,民刑不分,例如战国时期李悝的《法经》,其内容包括了户、婚、刑、契等诸多内容。这一时期,经济法律规范与民事、刑事、行政等法律规范糅合在一起。其内容主要包括以下几个方面:

1. 关于土地的法律规范

奴隶制和封建制时期,以帝王为代表的国家统一集中掌握着土地所有权。

土地是奴隶制和封建制国家经济法律规范最主要的客体，土地法律的目的在于维护奴隶主或地主土地所有权。战国时期，专门设置有从低级至高级的农官管理国家土地或农事，如牛长、田典、部佐、田啬夫、都官等。国家掌握的土地除了由官府役使官奴婢耕种以外，绝大部分还以份地的形式授田并强迫农民耕种。同时，该部分法律还规定保护国有土地，限制土地兼并，鼓励开垦荒地等内容。

2. 关于赋役和税收的法律规范

马克思指出，"赋税是官僚、军队、教士和宫廷的生活源泉。一句话，它是行政权力整个机构的生活源泉。强有力的政府和繁重的赋税是同一个概念"，①"捐税体现着表现在经济上的国家存在"②。其主要目的有两个方面：一是国用，即作为政府的财政收入来源；二是抑末，即对抑制工商业的发展。早在西周时期，政府就规定有详细的税收种类。《周礼·大宰》中记载："以九赋敛财贿。一曰邦中之赋，二曰四郊之赋，三曰邦甸之赋，四曰家削之赋，五曰邦县之赋，六曰邦都之赋，七曰关市之赋，八曰山泽之赋，九曰币余之赋"，其种类包括田赋、人头税、商税、货税等。此后，赋税的形式和内容进一步充实和演变，有田赋、徭役、商税、人口税、地税、市税、契税、杂税、关税等。

3. 关于市场贸易管理的法律规范

市场贸易管理方面的法律规范包括制定有关商品价格、货币比价、度量衡误差限度等方面的法令。秦朝《工律》规定，"县及工室（主管官营手工业的机构）听官为正衡石累、斗桶、升，毋过岁壹"。有关者管理至少每年检查度量衡一次。唐代的商业经济已经具有了相当的规模，为保证商业和贸易活动的正常进行，唐统治者除了用政策、行政管理手段外，还直接用法律进行干预。其市场管理法主要表现在设置市场管理机构、统一管理度量衡、规定商品价格、规格、制裁扰乱市场交易秩序的行为、规定市场立券几个方面。对市场贸易进行立法规制这一现象一直延续至封建社会末期，如《大清律·户律·市廛》中规定："如有将违禁兵器等物图利卖进贡外国人者，比照私将军器出境，因而走泄事情律，为首者枭首示众。"

4. 关于自然环境保护的法律规范

古代中国，统治者也十分重视对自然环境的保护。秦代《田律》规定，"春二月，毋敢伐材木山林及壅堤水，不夏月，毋敢夜草为灰……"又如唐

---

① 《马克思恩格斯选集》（第1卷），人民出版社1972年版，第181页。
② 《马克思恩格斯选集》（第1卷），人民出版社1972年版，第181页。

《杂律》规定不许"占固山野陂湖之利","穿垣出污秽者,杖六十,出水者,勿论。主司不禁,与同罪"。

5. 关于农业生产管理的法律规范

在以自然经济为主的中国奴隶和封建社会,农业是最主要的生产部门,直接关系到国家的兴衰,因此,"重农抑商"一直是各朝统治者进行统治的指导思想。例如秦朝《田律》规定,各级管理必须及时了解各地区农作物的中止与生长情况以及农业收成情况。《唐律》对农业生产的管理包括四个方面:对农业生产的管理、自然灾害的防止、对畜力的重点保护以及禁止法外盘剥和非法兴造。明朝在总结前朝经验的基础上,制定法律最基本的生产资料、劳动力以及农作物进行保护。

6. 关于手工业立法

早在秦朝,秦律的《工律》《均工》《工人程》《仓律》中就有关于手工业、仓库管理的规定。自此以后,各封建王朝大都制定有关畜牧业、手工业、茶、钱、钞、酒、盐等方面的法律。

可见,在我国高度集权的奴隶制和封建制时期,政府为了对经济领域进行全面干预,曾先后制定了一系列巩固和维护奴隶制、封建制经济关系、经济秩序的成文规范,并在形式和内容上,不断趋于充实和完善。

(二) 外国诸法合体时期的经济法律规范

公元前40世纪到前20世纪,埃及和两河流域地区先后进入奴隶制社会;欧洲则以公元前5世纪到公元前4世纪的古希腊奴隶制和公元前2世纪到公元2世纪古罗马的奴隶制最为典型,其封建社会从公元5世纪的罗马帝国灭亡至17、18世纪资产阶级革命前夕,是诸法合体时期。这一时期,经济法律规范主要包括以下内容:

1. 关于税收的法律规范

为保证国家的收入,古代奴隶制国家都比较重视税收立法。这也是奴隶制时代最常见的经济法律制度。税收形式主要有土地税、关税和市场税。在商品经济不发达的地方,税收主要来源于土地,一般以地租形式体现,而在商品经济相对发达的地方,有关商业的税收制度就比较完善。如古印度《摩奴法典》中就有关于国家税收的法律规定。

封建社会的税法制度以封建土地所有权为基础,直接体现为封建压迫,而极少具备现代税收的社会公益性特点。封建社会前期,税收主要以实物租和劳役租的形式征收。随着各民族国家的形成和君主专制制度的建立,关税作为税收的一种新的形式而产生,这既是出于各国自身利益的考虑,也是国家统治权的一种象征。

2. 关于土地的法律规范

土地立法因不同的土地制度而有不同的特征。古希腊、古罗马等奴隶制国家，实行土地私有制，并有关于土地最高拥有额的立法，此外，关于土地所有权的登记、土地界标的管理等方面也较为完善。在封建制度下，由于土地在经济生活中的重要地位，围绕土地所有权而产生的权利和义务，是封建经济法律制度的基本内容。尤其是在西欧封建社会，各种封建权利和义务，以及行政、司法等统治权力都决定于领地所有权，土地所有权涉及各种政治和经济的关系，因此封建地产是禁止进入市场自由转让的。

3. 关于债务管理立法

由于债权债务关系往往引起社会矛盾的激化并进而导致社会危机，奴隶制和封建制国家通常加以干预。著名的雅典梭伦立法中的"解负令"，就是强制取消一切债务，以此来维持社会的稳定。

4. 关于水利管理立法

灌溉农业是古代东方奴隶制国家的主要经济支柱，统治者都极为重视水利设施的建设和维护。古巴比伦的汉姆拉比国王就多次把兴修水利当作主要大事，确立兴修水利年，规定公社对此应负的责任，对损害灌溉设施的行为规定了严厉的处罚。

5. 劳工立法

在封建社会后期，资本主义生产关系开始产生，为满足发展所需的大量可雇佣劳动力的需要，封建国家实行"血腥立法"，即最初的劳工法令，剥夺失去土地的农民不受雇用的自由，具有浓厚的刑事法色彩。

从以上对诸法合体时期中外经济法律规范的考察来看，这一时期的经济法律规范大致具有以下几个方面的特点：

第一，经济法律规范以条款形式存在于诸法合体之中。奴隶制和封建制社会时期，生产力水平低下，商品经济不发达，社会经济关系综合调整的要求尚不强烈，因此基本上都是诸法合体的综合性法典，同时包含民事、刑事、行政、诉讼等方面的法律规范。经济法律规范是诸法合体的奴隶制法典和封建制法典的组成部分。尽管也曾出现过单行的经济法律规范，如明代1402年的《屯田赋税条例》，英国1235年颁布的《麦尔顿条例》等，但是单行的经济法规与奴隶制法典或封建制法典仍然是同一体例，只是单一编纂而已。此外，由于诸法合体的法律结构形式，经济法律规范的制裁手段同其他法律规范一样，均对经济违法行为处以刑罚。

第二，经济法律规范具有很强的行政管理色彩。在奴隶制和封建制国家，经济法律规范的制定和施行是为了确立和维护奴隶制和封建制经济关系,参与者双方的地位是不平等的:一方是管理者,有权作出行政指令,而另一方是被管理者,只有服从指令的义务。

第三,经济法律规范以土地和赋税制度为核心。从上文的考察可以看出,诸法合体时期的经济法律规范涉及范围已经很广,包括土地、农业、商业、手工业、自然环境、赋税、水利等许多方面。但毕竟是在以自然经济为主、商品经济不甚发达的社会,赋税是一国财政收入最主要的来源,而且是否能够控制土地所有权很大程度上关系着国家的兴衰,因而国家对经济领域的干预始终以土地和赋税为核心。

第四,重本抑末是经济立法的指导原则。重本抑末历来是专制主义中央集权的封建国家的一项基本国策。经济法律规范的主要内容以对土地、赋税和农业生产的管理为主,同时对商业和手工业的发展加以抑制。一些商税法、酒法、盐法、矿冶法等商业和手工业立法,一方面是为了限制商品经济的发展,避免封建社会结构的变化,另一方面也在于运用国家的强制力剥夺与瓜分工商利润。

二、近代市场经济阶段的经济法律现象

以 17 世纪 40 年代英国资产阶级革命为开端,直至 19 世纪中叶,是自由资本主义时期,也可称之为近代市场经济时期。较前一阶段相比,这一时期的生产力水平有了极大提高,同时出现了许多崭新的经济领域。在立法方面,资本主义法律制度逐渐形成、发展:一方面,继承和发展封建时代已经产生的经济法律制度,主要是关税法、贸易法、税法和土地法。当然在近代市场经济条件下,这些法律被加以改造以适应资本主义的发展。另一方面,一些新的经济领域和经济关系的出现,促使新型的经济法律制度的产生。主要有劳动立法、工厂法、金融法以及调整某些产业关系的法律,这些法律虽然还不完善,但扩大了经济法律制度调整的范围,丰富了经济法律制度的内容。这一时期,经济法律规范主要有以下内容:

1. 土地立法

在资产阶级革命过程中,土地所有权关系就已逐渐资本主义化,以打击封建势力,巩固资产阶级的经济利益。例如英国 1643 年和 1649 年颁布法令,宣布没收助教、牧师、保皇派贵族的土地和国王领地,取消骑士役地土地占有制,确立土地资本主义所有制。法国 1793 年雅各宾派专政时,颁布了"全部无偿的废除封建义务的法令",取消各种封建杂役,废除了封建的土地所有制。在资产阶级革命完成之后,土地关系一般都被看作是所有权范围内的内

容，转由民事法律加以调整。

2. 关税立法及贸易立法

近代市场经济初期，各资本主义国家仍奉行在君主专制时代就采用的重商主义经济政策，鼓励出口、限制进口，实行保护性关税，以扩大外贸顺差，积累财富，具有强烈的国家干预色彩。例如英国1650年至1663年相继颁布了四个《航海条例》，目的是掌握海上贸易的霸权。

至18世纪中期以后，自由贸易的经济政策逐渐占据主导地位，阻碍自由贸易的法律被废除。在法国拿破仑三世时期，税收政策开始向自由贸易主义转变；英国1846年废除《谷物法》，1849年废除了《航海条例》。

与此同时，资本主义国家对政府的财政收入和开支的法规逐渐完善起来，古老的税法与新兴的预决算制度、公债发行制度一起成为国家财政法的组成部分。

由于大量财富的积聚以及大规模资本的运用，以银行为代表的金融机构逐渐发展成熟，有关金融机构的组织、营业、账务的管理、资本的流转等方面的金融法规也逐渐产生、发展，银行法、保险法、票据法是其中重要的法律部门。

3. 劳工立法

工业革命后，随着资产阶级和工人阶级两大对立的阶级产生及其之间矛盾的日益尖锐化，关于工人和工厂的立法也逐渐增多。英国作为工业革命的先驱国家，此类立法制定得较早，主要有工人联合和童工的法律。1825年、1831年、1842年的工厂法对工人的年龄、工作时间等加以规定。法国在19世纪三四十年代，由于工人运动的高涨，也制定了一些有关工人劳动的法律。如禁止9岁以下童工做夜工，承认工人有组织团体的权利，等等。

从以上来看，近代市场经济阶段的经济法律现象具有以下特点：

第一，经济法律规范作用的辅助性。从法律体系的角度来看，近代市场经济时期，资本主义各部门法都已形成并确立起来，有着相对完整的体系。与前一时期相比，经济法律规范的内容虽有很大充实和进步，但未形成一个独立的部门法。众多规范仍散见于例如民法和商法的其他部门法之中。在社会经济领域，民商法是调整经济关系的基本法律，经济法律规范只是调整某种特定的经济关系，起着辅助性的作用。

第二，经济法律规范的不成熟和特定性。从法的发展程度上看，近代市场经济时期的经济法律规范还不成熟，主要表现在两个方面：一是缺乏较为系统、成熟的理论作为指导；二是经济法律规范与国家的经济政策联系非常紧密，往往是国家针对某个具体的经济问题而制定，内容仅限于例如土地、税收、劳工等特定的事项上，因而缺乏系统性以及相对完善的体系。

第三，经济法律规范调节的消极性。在近代市场经济时期，重商主义经济思想和政策逐渐衰落。西方国家推崇的是以亚当·斯密创立的古典经济学理论，即干预越少的政府才是好政府，国家则应当充当"守夜人"的作用。在这一思想指导下，国家对经济的管制立法也逐渐废弛，立法干预经济进入"消极干预"阶段。即便存在一些对社会经济的管理，但也只是从属于国家的政治统治。

三、现代市场经济时期的经济法律规范

19世纪中叶起，由于资本的急剧集中以及垄断组织的出现，使世界上主要资本主义国家先后从自由资本主义时期进入垄断资本主义时期，即现代市场经济时期。这一时期，资本主义国家在经济、政治、文化和思想等领域发生了深刻的变化，由此又必然促使法律发生一系列相应的变化。在这一时期，经济法律规范主要包括以下内容：

（一）关于市场规制立法

西方各国进入垄断资本主义后，垄断成为经济生活中的突出现象。垄断组织凭借其强大的经济实力，限制和排除竞争，严重损害了自由经济的发展。在这样的背景下，反垄断法律规范应运而生。最具典型和开创意义的是美国的三部反托拉斯法。1890年《谢尔曼反托拉斯法》是美国历史上政府全面控制经济的首次尝试。1914年《克莱顿反托拉斯法》和《联邦贸易委员会法》则对谢尔曼法加以实体和程序上的补充。在日本，为消除资本主义经济中残存的封建因素，实行经济民主化，日本政府也颁布了一系列反垄断法，例如1947年《经济力量过度集中排除法》和《禁止私人垄断和确保公平交易法》。德国早在1909年就制定了《反对不正当竞争法》，对不正当竞争行为进行规制，1957年制定了禁止卡特尔的《反对限制竞争法》。英国也制定了相应的立法，如1948年《垄断企业和限制性贸易惯例（调查和控制）法》和1973年《公平贸易法》。

（二）关于社会保障立法

各国政府大都着力倡导福利政策，"一战"后，英国的社会保障法就逐渐发展起来，1912年实施的《健康保险法》和《失业保险法》体现了福利国家的思想。至"二战"后，已形成了庞大的社会保障法律体系。法国在1945年根据全国抵抗运动委员会的共同纲领，制定通过了一系列社会保障法律，并于

1956 年提出了《社会保障法典》。美国国会 1955 年通过了《社会保障法》，包括老年社会保险、盲人和残废者补助、老年补助、未成年补助和失业社会保险等五大项目，从而在美国历史上第一次建立了联邦的社会保障体系。

（三）关于宏观调控立法

这一时期，宏观调控立法的内容也大大丰富。各国政府相继制定了农业、贸易、税收、环境保护等方面的经济法律规范。以法国为例，二战后，法国将所有的农业法规汇编为《农业法典》，旨在实行土地集中化，以利于实行农业改革、工业化和工农业协调发展。同时还颁布了以占重要地位的国有财产作为物质基础的、具有指导性和协议性的计划法。此外，从 1917 年《危险等设备管制法》到 1961 年《空气污染防治法》、1975 年《废弃物处理法》和 1976 年《自然保护法》，法国环境保护立法逐步完善。

（四）关于市场主体立法①

19 世纪以来，随着以公司、企业为代表的市场主体的日益活跃。各国政府制定了很多关于公司、企业的法律。法国主要有：1867 年《公司法》、1952 年《有限责任公司法》、1966 年《商事公司法》；德国主要有：1892 年《有限责任公司法》、原联邦德国 1952 年《企业委员会法》、1937 年《可变资本公司法》；日本主要有：1938 年《有限公司法》、1952 年《公司更生法》、1963 年《中小企业基本法》和《中小企业现代化促进法》。

从以上考察来看，这一时期经济法律规范具有以下特点：

第一，经济法律规范逐渐成熟。现代市场经济时期，国家在许多方面越来越多地、深入地介入经济生活。经济法律规范的制定已不是为解决眼前特定问题的权宜之计，而是逐渐体系化和系统化。尽管在英美法系国家，虽然存在大量的经济立法，但由于其法律传统，没有形成独立的经济法部门。而在大陆法系的一分支——法国，由于深受拿破仑法律体系的影响，往往拘泥于已制定的成文法典。对于垄断资本主义时期出现的新情况采取了修改民法典和商法典的方式加以适应。因此，在法国等一些国家，经济法的地位相对较低，发展也不充分。在该法系的另一分支，德国和日本正式出现了经济法部门，经济法成为与民法、行政法、刑法并列的、独立的重要部门法。②

第二，经济法律规范以社会为本位。垄断现象的产生，因而危及了资本主

---

① 程宝山：《经济法基本理论研究》，郑州大学出版社 2003 年版，第 77 页。
② 张寿民主编：《外国经济法制史》，华东理工大学出版社 1996 年版，第 56 页。

义本身。国家的使命就从先前的解放生产力和充分发展市场经济,转变为保障市场经济的良性运行和社会公平秩序的建立,表现为以积极的姿态和"第三人"的身份进行经济立法,重在影响和调节社会经济结构及其有序运行。

总之,通过对经济法律规范诸法合体时期、近代市场经济时期和现代市场经济时期的历史考察来看,每个时期都具有各自的特点。

第一,经济法律规范的主体需求不同。通常认为,主体的法律需求是法律制度产生的直接决定力量。而诸法合体时期的经济基础是自给自足的小农经济,社会经济关系简单,不需要国家大量介入经济运行,从而也不具备国家大量介入经济运行的制度需求。这一时期,经济法律规范与其他民事、行政、刑事等法律规范糅合在一部法典中,内容混杂,民刑不分。

在近代市场经济时期,虽然市场是资源配置的主要手段,但强调的是主体的意思自治。由此而产生的是对民商法律制度的强烈需求。这一时期,经济法律规范往往从属于民法或商法,散见于单行条例或法规中。

现代市场经济时期,社会经济关系日益复杂,单纯依靠国家或市场任何一种调节手段都无法协调经济运行,需要将两种经济调节手段结合,协调运用,从而产生需要调整的新的经济关系。这就产生了与传统法律部门迥然相异的新型法律部门——经济法。这一时期,经济法律规范日益成熟且体系化,在大陆法系国家已作为一个独立的法律部门,在调节国民经济运行方面起着不可忽视的作用。

第二,经济法律规范调整的对象不同。诸法合体时期的经济法律规范是以农业社会的经济运行为调整对象的,往往以土地和赋税制度为核心。近代市场经济时期的经济法律规范的内容虽有所充实,但由于自由放任的指导方针,往往是针对某个较为具体的经济问题而制定,其内容也较狭窄,限于土地、税收、劳工等方面。现代市场经济时期的经济法律规范则以社会分工细密、经济关系复杂的工业社会的经济运行为调整对象,规范着民商法、行政法等传统法律部门所无法调整的经济关系。

第三,经济法律规范所体现的精神不同。一般来说,只要有了国家,就有了国家干预经济的行为,而且各个时期的经济法律规范都体现出了国家干预经济的特征。但是其中所蕴含的精神是远远不同的。正如有学者指出的:"无论是现代化的市场经济还是古代的小农经济,政府干预经济这种事实本身没有本质的差别,不论干预的规模大小,都只是存在了经济法产生的必要条件而不是充分条件。古代专制社会中的经济干预与现代市场经济中的政府经济干预的区别不在于干预本身,而在于干预权力的来源,是来源于法律还是来源于皇帝的命令。"① 现代市场经济时期的经济法律规范体现的是一种法治精神,这是诸法合体时期所没有的,也是近代市场经济时期所远远不能达到的。

综上可知,经济法应当是一个历史范畴。它作为一个独立的法律部门是现代市场经济的产物。在当代,经济法作为一个独立的法律部门,在世界各国蓬勃发展。尤其在改革后的社会主义国家,经济法立法、司法、执法以及经济法理论都日臻完善。此外,随着经济全球化的趋势,经济法的国际化思潮也在全世界范围内蔓延开来。

第二节　经济法产生的经济基础

一、计划经济理论的缺陷

(一) 计划经济理论的假定和局限

计划经济是按照全社会和每个成员的需要对生产进行的社会的有计划的调节②,具体来说,就是在生产资料公有制的基础上,将社会组织成一个统一的经济组织,商品价值和货币被消除,社会将直接利用劳动时间作为尺度进行经济计算,中央承担全社会的资源分配职能,按统一的社会经济计划集中配置资源。这时候,中央不再是执行政治功能的有组织的暴力机器——国家,而是单纯执行经济管理功能的社会中心。

这种计划经济理论是以若干假定为基础的:

一是关于社会成员利益的假定。计划经济理论的一个重要出发点是生产资料公有制,在这种所有制形式下,全社会是一个没有利益矛盾的共同体。在这个共同体中,人们没有自己独立的利益,平等地拥有财产的所有权,财富的分配实行平均主义。

二是关于劳动的假定。劳动作为经济运行中唯一稀缺的生产要素,成为人们的第一需要,而不再是谋生的手段。并且所有社会成员提供的劳动都是均质和有效的。

三是关于中央计划机关完全理性的假定。中央计划机关具有充分的认知能

---

① 王肃元等:《经济法概念新探——一种经济分析思路》,载《甘肃政法学院学报》1996年第4期。

② 周冰:《不可企及的目标——经典计划经济理论剖析》,长春出版社1996年版,第31页。

力,准确地知道经济的生产可能性边界的形状和确切位置,即了解每一个消费者和整个社会的公共消费需要些什么以及社会拥有的全部生产能力。①

从以上来看,计划经济理论所阐述的计划经济模型是一个没有利益矛盾的系统。然而由于上述假定在现实中并不能成立,因此这种无矛盾的经济系统实际上并不具备可操作性。

第一,利益具有双重性②:一是自然属性,这是利益在其直接的现象形态中表现出来的规定性。人类要生存和发展有着永恒的自然基础,即以各种形式表现出来的物质生活条件。这些物质生活条件构成了利益的实物内容。二是社会属性,这是为满足自然需要和在自然需要基础上发展起来的多样性的需要而进行的社会交换中形成的规定性。因此,利益关系是一种客观存在。无论是个人还是团体,特定的利益要求都是他们追求的目标。同时,个人和团体总是社会群体中的一分子,这就有了社会群体利益。因而个人利益和群体利益这两种不同的利益总是同时存在的。然而计划经济理论忽视进而否定了个人特殊利益的存在,代之以群体利益,在实践中是行不通的。

第二,资源的稀缺性导致利益的冲突。随着生产力水平的提高,社会的物质财富将会极大地丰富。但是这并不意味着经济资源也会随之丰富,恰恰相反,人们对资源的需求将会随着社会的发展而以更大的程度增长,因此资源稀缺性问题只会越来越严重。由于经济资源的稀缺性,就产生了对资源的分配问题。上文提到,个人利益和群体利益是客观存在的。在这种情况下,资源分配必然会导致不同利益之间的矛盾。而所有制只是对生产资料的占有和分配的一种方式。随着所有制形式而改变的,只是不同利益的实现方式,而不是对个人特殊利益和群体利益的消灭。因此社会主体之间的利益矛盾在任何时候都无法完全消除的。

第三,人的理性认知总是有限的,因为它无法离开自身而检视它自身的运作。在哈耶克看来,正是人们过于相信人之理性的万能,才误入计划经济的深渊。哈耶克认为存在"必然的无知":行动者对其行动的特定时空下的情势的知识范围是无知的;行为者对规范其行为的社会规则是"部分"无知的,无力阐述全部支配其观念和行动的规则。③ 人的这种"无知"使得任何一个计划机关都无法获取社会生产的全部信息,更由于经济生活所固有的不确定性,因

---

① 周冰:《不可企及的目标——经典计划经济理论剖析》,长春出版社 1996 年版,第 33 页。

② 张晓明:《试论利益概念》,载《哲学动态》1995 年第 4 期。

③ [英] 哈耶克:《自由秩序原理》,邓正来译,三联书店 1997 年版,第 19~41 页。

此制定无所不包的计划,对社会经济进行完全的事先控制并由中央集中配置资源,实际上是不可能的。

(二) 计划经济体制的缺陷

计划经济体制是计划经济理论在社会生活中的实际应用。由于计划经济理论的假定前提具有局限性,因而计划经济体制不可避免地存在缺陷。

首先,完全的计划调节机制导致国民经济的低效率运行。一方面,经济主体对其自身利益的追求受到严格限制,因而产生资源运用上的低效率和内部管理上的僵化,从而导致经济运行的低效率。另一方面,计划是依据大量的信息而进行的。信息本身存在两种局限:一是信息的有限。由于人的认知的局限,中央机关根本无法完全了解消费者的需求、生产的品种和数量、生产技术等一切经济信息。二是信息的失真。在有限的信息汇总过程中,各经济主体出于自身利益的考虑,往往选择有利信息,隐瞒不利信息,从而造成信息的失真。而且信息传递的环节繁多、技术落后,往往导致信息的滞后。这种失真和滞后的信息只会带来巨大的负效应。因此,在计划经济体制下,国民经济运行的有序实际上是通过政府强制性手段来维持,是以运行的低效率为代价的。

其次,完全的计划调节机制导致价格扭曲,供需脱节。在计划经济体制下,商品和货币已被消灭,产品的价格是由政府部门以主观的、行政的方式机械地直接规定或批准的。企业生产产品的品种、数量都是通过垂直领导体系逐层确定下来,因而普遍存在价格扭曲、供需脱节的情况。企业作为市场中最重要的主体,只向上级主管部门负责,自身没有利益驱动以及竞争的压力和激励,往往会出现一边是市场上产品奇缺,一边是废品、次品充盈的现象。

最后,完全的计划调节机制导致权力经济的产生。计划经济体制下,政府权力渗透到社会经济生活的各个领域,势必形成严格的等级管理系统,具有极强的长官意志性。因而计划经济实际上就是一种权力经济、行政经济。由于计划经济实行无差别的经济责任机制,缺乏竞争性的相互约束机制,因此等级管理系统运行的结果就必然是官僚集权。这种官僚集权不但会降低资源配置的效率,而且扭曲经济资源的配置,造成社会资源的极大浪费。

二、自由市场经济理论的缺陷

(一) 自由市场经济理论的假定和局限

市场经济理论是自亚当·斯密的古典经济学开始逐渐发展成熟的。与计划经济理论一样,市场经济理论也是以若干假定作为前提和基础的。

经济人假设作为西方经济学最重要的基本假设，首先由亚当·斯密提出后，经过穆勒、帕累托等几代经济学家的发展得以完善。在现代经济理论中，经济人思想主要包含三个基本命题：第一，经济人是自利的，他"力图应用他的资本，来使其生产产品能得到最大的价值"。"他所追求的仅仅是他个人的安乐，仅仅是他个人的利益。"① 第二，经济人是具备完全理性的，能够对各种情况作出正确判断，因而能实现利益最大化。第三，在良好的社会制度下，经济人追求个人利益最大化的自由行动会无意识地有效增进社会公共利益。经济人假设恰当地描述了个人为维持自身正常生存和发展的需要追求经济利益的本能。而且这种追逐物质利益的本能确实在很大程度上促进了市场效率的提高。在经济人假设的基础上，古典经济学派建立了独特的分工、交换、货币、价格等经济范畴，构筑起以个人为中心、政府充当"守夜人"的自由市场经济理论大厦。

除了经济人假设之外，自由市场经济理论还有一个完全竞争假设。即市场上有为数众多的商品的需求者和供给者，每一个需求者或供给者都是市场价格的被动接受者；供给者进入或退出某个行业是完全自由的，不存在任何障碍，所有的资源都可以在各行业之间自由流动；同一行业中的每一个供给者的商品是完全无差别的，不存在同个市场的同质商品同时存在几种价格的情况；市场上每一个需求者或供给者都对当前和未来的信息有充分和完全的了解。

从以上假设出发，古典经济学家经过逻辑推论，得到市场均衡的结果，即在市场均衡状态下，每个人或企业都实现了各自的利益最大化，并且所有人的行为都是相互协调、相互兼容的；同时，作为他们共同行为结果的市场价格使供给和需求达到平衡。

然而现实是，与计划经济理论一样，上述假设同样存在不可避免的缺陷。首先，经济人假定简单地认为经济人拥有最大化自身利益时所需的一切知识，同时又暗含了信息获取的无代价这一命题。在1975年，西蒙提出了有限理性理论，认为"人被认为在主观上追求理性，但只能在有限程度上做到这一点"②。根据这一理论，人的认知能力是有限的，因此经济人获取利益最大化所需要的完全信息是不现实的。

其次，理论中的完全竞争市场是竞争没有障碍、干扰和控制的市场类型。在这一市场上既没有政府的干预，也没有厂商之间的勾结行为造成的对市场机

---

① ［英］亚当·斯密：《国富论——国民财富的性质和起因的研究》，谢祖钧、孟晋、盛之译，中南大学出版社2003年版。

② 参见 http：//yizhen.diy.myrice.com/index/yzwj/theory/6.htm。

制的阻碍。因此完全竞争的市场是理想化的,在现实经济社会中并不存在。博弈论在决策主体有限,以致各自的选择相互影响的情况下,个人理性与集体理性之间会发生矛盾,各自追求个人利益的结果并不能有效增进社会公共利益。因此,虽然市场这只"看不见的手"能够在理想化的完全竞争的市场中发挥最佳作用,但毕竟是理论的构想,因为,现实中尚存在不完全竞争的市场。

(二) 自由市场经济体制的缺陷

自由市场经济体制是自由市场经济理论在社会生活中的实际应用。市场经济理论假定前提的局限性决定了自由市场经济体制不可避免地存在缺陷。

其一,垄断现象的产生。正如《布莱克法律辞典》中的解释:"垄断是赋予某个人或公司或更多的人或公司的一种特权或特别优势,正是由于这种专有权利(或实力)的存在,上述人或公司才能从事一种特别的事业或贸易,制造某种特别的产品或控制某种特殊商品的整个供应规模,垄断是一种市场结构形式,在这种市场结构中,一个或仅仅少数几个人或公司支配着某项产品或某项服务的总供应规模。"垄断往往限制竞争,阻碍经济的发展。在自由竞争的市场中,企业为了实现自身利润最大化,凭借其垄断地位操纵市场和价格,获得高额利润,往往会扭曲市场机制自发调节经济的作用,造成资源配置的失当。垄断是自由市场经济优胜劣汰的必然结果。市场机制本身不可能解决垄断问题。

其二,外部性问题。自由竞争的市场中,往往会发生生产和消费能给其他人带来收益而其他人却不必进行支付的情况。这种外部性问题起源于经济人对自身利益最大化的关注,无论是正外部性还是负外部性都会导致市场的非效率。但经济学理论和经济实践证明,外部性问题无法依靠市场机制本身来解决,只能由政府的公共政策加以纠正。

其三,公共物品的稀缺。公共物品具有两种属性,即生产的非竞争性和消费的非排他性。而市场主体是自主经营、自负盈亏的企业,其目标在于追求利润的最大化,公共物品的非竞争性使得私人企业不愿或无力提供;其非排他性则导致公共产品在收费上存在困难,诱发"搭便车"的心态和行为。市场机制不能有效地解决公共物品的生产问题。

其四,实质公平的缺乏。自由市场经济在表面形式上是平等、公平的。但正如萨缪尔森所说:"市场是没有心脏和大脑的,因而不能指望市场自身能够意识到他所带来的严重的社会不平等的,更不能指望市场自身来纠正这种不平等。"① 垄断、外部性、公共物品的稀缺等问题的存在,不仅导致低效率的资源配置,而且加剧了分配不公,使得贫富差距加大,影响经济运行的稳定。因此完全自由的市场经济本身并不能达到实质公平,实现社会平等。

综上,市场调节机制是一种事后调解,必然具有一定的自发性、盲目性和短期性,尤其是在市场不完善的情况下,单纯的市场调节往往会破坏市场机制的正常运行。奉行自由放任经济政策的西方发达国家在整个19世纪不断出现的经济危机就暴露出了单纯市场调节的弊端。

三、混合经济与经济法的产生

19世纪末,社会化大生产和垄断形成,市场失灵的现象开始暴露。正如美国经济学家斯蒂格利茨所说,市场失灵为政府进行某种形式的干预提供了空间。为了克服市场机制的种种缺陷,必须动用政府这一只"看得见的手"来干预经济。在对自由市场经济理论部分否定的基础上,凯恩斯提出"国家干预主义"学说。他在《就业、利息和货币通论》一书中认为,政府必须负担起调节需求的职能,通过制定法律和经济政策来增加"有效需求"。市场调节和政府调节这两种手段的结合导致混合经济的产生。混合经济,也称双重经济、现代市场经济,就是政府以社会目标弥补私人目标,以公共经济弥补私人经济,以政府调整弥补市场调节的一种经济体制。现代市场经济以美国的自由市场经济模式、瑞典等北欧国家的福利市场经济模式、德国的社会市场经济模式、日本的国家主导型市场经济和法国的计划指导市场经济为代表,并有着以下共同特征:第一,建立了社会保障制度;第二,生产资料所有制从少数人私有过渡到"全民资本主义";第三,公民经济方面的"参与权利"扩大;第四,政府通过干预市场经济,克服了全局性的经济危机。

与西方市场经济的发展道路不同,我国的市场经济是在计划经济体制的基础上发展起来的。由于高度集中的计划经济体制弊端的完全暴露,人们逐渐认识到市场调节的重要性。在建立社会主义市场经济体制的进程中,这种认识的不断深化,市场调节机制的作用得到重视。随着政府权力在微观经济领域的逐步退出,我国国民经济主要依靠微观经济领域的市场调节和宏观经济领域的政府调节来运行。

可见,西方和我国进入现代市场经济即混合经济有着不同的路径:一是由

---

① 转引自李会明:《非市场失灵理论与中国市场经济实践》,方信会计出版社1996年版,第81页。

自由市场经济过渡到混合经济，政府权力介入经济运行；二是政府权力大幅度退出经济运行，由计划经济过渡到混合经济。但同时，两者又具有共同特征即政府权力对经济运行的适度介入。

但权力自身具有危险性，缺乏制约的权力必然导致腐败。政府过多介入经济运行，同样也会发生"政府失灵"，这在计划经济体制下已有充分体现。因此必须存在某类法律对政府干预活动加以约束和规范，使其步入法制化的轨道。这一类法律应当能够发挥以下功能：其一，这一类法律必须能够对政府干预进行规范，从而使干预具备适当性和科学性；其二，这一类法律必须能够规定政府干预的范围和边界，从而防止公权力对私权利的侵犯；其三，这一类法律必须能够切断权力与经济之间的不正常联系，从而防止寻租、内部性等腐败现象的发生。

而传统的法律部门无法发挥这些功能：行政法以调整国家在行政管理过程中形成的社会关系为内容，以确认与限制政府行政权力为核心；民商法以调整平等的人身和财产关系为内容，侧重于对私人利益的保护。两者都无法解决个体逐利性与社会公益性之间的矛盾，无力治愈市场失灵和政府失灵。

于是，迫切需要突破传统法律理论的桎梏，建立新的法律理论和法律部门以适应现代市场经济的发展需求。经济法作为一门新兴的法律部门，就在这种背景下应运而生了。

第三节 经济法产生的政治基础

政府职能存在着一个从简单到复杂、从"人治"到"法治"的发展过程。早期的政府，目标在于维持稳定的社会秩序，因而其职能的内容较简单，主要是保卫性和统治性职能，履行职能的手段往往是暴力和人为的强制。随着人类社会的进步，现代政府职能逐步扩张，保卫性职能的比重相对缩小，管理性职能和服务性职能的比重逐渐增大，履行职能的手段也向法治化方向演进。

一、西方国家职能的演变

（一）政府职能的第一次演变：法治下的消极政府

这一次演变是由封建制国家职能向资本主义国家职能演变。从18世纪中叶工业革命的爆发、资本主义生产方式的确立到20世纪30年代以前，是自由资本主义时期。这一时期，政府职能的变化主要体现在两个方面：一是法治精神的确立。资产阶级宪政制度的建立，否定了君权至上和封建专制的人治精神，确立了主权在民和依法行政的思想，从而使市场经济条件下的政府职能取代了封建自然经济条件下的政府职能。二是政府的消极干预。在这一时期，西方资本主义国家普遍信奉以自由主义为核心思想的古典经济学派的理论，奉行"管得最少的政府就是最好的政府"的原则，认为不断增进国民财富的最佳办法是给予市场以完全的自由。按照亚当·斯密的理论，自由竞争条件下，政府职能的范围是十分有限的，包括政治职能即对外维护国家安全和对内确保社会安定的职能，以及经济职能即限于建设并维护某些公共事业及某些公共设施。在这些范围之外，都是市场机制发挥作用的地方。这一次政府职能的演变使得资本主义国家挣脱各个方面的束缚，市场体系的自主性得以充分培育，市场机制对于资源配置的基础性地位得以奠定。

在自由竞争的资本主义条件下，资本主义经济自由运转，国家不干预经济生活，只负责维护资本主义生产的外部环境的稳定。因此没有产生经济法的需求。但同时，法治精神的确立为经济法的产生作了铺垫。

（二）政府职能的第二次演变：全面干预的政府

第二次演变发生在自由竞争的市场经济向垄断的市场经济过渡时期。20世纪30年代，西方市场经济国家的经济危机，暴露了放任自由经济理论的片面性。主张国家对经济实行全面干预的凯恩斯主义经济学取代了古典经济学成为主流。各主要西方国家普遍以凯恩斯主义为指导，采取政府对经济生活的全面干预政策，以弥补市场机制的不足。政府职能的第二次演变则表现为自由放任的政府职能模式被政府全面干预的职能模式所替代，从而成功地挽救了西方的经济危机，纠正了市场机制的缺陷，促进了市场经济的进一步发展，使得英美等发达国家在相当长的时期内，基本上摆脱了严重经济危机困扰，经济大体上保持了较为稳定的发展。

这一时期，由于政府干预的经济政策的实施，政府在整个社会经济生活中的地位和作用日益突出，在一定程度上担负起管理经济的职责，调节经济运行和调整经济关系的任务，与此相适应，运用国家的力量调整经济关系的经济法应运而生了。从19世纪末至20世纪60年代中叶，经济法的这一发展阶段，又称为"传统经济法"阶段。

由于这一阶段的经济法大都是各国政府基于严峻的经济现实而采取的对策

性方案,因而呈现三个极为明显的特征①:其一,完全理性假设。"凭借个人理性,个人足以知道并能根据社会成员的偏好而考虑到建构社会制度所必需的境况的所有细节",这是传统经济法的认识基础。基于这一认识,传统经济法认为政府由一批具备完全理性的社会精英组成,因而拥有充分的能力左右社会的发展,甚至可以无所不能。

其二,全面干预。全面干预是完全理性假设的逻辑延伸,是传统经济法内在精神的体现。政府的无所不能可以使它有能力对影响社会发展的各种因素予以精确的计算,并对未来可能发生的各种变数进行准确预见,从而对社会各个层面进行统一的安排。

其三,经济控制权的高度集中。这是完全理性假设和全面干预思想在实践中的必然结果。这也是传统经济法的一个重要表征,全能政府理念必然导致决定社会发展的经济权力集中在一批"社会精英"手中,而行业协会等经济组织的自律功能被漠视。

(三) 政府职能的第三次演变:有限政府

20世纪70年代西方经济的"滞胀"危机暴露出了政府全面干预经济的弊端。在这种经济背景下,西方出现了以新自由主义为代表的经济学派,反对凯恩斯主义的全面干预论,主张限制、减少政府干预的限度和范围,充分发挥市场机制的作用,希望能同时超越市场缺陷和政府缺陷。在新自由主义经济理论和相关政策主张的影响下,西方国家政府职能发生了重大调整。但并没有使资本主义经济彻底摆脱"滞胀"危机。90年代,随着西方国家新一轮经济衰退的出现,西方国家"第三条道路"式的经济改革和政府改革正在进行着这样的新探索,从而引起政府职能的第三次演变,即由全能政府向有限政府演变。

政府作为调节经济的手段,与市场调节手段一样,同时具备优势和缺陷双重特征,这就决定了政府的经济职能并不是简单的强化或弱化,而是应当优化。也就是应该寻求经济领域中市场调节和政府干预的最佳结合点,从而使政府更恰当、更有效地发挥作用,促进社会经济的发展。正是在这种认识的基础上,现代市场经济实际上已走向市场和政府调节二元机制相结合的经济体制,反映在政府形式上,则表现为有限政府模式。这一模式是对市场条件下政府职能的合理定位,是介于消极政府与全面干预政府之间的适度干预。综览现代各国政府经济职能,主要定位于以下几个方面:建立并维护市场秩序;提供公共

---

① 李昌麒、鲁篱:《中国经济法现代化的若干思考》,载《法学研究》1999年第3期。

物品及基础服务；调控宏观经济并保持稳定；进行收入和财产的再分配；保护自然资源和环境。

这一时期，经济法不断成熟和完善，呈现出现代化的发展趋势。相对于传统经济法而言，可称之为现代经济法。其特征集中表现在三个方面①：其一，有限理性假设。这是现代经济法的认识基础，是对传统经济法完全理性的认识基础的否定。大量实践证明，政府不可能完全洞察并精确计算社会发展中的各种变数，因而在现代社会，各国立法者只能以有限理性的假设来建构现代经济法。其二，政府适度干预。这是有限理性假设的必然逻辑延伸。20世纪70年代末各国经济"滞胀"使得各国逐渐达成政府不可能完全替代市场并成为资源配置的主宰性力量，这一共识进而修正了以往全面干预经济的错误做法，从而使经济法的发展体现了国家对经济适度干预的现代特征。其三，经济民主与经济自由。在有限理性假设的认识前提下，所谓的精英意识也就随之被摒弃。社会发展越来越多元化和复杂化，这就需要在经济领域建立充分讨论的对话机制，充分发挥经济自治团体的力量。从而使得经济民主和经济自由又成为经济法现代化发展的一个重要的价值取向。

综上，从以上西方政府职能的演变历史来看，政府职能的变化以及由此而确立的政府对经济领域的适度干预理念，是经济法产生和完善的政治根源。

二、我国政府职能的演变

从我国政府职能的演变来看，由于与西方历史发展的差异，政府职能经历了"全面管制"到"逐步退出"的历史过程。

新中国成立后，我国逐步建立起了高度集权型的政府职能体系。这一体系的建立主要是受三个方面因素的影响：一是中国自秦汉以来，就实行的是中央集权的政治管理模式；自进入国家社会以来，历代封建政府追求的目标都是社会安定、富国富民。这一目标决定了历代政府的职能集中体现在两个方面：一方面是维护社会秩序，另一方面发展经济，使人民富裕、国家强盛。二是在战争时期，党一直是以集权的方式管理自身建设和根据地的经济建设。新中国的体制可以说是前者的延续。三是受苏联的影响。苏联是较前成立的社会主义国家。从借鉴经验的角度说，我国的政府职能体系难免会打上了苏联"斯大林模式"的印记。在我国高度集权的政府职能体系下，政府对经济高度集权，不仅充当社会经济活动的调节者，而且直接当社会经济活动的管理者、组织者和控制者。实行组织机构严格等级制度下的统一计划，分级管理，条块结合，

---

① 李昌麒、鲁篱：《中国经济法现代化的若干思考》，载《法学研究》1999年第3期。

以条为主的管理模式。这种体制下的政府经济管理职能十分发达,政府对经济的调节主要是通过经济计划和大量的行政指令来实现的,且大多体现于执政党和政府的文件、决定和指示中。在这种政府干预达到极端的背景下,经济法律法规极不完善,也不存在经济法产生的需求。

高度集权型的政府职能体系在建国之初经济发展水平较低,经济结构简单的情况下,的确起到了推动生产力发展的作用。但它毕竟违背了客观经济规律。随着经济的发展,过分集中的政府职能体系也必然会暴露出弊端。

十一届三中全会是中国经济体制和政府体制变革的一个里程碑,也标志着政府职能的转变:从冲破了一大二公的束缚,实行了农村联产承包责任制,对企业放权让利,直到90年代建立社会主义市场经济目标的提出,我国政府职能和政府经济行为发生了根本的转变。政府逐渐退出微观市场,市场经济体制逐渐培育且日益成熟。政府职能被重新认识和定位,发生从"无所不包"到"有限领域"、从"全面干预"转向"适度干预"、从公共服务的"缺位"到"到位"的转变,这一切都迫切需要通过法律予以确定下来,并加以规制。而如前文所述,传统的法律部门并不能承担这一使命,只有兼具公法和私法性质、既保障私权利又规范公权力的经济法才能够胜任。因此,就我国政府职能演变的历史来看,与西方不同的是,我国经济法产生的政治根源在于政府在经济领域作用的退出,即政府职能的萎缩。

西方和我国政府职能的演进存在较大差异,但都昭示了一个共同特征:政府职能由稚嫩、幼稚向成熟、完善演进。从理论上看,市场经济中始终是存在两种完全不同的行为:一是具有盲目性、自发性和个体逐利性的自由竞争行为;二是具有过度运用权力倾向、存在自身利益的扩张性、官僚性的政府经济行为。这两种现象单凭政府或市场调节机制是无法解决问题的。但政府和市场调节机制都各有优势和缺陷。西方和我国政府职能的演变历程最终表明政府和市场是一对优缺互补的对应力量。因此必须寻求创制一种"既能规制市场失灵,又能匡正政府失灵;既能强调政府干预,又能规范政府干预;既能维护社会公益,又能保护个体私益"① 的法律。

但是,奉行"所有权绝对""契约自由""意思自治"原则的传统私法以及遵循"授权"和"控权"理念的传统公法,都远远不能适应现代市场经济下政府干预经济的国家职能的需要,都无法有效应对现代市场经济提出的新的挑战。唯有建立在现代市场经济基础之上的经济法能担此重任,它不但强调政

---

① 王绍乐:《试论经济法的现代性——从经济法的产生谈起》,载经济与法网,http://www.jjyf.com/webpage/article/020512/jjfxdx.htm。

府对经济的干预，同时也强调对政府干预经济行为的规范，这是在此之前任何形式的法律都不具备的。因此，经济法的产生和发展是与政府经济职能的演变相辅相成的。

第四节 经济法产生的法理基础

一、传统公法、私法的划分

公法与私法的分类源于罗马法，为罗马法学家首创。关于公法与私法的概念，乌尔比安认为："公法是有关国家稳定的法，即涉及城邦的组织和机构"，而私法是调整公民个人之间的关系，为个人利益确定条件和限度，"涉及个人福利"。《法学阶梯》也明确指出："公法是有关罗马帝国政府的法律，私法是有关个人利益的法律。"

在罗马帝国时代，学者对公法理论的研究较少，主要是基于以下原因[①]：其一，公法具有极强的君主意志性，因而具有易变性和现时性，以适应现实的不断变化，维持稳定的国家秩序，而使其自身缺乏稳定的体系。其二，公法作为一种统治命令，本身不可能产生除统治之外的法律价值。其三，公法有约束统治者、限制其权力的倾向。与此相对的是，古罗马时代，商品经济空前繁荣，并且有相当程度的发展。在这种经济环境下，以私权平等、意思自治作为价值核心和基本原则、强调私权保护的私法理论和实践都相当发达。

公法、私法的划分实质上是源于对私法的强调、对私权的尊重和维护。其意义首先是从理论上保障私法的发展不受公法价值和形式混乱的影响，从而在适用时易于确定法律关系的性质，选择适当的法律规范以及相应的救济方法。但是有一点值得注意，由于古罗马时代的市民社会还未能充分发展，国家和社会还没有明显、清晰地分离开来，因而法学家对于公法、私法存在的客观基础还缺乏深入的分析。

公法和私法的分类在资产阶级革命后被近现代大陆法系国家所承袭并加以运用和发展，成为法治国家关于法的一个基本分类。但与其说近现代公、私法的划分是对罗马法的承受，不如说是18、19世纪以政治社会和市民社会分离为背景的法治国家的产物。换言之，近代法体系关于公法和私法的分化，其产生是源自近代国家、社会构造的二元性。随着商业财产、劳动方式等市民社会

---

① 沈敏荣：《论公、私法的起源及其演进》，载《中州学刊》2000年第4期。

构成要素日益获得独立存在和发展的意义，市民社会开始同政治国家分离。首先，促使私人等级的政治性质日益丧失的私人领域的独立存在，为市民社会与政治国家的分离提供了深厚的社会基础。其次，近代的政治革命进一步消灭了市民社会的政治性质，加速了政治国家与市民社会分离的进程。在17世纪，市民社会被认为是自然状态的对立物，意指人们生活在政府之下的一种状态。至18世纪，市民社会和政治国家对立的理念得到了确立。由于生产力水平的限制，在近代学者的观念中，市民社会和政治国家始终是处于一种对立的状态，市民社会始终是与自由市场经济、否定国家干预以及参与社会生活相联系的。市民社会和政治国家的分立标志着市民社会和政治国家的对峙状态。这种对峙实质上是个人利益和普遍的公共利益、个人和政府、私权利和公权力、自由和权威的对峙。法律是维系这种对峙状态的内在张力，从而直接导致了公法和私法相分立的二元法律结构的形成。

现代法系关于公法与私法的分类标准，王泽鉴先生认为主要有四说：（1）利益说。以公益目的者为公法；以私益目的者为私法。此为前述罗马法所采之标准。（2）从属规范说。规范上下隶属关系者为公法，规范平等关系者为私法。（3）主体说。法律关系主体的一方或双方为国家或机关者，为公法；法律关系主体双方均为私人者，为私法。（4）特别法规说，又称新主体说。国家或机关以公权力主体地位作为法律关系的主体者，该适用的法律为公法；该法律对任何人都可以适用者，则为私法。上述各说都各有不足。就主体说而言，它忽视了国家也可以成为私法主体的情形。就利益说而言，这种分类方法虽被大多数人接受，但公共利益与私人利益是否可以构成一对截然对立的范畴，以及两者概念的界定尚未明晰。就从属规范说和新主体说而言，正如凯尔森所说，以统治关系为标准进行分类指的是创立法律关系的方式以及创立个人义务方式方面的差别，而不是国家和个人在法律上地位的差别，因而这两种标准并不能对法律本身进行分类。①

从学术界的通识来看，一般认为，所谓公法，就是维护国家利益和整个社会利益的法律。它主要调整社会关系乃国家机关与国家机关之间、国家机关与私人、私团之间发生的社会关系，在发生公法关系的各方当事人中，必有一方是国家机关或由国家机关授以公权的机构。这种规范调整以权力服从为基础、为特征。所谓私法，则是维护一切私人利益的法律。凡属于与国家权力无关的私的领域所发生的社会关系由私法调整，发生私法关系的各方当事人，必是从

---

① 王利军：《论公、私法的融合》，载法苑论坛，http：//www.hebeilaw.com/bbs/read.php？forumid=5&filename=f_20。

事私的领域活动之主体，其中也包括从事私法行为的政府。这种规范调整以平等自愿为基础、为特征。宪法、刑法和行政法属于公法范畴，民法、商法则属私法范畴。

在这种二元法律结构下，社会和国家的分立划定了国家公权力的空间，遵循不同的规则在各自的领域内活动，表明了一种保障权利和限制权力的法治状态，从而为自由市场经济的充分发展设置了基本的制度和框架，促进了近、现代西方经济的发展。

二、公法与私法的融合

随着社会生产力的不断发展，政治国家和市民社会对立的相对性日益显现。正如阿奇博尔德·麦克利什在罗斯福新政时所说："在这个时代，公共生活已经冲过私人存在的堤防，就像海水在春潮期间冲进清水池，直到池水也有咸味一样。"①

市民社会和政治国家的相互融合，大体上有以下三个方面的原因：

其一，自由市场经济进一步发展的结果导致市民社会陷入困惑和混乱之中，20世纪20年代经济危机频繁爆发，市场失灵现象严重阻碍经济发展，迫切要求国家权力直接介入经济生活以纠正市场失灵。这宣告了自由放任的古典经济学理论已不能适应社会经济的发展。在此基础上，主张国家干预的凯恩斯主义兴起。从而在理论上为政治国家和市民社会的融合做了必要的铺垫。

其二，随着物质水平的提高，国家的社会职能也进一步扩展，其主要方面表现为对社会经济生活的调控和干预：国家开始全面介入经济生活，从劳工和消费者保护、竞争保护直至环境保护、社会保障，国家承担起了广泛的经济职能，并且国家公共管理日益经济化，所提供的公共服务趋向社会化。国家在社会经济发展中扮演越来越重要的角色，市民社会和政治国家的界限实际上已经被打破。

其三，在社会生活中，大量非政府、非营利性的民间组织涌现，导致"第三领域"的产生。相对于公共领域和私人领域而言，它是一类新兴的领域，体现了权力主体多元化的社会发展趋势。也就是说，政府不再是唯一的权力中心。只要第三领域内的各种非政府、非营利性的民间机构行使的权力得到了公众的认可，就有可能成为不同层面上的权力中心。国家也正在把原先由它

---

① 转引自张世明：《经济法学理论演变研究》，中国民主法制出版社2002年版，第50页。

独立承担的职能转移给上述各种部门和团体，而后者正越来越多地参与对公共事务的管理，主要通过合作、协商、伙伴关系、确立认同和共同的目标等方式来实施。

从以上三方面来看，随着时代的进步，市民社会逐渐允许国家对其进行必要的干预和调节，允许国家涉足自身无力自行调节的领域；同样国家也允许社会中的非官方公域的存在。

市民社会和政治国家的相互渗透和融合对二元法律制度的构建造成了巨大冲击，二元法律结构划分界限日益模糊。公、私法的渗透与交融即法律社会化的现象产生。法律社会化作为一种法律变革过程，可以从两个方面理解：首先，从法律社会化所包含的内容看，主要有以下两个方面：一是传统私法自治原则的限制。国家干预的面越来越广，绝对不受国家干预的私法领域已经不再存在。反过来说，公法对私人活动的控制增强，从而限制了私法原则的效力，即"私法公法化"。二是私法精神不断地向公法渗透。私法的自由、平等、人权的精神越来越多地体现在公法领域中，使公共机构按私法要求执行公共职能，即"公法私法化"。

其次，从法律社会化在法律调整内容和形式的反映看，学者认为有两层含义①：一是原本属于私法（公法）形式调整的内容，现在加入了公法（私法）形式的调整，并因此包含了公法（私法）的内容；二是私法（公法）自身调整的内容和形式相对发生了一些变化，出现了靠近公法（私法）的一些特征，但仍未介入公法（私法）的形式。但无论从哪一层意义上说，公法与私法的界限模糊，无法加以清晰区分。

社会的发展使得实践中越来越多具体情况，同时涉及公法和私法的规范的调整，二元化的法律结构无法满足社会发展的法律需求。现代法律发展的社会化趋势即必然会促使新的法律理论的出现。

三、法律理论的演进与经济法理论的产生

公法与私法的彼此渗透和融合，从法律理论和体系结构中可知，为新兴法律部门的生存开辟了广阔的发展空间。如前文所说，公法的核心在于权力，私法的核心在于权利。在这个新空间内，如何协调权力和权利二者之间的关系是一个重要问题。权利与权力具有此消彼长的关系。如果过分强调权力的无限性，权利必会萎缩；如果片面强调权利的绝对性，忽视权力的能动作

---

① 孙维飞：《论民法的精神》，载北大法律信息网，http://article.chinalawinfo.com/article/user/article_display.asp?ArticleID=26611。

用，则无法协调社会各种矛盾利益冲突，进而阻碍社会的发展。而单纯的私法和公法无法有效地在制约权力的同时保障权利：纯粹的公法会造成政府过多的限制经济自由，纯粹的私法则无法影响经济活动的整个结构。基于此，产生了新的法律需求。在公法、私法之间出现了兼具两者特征的第三法域——社会法域。

在这个领域里，私法因素和公法因素被糅合在一起，它既不是一个纯粹的私人领域，也不是一个真正的公共领域，不能完全归于私法领域，也不能算作公法领域。那么社会法是一个法律部门，还是一个新的法域，抑或是一种法律观念？有学者从部门法的角度加以解释，如德国学者察哈尔认为，社会法是一种社会保障，是为一国的社会政策服务的，如社会救济、困难儿童救助、医疗津贴等有关的法律，都属于社会法的范围。也有不少学者主张将社会法与公法、私法并列作为第三法域，又称三分法。三分法的论据之一，就是将国家、社会和个人分别作为三个法域的支撑，这种观点，除以公法私法的现代法意识为前提，并以国家和市民社会的二元论为基础外，还企图把社会作为新的法律的支撑。然而，社会法域的出现并未改变二元法律结构的实质。现代公、私法的融合和渗透并没有否定两者之区别本身，他们各自所包含的内核——权利和权力并未根本改变。因此对于社会法的理解应当从法律体系分类上进行。正如金泽良雄所指出的，社会法是指"修正以个人绝对所有权和契约自由等为基本原则的近代市民法的新的法学理论；根据这个修正理论而制定的法律，不属于私法、公法等任何一个旧的法律部门，而成了新的第三个法律领域"①。从社会法的发展过程看，对社会法的定位，不应当将社会法与公法、私法视为同一平面的三分天下，而是在公法、私法一分为二的基础上，社会法叠加于其上而跨于公法、私法两个领域之上，并也产生着这两者互相牵连以致互相交错的现象，是一种立体式的架构。以社会法与私法关系为例，社会法"在形态上，虽与民法立于反对地位，而其实质并不否定民法，不过与以限制耳。在其效用上，与民法互为表里，以达维持现代经济组织之目的"②。

社会法域这一现象广泛分布于社会生活的各个领域。当其发生于市场经济体制中，就直接导致旨在弥补市场和政府缺陷，协调政府与市场互动，以市场规制规范和宏观调控规范为内容的经济法的产生。正如有学者所指出的，经济法产生于立法者不再满足于从公平调停经济参与纠纷的角度考虑和处理经济关系，产生于立法者从经济的共同利益、经济生产率，即从观察经济的角度调整

---

① ［日］金泽良雄：《经济法概论》，满达人译，甘肃人民出版社1985年版，第31页。
② 张世明：《中国经济法历史渊源原论》，中国民主法制出版社2002年版，第255页。

经济关系的时候，经济法产生于国家不再任由纯粹私法保护自由竞争，而寻求通过法律规范以其社会学的运动法则控制自由竞争的时候。从国家和社会的关系来看，一方面，市民社会私欲流行，经济运行存在其固有的障碍和缺陷，这为政治国家介入提供了正当理由和合法依据，这种不足和弱点只能通过国家干预或调控才能克服。国家干预或调控经济的法律手段只能是经济法。另一方面，由市民社会的特质所决定，国家干预市民社会是有一定限度和范围的，干预的方式、内容、限度均以法律形式确定下来。因此，经济法既不属于传统公法，也不属于传统私法的范畴，而是带有两种法律的混合形态特征的法，属于社会法领域中一个独立的法律部门。

综上所述，经济法产生于法律社会化的过程中，公法和私法理论的突破、社会法域的产生是经济法产生的法理基础。

第二章 经济法的本质和属性

第一节 法的本质

一、关于法的本质相关观点的考察

对法的本质的思考，早在在奴隶社会就已产生了。但由于生产力水平的局限，中外许多国家占统治地位的法律观都倾向于把法律归结为神意，并借助神威来维护统治者的尊严。随着社会的发展，人们对法本质的认识从神秘主义法律观中解脱出来，并且有了更加深入的思考。例如，自然法学认为法是由自然理性指定给全人类的、反映自然存在的秩序，但忽视了法产生的最初动因，即为了满足统治者维持其统治秩序的需要；历史法学认为法的本质，是"民族精神"或"民族共同意识"的体现，而这一观点过于强调法的民族性的特征；实证主义法学持法的本质不可知论，社会法学派则认为法律是社会控制的工具，哲理学派将法看作一种自由意志，这些观点都具有一定的局限性，大多否定了法与政治、经济的关系，因此没有对法的本质作出科学的回答。

马克思、恩格斯在《共产党宣言》中有一段表述："你们的观念本身是资产阶级的生产关系和所有制关系的产物，正像你们的法不过是被奉为法律的你们这个阶级的意志一样，而这种意志的内容是由你们这个阶级的物质生活条件来决定的。"据此，学者通常认为马克思主义法学的法本质是由社会物质生活条件决定的、上升为国家意志的统治阶级的意志。

该论断包含如下内容：（1）法是人们有意识活动的产物，因而是意志的体现或反映；（2）法是统治阶级意志的表现或反映，是被奉为法律的阶级意志；（3）法体现的是统治阶级的共同意志，而非个别集团、个别人的意志；（4）统治阶级只有把自己的共同意志上升为国家意志，才能成为法；（5）法的内容决定于特定社会的物质生活条件，并受政治、思想、道德、文化、历史传统、民族等因素的制约。这种观点在我国法本质理论中一直占主导地位。直至现在，仍不乏学者持此种观点。

但这种阶级意志论毕竟是在一定社会发展阶段的产物，适用于特定的社会环境。随着社会的发展，其局限性也日益明显：首先，阶级意志是一种纯政治性的表述，然而法不仅具有政治功能，还具有经济功能和社会功能。其次，法不仅仅是统治阶级意志的体现，还在一定程度上照顾了被统治阶级的要求。再次，社会生活中大量技术性法律规范的存在使得"法是反映统治阶级的意志"这一论点受到质疑。此外，由于统治阶级与被统治阶级的划分日益模糊，也难以准确的定义，在这种情况下，传统的法本质观在现实生活和法学理论与实践的发展面前显得越来越捉襟见肘，日益落后于现实。

因此，1992 年以来，国内法学界陆续展开了对法的本质问题的反思，并在总体上呈现出新的态势：从阶级性走向社会性，认为法归根到底是体现社会利益的并由社会力量保障实施的调整人们之间一定社会关系的行为规范[1]；从国家意志性走向公共意志性，认为法是社会意志关系或共同意志关系[2]，共同体意志是法的本质的历史生成性表述[3]；从本体论走向功能论，强调法是多级本质的统一：第一级是分配权利和权力，并规范其运用行为；第二级是分配法律承认和保护的利益并规范其享用方式；第三级是分配财产并规范其支配方式。[4] 但由于法的本质问题理论难度较大，涉及整个法理学体系的建构，甚至涉及其他部门法学，因而这一问题至今未有定论。

二、法的本质的研究前提

对法的本质的研究，只有首先明确法域法的本质的概念，才能够解决法的本质是什么的问题。

首先，必须把"法"和"法律"区分开来。从词源上看，无论是西方语言，还是中文，都将法喻意为公平和正义，是判断人们行为是非曲直的标准；法律则是指国家立法机关制定的规范性文件。

马克思、恩格斯也充分注意到了法与法律的区别。他们在批判法与法律的

---

[1] 米也天：《澳门法制与大陆法系》，中国政法大学出版社 1996 年版，第 179 页。

[2] 郭道晖：《论法与法律的区别——对法的本质的再认识》，载《法学研究》1994 年第 6 期。

[3] 李庆钧：《共同体意志：法的本质在秩序建构中的历史生成》，载《理论月刊》2003 年第 12 期。

[4] 《今天到底该怎样看待法的本质——法学基本问题专题研讨会纪要》，载《法商研究》1999 年第 1 期。

混淆时指出:"国家是属于统治阶级的各个个人借以实现其共同利益的形式,因此可以得出一个结论:一切共同的规章都是以国家为中介的,都带有政治形式。由此便产生了一种错觉,好像法律是以意志为基础的,而且是以脱离现实的自由意志为基础的。同样,法随后也被归结为法律。"① 他们认为,法是自由的肯定的存在,法律是法的表现方式,即"肯定的、普遍的、明确的规范"。在马克思、恩格斯那里,法是高于法律而存在的。"法"是指包括习惯法、宗教法在内的民间法,包括成文法、判例法在内的国家法以及国际法的集合;它通过判断是非曲直的一系列标准来规范人们的行为,从而实现公平和正义。而"法律"则是指国家法,尤其是成文法,作为法的表现形式之一,法律则是把法的这一系列标准外化表现出来。法是先于国家而存在,而法律是被国家制定出来的,只能在国家产生和形成之后才出现和存在。

因此,法与法律是有区别的,因而不宜以法律的本质来遮蔽法的本质,更不能将法的本质与法律的本质混为一谈。正如马、恩所指出的,"事物的法的本质不应该去迁就法律,恰恰相反,法律倒应该去适应事物的法的本质"。

其次,应当明确法本质的含义。从哲学意义上说,本质就是事物的根本性质,是组成事物基本要素的内在联系。事物的本质是由它本身所固有的特殊矛盾所决定的。因而对法的本质的概括必须符合以下要求:从法与其他事物的关系来看,法本质应当能够与其他社会现象、社会规范区别,能够揭示古今中外一切法的类特征;从法的内部关系来看,法本质应当能够揭示不同社会性质的法之间相区别的阶级关系和利益关系;从法的产生和发展来看,法本质应当能够揭示法与政治、经济存在的源流关系,能够系统合理地解释法律现象的整体、历史和实际作用,指导法的运行、法的实现;从法理论发展本身来看,法本质应当能够对法的理论的发展具有导向性的意义和作用。② 总之,合理的法本质观应当能够增进人们认识法这一社会现象本身及其背后的本源性和动力性因素,能够有助于构筑法理学的学科体系,能够整合现有的法学知识,并为其他部门法学提供一种有效的理论基础或研究平台。

三、法的本质的概括

法的本质首先应当从法的产生与发展中去追寻。首先,法是不同利益及其

---

① 《马克思恩格斯选集》(第1卷),人民出版社1972年版,第69页。
② 《今天到底该怎样看待法的本质——法学基本问题专题研讨会纪要》,载《法商研究》1999年第1期。

关系的平衡器。在氏族社会末期,"个体家庭开始成为社会的经济单位"①。随着社会分工的发展,个人利益或单个家庭的利益与所有相互交往的人们的共同利益之间的矛盾开始产生。同时,这种共同的利益不是仅仅作为一种普遍利益存在于观念之中,而是首先作为彼此分工的个人之间的相互依存关系存在于现实之中。

实际上,人们从事各种活动的目的无非是获取并享受某种利益,因而社会关系中最普遍、最基本的是利益关系。就利益及利益关系本身来看,具有如下特点:一是利益主体具有多元性。从宏观上讲,一个社会之所以成为社会,必然具有一致性的整体利益。正是这种整体利益,把不同的个人、不同的社会组织、不同的阶级和阶层凝聚为一个共同体。但从中观和微观上讲,社会又是一个利益多元体系,人们在具体利益层次上必然会存在各种利益矛盾和冲突。例如个人利益、群体利益、阶层利益和国家利益之间的矛盾和冲突,既得利益和将来利益、当前利益和长远利益之间的矛盾和冲突;经济利益、政治利益等之间的矛盾或冲突。也从而导致不同利益集团的产生。这些不同层次、不同方面的利益需求,都需要通过一定的制度予以调节。二是利益需求的无限性。人对利益的需求是无限的,而资源却是有限的。每个人的欲望不可能都得到满足。一部分人利益的取得必然是以另一部分人丧失利益为前提的。这种利益主体的相互制约性,如果缺乏理性的指导,必然会导致利益的盲目争夺,而不利于人类自身的发展。因而需要一定的制度来保障和协调。

人类社会出现不同种类利益的分离和矛盾后,也就必然出现调和这种矛盾,平衡不同利益为任务的行为规范。最初在原始社会,社会关系简单,利益分化不甚严重。基于人们共同利益的需要,需要有调整原始社会人与自然、人与人关系的普遍的一般的行为规定。在经历了由偶然到必然、由经验到理性、由局部到全局的概括和上升后,氏族习惯经过自发到自觉的不断总结积累,发展为习惯法。习惯法的出现标志着法的诞生。虽然它是自然形成的,以社会成员的自愿遵守为原则,完全依靠社会舆论、氏族首领的威信,传统的力量和人们的内心驱使等因素保证实施,但它毕竟是氏族社会成员共同意志的体现,具备了作为法所应有的基本属性。

随着私有制的出现,阶级社会诞生了。在阶级社会里,社会经济基础结构发生了变化,出现了阶级和阶级剥削关系。基于私有制基础之上不同阶级利益的严重对立,在各个阶级的利益博弈过程中,总有一个在政治和经济生活中居于统治地位的阶级。统治阶级为了维护本阶级的利益,开始以自身的意志制定

---

① 马长山:《法治的社会根基》,中国社会科学出版社2003年版,第18~47页。

各种法律，利用其所掌握的国家权力把本阶级的意志上升为法律表现出来，并以国家强制力保障其实施，从而维护有利于统治阶级的社会关系和社会秩序。同时，同样出于自身利益的考虑，统治阶级在其法律中也会适当兼顾其他阶级的某些要求，以缓和阶级矛盾。这也是阶级意志博弈的一个表现。因而，在阶级社会，法表现为法律，法律的阶级属性是其特有属性，是法在特定历史阶段表现出来的属性而非法的本质。

社会的发展必然会导致阶级这一历史现象的消灭，必然会出现未来的无阶级社会。然而在彼时，利益需求仍然是存在的。由于社会成员心理、智力等方面的差异性，个体利益和需要同集体的、社会的利益和需要之间的差别与矛盾是无法避免的。为了维护社会共同体利益，调和整体利益与个体利益的矛盾，需要一个公共权威机构，并由它将社会共同体意志通过制定和实施各种行为规范的方式体现出来。这种行为规范就是法在无阶级社会的表现形式。

其次，法是社会共同体意志的反映。法不仅仅是统治阶级意志的产物。其一，法的范围是广泛的，包括阶级社会之间的民族社会的习惯法、阶级社会的法、阶级社会之后的社会的法。其二，即使在阶级社会中，法所反映的也是社会共同体的意志。

第一，从利益关系的角度说，正如前文所述，由于人们对不同利益的追求，在一个社会共同体中，总是存在着不同利益集团的出现。利益集团就是人们基于不同的自然状况和社会利益追求而形成的不同的社会群体、利益集团、阶层与阶级、种族与民族、国家与国际组织等。在这个共同体内，每个利益集团都有着利益最大化的需求。资源是有限的，而人的需求是无限的。因而各种利益集团就会围绕各种利益既相互冲突、相互制约，又有着相互合作。它实际上是各种利益集团所代表的意志的博弈。而社会共同体内各个利益集团的意志博弈的结果最终上升为共同体意志。

为了有效地解决利益集团合作中的冲突，就产生了一定的制度需求，以此来规范他们的行为。而这些制度的产生则是利益集团意志博弈的产物，即就是共同体意志的产物。而正如马克思曾指出的："社会上占统治地位的那部分人的利益，总是要把现状作为法律加以神圣化，并且要把习惯和传统对现状造成的各种限制，用法律固定下来。"① 法作为制度规范中的特殊形态，同样也是整个国家与社会共同体意志的产物：或者是在共同体中居于主导地位的利益集团意志控制下的产物，或者是大致均衡的各种利益集团相互制约或妥协的产物。总之，法是社会共同体内各项意志的平衡。

---

① 《马克思恩格斯全集》（第25卷），人民出版社1984年版，第894页。

社会共同体意志的动态平衡是法发展的内在动力。意志的体现也是一种利益的体现，没有意志的共同体现，就很难说有大多数人的利益体现，就更难说有所有人的利益体现。共同体意志作为各个利益集团意志博弈的产物，必然是从本质上反映了社会大多数人根本利益和共同意志的妥协。其基本属性即动态平衡性主要反映在两个方面：一是从内部关系上看，人的利益需求是不断变化的，以及包括自然环境、社会环境和国际环境在内的外在环境的变迁，利益集团总是在不断的分化和整合之中，因而利益集团的博弈也总是动态的。由此而反映出的共同体意志总是处于相对稳定却又不断变动之中，即动态平衡的状态。二是从外部关系上看，由于人的意志是受一定物质条件制约的，不可能脱离现实社会物质因素的限制，因此社会共同体意志的产生、发展及其内容也无法脱离并制约于社会这个大环境，而始终与社会的发展进程和社会实际发展水平保持一种动态平衡关系。

实际上，作为共同体意志产物的法总是符合社会实际发展的水平的，因为只有这样，它才能得到人们的自觉支持遵守。而也只有得到人们的支持和遵守，法才具有实际意义。从另一个侧面说，一部具体的法总是不断修改和完善，其目的就是要使之与社会的实际发展水平相一致，或者说保持动态平衡的关系。

第二，在阶级社会中，任何一个统治阶级都是在被统治阶级的矛盾和斗争中取得统治地位的。因此，社会将本阶级的统治鲜明地、不加缓急地、不加歪曲地表现出来，上升为法。而是不得不适当地反映被统治阶级的意志。正如有学者指出，如果说"这种让步只在统治阶级根本利益允许的范围内才有可能"是一种从统治阶级出发的解释的话，那么，"统治阶级的意志和利益只有在被统治阶级容许和承受的范围内方能实现"才是历史展示给我们的根本所在。[①]

基于以上分析，我们认为，可以将法的本质表述为以强制力为后盾，以社会共同体意志形式表现出来的，平衡不同种类利益关系的社会规范的总和。

首先，关于共同体，马克思曾做过详细的论述。他认为，共同体的产生只能用历史事实来说明，其发展大致经历了两个阶段：一是自然形成的共同体。"第一个前提首先是自然形成的共同体：家庭和扩大为部落的家庭，或通过家庭之间相互通婚而组成的部落或部落的联合。"[②] 二是被创造出来的共同体。"工具本身已经是劳动的产物，也就是说，构成财产的要素已经是由劳动生产

---

① 马长山：《法治的社会根基》，中国社会科学出版社2003年版，第25页。
② 李庆均：《共同体意志——法的本质在秩序建构中的历史生成》，载《理论月刊》2003年第12期。

的要素,所以在这里,共同体……就不能再像第一种情况下那样以一种自然形成的形式出现了,共同体本身已经是被创造出来的、产生出来的、派生出来的、由劳动者本身被创造出来的共同体。"① 本文所谓的共同体,应当是具有社会性的而非自然的共同体。在这个共同体内,每个人都有着利益最大化的需求,因而人们之间既存在合作,又有着冲突。为了实现合作的潜在利益,并有效地解决合作中的冲突,就产生了一定的制度需求,以此来规范他们的行为。

其次,所谓平衡的动态性,有以下两方面含义:其一,法在运动过程中虽然从表象看,呈现的是一种相对稳定的状态,但其内部存在着诸多代表不同利益的意志始终在相互不断地博弈,这种博弈使法处在不断的变化状态之中,当各相关意志的相互作用使得彼此能容纳时,便达到了动态的平衡。其二,由于人的意志是受一定物质条件制约的,不可能脱离现实社会物质因素的限制,因此反映共同体意志的法也应当反映社会发展客观规律,而始终与社会的发展进程和社会实际发展水平保持一种动态平衡关系。

最后,法是以强制力为后盾的。通过意志的博弈而产生的法必然具有一定的约束力,任何行为规范的遵守都源于其强制力的存在。例如,宗教、道德的强制力来源于社会关系所形成的无形压力,例如舆论、物质利益的丧失等。法同样也有其强制性,即它是与一定的国家权力相联系的。这种强制力是共同体成员共同赋予国家的。当法不被遵守时,由国家权力来保证实施。因而法比其他行为规范更具有约束力。

这一本质的界定有以下理由:其一,人与人之间的利益关系是普遍存在的,只要存在社会分工就必然存在不同利益关系的冲突与矛盾。表面上看,法是在调整人们行为,实际上是对不同种类利益关系的平衡。其二,这一本质能够涵盖一切社会的法的共同本质。不论何种社会的法,根本性都是对利益关系进行协调和平衡,只不过调整的目的和调整的结果带有不同阶级的烙印而已。

法的这一本质的概括脱离了阶级社会的局限,能够从普遍的角度概括不同表现形式的法的内涵,涵盖其本质。当研究其他具体的法律部门时,完全能够以此为指导,探析其本质和属性。

---

① 李庆均:《共同体意志——法的本质在秩序建构中的历史生成》,载《理论月刊》2003年第12期。

第二节 经济法的本质

对于经济法的本质,经济法学者从经济法产生起就进行了诸多研究,各家观点不尽一致。金泽良雄认为原因有二:一是这是一个比较新的领域,各个学者都可以有自己的看法;二是经济现象不断变化,这也使得学者难以对此概念作出精确的概括①。就目前主要观点来看,较典型的有:需要干预经济关系论、国家调节论、协调主义、社会公共干预论等。这些观点都从不同的角度对经济法的本质进行了探讨,但其局限在于很大程度上注重经济法的经济性特征,而忽视了经济法作为法的特质。研究经济法的本质必须以哲学上的本质原理和法的本质原理为指导,并结合经济法自身的特性来揭示。本书拟从本质—法本质—经济法本质这一层层递进的关系入手,探求经济法的本质。

一、经济法本质的研究路径

首先,从哲学上说,本质就是事物的根本性质。这种根本性质,对于该事物来说,就是它本身的特殊本质;对于他事物来说,就是它们之间的本质区别。对本质这一概念的正确认识对于我们正确把握经济法的本质具有直接的指导意义。经济法本质应当能够反映自身的特殊性,从而与其他部门法本质区别,揭示不同时空经济法的类特征。

其次,经济法是法的体系中一个独立的部门法。因而就法的本质与经济法本质的关系而言,法的本质是经济法本质的一般形式。经济法本质是法本质的具体形态。因此法本质必然涵盖经济法的本质。法本质是以强制力为后盾,以社会共同体意志为表现形式的平衡不同利益关系的社会规范的总和。那么经济法的本质当然也应包含着三个要素:一是以强制力为后盾,经济法的整个运行过程是以强制力为保障的,任何破坏经济法运行的行为都应受到制裁;二是反映社会共同体意志,经济法同样也反映了其调整领域各个利益集团的意志;三是对不同利益的平衡是动态的,经济法对不同利益关系的协调和平衡同样具有内部和外部的动态性。但经济法毕竟是一个独立的部门法,具有自身的特殊性。简单地将法本质套用为经济法本质就显得过于粗糙和简单了。若要深刻挖掘经济法本质,还必须从经济法现象入手。

---

① [日]金泽良雄:《经济法概论》,满达人译,甘肃人民出版社1985年版,第26页。

最后,经济法现象的考察是探求经济法本质的必要途径。认识一个事物,应揭示其本质,但事物的本质并非可以直接观察的、感觉得到的,而是通过现象表现出来的。正如亚里士多德曾指出,一个人对一切事物,不论是对国家还是对别的什么,如果考虑到它的最初成长和起源,就能对他们获得明确的概念。探求经济法的本质,还应从经济法产生形成的历史中寻找,即从经济法现象的考察中获得答案。

法现象就是法这一客观事物本质的外在表现,具有直观感性。与具有抽象理性的经济法本质相对应,经济法现象是指能够凭经验、以直观的方式可以认识的经济法的外部联系的总和。或者说,经济法现象是经济法的存在状态,包含着经济法由简单到复杂的演进历史,甚至经济法由生成乃至消逝的生命过程。需要明确的是,经济法现象与经济法律现象不是同一个概念,两者有着不同的内涵。经济法律现象反映的是法律对经济的调整,不一定都属于经济法,而经济法现象是与经济法同时产生的,是经济法的表现形式。

从前文对经济法产生发展的历史考察来看,经济法现象具有以下表征:

首先,经济法现象的运动以政府干预为主要方式。在理论上,斯蒂格利茨曾论证①,政府能够干预经济的原因不外乎表现为两个方面:一是政府所特有的法律地位,决定了它拥有全体的社会成员和强制力,使其在纠正市场失灵方面具有某些明显的优势。二是政府能做的事情而市场不能做,某些市场经济中的棘手问题,市场本身是无能为力的,只能依靠政府发挥其经济职能作用来进行。各国现代市场经济的实践证明,政府干预可以弥补市场调节的缺陷。但需要注意的是,政府干预只是作为市场调节的补充手段,配合市场经济的有效运行,而不是否认市场调节。随着社会经济生活的复杂化,政府干预的手段也越来越多层次、多样化,政府干预也趋于复杂化。其一,从政府干预与市场调节的关系来看,理论上说,政府干预的领域应当是市场无法起作用的宏观经济领域,以及个别微观经济领域。但如何同市场机制保持良性的互补关系,如何把握好政府干预的度,始终是人们在思考的问题。其二,从政府自身来看,政府干预存在复杂性。政府同样也具有经济人的特性,也趋向于谋求自身利益最大化。"如果市场越界,政府很容易加以抵制;如果政府越界,市场就无能为力,除非带来了明显和持久的经济效率的损失。"② 因而完全的政府干预经济往往会出现政府失灵。作为经济法现象运动方式的政府干预实际上要求的是一

---

① [美] 斯蒂格利茨:《政府为什么干预经济:政府在市场经济中的角色》,郑秉文译,中国物资出版社 1998 年版,第 45 页。

② 冯彦君:《现代经济法的时代品格与蕴意》,载《社会科学战线》2004 年第 6 期。

种适度干预。实际上政府干预复杂性的实质在于政府干预经济生活的范围与程度的合理确定。

其次，经济法现象所涉及的主体具有多样性。经济法调整由于政府规制经济运行而产生的丰富、复杂的经济关系，涉及面十分广泛，跨越了宏观和微观领域，贯彻在生产、分配、交换、消费的每个物质再生产环节。凡参与上述特定经济关系的各种社会组织和个人都会成为经济法的主体。因而经济法主体的范围十分广泛，既包括经济决策和管理主体的政府及其部门，也包括经济活动主体的生产经营者、消费者和劳动者，还包括承担部分管理职能的经济自治团体。它们都是经济运行所不可缺少的主体，具有独立的地位与人格，以自己的意思来选择行为，主动积极地参与经济运行，依法享有经济权利（力），履行一定的经济义务。从这个意义上说，各经济主体之间是平等的。它们在平等地遵守法律规定的前提下，参与国民经济的运行。

最后，经济法现象的表现形式是不断变动的。在资本主义国家出现垄断现象以后，经济危机频繁发生。国家为应对这种世界性的经济危机而采取凯恩斯主义经济政策，由此在法律领域出现了以《谢尔曼法》为代表的经济法现象，突出地表现为"危机对策法"，其作用和目的在于解决和克服经济危机的影响。

"一战"中，为适应展示经济需要，德国成立了战时工业委员会和战时原料供应处，并于1915年颁布了《关于限制契约最高价格的通知》。1916年颁布了《确保战争时国民粮食措施令》，并在战后根据魏玛宪法的社会化条款（156条），于1919年制定了以"经济法"为名、对钾和煤炭工业实行社会化的《钾经济法》和《煤炭经济法》。在战争的刺激下，经济法现象首先表现为战时经济法。

"二战"时期，各国都进入了"战时统制经济"，为最大限度地保障战备，战争时期的经济法现象，就表现为与战争有关的"经济统制法"，其作用和目的在于使国家集中管理经济；"二战"以后，各国为实现经济的复兴，无不采用国家制定经济发展战略的方法来推动经济增长和经济发展，经济法现象则表现为"经济复兴法"，其作用在于实现经济的复兴，促进经济增长；此后，在市场经济的发展过程中，经济法现象随着不同阶段经济法发展需要而呈现不同的表现形式，对市场经济运行或弱或强地发挥着作用。

通过以上分析，可以得出以下结论：

第一，经济法现象所涉主体的多样性表明，在经济共同体内，始终存在着三方主体，即作为国家代表的政府、作为生产者、消费者、劳动者的个人以及经济自治团体。经济共同体的意志实际上是这三方主体意志相互博弈的结果。

市场经济中，包括政府在内的各经济主体都要追求自身利益的最大化，不免存在利益关系的矛盾和冲突。作为协调利益关系、平衡主体利益，最大化实现社会经济利益的经济法应当直接反映为经济共同体意志。

第二，经济法现象的运动方式表明，要使政府干预适度，就必须对其作一定限制。确认和规范政府干预的实质是在确认经济权力作用的同时，对其加以适当限制以维护正当的经济权利。规范政府的经济权力与确认这种权力一样是必不可少的。政府干预的实质是公权力对经济生活的介入。公权力与私权利实际上是此消彼长的关系。如果没有适当的约束，往往会导致非理性化的公权力运用，即经济权力对经济权利的侵犯。因此，经济共同体内不同利益及利益关系之间的矛盾冲突实际上源于经济权力与经济权利的对立。共同体意志实际上反映了经济权力与经济权利博弈的结果。

第三，经济法现象的变动性表明，无论是经济主体不同利益及其关系的协调，还是经济权力与经济权利的平衡，这种协调和平衡始终处于动态。社会是不断向前发展的。即使在一个相对静止的时期，市场中的各种具体变动因素也会具有较大的波动性、多变性。与市场经济密切相关的主体的利益需求，权力要求自然随之而变化，例如经济结构、经济规模、市场成熟度等。就决定了经济法对主体利益的协调、权力与权利的平衡是相对静止的，是随着社会经济的发展、主体利益需求的变化而处于运动的状态。

二、经济法的本质

通过对法的本质一般性及经济法现象特殊性的考察，可以对经济法的本质有一个清楚的认识，即以强制力为保障、以社会整体利益为目标的经济权力与经济权利的平衡。这一本质包括以下内容：

第一，以社会整体利益为目标。就每一个法律部门而言，它不可能"毫无主次的平行的保护和实现着每一种利益"，[①] 因此，每一个部门法的目标都表现为这样一种模式：以保护和实现几个性质不同的利益为背景，重点突出其中一种利益。而只能以保护和实现一种性质的利益为首要目标，"而后由法律反射进而实现又一种利益，或间接的实现另一种性质的利益"。[②] 经济法产生和发展的历程决定了经济法的使命正在于使社会利益得以实现，使社会弱势群

[①] 王保树：《论经济法的法益目标》，载《清华大学学报（哲学社会科学版）》2001年第5期。

[②] 王保树：《论经济法的法益目标》，载《清华大学学报（哲学社会科学版）》2001年第5期。

体的利益有可靠的法律保障。何谓社会整体利益？社会整体利益是绝大多数个体利益的同类或同种欲求，无需整合亦不需提炼。它是自然生成的。社会整体利益与个体利益是一致的。不合理的界定，片面通过整合个体利益而产生的社会整体利益往往并非社会共同体内绝大多数成员的利益需求。相反，却是少数人借整体利益之名对绝大多数个体成员进行压制的理论工具。经济法正是"通过对经济运行的协调来不断地解决个体营利性和社会公益性的矛盾，平衡各种利益关系，兼顾效率与公平，从而促进经济的稳定增长，保障社会整体利益的实现，进而促进经济与社会的良性运行和协调发展"①。

此外，需要指出的是，其一，社会整体经济利益的内涵并不是狭隘的，它还包括了国家、集体和个体经济效率的相互促进、相互制约的关系。而且，随着经济全球化的发展，它还会超越国界，指向由多个国家（地区）、多种因素构成的更大的整体。其二，社会的发展应该包括横向发展和纵向发展两个方面，社会整体利益中的社会不仅仅指当代的、我们生活于其中的静态的社会，而且还包括发展中的、将来我们后代还要生活于其中的动态的社会。因而经济法维护社会整体经济利益的使命有着深远的内涵。

第二，强调经济权利与经济权利的平衡。市场经济发展需要良好的经济秩序。与民法着眼于权利、行政法着眼于权力不同，经济法强调的是经济权力与权利的平衡，即经济权力—权利结构的优化。这是经济法本质的核心所在。权利与权力有相互对立的一面，任何一方的扩张必然以另一方的萎缩为代价。权力具有非对称性和强制性，权利则具有自主性和公认性。在市场经济中，经济权力的膨胀则将重回以权力来强制分配经济资源的封闭式经济时代。同样，经济权利的过度扩张则会导致近代市场经济下的盲目、自发的经济行为。强调权利与权力的平衡不仅表现在两者"量"的平衡，还应避免两者的"功能背反"② 状态的发生。功能背反是由于权力和权利在实践中各自发挥了对方的功能或在实践中相互渗透的状态，表现为权力权利化、权利权力化以及权利与权利的相互渗透，导致贪污、权钱交易、以情代法等一系列腐败现象的产生。市场经济条件下，经济法着眼于经济权力与经济权利的良性互动。首先，经济法确保经济权力与权利的运行在其规定范围内。其次，经济权力能够完善市场环境，保持经济总量增长和结构的优化，调节公平与效率的关系，因此经济法注重经济权力在市场中的能动作用。再次，没有约束的权力是危险的。因此，经济法要求经济权力以一种理性的方式来行使。"理性权力对社会的有组织性具

---

① 张守文：《略论经济法的宗旨》，载《中外法学》1994 年第 1 期。
② 袁祖社：《权力与自由》，中国社会科学出版社 2003 年版，第 188 页。

有至关重要的作用。权力只要控制得当，它便不是人们提心吊胆的困兽，而是有益于秩序，从而有益于使社会组织化的温顺的家猫。"① 经济法在赋予主体广泛的经济权力的同时，还以相应的权利救济来制约经济权力。

第三，通过确认和规范政府经济行为来实现目标。在经济法中，政府经济行为是指市场经济条件下，政府为实现社会整体利益，在进行宏观调控和市场规制过程中所产生的发生法律效力的行为。其外延包括政府宏观调控行为和市场规制行为。与其他经济主体行为相比，政府经济行为有其特殊性。一是主体的特殊性。政府经济行为的主体是政府。政府运用经济政策、计划指导等手段对市场经济进行宏观上的调控和微观上的规制，其实质表现为经济权力。二是作用的特殊性。政府经济行为能发挥其他主体行为所不能比拟的效果。因此，政府经济行为实质上在市场经济中起着主导作用。经济权力与权利结构的优化可以通过对政府经济行为的影响来实现。

经济法是在政府干预经济的背景下产生的，因而它必然首先确认政府经济行为。市场调节机制在利益关系协调上的局限性、调节活动的短期型、盲目性等缺陷，都需要政府以带有预见性的规范性的调节机制，介入经济运行，以弥补市场调节机制的缺陷。其次，为平衡政府的经济权力与其他主体的经济权利，克服权力的滥用以及由支配而带来的破坏性，经济法还通过以下途径对政府经济行为加以规范：一是将政府经济行为纳入法治化轨道。在确定政府经济行为的范围是，以市场为本位，以政府为辅助，使范围限制在市场失灵的经济领域；在政府干预的手段和方式上，要求其具备宏观性和间接性；在政府经济行为的程序上，经济法要求政府经济行为必须严格依照法定的程序进行，从而充分发挥经济权力的积极作用，同时保证权力不被滥用；在政府经济行为的责任后果方面，经济法力图建立起自己独特的诉讼制度。只要政府经济行为损害了社会整体利益，任何人都可以提起诉讼，从而更好地规范政府经济行为。然而这一点在我国尚存在欠缺。二是通过赋予市场主体权利而制约政府经济行为。其他市场主体包括经济自治团体、生产者、消费者和劳动者等。经济自治团体作为政府—社会中间层—市场三元社会结构中的一个环节，在市场经济中起着重要作用。其专业性、自律性和职能性特征一方面可以使其对本行业、本部门成员进行自律管理，另一方面又承担了部分政府经济职能；一方面以政府、法律的授权管理本行业事务，另一方面作为本行业成员的代表制约、监督政府的经济行为。

---

① 谢晖：《价值重建与规范选择——中国法制现代化沉思》，山东人民出版社1998年版，第221页。

第三节 经济法的属性

属性是一事物区别于其他事物的特有性质。除了该事物的本质以外，还有一些属性虽然不能上升为事物的本质，但与其密切相关。相对于内在于事物的本质而言，这些就是其外部属性。经济法的属性主要表现为：现代性、本土性、经济性以及社会性。

一、现代性

经济法与其他传统部门法相比，具有独特的现代性。伴随着从物质到精神、从制度到观念的现代化变迁，整个社会中的现代性因素不断增加；法作为一种调整社会关系的手段和符号系统，必然会对此作出相应的调整和反应。在此背景下产生的经济法，自然有着不同于传统部门法的现代性特征。具体而言，经济法的现代性属性主要体现在以下几个方面：

首先，经济法产生和发展的经济背景、政治背景深刻地表明了经济法的现代性特征。其一，随着近代自由市场经济的发展，出现了市场机制难以有效发挥作用的领域，导致市场失灵的发生，从而使国家干预成为必要。其二，现代国家的经济职能不断扩张和完善使得国家对市场经济进行积极的调控与规制。经济法产生和发展的经济和社会背景，是现代市场经济和现代多元社会。恰恰是在这个特定的时空，出现了一系列重要的经济现象和经济问题。并且传统部门法理论和规范都不能有效地予以解释和解决。作为独立法律部门的经济法和经济法理论随之产生。这充分体现了经济法产生和发展的现代性特征。

其次，经济法的基本精神表明自身的现代性。市场经济的发展导致市场失灵、政府失灵等现象。这使得从整体上协调政府与市场主体之间、市场主体与市场主体之间的利益关系显得十分迫切和必要，也就是说，社会整体利益的精神追求在现代社会得到前所未有的重视和凸显。从各个法律部门赖以产生和发展的背景以及自身价值设置来看，民商法只能是个人利益的保护法，不能追求社会整体利益，行政法则主要表现为限权性规范，并不负有克服市场调节机制缺陷及维护市场条件的职能，也无力担负起维护社会整体经济利益的重任。因此，协调个人利益与社会利益，保护和实现社会整体经济利益的追求目标只能由新兴的经济法来完成。

再次，经济法的法域归属表明了自身的现代性。正如哈贝马斯所说："随着资本集中和国家干预，从国家社会化和社会国家化这一互动过程中，产生了一个新的领域。从这个意义上说,公共利益的公共因素与契约的私法因素糅合在了一起。这个领域之所以意义重大,因为这既不是一个纯粹的私人领域,也不是一个真正的公共领域。因为这个领域既不能完全归因于私法领域,也不能完全算作公法领域。"可见,第三法域的出现是现代社会的产物。经济法就是从私法公法化和公法私法化的法律运动中产生的,兼具公法因素与私法因素,在法域归属上属于相对独立的"第三法域",从而区别于传统二元法律结构中绝对的公私法划分,表现出强烈的现代性特征。

最后,经济法的制度构成也表明其自身的现代性特征。在现代社会中,程序与效率得到了越来越多的重视,"程序性本来就是日益抽象的、非人格化的'陌生人社会'所必需的,因为这是互赖又互动的人们维系其良好秩序所需要的。此外,社会的分工与分化,使专门化与规模经济得以发展,社会供给和需求大量增加,从而使社会节律与经济效率大为提高",①"程序与效率便成了影响社会发展的重要因素"。② 为了适应社会发展对程序与效率提出的要求,法律制度在构成上就必须体现出程序价值与效率理念。在经济法制度中,就既包括实体法制度,又包括程序法制度。这种实体法与程序法的合一,使得经济法无需再单独构建一套程序制度以适应实体制度。而传统的民法、刑法、行政法等则是在实体制度外,又单独构筑一套程序制度。显然,经济法是与之不同的,这一差异使得经济法在制度构成上显现出现代性属性。

二、本土性

每个国家和民族在历史因素、文化传统、经济基础、政治环境等方面都或多或少存在着差异,这就决定了经济法并不是在每个国家都是千篇一律的。一国经济法的发展虽然会受到外来或国际因素影响,但归根到底是植根于本国土壤的。这就是经济法的本土性属性。

以我国经济法的发展为例。我国社会主义市场经济是一种在公有制基础上的市场经济,其运作模式、市场规则及主体架构等方面与西方国家的市场经济具有很大程度的共通性。由于这种相通性,我国经济法与西方经济法在很多层面上是具有共性的。从这个意义上说,西方发达国家经济法的发展经验是可以为我们所借鉴和移植的。然而,我国经济法有其独特的生存土壤,这就决定了我国经济法制度建设不可能照搬西方的模式。

首先是文化背景的特殊性。"礼是联结家国于一的唯一价值和规范体系,

---

① 张守文:《论经济法的现代性》,载《中国法学》2000 年第 5 期。
② 张守文:《论经济法的现代性》,载《中国法学》2000 年第 5 期。

是中国古代社会家国合一的大一流格局的最好表征。"① 我国传统文化的思想内核就是儒家文化的礼治。礼治强调的是由一位有德贤君来治理国家，实质上是暗含了德君具备完全理性的理论假设。而经济法的认知基础是有限理性，两者是对立的。因而在我国传统文化中很难发掘到有限理性的思想资源。这意味着我国经济法制度的建设必须首先凭其传统观念的阻碍，重新建立起现代经济法的认知模式。

其次是政治背景的特殊性。我国传统政治社会实行的是中央高度集权的政治体制，缺乏经济民主的思想资源，从而导致对权力的畏惧和膜拜。这一现象甚至一直延续到现在。在过去计划经济体制下，政府掌握着经济运行的全部，经济权力高度膨胀。而由计划体制向市场经济的转轨，也是在政府推动下实现，自上而下的变革，政府理所当然地被视为"全体人民利益的代表"，政府的经济权力很少受约束。而权力自身具有危险性，缺乏约束的权力更容易导致腐败。这表明我国经济法建设的重点应当在于如何确认政府权力干预经济的合理范围，如何对政府的经济权力加以规范和监督。

最后是经济背景的特殊性。中国实行改革开放的时间只有短短的二十几年，建立社会主义市场经济体制目标提出的时间更短。一是计划经济体制的影响仍然存在，旧有的思维不时影响着市场经济体制下主体的行为方式。二是市场本身发育不足，市场运行机制不完善、不健全。以上两个方面导致了我国市场经济体制特有的种种问题的产生。例如在现实经济生活中，垄断特别是行政垄断表现突出，构成了对自由、公平竞争秩序的威胁。因此与西方不同的是，我国竞争法还肩负着反行政垄断的重要任务。

由此可见，我国经济法有着与西方不同的本土资源。因此经济法的发展必须立足于本国国情，而不可能是西方经济法现代化沿革的翻版。由我国经济法发展的特殊性可以看出，经济法在现代化的过程中，更应注重其本土化。也就是说，在移植或借鉴别国先进的经济法的制度模式和观念体系时，还应尊重和正视本土法资源，并更新和改造传统法资源中的若干阻碍经济法发展的因素，充分利用有利于经济法发展的本土资源。

三、经济性

经济法属性的经济性，为大多数学者所赞同，德国学者海德曼早就指出，现代社会的时代精神就是"经济性"，这种经济性是现代法的特征，经济法就是渗透着经济精神的现代法。可见，在海德曼看来与其他部门法相比，经济法

---

① 梁治平：《寻求自然秩序中的和谐》，中国政法大学出版社1997年版，第31页。

具有突出的"经济性"。它主要表现在以下三个方面:

首先,经济法追求目标的经济性。经济法是经济发展的产物,资本主义发展到社会化大生产阶段,遭遇到其本身所不能克服的障碍。因此,作为现代市场经济产物的经济法,其目的就是要实现经济的协调,促进整个国民经济持续、健康、快速的发展。经济法趋向于通过维护社会经济总体结构和运行来保护和实现社会整体利益。这种社会公共利益具有经济性,指经济法所保护的公共利益以经济基本权为权利外形,其核心是实现经济上的正义。① 经济性是经济法上的社会利益区别于其他部门法上的社会利益的重要标志。

其次,经济法调整对象的经济性。经济法直接作用于市场经济,调整发生在社会再生产领域中特定的经济关系。这类特定的经济关系是"商品、资本、价格、货币等多重要素的集合体与交互体"②,存在政府、经济自治团体、生产者、消费者、劳动者等经济主体。经济法的调整在于将这些生产要素在政府与市场间以权利义务的关系形式配置得合理与和谐、公平与有效。

最后,经济法责任的经济性。经济法的责任是在政府干预经济的过程中发生的法律责任:对调制主体来说,是因其违反经济法规定的调制义务而对国家和受调制主体承担的责任;对受调制主体来说,是因其经济行为违反经济法规定而对国家、社会和其他经营者、消费者承担的责任。这些责任都发生在经济领域,都是因经济法主体的经济行为而引起,因而具有经济性特征。

四、社会性

在学术界,经济法的社会性特色日益受到重视。金泽良雄称经济法是"被认为蕴蓄在其中的公共性(社会性)一面的法律"。③ 丹宗昭信认为:"经济法的性质既不属于传统公法,也不属于传统私法的范畴,而是带有两种法律混合形态特征的法。经济法这个新的法律部门已经处于社会法的一部分的地位。"④ 在拉德布鲁赫看来,经济法是由于对社会法的追求,私法和公法的融合渗透而产生的一个全新的法律领域。⑤ 施米托夫也认为经济法"发展了公共

---

① 郑鹏程:《论经济法制定与实施的外部性及其内在化》,载《中国法学》2003 年第 5 期。
② 李昌麒、单飞跃、甘强:《经济法与社会法关系考辨——兼与董保华先生商榷》,载《现代法学》2003 年第 5 期。
③ [日] 金泽良雄:《经济法概论》,满达人译,甘肃人民出版社 1985 年版,第 78 页。
④ [日] 丹宗昭信、厚谷襄儿:《现代经济法入门》,谢次昌译,群众出版社 1985 年版,第 48 页。
⑤ [德] 拉德布鲁赫:《法学导论》,米健等译,中国大百科全书出版社 1997 年版,第 77 页。

利益这个核心概念"①。我国学者也越来越多地认为经济法作为社会法的一个重要组成部分,具有社会法的属性。

经济法的社会性主要包括了三个层面上的含义:第一,经济法宗旨的社会性。经济法既非个人本位,也非国家本位,而是以社会为本位,追求的是一种社会整体利益而不是偏向任何个人的利益。经济法既不同于注重保护私人利益的传统私法,也不同于强调保护国家利益的传统公法,它通过不同方式协调各种利益关系,以达到社会公共利益的最大化。这是经济法不同于传统部门法的一种基本精神。例如,作为经济法重要组成部分的宏观调控法,通过财政政策、货币政策、产业计划等多种方式,实现经济持续增长、物价稳定、充分就业、国际收支平衡等为内容的社会公共利益。更重要的是,经济法在侧重保护社会利益的同时,也能兼顾对国家利益和私人利益的保护。

第二,经济法调节方式的社会性。经济法的调节方式实际上是一种社会调节方式,这是国家以社会管理者的身份,或社团以社会公信力为媒介完成的一种社会生活交往模式。在经济法中,以引导、促进、参与等方法,引领经济的发展,同时对社会弱势群体加以保护以维护公平。此外,经济法在实施调节的主体方面,国家大量授权给行业协会、工商业团体及其他社会组织,赋予其一定的市场规制和宏观调控职能,辅助和规范政府经济职能的实现。这些社会组织,独立于政府与个人,为政府干预市场,市场影响政府提供桥梁,在市场各主体之间相互联系中起中介作用。

第三,法律责任的社会性。由于经济法本身是公法和私法的融合,是一种社会法,因此从制度范畴上看,与社会法相对应的是社会责任制度。这也就决定了经济法责任的社会性。经济法的立法目的是平衡个体利益与社会利益之间的矛盾,促进社会经济的良性运行与协调发展,维护社会整体利益。违反经济法所规定的义务,即是对社会经济秩序的破坏和对社会利益的损害。所以,经济法责任必然是违法者对社会的责任,而不仅仅是对个别当事人和国家的责任。由于经济法主体的违法行为不仅影响到自己和相关第三人的利益,而且还是一种具有极大社会危害性、直接损害社会整体利益的行为,因此,经济法基于社会整体利益考虑,站在全社会的高度来规定违法者的法律责任,其实施效果是直接维护社会整体利益的。这也是经济法不同于其他法律部门的一个重要特点。

---

① [英] 施米托夫:《国际贸易法文选》,赵秀文译,中国大百科全书出版社1993年版,第36页。

第三章 经济法的基本范畴

第一节 经济法基本范畴的概念

一、经济法基本范畴的含义及其研究的意义

亚里士多德将存在的本然意义称作"范畴",认为"就自身而言的存在的意义如范畴所表示的那样,范畴表示多少种,存在就有多少种意义",① 并以实体、数量、性质、关系、地点、时间、姿态、状况、活动、承受等十个范畴囊括了存在的全部方式。这就在历史上第一次产生了"范畴"这一术语。康德从主观唯心主义的观点来解释范畴,他把范畴看作不是来自经验而是所谓知性先天原则和概念。黑格尔则从客观唯心主义出发,把范畴看作是先于自然界和人而客观存在的绝对观念的发展过程的环节,即绝对观念的自我规定。而马克思主义哲学在吸收以上成果的基础上,认为范畴是反映客观事物本质联系的思维性质,是各个知识领域中的基本概念,具有抽象性、概括性和根本性三个特点。

因此,从历史唯物主义和辩证主义出发,范畴是人的思维对客观事物普遍本质的概括和反映,是人类在认识发展过程中形成的反映事物特性和关系的基本概念。任何一门科学,从理论形态上说,都是由范畴建构起来的理论大厦。

范畴与概念含义不同②。概念虽然也是认识客观事物的思维形式,甚至有时与范畴重叠,而且范畴也总是通过特定的概念术语来表现,但是,并不是所有的概念都是范畴。范畴只是概念群中的基本概念。从反映内容来看,范畴来

---

① 苗力田主编:《亚里士多德全集》(第七卷),中国人民大学出版社1993年版,第121页。

② 任先行、张奉礼:《论经济法的范畴》,载《兰州商学院学报》2001年第4期。

自于概念，又高于概念；范畴着重反映客观事物相互之间的联系，而概念则着重反映事物的属性。从逻辑特征来看，概念有内涵和外延这两个最基本的逻辑特征，范畴则具有类型、范围或指示、证明的逻辑特征。因而范畴与概念是不能相互替代的。人们在认识客观事物的过程中虽要借助特定的概念进行判断、推理和论证，并往往形成新的概念，但这些新概念只有升华为新范畴，才有新价值。

法学也是由法学范畴建立起来的理论大厦。在经济法领域内也同样如此。经济法基本范畴就是概括和反映经济法本质和特性的基本概念。一方面，经济法基本范畴是在其他子部门法具体范畴的基础上的进一步抽象，并且是以它们为中介环节而深入到经济法现象的各个层次和各个领域的；另一方面，经济法基本范畴又以其最高的概括性和普遍性成为其他子部门法具体范畴的支撑点，从而使经济法基本范畴和具体范畴形成内在有序、相互配合的体系。

经济法的基本范畴有其理论和实践意义。首先，从经济法学理论研究的角度来看，经济法基本范畴的研究是十分必要的。基本范畴的确立是对任何一门学科进行深入研究的必要前提。因为对任何一门学科的研究都不可能得到一个一劳永逸的、最终性的、绝对性的认识。毕竟人的认识能力和认知水平在受到特定时间和空间限制的同时，还受到个体教育状况、理解能力等许多偶然性因素的影响。而基本范畴的确立则能够起到一个"语言平台"的作用。在这个平台上，人们就特定的空间与时间内的某个基本范畴达成暂时一致。以此为前提，那么更高层面的对话和交流、探讨就成为可能，从而促进这门学科进一步的研究，最终促使学科的发展与繁荣。因此，是否形成由范畴和概念构成的理论体系，是这门科学是否独立和进一步发展的标志。

对经济法这门学科的研究同样如此。因此经济法学的研究首先应立足于如何完善自身的基本范畴进而构筑相对独立的、比较完善的科学体系。经济法作为以确认和规范政府干预来平衡经济权利和权力之法，在市场经济中起着重要作用。在调整对象、调整方法、具体制度和内容等方面都与传统法律部门迥然有异，因此应在对经济法进行深刻认识的基础上，确定其基本范畴，并挖掘其内涵，进而以范畴为依据，明确范畴体系的逻辑起点，探求其中的逻辑关系，并以此作为经济法学理论的基石。

其次，从经济法的实践来看，经济法基本范畴的研究也具有必要性。人之所以为人，是因为人具有认识和改造客观世界的能力。其中，改造世界是建立在认识世界的基础之上的。也就是说，人有自我发展、自我完善的能力是通过人的认识的发展才得以实现。而范畴正是人类认识的起点，是人类理解和把握客观世界的钥匙。范畴是人们在实践基础上概括起来的科学成果，反过来成为进一步认识世界和指导实践的方法。因此,范畴的确立与明晰对于实践具有重要的指导意义。就经济法而言,经济法基本范畴既是各具体概念的抽象和概括,同时也是经济立法、司法和执法的基础。只有在建立基本范畴的前提下,才能够对主体、行为以及相应的责任有清晰的认识,才能建构有于其他法律部门的、独立的经济法运行系统。

二、经济法基本范畴的确立

按照马克思在《资本论》中建构科学范畴体系的范例,作为范畴体系逻辑起点的东西,应当具备三个条件①:(1)必须是整个研究对象中最简单、最普遍、最常见的东西,是通过对客体具体分析所达到的最简单的规定。(2)在这最常见的东西中,包含着对象及其在整个发展过程中一切矛盾的胚芽,因而从它出发,经过一系列中介,能够逐步从抽象上升到具体。(3)作为逻辑起点,同时应当是对象的历史的起点。

从以上三点出发,经济法基本范畴的确立首先应当具备一定的条件,它应当能够反映经济法的特质。第一,经济法的基本范畴必须是经济法本质的体现。如前文所述,经济法的本质是以强制力为保障、以确认和规范政府干预来实现的经济权力与经济权利的平衡。经济法的基本范畴必然要反映这一本质,才能将经济法学与其他部门法学进行质的区分。

第二,经济法基本范畴必须是经济法具体概念的抽象和概括。② 经济法具体概念是宏观经济运行在经济法具体规定中的理论反映,也是在经济立法、执法、司法等运行过程中的理论反映,这些反映经过进一步整理、归类和概括,抽象出最能反映最普遍、最常见的经济法现象和运行过程的范畴。也只有这样的抽象,才能够使经济法学范畴具有辐射力,发挥统率、凝聚、吸引其他具体概念的作用。

第三,经济法基本范畴应当具有普遍性③,必须能够反映经济法的全局。因而既不能采取简单升格的办法,把经济法领域内某一具体部门的某些范畴上升到经济法基本范畴的位置,这样只会是经济法基本范畴丧失普遍使用的意义;也不能采取简单挪用的办法,把属于其他法律部门的基本范畴直接作为经济法的范畴使用。这样只会导致范畴不能反映经济法领域的特殊性,不能有效地解决经济法的认识和实践问题。

---

① 转引自张文显:《法学基本范畴研究》,中国政法大学出版社1993年版,第18页。
② 汤黎虹:《经济法学范畴研究》,载《行政与法》2003年第11期。
③ 张文显:《法学基本范畴研究》,中国政法大学出版社1993年版,第8页。

根据以上内容，在经济法全部范畴中，经济法行为、经济法关系和经济法责任应当作为经济法的基本范畴。

首先，从经济法调整的内容实质来看，经济法作为体现经济共同体意志的规范体系，其调整对象实质上是人们的行为。从一般法学理论看，法律是调整一定社会关系的规范体系，只有通过影响人们的行为才能实现对社会关系的调整。经济法也不例外，经济法调整市场经济体制中特定的社会关系，实质上是对经济主体行为的调整和规范。

经济法所体现的社会整体利益价值目标必须借助于经济法律主体的经济法律行为才能实现。经济法中所包含的各种法律规范，具体的法律条文都只是立法者主观设定的经济共同体意志和目标，这种意志和目标的实现需要有政府及其他经济主体的各种经济行为。离开了经济行为，经济法所蕴含的共同体意志和价值目标都只是一纸空文。

经济法能否真正地得到实施以及取得实施的效果，也是需要法律行为来检验的。行为的规范化程度是检验经济法律规范的效力和实效的主要标准，法律行为使法律中的主体、客体、权利、义务、责任等诸要素相互联系和转化，在此意义上可以认为，经济法的效力和实效存在于经济法律行为之中，要真正实现经济法的调整目标，建立正常的经济法律秩序，就必须为人们的行为注入合理的法律动机，而研究经济法律行为也正是实施经济法规范之所必需。

其次，权利和义务是法的历史起点。在氏族习惯中，是无所谓权利和义务的。正如恩格斯在《家庭、私有制和国家的起源》一书所描述的：在以习惯为调整机制的氏族内部，权利和义务还没有任何差别；参加公共事务，实行血亲复仇或为此接受赎罪，究竟是权利还是义务这种问题对印第安人来说是不存在的；在印第安人看来，这种问题正如吃饭、睡觉、打猎究竟是权利还是义务的问题一样荒谬。① 所以说，人类的观念和社会关系中出现权利和义务的分离和对立，是法产生的征兆和标志；权利和义务是法律现象中最普遍、最常见的基本粒子，是对法律现象的最简单的抽象和规定；权利与义务的对立统一蕴含着法律现象内部一切矛盾和胚芽；法律领域的一切矛盾、冲突、纠纷、斗争皆导源于权利和义务的对立。②

经济法关系包括经济法权利和经济法义务。从经济法自身而言，经济法研究的一个重要对象是经济法制度，而经济法律制度则是由权利和义务组成的规范体系，因此，经济法的最基本和最核心的要素仍然是经济权利和经济义务。

---

① 《马克思恩格斯选集》（第4卷），人民出版社1995年版，第159页。
② 张文显：《法学基本范畴研究》，中国政法大学出版社1993年版，第18页。

经济法价值目标的实现有赖于经济法秩序的建立,经济法律秩序作为存在于法律社会中的人、机构、关系、原则和规则的总体,是以由主体的权利义务所构成的经济法律关系为核心的。经济法主体在从事法律活动中,在自己与他人和社会之间建立起了权利与义务联系,才形成经济法关系和经济法秩序。

总之,对权利和义务的分析应当是法学的起点,将经济法关系作为基本范畴之一是必然的。

最后,法律责任是任何一个法律部门所必不可少的组成部分。由于法律人格主体拥有积极行使权利而怠于接受义务约束和忠实履行义务的自发偏好,法律责任就成为法律运行的保障机制。同样在经济法领域,经济法责任就成了经济权利和经济义务实现的保障机制,是经济法目的得以实现的最后一道屏障。因此经济法责任应当成为基本范畴之一。

经济法的行为—关系—责任三个基本范畴是紧密联系在一起的。经济法关系通过经济法行为而创设或变更,或者说,正是由于不同的经济法行为,才导致了一系列与之相关权利(力)和义务的产生、变更和消灭。当经济法权利(力)和义务的行使和履行违反经济法规定时,随之产生经济法责任对违法主体进行制裁。这三个基本范畴贯穿了经济法学理论研究和经济法运行过程的始终,构成了经济法这个独立法律部门最基础的理论内容。

第二节 经济法行为

一、经济法行为的概念

经济法行为是指经济法主体依经济法规定,按照其意志进行经济活动并且发生经济法上效果的合法的经济行为。它由政府经济行为、市场其他主体的行为以及经济自治团体的自治行为这三个相互影响、相互配合的概念构成。这一定义包括如下含义:第一,经济法行为是能够引起经济法律关系产生、变更和消灭的事实的一种。它是能够引起经济法律关系产生、变更和消灭的客观情况。第二,经济法行为是由经济法律规范规定和调整的行为。这是经济法律行为同其他法律行为的重要区别。第三,经济法行为是发生经济法上效果的法律事实。经济法行为能够发生、变更、终止经济法权利和义务。因此经济法行为与经济行为不同,前者只能是合法行为,而后者还包括违法行为。

经济法行为作为法律行为的一种，首先具备一般法律行为的共同特征。①一是社会性。经济法行为首先是人的行为，因而受到社会经济和社会关系的制约。二是法律性。经济法行为是符合经济法规定的行为，即由经济法规范所决定的范围内的行为，是发生法律效果的行为。三是可控性。经济法行为具有规律性和意志性，因而既可以受到经济法的控制，又可以受到个人的自我控制。四是价值性。经济法行为基于行为人对该行为的意义评价而作出，它以需要为机制，由行为人的需要所推动或引发的。

经济法行为除具有法律行为的一般性质之外，与民事法律行为、行政法律行为比较，它还具有自身的特征。

一是行为主体的特殊性。经济法行为主体模式呈政府—团体—市场三元结构。政府对经济整体运行进行宏观调控和微观规制；市场是生产经营者、消费者和劳动者等经济主体活动的空间，在这个平台上，各主体相互合作，相互竞争，遵循政府的宏观调控，接受政府的调控和规制；团体指经济自治团体，基于政府与市场之间，为两者的对话和交流提供平台，团体凭借合法的授权对市场进行自律管理，同时作为全体成员的代表对抗政府权力的非理性侵入以保护成员的合法利益。这种三元模式是现代多元化社会的反映，与民法行为主体模式是公民—公民的平等模式以及行政法则是行政主体—相对人的管理模式相比，具有特殊性。

二是行为结果的社会性。经济法行为在于解决效率与公平、个体营利性与社会公益性的矛盾，实现经济持续稳定增长和社会与经济的良性运行和协调发展，它以实现经济公平和社会公平为动机、以积极引导促进为手段、以市场无功能为作用范围，是对市场主体间法律关系的直接介入，其价值判断以结果社会整体利益为标准。这一行为目的显然既不同于以谋求自身利益为目的的民事法律行为，也不同于以维护公共安全，保障意思自治、契约自由、企业自治的自由竞争秩序为目的的行政法。

二、经济法行为的分类

对经济法行为进行分类的目的在于针对不同的法律行为，制定相应的制度或规则体系。因此，分类仅仅是经济法行为研究的起点，在这一基础上，可以展开关于经济法行为的更为深入和广泛的研究。

---

① 吕忠梅：《论经济法律行为》，载《福建政法管理干部学院学报》2000年第1期。

(一) 以经济主体的不同种类,分为市场主体经济行为、经济自治团体行为、政府经济行为

市场主体行为是由市场主体的意识和意志所支配并由自己直接作出的行为,包括企业的生产经营行为、消费者的消费行为、劳动者的劳动行为等。经济自治团体行为是团体有组织的、基于某种共同意志或追求所作出的趋向一致的行为,共有三个特点:集合性,即行为者是由复数的个人所组成的社会集合体;组织性,即行为是有领导、有计划、有秩序地进行的;共同意志性,即集体行为的意志必须是超越个人的共同意志,行为的整个过程必须是由该集体共同意志所控制的。政府经济行为是政府根据共同体意志所进行的宏观调控、市场规制等行为,对于市场经济运行和其他经济主体的有着很大的影响。

(二) 以行为本身的状态为标准,分为规制行为与受制行为

规制行为是指宏观调控机关和市场规制机关的宏观调控和市场规制行为。宏观调控行为,是指宏观调控是指国家从社会公共利益出发,为实现宏观经济变量的基本平衡和经济结构的优化,引导国民经济持续、稳定、协调发展,对国民经济所进行的总体调节和控制的间接干预行为。市场规制行为,是指以具体的市场及其主体的行为为基点,消除破坏市场机制正常运作而市场自身又无法克服的现象,保障市场主体享有公平、有序、高效的良好环境,实现微观经济的良性运转的行为。而受制行为则是指市场主体的接受调控和规制的行为。区别这两种行为的意义在于规范规制主体的行为,以保证受制主体的合法权益不受侵犯。

三、经济法中的政府经济行为

(一) 政府经济行为概念的边缘分析

首先,经济法与经济学上的政府经济行为的关系。经济学将政府经济行为理解为,作为国家权力机构的政府所具有的经济职能的运用方式,是政府管理、组织、调控经济发展职能实现方式的总和。研究重点在于建立市场经济主体模型,界定政府经济行为体系及其实现方式,研究政府各种经济行为对于经济运行的影响。经济法中,政府经济行为是政府作为经济法主体而进行的旨在设立、变更或终止经济法关系的行为。研究重点在于建立市场主体运行的规范体系,界定政府经济运行的范围及其运作程序,主要是通过设定政府在经济运

行过程中的权力与责任来实现政府经济行为规范化的目的。①

两者之间又存在一定的联系。一方面,经济学关于政府经济行为的界定是经济法上对政府经济行为定位的依据,可以为我们从经济法视角理解政府经济行为提供背景和参照。另一方面,经济法对政府经济行为的定位又是经济学上政府经济行为实现的范围。

其次,经济法的政府经济行为与行政法的行政行为的关系。由于主体的共通性,因而两者之间存在密切的联系。从行为的渊源看,政府经济行为是为了弥补市场功能的缺陷,应付战争需要和经济危机而从行政行为中分离出来的。此后进一步发展,由单纯的行政命令发展为形式多样的政府经济行为。从行为主体及方式上看,政府经济行为与行政行为主体都是政府及其部门,都依法拥有一定权限,为了一定利益而对公民、法人或其他组织的行为施加影响。

但两者存在区别。一是主体范围不同。行政行为的主体是具有管理权限的行政机关或其他组织,严格按照行政法的规定行使权力。而政府经济行为的主体还包括具有法定授权,拥有经济法上的检察权、监督权、认证权、处罚权等经济权力的经济团体。

二是实施手段不同。行政行为的实施手段由行政法规定,例如命令、禁止、许可、强制执行、处罚等。政府经济行为除采用直接的权力手段,还大量地运用非权力手段,例如指导、规划、激励等;既包括直接的政府管制行为,又包括间接的调控行为。并且随着经济的发展,政府经济行为的重点将转移到非权力手段的运用为主,间接的宏观调控将成为其核心。

三是适用的规则不同。行政行为属于公法关系,适用的是公法原则。经济法属于第三法域,政府经济行为的适用规则是不同于行政行为的特殊规则,即寻求公权力与私权利结合的度。

(二) 政府经济行为的体系

政府经济行为包括宏观调控行为和市场规制行为。

市场经济不是无政府经济,它内在地要求政府进行宏观调控。政府对市场经济加以控制和引导的行为就是市场经济宏观调控行为。就其性质而言,宏观调控行为首先具有主动性。例如计划的制定和推行,工资总额的核定及工资基金的管理,利率、汇率的调整,价格的制定和调控等,都由政府依自己的意愿主动行使。其次,宏观调控行为具有间接性。它以市场为中介,间接影响市场

---

① 吕忠梅、陈虹:《政府经济行为的法律规制》,载史际春主编:《经济法学评论》(第2卷),北京大学出版社2001年版,第112页。

主体行为的选择。也就是说,这种经济行为对市场主体生产经营决策的影响是间接的。宏观调控行为可以分为直接调节行为和间接调节行为:直接调节行为主要是指计划调节行为,即制定下达计划并加以推行的行为;间接调节行为是指政府利用各种经济杠杆,对市场经济运行进行间接调控、对市场主体的经济行为进行间接引导的行为。包括税收调节行为、利率和汇率调节行为、工资总额调节行为等。

市场规制行为包括市场主体资格控制行为和市场经济秩序规制行为。市场主体资格控制行为是指政府决定是否赋予某些申请者以市场主体资格,准许其从事某项生产经营活动。主体是否适格,直接关系到市场秩序能否建立。因而,控制主体资格并进而规制经济生活,是维护市场秩序的关键环节。资格控制行为是政府经济行为的重要组成部分,具有较强的管理性与程序性,以申请者提出申请为启动方式,而不是单凭政府意愿而启动。市场经济秩序规制行为包括反垄断行为、反不正当竞争行为、消费者和劳动者权益保护行为等。

四、经济法中的经济自治行为

(一) 经济自治行为的概念

经济自治行为是经济自治团体为实现特定的经济目的,在参与经济运行过程中能发生经济法效果,引起经济法关系产生、变更或消灭的行为。由于经济自治团体的特殊性,经济自治行为也具有以下特点①:

第一,经济自治行为具有非营利性。 是经济自治团体不能以自己的名义从事营利性活动,不能为其个别成员的具体商事活动提供有偿性中介服务。二是经济自治团体的经费,以及按照国家有关规定在其运行过程中所取得的收入,不得向其成员分配。

第二,经济自治行为具有经济性。首先表现在经济自治行为是为了特定的经济目的而作出的,例如促进本行业本地区经济的发展,完善本行业、本地区的市场竞争秩序,提高特定行业的服务水平和服务质量,提高特定商品的产品质量和竞争能力等。其次表现在经济自治行为的范围是特定的经济领域,是与社会经济运行紧密联系在一起的。

第三,经济自治行为具有社会性。这主要体现在经济自治行为所指向的利益目标上。经济自治行为以实现和维护社会利益为宗旨,它所关注的社会利益主要是一定领域内的特殊社会利益,是在一定范围内不特定的绝大多数人所享

---

① 陶广峰主编:《经济法原理》,中国政法大学出版社 2005 年版,第 93 页。

有的共同利益。而且在很多情况下,经济自治行为不仅仅是为了维护团体的利益而存在,甚至有时其所维护和争取的利益也超出团体成员的范畴。

第四,经济自治行为具有自律性。经济自治团体通过内部组织机制的运行,进行自我约束、自我规范、自我管理、自我控制,实现其团体内部秩序与外部法律秩序的协调以及对政府职能的补充。因此经济自治行为具有很强的自律性。这种自律又具有针对性、直接性、灵活性和低成本的特点,在与经济法的立法精神和基本原则相一致的前提下,在各自的行业或领域内发挥着不可忽视的作用。

(二)经济自治行为的体系

首先,依据经济自治行为功能的不同,可以将其划分为以下几类:

1. 宏观调控性行为。经济自治团体的宏观调控行为首先表现在其自律性行为上。经济自治团体通过规范自身内部组织机制的运行来规范成员的行为,从而实现组织内的秩序,"并使组织内秩序与经济法秩序相协调、相补充",以弥补政府宏观调控的漏洞。其次表现为以法律授权或政府委托的方式辅助政府干预。经济自治团体通过参与政府决策、监督政府经济行为等方式来妥善处理好自身与政府、与其成员之间的关系,以达到社会整体利益的最大化。由于经济自治行为本身的特点,使得自治团体的宏观调控行为具有信息条件、决策规模、偏好、成本等相关方面优势,"从而防止或消除经济中的总量失衡和结构失调,优化资源配置,有助于把市场主体的当前利益与长远利益,局部利益与整体利益结合起来"。

2. 市场规制性行为。经济自治团体的市场规制行为主要表现在团体作为独立的社团法人,在章程规定的范围内,进行自我约束、自我规范、自我管理、自我控制,以维护市场秩序。例如对违反自律规则或不执行团体决议的成员,实行市场禁入、撤回团体授予的专业资格或取消成员资格等。

作为经济法主体的经济自治团体,其宏观调控行为与市场规制行为与政府经济行为在内涵和外延上存在本质差别,同时又使得经济自治团体与其他非营利性社会组织相区别。

3. 协调行为。经济自治团体的协调行为是一种集体性的自我保障行为,与国家保障和成员的自力保障不同的是,协调行为意在通过各阶层、行业、利益群体的集体谈判,协调不同成员之间、成员与政府之间的关系,以有效地降低市场交易费用,提高市场运作效率,同时促进政府经济职能的转变以及促使政府的宏观意志同市场主体的微观意志的协调,进而推动社会整体利益的实现。

4. 保护行为。单个市场主体自我保护的力量是薄弱的。经济自治团体作为其成员的利益代表，可以通过其保护行为，充分向政府或其他经济主体表达成员利益需求，并提供权益保障。例如，由消费者结社而成的消费者保护组织与生产者、经营者进行对话，通过施压或其他手段，使其改进商品或服务，解决纠纷。

5. 服务行为。经济自治团体的服务行为是指团体利用其机构、人员和设施等，为其成员提供与其活动有关的服务，有目的发展协会及其成员的交易能力、业务规模，促进其成员的业务发展。主要表现在：其一，培训专业人员。社会自治组织可以利用其机构、人员和设施等，培训其成员或者成员的从业人员，以提高其成员或者成员的从业人员的知识水平和业务素质。其二，提供信息咨询。由于自治团体在这方面的突出作用，甚至有学者称之"总体经济形势气象台"①。自治团体可以通过其内部职能部门，向其成员提供信息方面的服务，如提供法律、政策、经济、业务或技术等方面的信息。此外，自治团体的服务行为还包括培育专门市场、引导市场方向、提供信息、培育商机等。

其次，依据经济自治行为内容的不同，可以分为以下几类：

1. 制定和实施自治规章。经济自治团体所制定的自治规章，是为实现其宗旨而约束全体成员的行为规章，主要包括团体章程、业务规则、专业标准、职业道德规则等。

2. 制定或参与制定行业发展规划。行业经济自治团体根据国家的经济社会发展计划以及本行业的实际状况，制定或参与制定的长期的行业发展目标、发展步骤以及实现发展目标的各项措施。

3. 利益协调。利益协调是指经济自治团体在遵守法律尤其是经济法的前提下，根据本行业及相关行业的发展状况，对不同主体间的利益冲突进行协调。包括对本团体与政府之间的利益冲突、本行业和其他行业之间以及本团体内部成员之间在竞争过程中的利益冲突、团体成员与客户之间的利益进行协调。

4. 组织并维持团体活动。经济自治团体的活动主要包括②：第一，议决性活动。这是指经济自治团体通过召开会员大会或者理事会会议，讨论决定经济自治团体的重大共同事项的活动，如讨论通过规章、本团体或本行业的发展规划或其他重大共同事项。第二，实施性活动。这是指经济自治团体通过组织、指导、协调、配合、监督其成员，实施经济自治团体规章和决定的活动。第

---

① 黎军：《行业组织的行政法问题研究》，北京大学出版社2002年版，第137页。
② 王保树：《经济法学原理》，社会科学文献出版社1999年版，第172页。

三，事务性活动。这是指经济自治团体通过其具体职能机构和人员，维持其团体运行的日常事务性活动。

第三节 经济法关系

一、经济法关系的概念

经济法关系是指由经济法所确认和保障的经济法律主体之间以经济权利和经济义务为内容的社会关系［权利（力）和义务关系］。它具有以下特征：

其一，经济法关系体现着经济共同体意志。经济法关系的产生是以反映国家意志的经济法的规定为前提的。经济法关系主体按照经济法的规定从事经济活动，由此而形成的经济法关系，本身就体现了国家意志。可见，经济法关系是经济法所体现的国家意志在经济生活中的具体贯彻。同时，体现于经济法关系中的国家意志和参与者的意志既是统一的，又不是完全平等的。国家意志与经济法关系参与者的意志是相互联系的，它必须借助经济法关系参与者的意志才能够得到实现。只有当参与者按照自己的意志，在经济法允许的范围内相互形成一定的经济权利（力）和经济义务关系时，体现在经济法中的国家意志才能得以实现。但是在经济法关系形成过程中，国家意志对经济法关系的形成始终起着主导作用。国家意志是优先的、首要的，参与者意志是第二位的、从属的。参与者的意志只有符合经济法律规范的要求时，才能形成经济法关系，受到法律的保护。

其二，经济法关系具有社会整体性。经济法关系的社会整体性是指经济法关系的运作和实现是一种普遍性的措施，着眼于社会整体，而不是着眼于某个个体，是为了社会整体利益。法律关系是由法律确认的，而具体法律关系的特性则是由被法律所调整的社会关系本身的特殊性质决定的。经济法关系作为法律关系的一种，它的特性也取决于经济法所调整的特定经济关系本身的性质。因此，无论就经济法调整对象的总体而言，还是就经济法调整的具体经济关系而言，其社会整体利益性是极为明显的，并渗透在经过经济法调整之后形成的经济权利（力）和义务之中。

其三，经济法关系体现了经济权利（力）和经济义务的统一。经济法关系的形式多种多样，但归根结底都是经济权利（力）和经济义务关系。经济权利（力）指主体依照经济法律、法规的规定而享有为或不为，或者要求他人为或不为一定行为的资格或能力。经济义务指主体依法为或不为一定行为的责任。经济权利（力）和义务虽然有不同的含义，但两者密切联系，相辅相成，共同处于经济法关系的统一体中。

经济法关系按不同标准可作不同的分类。（1）以经济法关系主体单方是特定的，还是双方是特定的为标准，可分为绝对经济法律关系和相对经济法律关系。绝对经济法律关系是指单方主体是特定的经济法律关系。相对经济法律关系是指双方主体都是特定的经济法律关系。（2）以经济法关系具体内容为标准，可分为宏观经济调控法律关系和市场规制法律关系。宏观经济调控法律关系是具有调节和控制内容的权利（力）义务关系，主要是指经济法所确认的国家经济行政机关为实现社会总供给与总需求的总量平衡而采取调控措施，与经济组织或个体之间缔结的经济法律关系。① 市场规制法律关系主要是指经济法所确认的国家为维护自由公平竞争的市场秩序而采取规制措施，与经济组织或个体之间缔结的经济法律关系。（3）以经济法关系的内容为标准，可分为经济法权利（力）与经济法义务（职责）。法律关系在本质上是用法律上的权利（力）义务形式固定下来的实际社会关系。因而经济法关系的内容，包括主体享有的经济权利（力）和承担的经济义务。

经济权利（力）是指经济法律关系主体依法而享有为或不为一定行为，或者要求他人为或不为一定行为的资格。有以下内涵：（1）经济权利（力）是经济法律、法规所规定的。如果经济法律、法规没有赋予主体某项权利作出规定，则任何组织或个体都谈不上享有该项经济权利（力）。（2）经济权利（力）是经济法律关系主体实现自身经济利益或行使经济调制权的资格。对于具有自身经济利益要求的组织或个人来说，是实现自身经济利益的资格；对于经济行政机关或授权的社会经济团体来说，是行使经济管理权的资格；对于权力机关来说，是行使经济决策权的资格。经济法律关系主体可通过作出一定行为，或要求他人作出或不作出一定行为，以实现经济法律、法规赋予自己的经济权利（力）。（3）经济权利（力）是经济法律、法规保证实现的；经济法关系主体的经济权利（力）非依法不得剥夺。当经济义务主体不履行义务，从而使权利（力）主体的目的或利益不能实现时，权利（力）主体可以凭借其权利（力），请求国家强制力予以法律救济，以保护和实现自己的利益。

经济法义务（职责）指政府、经济团体、生产经营者、消费者、劳动者在法律规定的范围内，为满足权利（力）主体的要求必须实施某种行为或不得实施一定行为，从而履行自己应尽的社会责任并使他人的权益得以实现的一种约束力。它是经济法主体在经济运行中所必须承受到约束和限制。

---

① 王保树：《经济法原理》，社会科学文献出版社 1999 年版，第 102 页。

二、经济权力

（一）经济权力的概念

经济权力是政府依法行使领导和组织经济建设职能时所享有的一种命令与服从性质的权力。经济权力与经济职权是紧密联系的：经济权力是各种经济职权的集合体，没有经济权力就谈不上经济职权；经济职权"与经济管理机关的法律层级地位、管辖范围相适应",① 是经济权力的具体配置和转化的形式。此外，经济权力与经济行为也是相辅相成的。没有经济权力，就没有相应的经济行为。经济权力又通过经济行为来实现，经济行为就是经济权力在现实经济生活中的动态反映。

经济权力是一个与社会进化、经济发展相伴的发展范畴，与行政权力同是本质意义上的国家权力的重要组成部分，因而两者之间存在密切的关系。（1）行政权力与经济权力存在联系：首先，政府及其部门既是行政权力的主体也是经济权力的主体，因而两种权力的主体存在重合与交叉；其次，经济权力的行使，部分借用行政权力的结构与形式。（2）经济权力与行政权力的区别又是明显的：首先，两者功能不同。行政权力是组织国家机器正常运转的国家权力，而经济权力是国家组织经济生活正常运转的权力。其次，两者侧重点不同。行政权力更多地强调权力的制约与均衡，防止权力的滥用；经济权力则主要强调国家权力科学地反映客观经济规律的要求。最后，两者灵活性不同。行政权力的运行表现为需要一套固定的程序与规则，并须严格遵守，采取命令、服从的方式与手段，表现为充分的强制性；经济权力的运行虽然也强调遵循程序与规则，但经济权力的行使更需根据经济形势的变化而灵活采用不同的调节手段，例如强制、协调、引导、调控等，具有协调与调节的幅度，保持一定的弹性调节。

（二）经济权力的特点

1. 经济权力的目标是满足社会整体利益的需要。经济权力产生于国家的社会经济管理职能，是现代市场经济条件下弥补市场的非理性作用的必要手段，通过解决个体营利性与社会公益性的矛盾，维护自由竞争的市场秩序，兼顾效率与公平，促进社会与经济的良性协调发展，从而最大化地促进社会整体

---

① 董延林、王秉春：《经济法与政府干预的法治化》，载《学习与探索》2003 年第 6 期。

利益的实现。

2. 经济权力是由法律直接设定的。"权自法出"是法治社会的基本标志。经济权力的产生、行使方式、范围都是由法律直接设定和赋予,是一个完整的权力体系。经济权力的内容必须和法律的设定相一致。当然,在不同的时期或者不同的历史发展阶段,法律设定政府经济职权的内容和范围则是不同的。例如,国务院编制和执行国民经济和社会发展计划和国家预算,以及领导和管理经济工作和城乡建设的经济职权就是宪法赋予的;地方各级行政机关的经济职权也是由宪法和地方各级人民政府组织法授予的。

3. 经济权力以宏观调控权和市场规制权为内容,以前者为核心。从国家的一般理论出发,国家的一切活动不外乎对经济运行的规划、协调、引导、限制和禁止,因此,从法律角度来分析,就体现为政府宏观调控权。同时,为弥补市场调节的缺陷,政府对微观市场经济的规制是必不可少的。但为适应现代市场经济发展的需要,经济权力仍主要体现为国家对国民经济宏观上的控制权,而不应该是对微观经济活动过多的控制和干预。在宏观控制的方式上,则应逐步减少对国民经济的直接控制,按法律的规定逐步转移到以间接控制为主的轨道上来。

4. 经济权力是一种专属的职务权限。经济权力只能由法律规定的行政机关和组织行使,未经法律授权或者行政主体合法委托,其他任何组织、团体和个人都不得行使这一权力。例如计划部门行使的主要是计划决策、协调、指导方面的经济权力,审计部门、工商行政管理部门主要行使经济监督管理方面的经济权力。行政机关既不能任意转让,又不得超越法律规定的限度而滥用经济职权。其一,经济权力主体不得自由转让权力,除非符合法定条件并经过法定程序;其二,经济权力主体不得自由放弃职权,否则要承担相应的法律责任;其三,经济权力在以自由裁量权为表现形式时,也要受到法律制约。从这个意义上,政府经济职权具有职权和职责的双重法律属性,是一种权力和责任相统一的权限。

5. 经济权力是一种积极的主动的干预权。权力的行使具有积极性。对于经济权力而言,则体现为国家对经济运行的积极干预,克服了传统行政权是消极的限制权的弊端。

6. 经济权力的行使采用权力和非权力手段并用的方式。经济权力的行使既包括通过规制主体以命令方式单方面为受制主体设定权利义务,不论这种决定是否符合受制主体的意志,都必须服从,否则规制主体可以通过强制方式予以实现;同时又包括指导、扶助、契约等各种非权力手段,这种非权力形式的经济权力作为一种经济法现象在现实经济生活中大量存在。

(三) 经济权力的体系

依照学界普遍认可的通说,经济权力包括宏观调控权和市场规制权。

政府对市场经济加以控制和引导的权力就是市场经济宏观调控权。首先,宏观调控权是一种主动职权。计划的制定和推行,工资总额的核定及工资基金的管理,利率、汇率的调整,价格的制定和调控等,都由政府依自己的意愿主动行使。其次,宏观调控权通常是一种间接职权。它以市场为中介,间接影响市场主体行为的选择。也就是说,这种经济职权的行使对市场主体生产经营决策的影响是间接的。最后,宏观调控权是一种宏观性经济权力。宏观调控权不侵犯私域,不作用于局部和微观领域,而是从大处着眼,往往是私力所不及、市场失灵又关系国计民生的领域。[①]

宏观调控权作为一种间接、宏观性的经济权力,作用于国民经济总体计划、产业结构、财政货币、国际收支等领域,体现为计划调节权、产业政策调节权、税收调节权、利率、汇率调节权等。

1. 计划调节权。计划作为一种宏观调控的基本措施和资源配置的重要手段,是不可缺少的。但作为一种宏观调控手段,它只应作用于那些带有全局性、根本性、关系到国计民生的重大社会关系,而不应事无巨细,包罗万象。因为政府的理性是有限的,纯粹的计划管理只会窒息微观经济的活力。因此在市场经济体制下,更应重视指导性计划,逐步扩大指导性计划的适用范围和比重。

2. 产业政策调节权。产业是国民经济的基础,产业结构是否处于优化状态直接关系到社会经济的发展。产业政策是国家加强和改善宏观调控,合理配置资源的重要手段。因此是市政府经济权力的重要内容之一。

3. 税收调节权。这是指政府通过制定税收政策,改变税收种类和征税范围,调整税率等手段,来调节市场主体经济行为的经济权力。是国家进行再分配的重要手段。

4. 利率、汇率调节权。这是指政府通过制定金融政策,改变利率及汇率水平,间接调控社会经济生活的经济权力。政府和金融部门通过提高或下调利率及汇率,紧缩或放松银根,可以改变或影响作为市场主体的生产经营规模和市场竞争能力,以实现政府的宏观调控目标。

---

① 邱本:《自由竞争与秩序调控》,中国政法大学出版社2001年版,第375页。

市场规制权又可以分为市场主体资格控制权①和市场秩序规制权②。

1. 市场主体资格控制权。市场主体资格控制权是指政府决定是否赋予某些申请者以市场主体资格，准许其从事某项生产经营活动的权力。主要包括登记权、许可权和审批权三种。登记权是指登记机关对申请事项进行审查，决定是否予以登记注册的权力。登记权主要由工商行政管理机关、税务机关及不动产管理机关行使。许可权一般体现为有关部门决定是否向申请者发放某类许可证的权力，实质是通过发放许可证对申请者进行某种授权。审批权是审核报准的权力，一般与登记权、许可权结合在一起，许多申请事项只有经过审核批准，方能予以登记或签发许可证。审批权的主体是计划、财政、金融、土地等职能部门及各行业主管部门。

2. 市场经济秩序规制权。市场秩序是指在特定时空范围内形成的旨在确保交易和竞争顺利进行的一系列规范交易主体行为的法律制度和习俗惯例的总和，以及这些制度与惯例的现实表现状态。③ 因此对市场秩序的规制主要体现在对自由、公平竞争状态的维护。主要包括三项具体权力：一是反垄断权。垄断阻碍和破坏市场的公平自由竞争，要维护市场公平自由的竞争秩序，就必须赋予政府机关包括反行政垄断在内的反垄断权。二是反不正当竞争权。不正当竞争破坏市场公平自由的竞争秩序，因此，政府机关必须反不正当竞争。三是消费者和劳动者权益保护权。消费者、劳动者作为分散的个体，相对于具有强大经济实力的经营者、雇主而言，处于弱者的地位。因此，政府及其部门作为市场秩序的维护者，对于保护消费者和劳动者的合法权益负有重要的责任，享有保护消费者和劳动者合法权益的权力。

三、经济权利

经济权利是指为经济法所规定或确认的，市场主体在参与国民经济运行时所享有的基本权利。这一概念有以下含义：首先，经济权利是个人、组织进入市场、成为市场主体的先决条件。在经济领域，如果不具基本的经济权利，个人、组织就不能成为合格的市场主体，就无法进入市场进行经济活动。其次，经济权利是由宪法规定并由经济法加以具体化的权利。就权利本身而言，它并不必然是私权利或者公权利，只有经过部门法的具体化，才能成为该部门法上可以为主体行使的权利。此处的经济权利就是为经济法所确认和具体化的市场

---

① 石少侠主编：《经济法概念》，法律出版社1999年版，第40页。
② 石少侠主编：《经济法概念》，法律出版社1999年版，第43页。
③ 张武：《政府经济职权研究》，西南政法大学2003年博士学位论文。

主体的基本权利。最后，经济权利对抗的是政府经济权力，因而既不同于对抗其他私人权利的民事权利，也不同于对抗行政权力的行政法上的公权力。经济权利实际上同时具有公权力和私权利性质，是一项"混合权利"。

在市场经济中，财产权和经济活动自由是最基本的经济权利。这两项权利在自由市场经济时期，构成了经济权利的全部。市场主体以此来抵抗政府的干预，因而"基本上处于消极权利状态"。随着社会经济发展的复杂化，市场失灵出现，对经济运行进行干预的必要性与重要性受到重视，政府的经济职能随之发生演变。由于政府介入经济生活的深入，经济权利的内容也在发生着重要的变化，主要表现为：一是经济权利范围的扩大。"不仅单纯接受国家保护的财产权和经济自由仍然对国家责任有所要求，而且需要政府积极行动的经济权利要求越来越多"[1]，突出表现为社会保障权的出现。二是原有经济权利的内涵深化。现代市场经济条件下，自由市场经济中的经济活动自由超越了单纯的生产经济和竞争自由，并被赋予更深层次的含义。

首先，财产权。财产权是市场主体参与经济活动的首要条件、前提和基础。在法律意义上，"财产权是指存在于任何客体之中或之上的完全的权利，包括占有权、使用权、出借权、转让权、用尽权、消费权和其他与财产有关的权利"，[2] 是"若干独立权利的集合体"。[3] 对财产权的保护首先是作为一项宪法性权利由宪法加以保护，例如法国《人权宣言》宣布"财产是神圣不可侵犯的权利"；此外，公法和私法对财产权加以确认和保护，并提供制度上的保障，[4] 例如民法对个人财产权的保护以及刑法对侵犯他人财产权的犯罪行为的刑事制裁。与前两者不同的是，在经济法上，主要是通过对政府经济权利的确认和规范来保护财产权。例如，通过政府经济权力在企业内部的退出，实行政企分开来保障企业财产权的独立性和完整性，从而实现对企业财产的保护。

其次，经济自由权。就自由而言，其丰富的内涵，决定了人们可以从不同角度来理解它。法律意义上的自由可以从三个层面上理解。一是作为法律价值范畴的自由；二是作为法律权利本质属性的自由；三是作为法律权利的自

---

[1] 张千帆：《宪政、法治与经济发展》，北京大学出版社2004年版，第270页。
[2] ［英］戴维·M. 沃克：《牛津法律大辞典》（中译本），光明日报出版社1998年版，第729页。
[3] ［英］戴维·M. 沃克：《牛津法律大辞典》（中译本），光明日报出版社1998年版，第729页。
[4] 王克稳：《论市场主体的基本经济权利及其行政法安排》，载《中国法学》2001年第3期。

由。① 这里经济自由权中的"自由"正是从第三层意义上来理解的，包括以下内容：第一，竞争自由。竞争自由对市场经济有着重要的意义，它能够遵循自己特定的经济规律，使自然和社会资源朝着最能发挥其效益的方向流动，因而是在自然资源稀缺的情况下，对资源进行合理有效配置的最佳手段。第二，生产经营自由。"建立在竞争自由基础上的经营自由能够比任何精巧的计划更能达到一种理想的经济秩序"，因而市场主体有权进行自主经营，以及对生产什么、生产多少、如何生产等作出自己的选择。第三，消费自由。消费自由是市场经济的基础和市场主体实现财产权的前提，包括"选择商品和服务、消费条件的自由"。② 第四，结社自由。这既是一项经济权利，也是一项政治权利。从其经济意义的角度看，它是指个人或经济组织有建立组织联合体的自由。第五，发展自由。发展自由能够有效引导资金和劳动力的流动，从而促进经济发展。它包括个人不受外部干扰的自主选择职业③、劳动的自由以及经济团体不受外部干扰自主选择经济机会，决定发展方向的自由。

最后，社会保障权。社会保障权是指由于年老、疾病、伤残、失业、灾害、战争等原因而发生困难的情况下，社会成员有要求国家和社会通过国民收入的再分配，依法提供物质帮助，以保障其基本生活需要的权利。它具有很重要的意义：一方面，社会保障权恰似一个社会公平的调节器，它的实现可以弥补市场经济中收入分配不均等的缺陷，促进社会公平目标的实现；另一方面，社会保障权可以起到"社会减震器"的作用。社会成员在遭遇风险后，通过社会保障权的行使来保证基本生活的需要，可以消除其不安全感，有利于减少经济发展过程中的各种阻碍，维护社会稳定，从而为市场经济发展创造良好的外部环境。

社会保障权的内涵十分丰富，主要包括：（1）社会救助权。由于遭到不可抗力袭击而造成人身或财产损失、失业、待业和因生、老、病等身心障碍丧失劳动自救能力，以及低于国家规定的最低生活水平的社会成员，有依法取得国家和社会的财物接济和生活扶助，以保障其基本生活需要的权利。（2）社会保险权。因丧失劳动能力或劳动机会而不能劳动或中止劳动的劳动者有依法取得保障其基本生活的保险的权利。（3）社会福利权。全体社会成员为维持

---

① 杜承铭：《论作为法学范畴的自由》，载《法商研究》2000 年第 1 期。
② 张千帆：《宪政、法治与经济发展》，北京大学出版社 2004 年版，第 270 页。
③ 包含三个方面内容：进入职业的自由、选择职业的自由、禁止强迫劳动。参见[美] 孙斯坦：《自由市场与社会正义》，金朝武、胡爱平、乔聪译，中国政法大学出版社 2001 年版，第 293 页。

和提高一定生活质量而有依法取得国家的物质帮助，以满足生活需要的权利。（4）社会优抚权。有特殊贡献的社会成员及其家属有取得国家和社会的物质帮助和服务，以保障其生活不低于当地一般生活水平的权利。这类社会成员一般包括现役军人及其家属、革命伤残人员、退役军人、烈属、病故军人家属、见义勇为人员等。

四、经济自治权

自治主要是指主体在面临一种强大外力的压迫或干预时所处的一种状态或享有的一种权利。① 在经济法中，经济自治权既非纯粹的经济权力，也非纯粹的经济权利，而是同时具有两者属性的一类特殊的经济法权利（力）。社会自治权力的勃兴"在公权与私权的对抗空间开辟了一个权利的新品源"，② 使经济法权利（力）的内涵得到充实和发展。首先，经济自治权表明了经济权力所不能逾越的界限，明晰了政府干预经济的范围。其次，经济自治权是市场经济中弱势群体的权利需求。在经济领域必然存在强势和弱势群体。在这种力量不对等的情况下，为表达一定的利益需求，而对强势群体所提出的正当的权利诉求。因此，经济自治权是首先一种自我管理的权利，这与具有命令与服从性质的行政权力相区别。最后，经济自治权虽带有公权意义的管制性，却没有公权的扩张性，既带有私权的自治性，又有别于私权的排他性，并以此与经济权力及权利相区别。

经济自治团体在现代市场经济运行中扮演着不可替代的重要角色。对于国家来说，经济自治团体既是规制的对象之一，同时又承担了政府为适应经济体制改革而转移出来的部分职能，是国家调制经济运行的辅助力量和传导中介。对于其成员来说，经济自治团体在某种程度上既是自己实现利益的助力，同时又具有约束和监督作用。现代社会中，经济自治权主要来源于三种途径③：法律授权、政府委托、成员一致赋予。

其一，通过法律授权而取得的权力。这是指法律赋予经济自治团体某些由政府让渡的管理权，或者对经济自治团体应具有的管理自主权加以确认。在我国，一般是通过各单性的法律法规对不同的经济自治团体进行分别授权。例如

---

① 鲁篱：《经济治理权与经济自治权——对经济法基本范畴的重新解读》，载《法学》2004 年第 6 期。

② 鲁篱：《经济治理权与经济自治权——对经济法基本范畴的重新解读》，载《法学》2004 年第 6 期。

③ 黎军：《行业组织的行政法问题研究》，北京大学出版社 2002 年版，第 146 页。

《证券法》第 164 条就明确规定了证券业协会的以下职权：协助证券管理机构教育和组织会员执行证券法律行政法规；依法维护会员合法利益，向证券监督管理机构反映会员的建议和要求；制定会员应遵守的规则，组织会员单位的从业人员的业务培训，开展会员间的业务交流；监督、检查会员的行为，对违反法律、行政法规或协会章程的，按规定予以纪律处分，等等。

其二，政府委托的权力。一般情况下，政府对某行业整体或某局部地区进行宏观调控、整体决策的权力是不宜让渡给经济自治团体来行使的。但经济自治团体的参与和协助往往可以更有效地实现这些职能。因而政府可以通过委托的方式使经济自治团体也承担部分职能。

其三，全体成员赋予的权力。经济自治团体的成员通过民主程序制定行规行约，赋予经济自治团体对他们进行管理的权力。这种行规行约是全体成员自愿选择，共同遵守的，体现为团体的章程。例如，中国保险行业协会通过其章程的规定就取得了以下职责：制定全国保险行业共同遵守的自律公约；根据国家有关法律、法规、政策和行业公约，约束和规范市场行为，协调各会员之间的业务关系，接受保险当事人的咨询；维护保险公司的合法权益，代表保险业向中国保险监督管理委员会及其他政府部门反映共同愿望和建议，等等。

经济自治权一般包括以下六个方面内容：

第一，制定行业自治规章权。自治规章主要包括团体章程、业务规则、专业标准、职业道德规则等，是经济自治团体进行自治的基础和依据。

第二，制定或参与制定行业发展规划权。行业发展规划，对团体成员的经营业务活动具有经济上的指导意义、促进意义，进而能够促进团体自身及成员的发展，增进团体自身及成员的利益。

第三，日常事务管理权。包括三个方面内容：一是经济自治团体通过召开会员大会或者理事会会议，讨论决定经济自治团体的重大共同事项的活动，如讨论通过规章、本团体或本行业的发展规划或其他重大共同事项。二是经济自治团体通过组织、指导、协调、配合、监督其成员，实施经济自治团体规章和决定的活动。三是经济自治团体通过其具体职能机构和人员，维持其团体运行的日常事务性活动。

第四，市场规制权。经济自治团体通过指导、约束和监督本团体内成员的经济行为来维护正常的经济秩序，促进市场机制的完善。这种市场规制权包括许可批准权、管理行业价格权、认证权等。

第五，利益协调权。利益协调权是指经济自治团体在遵守法律尤其是经济法的前提下，根据本行业及相关行业的发展状况，对不同主体间的利益冲突进行协调。包括对本团体与政府之间的利益冲突、本行业和其他行业之间以及本团体内部成员之间在竞争过程中的利益冲突、团体成员与客户之间的利益进行协调。

第六，制裁权。在西方大多数国家，法律赋予社会团体以法律制裁权。我国也有这方面的法律规定，例如证券法、律师法分别赋予证券业协会和律师协会以处罚权。经济自治团体行使制裁权，一是直接依据法律规定，对有违法行为的成员进行制裁；二是根据法律明确赋予的职权，依据其内部章程规定追究行为人的违法责任。①

五、经济法义务（职责）

经济法义务（职责），是指经济法主体在法律规定的范围内必须实施某种行为或者不得实施一定行为，以履行自己应尽的责任，并使他人的权益和社会整体利益得以实现的一种约束力。如果特定主体应为而不为，或者不应为而为或为而不适当，都应当受到法律的制裁。其基本含义包括：其一，经济义务主体必须依据经济法律、法规为或不为一定的行为，以实现经济权利主体的目的或利益。其二，如果经济法律关系主体不履行或不完全履行经济义务，则要依法承担相应的法律责任。

按照经济法主体的不同，经济法义务（职责）主要有以下内容：

首先，一般经济义务。这是相对于一般经济组织或个人而言，指它们依照经济法律、法规规定，必须作出一定行为或不作出一定行为。以企业为例，其基本义务有：

1. 对国家的义务。一是履行宏观调控的义务，例如完成国家下达的指令性计划；依法缴纳税金；服从产业政策；遵守有关财务、统计、审计的规定等。二是履行市场规制上的义务，例如严格执行统一技术要求的强制性标准；服从市场规制主体依法实施的管理，不实施限制竞争的行为等。

2. 对社会的义务。企业是社会的经济细胞，其成长、发展离不开整个社会。企业从社会中获得所需的资源的同时，又对社会产生各种影响。因此企业必须承担一定的社会性义务。除传统的经济义务以外，企业还应承担的公共性的、道德意义上的义务，例如增加就业、节约能源、减少污染、投资基础教育等，从而对社会作出补偿。

3. 对其他经营者的义务。企业在市场交易中，应履行遵守自愿、平等、公平、诚实信用原则，遵守公认的商业道德，不采用不正当竞争手段损害其他经营者的合法利益的义务。

---

① 黎军：《行业组织的行政法问题研究》，北京大学出版社2002年版，第159页。

4. 对消费者、劳动者的义务。对于消费者，企业应履行保证产品质量和服务质量，对用户和消费者负责的义务；对于劳动者，企业有保障职工合法权益的义务。

其次，经济自治团体的义务。相对于国家来说，经济自治团体同样应履行宏观调控和市场规制上的义务，履行按法定程序和范围执行法律或政府授权事项的义务。相对于其成员来说，经济自治团体的义务"主要限于其法定任务有关的事项"①，例如执行业务的义务、代表和维护成员合法利益的义务、为成员提供服务的义务、健全组织的义务，等等。

最后，政府的经济职责。这是指政府依照经济法规定必须履行的义务。一般组织或个人不同的是，这种义务是与主体的地位和职能相联系的，又称为职责。从实体上看，政府必须恪守职权，不得随意转让、放弃、抛弃职权；从程序上看，政府必须按法定程序规定，在法定范围内行使职权，并不得滥用职权。

第四节　经济法责任

一、经济法责任的概念

法律责任这一概念可以从积极意义和消极意义两个方面来理解。积极意义上的法律责任，是指所有组织和个人都有遵守法律的义务，是法律对组织和个人的守法要求，而不具有违法行为的性质和法律制裁的后果，包括"作为"和"不作为"两种形式。消极意义上的法律责任，是指人们对违反法律的行为所应承担的带有强制性的评断和后果。现行立法、司法都是在这种特定意义上使用"法律责任"术语的。从这一点来看，经济法责任是经济法作为独立的法律部门所特有的法律制度，它是指经济法主体因经济违法行为或者法定特别损害后果的发生，而必须承担的否定性经济法后果。经济法责任超越了法律责任划分的一般理论，在综合并突破各种传统法律责任形式的基础上，形成了与经济法的各项制度、各种规范相一致的特有的责任制度体系。具体说来，经济法责任具有以下特点:②

---

① 黎军：《行业组织的行政法问题研究》，北京大学出版社2002年版，第86页。
② 陶广峰主编：《经济法原理》，中国政法大学出版社2005年版，第84页。

(一) 社会性

经济法的立法目的是平衡个体利益与社会利益之间的矛盾,促进社会经济的良性运行与协调发展,维护社会整体利益。违反经济法所规定的义务,即是对社会经济秩序的破坏和对社会利益的损害。所以,经济法责任必然是违法者对社会的责任,而不仅仅是对个别当事人和国家的责任。由于经济法主体的违法行为不仅影响到自己和相关第三人的利益,而且还是一种具有极大社会危害性、直接损害社会整体利益的行为。因此,经济法基于社会整体利益考虑,站在全社会的高度来规定违法者的法律责任,其实施效果是直接维护社会整体利益的。这也是经济法不同于其他法律部门的一个重要特点。

(二) 综合性

按照设定法律责任的一般原则的要求,法律责任应当与行为损害的具体度量相适应,对不同的违法行为应按其性质和程度分别设定不同的责任措施。经济法责任形式上的综合性正是由经济违法行为的多样性所决定的。由于经济违法行为是多种多样的,社会危害性的程度及性质也各不相同,法律规定的程序也不一样。因此,在经济法责任中,财产责任和人身责任并重,在具体的责任形式上大量采用了民事责任、刑事责任和行政责任的形式,呈现出多种形式综合运用的特殊性。

(三) 双重性

经济法责任是补偿性与惩戒性相结合的责任。所谓补偿性是指违法主体以金钱作为代价来支付否定性法律后果。通常主要表现为违法主体对当事人权益的损害给予的金钱代价偿付。社会是由无数个体组成的,损害社会利益必然会使社会个体的利益受到侵害。通过补偿性的责任,就可以使受到侵害的社会个体得到实际补偿。所谓惩戒性,一方面指有责主体必须就其违法行为向社会或国家付出代价,另一方面是指法律责任中必须包含着矫正其违法行为以及为其他违法者提供警戒示范的功用。① 经济违法行为往往具有极大的社会危害性,是对整个社会公共利益的损害,必须通过惩戒性的责任遏制违法者的违法行为以达到控制行为发生的效果,保证经济法立法目标的实现。与经济法责任的惩戒性相比,由于补偿对象往往无法被具体地数量化和价值化,经济法责任中的

---

① 〔美〕博登海默:《法理学——法律哲学和法律方法》,邓正来、姬敬武译,华夏出版社1987年版,第192页。

补偿职能发挥作用的范围与领域是有限的。所以并非所有的经济法责任都具有补偿性。相反，它们更侧重于强调其惩戒性。

二、经济法责任的归责原则

（一）归责原则的演变

归责是指行为人因其行为和物件致他人损害的事实发生以后，应依何种根据使其负责，此种根据体现了法律的价值判断，即法律应依行为人的过错还是应依已发生的损害结果为价值判断标准，抑或以公平考虑等作为价值判断标准，而使行为人承担法律责任。

恩格斯指出："原则只有在适合于自然界和历史的情况下才是正确的。这是对事物的唯一唯物主义的观点。"① 特定的归责原则只能在特定的具体社会条件下才存在，它是随着社会生活的发展而不断变化的。归责原则的演变经历了一个漫长的过程。过错责任原则最早为古罗马的《阿奎利亚法》所确立，自15、16世纪罗马法复兴运动以来，过错责任原则相继在法国、德国、英国及整个资本主义世界取得了主导地位。过错责任原则是以行为人主观上的过错作为承担民事责任的基本条件的认定责任的准则，对于保护财产所有权、契约自由以及权利平等有着重要的意义。

然而，随着生产力进一步发展，社会逐步分化成为各种不同的利益集团，形成了强势利益集团对弱势利益集团的压迫和剥削。同时，从19世纪下半期开始，工业经济时代所带来的各种工业事故、环境污染和产品瑕疵给人类自身造成了严重的损害，受害人往往难以证明加害人是否具有过错。因而传统的过错责任原则已无法为受害人提供救济手段。在这种背景下，归责原则发生变革，呈现归责方式的客观化和损失承担的社会化趋势。

所谓归责方式的客观化，就是指以造成损害的事实作为确定责任的前提，将主观上的过错作为附加限制条件或者干脆置于度外。其一表现为过错推定原则的出现。过错推定，将传统的过错责任原则中举证责任倒置，从而避免了受害人因不能证明加害人的过错而无法获得赔偿等情形。但其实质仍属于过错责任的范畴。其二表现为无过错责任，这是最为彻底的一种客观化归责方式。它是在法律有特别规定情况下的一种严格责任，以已经发生的损害结果为价值判断标准，无过错的行为人也要承担责任的归责原则。所谓损失承担的社会化主要体现在公平责任原则的出现。它是指双方当事人在对造成损害均无过错、受

---

① 《马克思恩格斯选集》（第3卷），人民出版社1995年版，第374页。

害人遭受的损害如得不到补偿则显失公平的情况下，根据实际情况，由双方分担的一项归责原则。公平责任原则有利于加强对被损害的社会弱势群体的保护。

(二) 经济法责任的归责原则

随着社会生产关系和社会矛盾的复杂化，法律部门的分类也呈现多样化的趋势。经济法作为现代社会中一个新兴的法律部门，解决的是经济权力与经济权利、个体逐利性与社会公益性之间的矛盾。在以社会整体利益为追求目标的前提下，更为注重对社会弱势群体的保护和救助。因而客观归责原则成为经济法责任的普遍原则。

经济关系与利益结构日趋复杂，尤其在经济法领域，"个体行为人只承担自己行为所发生的一切后果"① 的传统的个人责任已不能适应复杂的利益冲突，这就促使责任主体扩大化，主要体现在个人责任向团体责任的扩大，从而更好地解决和平衡各类权益冲突。因此与民事责任、行政责任相比，经济法责任主体具有特殊性，主要包括作为规制主体的政府、处于中间层次的经济自治团体以及作为受制主体的生产经营者、消费者、劳动者等个体。而当政府及经济自治团体承担经济法责任时，是很难知道其行为时的主观状态的，难以适用过错原则。而无过错责任排除了行为人的主观状态，只要主体违反了经济法义务，就必须承担责任。这能够更好地维护处于弱者地位的受制主体的利益。

无过错责任原则在经济法领域中的适用，实际上追求的是一种公平状态。公平是最基本的法律价值之一，"一个法律是否实现了公平，最集中的体现就是法律责任的构造是否做到了公平"。② 而经济法的价值所体现的不仅仅是形式上的公平，更是一种实质公平。同样，与经济法实施直接相关的经济法责任也必须要体现出实质公平。在双方当事人对造成损害均无过错、受害人遭受的损害如得不到补偿则显失公平的情况下，则根据公平原则由双方分担。

因此，经济法责任是以无过错责任为归责原则，以公平责任为损害的分担方式。经济法责任制度的实践中，均是以行为人是否违反经济法义务作为追究责任的前提，而并不强调行为人是否具有主观过失。这在产品责任法和环境保护法中表现得尤为明显和成熟。就产品责任法来看。全球化的背景下，社会化大生产和科学技术的飞速进步使得产品的消费者根本无从知道生产商制造、销

---

① 钟雯彬：《经济法律责任社会性研究》，载《四川大学学报》2004 年第 1 期。
② 曹胜亮：《经济法责任的独立和独立的经济法责任》，华中师范大学 2005 年硕士学位论文。

售产品的情况,尤其是高科技产品,受害人要确切地知道产品缺陷和损害发生原因是非常困难的。而过错原则限制了消费者获得法律保护的机会。自 20 世纪 80 年代中后期,世界各国纷纷在产品责任法中明确规定生产者的严格责任。例如英国 1987 年的《消费者保护法》、德国 1989 年的《产品责任法》、日本 1994 年的《制造物责任法》以及我国《产品质量法》第 43 条规定。就环境保护法来看,随着近代工业的发展,工业生产排放的各种污染物激增,受科技发展水平的制约,企业即使采取了专门的安全措施和防治污染对策仍不能完全避免使他人遭受侵害的危险。而且由于现代企业生产过程和技术工艺专业性和保密性极强,受害人要证明加害人的主观过错十分困难。过错责任原则必将导致受害人难以获得应得的赔偿,同时也难以实现对污染致害行为的惩戒。因而在环境保护法律责任的规定中,以无过错责任原则代替过错责任原则已为大多数国家所采用。

三、经济法责任的主体

经济法责任主体是指依法应当承担法律责任的当事人。经济法责任主体是与经济法主体一致的,只有经济法主体才能成为经济法责任主体。基于此,经济法责任主体主要有:

(一) 政府

政府在我国包括最高国家行政机关即国务院以及地方各级政府及其职能部门。在政府行使经济职权过程中,若以滥用、放弃、转让权限等方式违反经济法规定的义务,侵害了其他主体的合法权益时,应承担经济法责任。此外,即使在政府正当、合法地行使经济职权时,给其他经济法主体造成损害或者其他主体因社会公益和公共设施而蒙受损失时,政府也应当依法承担经济补偿责任。例如政府改变行为或管理意图所致的损失、为满足国家和社会公共需要的目的而征收和征用人力、财力和物力所致损失等。①

(二) 经济自治团体

经济自治团体一般经过严格资格审查而依法成立,具有专业技术优势和高度公信力以及约束和监督作用,承担了政府为适应市场经济体制改革而转移出来的部分职能。在现代市场经济运行中,是国家调制其他主体的辅助力量和传导中介。当自治团体为法经济法义务时,也应当承担一定的法律责任。

---

① 李中圣:《经济法责任论略》,载《法律科学》1993 年第 4 期。

(三) 公职人员

这里的公职人员是从广泛意义上而言的,其范围包括拥有经济权限的政府公职人员,以及被授权或委托行使经济权限的非公职人员。公职人员在行使调制经济活动职权的过程中,未能严格遵守政府经济调制的组织性规范或者程序性规范,违背了其对委任机关所作出的恪尽职守的承诺,而为经济违法行为时,应当依法追究其经济违法责任。

(四) 生产经营者、消费者、劳动者①

以企业为主要代表的生产经营者在国民经济的运行过程中,是基本的依据和重要载体。国民经济和社会发展计划各项目标主要是通过各类生产经营者的生产、经营或服务性活动来实现的。在接受国家调制的过程中,企业进行经济活动的同时还必然与其他社会组织和个人发生多种多样的经济往来,从而又形成了各类经济法律关系。因此,企业一方面以其平等性成为民法主体,同时以其营利性成为商法主体;另一方面又以其经济性②成为经济法的主体。

在国民经济活动的整个领域,政府、经济自治团体、企业等生产经营者和消费者之间经济活动及其所发生的经济关系,是经济法所规范的重要内容,并直接关系消费者这一重要主体。因而消费主体应是经济法的主体之一。

劳动者是生产力中最活跃最重要的因素。作为社会物质财富的创造者,是经济运行过程中不可缺少的一个要素;同时,他和国家、企业之间有着密切的联系,是各种经济关系中不可缺少的一方主体,从而成为经济法主体中不可缺少的一个组成部分。

四、经济法责任的形式

(一) 经济法责任形式的划分

经济法责任形式按不同的种类可以作不同的划分。以承担责任的性质标准,划分为财产性责任与非财产性责任。财产性责任是指有责主体以自己的财产来支付否定性法律后果的责任方式,包括罚款、罚金、没收财产等。非财产性责任则是以财产以外的方式承担责任的一种形式,包括赔礼道歉、停止侵

---

① 陶广峰主编:《经济法原理》,中国政法大学出版社2005年版,第57页。
② 所谓企业的经济性,是指由于企业的经济活动对整体国民经济运行所可能造成的影响,使得国家对其采取某种形式的调制手段的特性。

害、吊销营业执照、责令停业整顿、消除违法影响等。

以追究责任的目的为标准，划分为补偿性责任与惩罚性责任。经济法上的补偿性责任主要体现为国家赔偿和超额赔偿。经济法上的惩罚性责任主要是通过惩罚使违法者付出代价，例如金钱罚、自由罚、资格罚、能力罚等。

以责任承担主体及其在经济法关系中的地位为标准，划分为职务责任和非职务责任。① 职务责任是指行为人因履行公务而发生的责任。凡是国家机关的工作人员、经济组织成员在执行公务时，因实施违法行为或者其他依法应承担责任的行为而导致的责任皆属于职务责任。非职务责任是指行为人以自己的身份从事活动而发生的并由自己承担的责任。

此外还可以作其他划分，例如调制主体责任与受制主体责任的划分，宏观调控法责任与市场规制法责任的划分，等等。

（二）经济法责任的具体形态

按具体形态表现的性质不同，可以将经济法责任分为赔偿性责任、惩罚性责任。

一是赔偿性责任，包括国家赔偿和超额赔偿。经济法上的国家赔偿不同于行政赔偿和司法赔偿，它主要是基于政府及其部门因实施宏观调控和微观规制不当而产生。例如当不按规定的程序发布信息、泄露秘密、超出宏观调控的范围进行调控，造成对其他经济主体利益的侵害时，被侵害主体有要求国家赔偿的权利，负有责任的政府及其部门有义务予以赔偿。经济法上的超额赔偿，又可以称为惩罚性赔偿。其责任主体主要是微观市场主体，例如企业等。对其违法行为实行超额赔偿，一方面，可以以高额的违法成本来有效遏制经济违法行为，同时还起到预防的效果。例如我国《消费者权益保护法》第 49 条规定的双倍赔偿制度以及美国《谢尔曼法》第 7 条规定的三倍赔偿制度。

二是惩罚性责任。就公职人员而言，其职务行为和决策必须合乎社会利益，如果决策失误或行为有损社会利益，或者对其所管辖的部门用人不当、管理不力，工作失察而造成重大损失，则应当承担经济法责任，其中也应当包括赔偿责任。但由于个人经济能力的限制，仅承担经济赔偿责任，往往不足以抵偿所造成的损害，所以往往用其他的责任形式使其承担责任，包括撤销职务、引咎辞职等。引咎辞职是指在发生不当运用经济权力造成对社会经济或经济个

---

① 曹胜亮：《经济法责任的独立和独立的经济法责任》，华中师范大学 2005 年硕士学位论文。

体的严重损害时，相关责任部门的主要负责人应担负责任，辞去其职务。撤销职务是指公职人员在不当运用经济权力，造成严重损害后果发生时，有权机关认为必要，可以撤销其职务，更换更为合适的人选，以保证经济权力的正确运用。

就政府及其部门而言，惩罚性责任包括补正、撤销、停止不恰当的调制行为和实际履行。补正[①]是指由经济权力主体对其自身对欠缺合法要件、程序轻微违法的经济行为进行事后补充纠正，以此来承担法律责任的方式。撤销、停止不恰当的调制行为是指政府及其部门在调制经济运行过程中，作出内容不恰当或违法的经济行为应及时停止、撤销。实际履行是指当其不作为可能对其他经济主体和经济发展产生不利影响时，政府及其部门应以实际履行的方式来完成，一般表现在公共物品的提供、外部竞争环境的营造、市场秩序的维护、必要的宏观调控等几个方面。

就微观市场主体来说，其违反经济法义务而承担的经济法责任包括资质减免和信誉减等。资质减免是指政府或经济自治团体通过限制或剥夺微观市场主体的资格来使其承担经济法责任，例如强制整顿、停业、吊销许可证、吊销营业执照、强制解散等。信誉减等是指政府或经济自治团体通过降低违法主体的信用、商誉等方式来限制其经济活动的能力而使其承担经济法责任的，例如通报批评、撤销荣誉称号等。市场经济条件下，主体的资格和信誉都是相当重要的，是与其经济利益紧密联系的，而通过使其承担资质减免和信誉减等形式的经济法责任，从而限制或剥夺违法主体从事经济活动的资格和能力，对微观市场主体来说，无疑是一种严重的惩罚。

---

① 参见张武：《政府经济职权研究》，西南政法大学 2003 年博士学位论文。

第二编　经济法认识论

第四章 经济法认识论

　　法哲学研究中既包括对法的本原性问题的分析、考察和探究，即对实然法（法是什么）和应然法（法应当是什么）的认识；也应包括对这种本原性问题认识的反思，即对认识本身的再认识，后者构成法学认识论的基本内容。而在我国法学研究中，长期存在着认识论缺位的状况，忽视对法学概念厘定、观点澄清和论证等认识过程的再认识，由此所形成的法学结论，其可靠性并不充分，往往陷入挑战、质疑和诘难的包围之中而难以自立。这种状况在经济法学的研究中也是普遍存在的。在挑战、质疑和诘难中产生和发展起来的经济法学，为了应对来自学界对经济法的本原性问题的挑战、质疑和诘难，因而无暇顾及关于经济法认识论的深层次考察，由此导致的结果，则是经济法学的理论立则立矣，却难以服众。马克思在《〈黑格尔法哲学批判〉导言》中指出，"理论只要说服人，就能掌握群众；而理论只要彻底，就能说服人。所谓彻底，就是抓住事物的根本"。[①] 经济法学者为了说服人，尽可能使自己的理论能够抓住经济法的本质，这本是无可厚非的，但对于如何使理论能够彻底，如何能够抓住经济法的本质，却缺乏必要的说明。本章尝试对这些问题进行初步分析。

第一节　经济法认识论概说

一、经济法认识论的含义

　　认识论是一个哲学范畴。在哲学意义上，认识论研究的是思维和存在的同一性问题，即思维能否反映存在以及思维如何反映存在。通俗地说，认识论是对人的认识本身以及认识能力的再认识。在哲学史上，对思维能否反映存在这

---

① 《马克思恩格斯选集》（第1卷），人民出版社1966年版，第8页。

一问题的不同回答,形成了可知论与不可知论两种基本观点。可知论坚持人的思维能够反映存在,而不可知论则怀疑人的这种能力。认识主体和认识客体是认识论中的两个重要范畴。相应地,认识论研究的也正是认识主体能否把握认识客体以及在多大程度上能够把握认识客体的问题。在哲学发展史上,认识论问题向来是哲学家们关注的重要问题,近代西方哲学从本体论向认识论的转向,更是突出了认识论在哲学研究中的重要地位。唯理论和经验论的论争不仅对哲学的发展具有重要意义,而且对近代以来的社会科学(包括法学)的发展同样影响深远。因此,哲学认识论研究的重要意义,一方面在于保证哲学理论的彻底性,另一方面也在于其能够为具体科学的研究提供最为基本的思维方式。

　　法学认识论是法哲学研究中的重要课题,它具体解决人关于法的本原性问题认识的认识能力和思维方式问题。在法学思想史上,不同的法学家的思想、观点、理论,既在客观上受其所处历史条件的制约,也在主观上受其自身认识能力和思维方式的重要影响。因此,一种法学理论的形成,首先应对理论形成的认识能力和思维方式问题作出回答,因为这是理论能否彻底的关键环节。法学与其他社会科学相似,其理论中往往把一个或多个前提性假设作为理论的基点,这些理论基点对于理论本身是至关重要的,而这些前提性假设正是法学认识论的研究对象。正如布迪厄所说:"(社会科学家)本人正是他所要探知的对象——即社会世界——产物,因此,他针对这个对象所提出的问题,所使用的概念,完全有可能正是这对象本身的产物。"法学认识论研究的意义也在于保证法学理论的彻底性,并进而为部门法学的研究提供理论基点和思维进路。而以一定的法学理论为基础从事分析、探究、认识部门法的本原性问题的认识活动,是部门法认识论的主要研究对象。

　　关于经济法认识论,目前尚未发现有对其进行界定的尝试。概括地讲,经济法认识论是关于经济法研究主体如何研究和认识经济法的理论。具体地讲,对经济法的本质、经济法的特征、经济法的作用、经济法的体系、经济法的价值、经济法的立法目的、经济法的基本原则等的研究和认识,都属于经济法认识论的研究范围。在一定意义上,应当说全部的经济法理论都是关于经济法的知识,都是经济法研究主体关于经济法的主张、观点以及对经济法的分析、理解和把握,也都是经济法认识论的研究对象。针对特定的经济法现象,如何形成关于经济法的知识,如何把握隐藏在经济法现象背后的经济法规律,如何认识经济法的本质性特征,如何认识经济法的独特的法律价值等,都必须以一定的经济法认识理论为依托。而从经济法理论形成上看,任何经济法理论的形成都有一个理论内核,也就是经济法理论形成的理论基点。这个理论基点,往往决定了经济法认识主体关于经济法的几乎全部的认识。因此，经济法理论形成的理论基点问题，是经济法认识论的最基本内容。

二、经济法认识论的意义

经济法学是伴随着经济法的产生而产生的。自其产生始，经济法学就面临着两个极大的挑战。一个来自经济法学界之外，表现为否定经济法是一个独立的法律部门的理论；一个存在于经济法学界内部，表现为经济法学说林立，观点众多，难以形成普遍认可的理论。其实，这两个挑战都与经济法认识论有关。

经济法学界一直坚持把经济法看作是一个独立的法律部门，但这种认识却受到民法学界和行政法学界中某些学者的否定。肯定经济法是一个独立的法律部门的学者一方面通过建构一个经济法体系，把自认为属于经济法的法律规范纳入其中；另一方面竭力构建经济法理论体系，以区别于民法、行政法理论。否定经济法是一个独立法律部门的学者则一方面通过分解，把经济法学者认为是经济法的法律规范分别纳入民法、商法、行政法、社会法等部门之中，另一方面则否定这些法律规范所具有的经济法属性。这种论争时至今日仍未停息。实际上，经济法是不是一个法律部门，是不是一个独立的法律部门，是不是一个重要的法律部门，主要是一个认识的问题。传统的法律部门划分的认识论标准和进路，一是大量的具有特定属性的法律规范和法律现象的出现；二是通过对这些法律规范和法律现象的认识和梳理，形成特定的法律理论。肯定或否定经济法是一个独立的法律部门的观点和理论正是在此基础上展开争论的。而这种争论，在某种程度上也仅仅具有认识论上的意义而已。对于经济法学本身来说，肯定经济法是一个独立的法律部门，不在于消灭与此相反的理论和观点，而在于通过理论创新，使经济法学具有坚实的认识论基础。

经济法学面对的第二个挑战，来自经济法学界内部。伴随着经济法现象的出现而产生的经济法学，虽然仅有短短的百余年的历史，但关于经济法的理论和观点则极为庞杂，且各持己见。经济法的概念、经济法的本质、经济法的作用、经济法的功能、经济法的属性、经济法的法律价值、经济法的体系、经济法的基本原则等表述各异，令人目眩。这固然与经济法学是一个新兴的法律学科有关，但也与经济法认识论的缺位密不可分。经济法是关于政府干预社会经济生活的法，但对于政府应否干预社会经济生活，如何干预社会经济生活，何时、何种情况、何种条件下政府应当伸出"有形之手"，以及政府干预社会经济生活的程度和限度，在不同的学者看来，往往会形成不同的认识，这是符合认识规律的。在一般情况下，这种状况似乎意味着经济法学的良好发展趋势，因为不同的理论和观点的碰撞有助于经济法理论的成熟和完善。但实际上,由于经济法学的研究本身缺乏必要的认识论基础,不同观点和理论由于缺乏交流的必要平台,很难发生碰撞,自然也难以摩擦出"真理的火花"。因此,通过经济法认识论的研究,有助于梳理各种经济法学说,整合经济法观点和经济法理论,为经济法理论的彻底性提供认识论基础。

第二节 经济法认识论的主要理论基点

一般地讲,经济法研究者或经济法认识主体往往借助于一定的法哲学理论,针对特定的经济法现象,形成关于经济法的观点、思想和理论体系。这一特定的法哲学理论,就是经济法学者借以研究经济法问题的理论基点。经济法认识论的理论基点包括了能够借以认识经济法的所有法哲学理论,主要的有:功利主义法学理论、实证主义法学理论、实用主义法学理论、社会学法学理论和马克思主义法学理论等。不同的法学理论作为经济法学研究的理论基点,必然会形成关于经济法的不同认识,不同的思想和理论体系,就政府干预而言,政府应否干预社会经济生活以及在多大程度上干预社会经济生活,以不同的法学理论作为研究视角,必然会形成关于政府干预的不同认识。因此,认识和分析这些理论基点,有助于我们关于经济法的研究趋于科学化。当然,也有的经济法学者把其他学科的某些基本理论作为经济法学研究的理论基点的,如经济学理论、政治学理论、社会学理论等。这些当然也属于经济法认识论的应有内容。

一、功利主义法学理论

功利主义法学理论是以功利主义哲学为理论基础而形成的法学理论,而功利原则是功利主义法学理论的核心原则。在哲学史上,最早表述功利思想的是伊壁鸠鲁,他称之为"快乐"。伊壁鸠鲁说:"我们认为快乐是幸福生活的始点和终点。我们认为它是最高的和天生的善。我们从它出发开始有各种抉择和避免,我们的目的是要获得它。"① 近代英国哲学家休谟在探究人类知识的来源时总结了人性的本质,他认为,人的知识来源于经验,经验来源于理解和感知,五官感知中总有快乐与不快乐之别,人的本性是追求快乐避免不快乐,作为人类经验升华成的一般理论科学就内在地、必然地不离此宗。休谟的思想对

---

① 苗力田主编:《古希腊哲学》,中国人民大学出版社1995年版,第639页。

后来的功利主义的杰出代表——边沁产生了很大的影响。边沁的功利主义是建立在痛苦和快乐这两种人类的最基本情感基础之上的。在他看来,人类被置于苦与乐的统治之下,人们的言行和思想都受他们的支配,只有他们才能告诉人们应该做什么以及如何来做。在边沁看来,所谓功利,就是一种外物给当事者求福避祸的那种特性,即给当事者产生福泽、利益、快乐、善或幸福,或防止给当事者带来痛苦、恶或不幸。所谓功利原则(principle of utility),他的解释是:"功利原则指的就是:当我们对任何一种行为予以赞成或不赞成的时候,我们是看该行为是增多还是减少当事者的幸福;换句话说,就是看该行为增进或者违反当事者的幸福为准。"① 边沁所说的当事者,既包括个人,也包括社会;功利原则所涉及的行为,既包括个人的行为,也包括政府的每一项措施。边沁的法律思想是其哲学思想的具体体现。对于法律制度,边沁的问题是:是否存在一个通用的标准来衡量每一条特定法律的价值?受休谟的启发,边沁认为功利原则正是这样的一个衡量标准。他认为,立法和司法活动要以功利原则作为其衡量标准。对于国家,边沁指出,国家来源于功利,国家存在于功利,在于实现功利,那么功利原则就是评价政治制度和法律制度的标准和尺度。一项制度、一部法律,如果它能够为最大多数人谋最大幸福,那么它就是好的、有利的、有益的,否则它就是坏的、不利的、无益的。政府的职责就是通过避苦求乐来增进社会的幸福。

把功利主义法律理论作为经济法学研究的理论基点,是把其作为认识论研究的一种进路,分析经济法现象,审视经济法理论。不论对经济法的表述是多么的不同,承认经济法存在的学者都不否认经济法是关于政府干预社会经济生活的法律规范,那么,政府为什么要干预社会经济生活?政府以何种方式和途径干预社会经济生活?政府干预社会经济生活有无一定的限度和维度?如果需要为政府的干预设定一定的限度和维度,其标准是什么?这些问题,无疑都是经济法学的研究课题。把功利主义法学理论作为我们研究和分析政府干预以及经济法现象的理论基点,应当是值得尝试的研究进路。

二、实证主义法学理论

实证主义法学理论以实证主义哲学为基础。实证主义哲学是19世纪30年代首先在法国兴起的一种哲学思潮。这一思潮直接秉承英国经验论的哲学传统,明确主张把实证科学当作人类知识的范本。它拒斥形而上学,把一切思辨

---

① 边沁:《道德与立法原理绪论》,载周辅成编:《西方伦理学名著选辑》(下卷),商务印书馆1987年版,第211~212页。

的、追求事物的本质或本原的本体论研究看作是毫无益处的。孔德认为，人类思想沿着神学阶段—形而上学阶段—实证阶段演变和发展，这是一个由低级到高级的上升过程，而实证阶段是人类思想发展的最高阶段。他认为，虽然形而上学家尽管试图解释存在物的深刻本质和万事万物的起源，但由于他们所依据的只是一些模糊不清的原则和巧舌如簧的诡辩技巧，因而无法从根本上解决所提出的问题。对此他指出："两千年前，这种探讨方式所引起的关于外物存在的荒诞疑问基本上毅然会存留下去，因为这种方式却是从来没有以任何决定性的论据消除它们。因此，归根结底，我们可以把形而上学状态视为一种慢性病，那是我们个人或集体从童年至成年的精神演变过程中自然固有的。"① 不过，孔德认为，形而上学阶段必然最终会过渡到理性实证状态，而在实证阶段，一切研究都可归结为实证研究：以寻求被观察对象之间的恒定关系为目标，放弃对存在物的最初来源和终极目标的探究。至于"实证"的含义，孔德认为，实证指的是与虚幻相对的真实，意味着与无用相对的有用，表示与犹疑相反的肯定，是与模糊相对的精确，也间接地表示与绝对相反的相对。②

虽然从时间上看，孔德的《论实证精神》出版较晚，但实证主义哲学运动却早在19世纪30年代已经在英法两国的哲学界和科学界出现，这种实证哲学运动强烈反对形而上学，而把自己严格限制于经验的观察——描述或记录事实；排除价值考虑，而主张"中立哲学"。受这种实证主义哲学的影响，在法学研究领域出现了称为分析法学的实证主义法学。约翰·奥斯丁就是这种分析法学的代表人物。奥斯丁认为，法律就是主权者的命令。他指出："'法律'一词或严格意义上的法律，是命令。"③ 至于"命令"，他认为是一个人或一部分人所表明的一种希望，要求他人或另一部分人去进行或停止某种行为，并对不遵守命令的人施以某种程度的制裁。而主权者对行为或不行为具有普遍约束力的命令就是法律或规则。像边沁一样，奥斯丁也认为，一个拥有主权的政府的崇高意图或目便是最大可能地增进人的幸福，但他拒绝把伦理问题置于法理学讨论的范围之内。他认为，法理学是一种独立而自足的关于实在法的理论。他把法理学与立法科学区分开来，认为只有立法科学关注伦理学问题，而法理学只关注实在法，或严格意义上的法律，而不考虑法律的善恶。奥斯丁把"应当是这样的法律"和"实际上是这样的法律"区分开来，认为法理学只研究实在法，使法理学成为有自己特定的研究对象和研究方法的学科，对西方法

---

① 孔德：《论实证精神》，商务印书馆1999年版，第8页。
② 参见孔德：《论实证精神》，商务印书馆1999年版，第29~31页。
③ 《西方法律思想资料选编》，北京大学出版社1983年版，第500页。

学的发展产生了极大的影响。

虽然奥斯丁主张法理学不应关注伦理学问题，而只研究实在法问题，但他还是在立法科学中确认了功利原则，在法律科学研究中注入了评价因素。

到汉斯·凯尔森才确立把所有的评价标准和意识形态因素从法律科学中清除出去。凯尔森认为，对人的意志和行动而言，无论争议多么必要，它都是无从认识的。从理性认识看，所存在的只是利益以及因此而产生的利益冲突。他认为法律理论无法回答何谓正义的问题，因为这个问题是根本无法用科学的方法加以回答的。如果一定要给正义一个具有科学意义的名称，正义就是合法律性。凯尔森希望使法律理论摆脱一切外部的因素和非法律因素，从而使法律理论进一步"纯粹化"。他认为，法律科学的研究对象仅仅是那些"具有法律规范性质的、能确定某些行为合法或非法的"规范。

把实证主义法学理论作为经济法学研究的一种理论基点，并非是因为这种法学理论本身不存在缺陷与偏颇之处，但是，针对当前经济法学研究中学说林立的现状，需要用该理论检视各种经济法学说与实际生活中现存的经济法的对应情形，避免从概念到概念，从逻辑到逻辑，从理论到理论的空泛研究。把实证主义法学理论作为经济法学研究的理论基点，无疑是具有积极意义的。

三、社会学法学理论

社会学法学有广义和狭义之分。广义的社会学法学包括众多的理论分支，如法国狄骥的"社会连带主义法学"、德国赫克的"利益法学"、美国霍姆斯的实用主义法学、庞德的社会学法学和卢埃林的现实主义法学等。狭义的社会学法学则是指庞德的法哲学。在此仅就狭义的社会学法学理论作为经济法认识论的理论基点给予讨论。

社会学法学的哲学基础是实用主义哲学。实用主义哲学是一种思想融合的产物，诞生于美国，其产生同时也标志着美国思想的真正独立。自其产生伊始，实用主义就在美国占据主导地位。澳大利亚哲学家巴尔的摩曾断言："美国哲学家随着年龄的增长，无一例外地都成了实用主义者。"

皮尔士被认为是"实用主义的创始人"和"美国哲学之父"，其哲学思想的主要内容是其意义理论。他认为，人们每时每刻都在与各种各样的信念打交道，关键在于通过考察观念的实际效果来判定观念的意义，并以此为基础确立信念。詹姆斯是与皮尔士同时代的人，他把实用主义看作是一种方法。对此他指出："实用主义的方法，不是什么特别的结果，只不过是一种确定方向的态度。这个态度不是去看最先的事物、原则、'范畴'和假定是必需的东西；而是去看最后的事物、收获和事实。"①杜威继承并进一步阐发了皮尔士的方法,他认为,人们进行认识的过程就是不断进行实验的探索过程。他在《我们怎样思维》一书中把人们的探索过程概括为"五步思想说":(1)感觉到困难;(2)找出困难的所在和定义;(3)对各种不同的解决办法进行设想;(4)运用推理对设想的意义进行发挥;(5)作进一步的观察和试验,以便引导到肯定或否定,即得到可信还是不可信的结论。杜威认为,人们的一切认知活动,都遵循着这一实验过程。在这一过程中,人们对自己所面对的对象进行细致的检验,看它们是否会获得预期的成功,如果获得了成功,则关于它们的陈述就得到了证实。我们借助于实验过程而获得的各种知识和信念都成为我们日后的行动工具。

庞德深受实用主义哲学的影响,并把它作为其法哲学思想的理论基础。对于实用主义,庞德的认识是:"实用主义以为行为具有效力,倒不是因为行为能够实现理想,而在于行为对行为目的具有影响;实用主义还以为目的具有效力,其意义在于目的能最大限度地满足人类的要求。"② 庞德的社会学法学理论的形成既受实用主义哲学的影响,也与庞德所处时代的要求密不可分。当时正是西方主要资本主义国家由自由竞争资本主义阶段进入垄断资本主义阶段的历史时期,法学家所面临的问题是:如何认识垄断资本主义社会中的法及其法在新的历史条件下的功能。对此庞德指出:"对于 20 世纪而言,问题似乎首先不在于法律是什么,而在于法律起了什么作用;它如何去起作用,它可以和如何被利用;评价什么是须由法律秩序协调和调整的、互相冲突和重叠的利益和要求;再次,什么是有效的法律行动的限度和有效地保障各种由法律秩序成仁、界定的利益。法哲学问题的改变导致方法论的变化,或更确切地说,新的社会——哲理、社会——逻辑和实用主义的方法应运而生。"③ 庞德以实用主义为基础,强调研究法律制度与法律学说的效果要根据社会生活中法律规范造成的后果——法律规范在适用中的效果——进行研究。在他看来,法律适用效果的唯一标准,在于法律规范对社会实际生活是否有利和有用。在此基础上,庞德阐述了其社会控制理论。庞德把法类比为一种社会工程,这一工程是指一个过程、一种活动,而不仅仅是一些知识和固定的建筑体系,相应地,法学应考虑调整各种关系或调和、协调各种不同的主张和要求的活动,而不是调整、

---

① [美]威廉·詹姆斯:《实用主义》,燕晓冬译,商务印书馆1989年版,第31页。
② 顾维熊:《西方法学流派评析》,上海社会科学院出版社1992年版,第102页。
③ [奥] E. 埃利希:《法社会学的基本理论·导言》(英文版),中国社会科学出版社1999年版。

调和、协调本身。庞德认为,人类社会发展的历史证明,为了维持社会的正常秩序,必须使人类活动按照一定的社会行为规范进行,而通过某种社会力量使人们遵从社会规范,维持社会秩序的过程,就是社会控制,法律作为一种社会工程,就是实现社会控制的工具。庞德指出,法律作为社会工程或社会控制的手段,任务就在于满足人们的各种要求和愿望;在不能满足人们的一切要求的情况下,至少尽可能地做得好些。可见,在庞德的社会控制理论中,法律作为社会工程或社会控制是确认、维护、协调和保障利益的手段,而利益则是法律的社会工程、社会控制所要达到的目的和最终意图。庞德把利益界定为"人们,个别地或通过集团、联合或关系,企图满足的一种要求、愿望或期待;因而利益也就是通过政治组织社会的武力对人类关系进行调整和对人们的行为加以安排时所必须考虑的东西"。① 庞德把值得由法律加以保护和促进的利益分为三类:个人利益、公共利益和社会利益,其中社会利益是最重要的利益。他并且指出,通过法律赋予各种利益的人以法律权力来保障他们的利益。但是,在特定的情况下,对这些利益如何评价?用什么原则来决定他们相互之间的分量?尤其是在利益发生冲突时如何取舍?为了解决这些问题,庞德提出了法律价值理论。该理论的前提是:对各种利益的承认或拒绝承认以及划定哪些得到承认的利益的界限,最终都是按照一个确定的价值尺度进行的。庞德主张从经验中寻找某种可能在丝毫无损于整个利益方案的条件下,使各种冲突和重叠的利益得到调整,并同时给予这种经验以合理发展的方法。

从时间上看,在美国,以实用主义哲学为理论基础的社会学法学的形成和发展过程与经济法学的形成发展过程大致相当,而且,从理念上看,社会学法学的社会本位理念也与经济法学相契合,因此,有不少经济法学者认为经济法学的法哲学基础就是社会学法学。的确,社会学法学的基本理论为我们研究和认识经济法现象,尤其是现代经济法现象,提供了一种认识论进路。

四、马克思主义法学理论

马克思主义法学理论是马克思主义理论的一个组成部分,其理论基础是马克思主义哲学,即辩证唯物主义和历史唯物主义。辩证唯物主义揭示了物质世界的发展规律,历史唯物主义则是运用辩证唯物主义对人类社会及其发展历史考察和分析所形成的结论。马克思的哲学思想的形成和成熟经过了一个过程。最初马克思接受的是康德、费希特等人的带有浓厚的理想主义色彩的哲学思想,但他很快就发现,这种哲学充满理想和现实的冲突、应有和现有的对立,

---

① 张文显:《20世纪西方法哲学思潮研究》,法律出版社1996年版,第123页。

缺乏应有的现实基础。在经过自我批判之后，马克思扬弃了康德、费希特的理想主义哲学，转向主张理想和现实统一的黑格尔哲学，开始从现实中寻求思想，把事物的理性作为自身矛盾的展开，并在自身中求得统一。然而，黑格尔哲学建构了一个"颠倒的世界"，这是马克思所不能接受的。借助于费尔巴哈的唯物论哲学，对黑格尔哲学进行了批判，并在此基础上，马克思建立了辩证唯物主义哲学理论。马克思把辩证唯物主义的理论运用到社会历史领域，考察了人类社会的历史发展，提出了经济因素是社会发展的最终决定力量这一命题，认为由与社会生产力水平相适应的全部生产关系的总和所构成的经济基础决定包括社会的政治制度、法律制度以及社会的意识形态在内的上层建筑。

与马克思的哲学思想形成的过程同步，马克思的法学思想也是在批判和自我批判的过程中形成的。马克思最初接受的是康德、费希特的理想主义法律思想。但是，依托于康德、费希特的主观主义哲学而形成的马克思的法学思想具有形式和内容、理论和历史、存在和应有相脱离、相对立的致命弱点。借助于黑格尔客观唯心主义的哲学理论，马克思扬弃了最初的带有致命弱点的理想主义的法学观，形成了理性自然法思想。但是，这种理性自然法的哲学基础是黑格尔唯心主义哲学，仍然不是彻底的科学法律观。在运用费尔巴哈唯物主义哲学完成了对黑格尔唯心主义哲学的批判的基础上，马克思同时也批判了黑格尔的法哲学，提出了不是国家决定市民社会，而是市民社会决定国家和法的马克思主义法学思想。在《德意志意识形态》中，马克思第一次指明了法是属于上层建筑的范畴，它是由经济基础决定并为经济基础服务，"不是意识决定生活，而是生活决定意识"，法的产生及其发展变化是以物质关系——社会经济关系和生产关系为基础的，社会存在不依赖于法，相反，法的存在依赖于社会，法律关系是现实生产关系的反映。在《哲学的贫困》中，马克思再次论述了法律与经济关系以及与客观经济规律的关系。马克思认为，无论是政治的立法和市民的立法都只是表明和记载经济关系的要求而已。法律与经济的关系绝不像普鲁东所认为的那样——法律是决定经济关系的力量，相反，经济关系、经济发展的需要和要求乃是决定法律的力量。在《共产党宣言》中，马克思深刻地揭示出国家和法的本质："你们的观念本身是资产阶级的生产关系和资产阶级的所有制关系的产物，正像你们的法不过是被奉为法律的你们这个阶级的意志一样，而这种意志的内容是由你们这个阶级的物质生活条件来决定的。"① 对于自己的法学思想形成的过程，马克思曾说："我的研究得出这样的一个结果：法的关系正像国家的形式一样，既不能从他们的本身来理解，也不

---

① 《马克思恩格斯选集》（第1卷），人民出版社1966年版，第255页。

能从所谓人类精神的一般发展来理解，相反，它们根源于物质生活关系，这种物质生活关系的总和，黑格尔按照 18 世纪英国人和法国人的先例，称之为'市民社会'。"

把马克思主义法学理论作为经济法学研究的理论基点，在这里似乎无需再浓墨细述，因为我们向来都是把马克思主义哲学理论作为理论研究的最根本的认识论进路的。但是，究竟应当如何把马克思主义法学理论与经济法学的研究结合起来，似乎并没有具体的研究。马克思关于国家和法律本质的思想在经济法学研究中如何运用，尚待进一步思考。

总之，以上的几种法哲学理论并不是经济法学研究的全部理论基点，当然其中的每一种也不是经济法学研究的唯一的理论基点。从事经济法学研究应首先澄清经济法学研究的认识论进路，需要对研究借以进行的理论基点进行选择，这也是从事社会科学研究所必需的。

第三节　经济法认识论运用的一种尝试

马克思在《关于费尔巴哈的提纲》中指出，"哲学家们只是以不同的方式解释世界，而问题在于改变世界"。① 虽然马克思强调对世界的改造，其理论的立足点在于批判旧唯物主义，但也提出了哲学乃至理论的两大任务，即认识、解释世界和利用这种认识改造世界。我国经济法学界关于经济法学问题的争论，主要集中在第一个方面，即如何认识和解释经济法现象，而对于某种经济法理论是否以及在多大程度上能够解决中国经济法实践，则着墨不多。但后者恰恰是中国经济法学乃至整个中国法学研究的重中之重，即当前中国的社会转型需要什么样的法学理论作为支撑。在数不清的理论和观点中，什么样的理论和中国当前的社会发展相契合，这是一个需要认真研究的问题。具体到经济法，情况似乎更为复杂。世界各国的经济、政治和思想文化的差异，是世界各国法律制度各具特色的客观基础，分析和借鉴别国的经验，始终不能离开"解决中国问题"这一根本目标。研究和分析经济法，也应以这一目标为前提。经济法认识论的运用，是为了在研究经济法时尽可能地做到异中求同，也是关于这一问题的认识进路。鉴于社会学法哲学作为经济法法哲学基础，已经得到经济法理论界相当一部分学者的首肯，而社会学法哲学的理论基础又是社会功利主义，因此，我们尝试把社会功利主义作为经济法学研究的一种理论基

---

① 《马克思恩格斯选集》（第 1 卷），人民出版社 1966 年版，第 19 页。

点，对经济法产生和存在的哲学基础进行简要分析。

一、社会功利主义及其理论演变

以边沁为代表的个人功利主义者把功利原则作为人们行为的唯一原则，认为人们行为的目的在于避苦求乐，评价人们行为的标准是看行为增加或减少了人们的幸福或者行为减少或增加了人们的痛苦。这一原则为后来的功利主义者所认同和承继。但是，边沁的功利原则的立足点是个人的幸福，认为个人幸福的增加能够自然增大社会幸福的总量，也就是说，在社会利益和个人利益的关系上，边沁强调个人利益，认为社会利益不能独立于个人利益而存在，自然也就不能对抗个人利益。边沁认为，社会利益只意味着"组成社会的各个成员的利益之总和"。通过如上界定，边沁消解了个人利益和社会利益相冲突和相矛盾的可能。

但是，个人利益和社会利益都是客观存在的，二者既有可能是一致的，也有可能是相冲突的。在个人利益和社会利益相冲突的情况下，如何贯彻功利原则？耶林通过对边沁个人功利主义的批判，形成了社会功利主义思想。耶林认为，人类的行为都要受到一定的目的的支配。人类行为的目的有两种基本形式：个人目的和社会目的。个人目的以利己为根据和出发点，而社会目的以利他为根据和出发点。耶林认为，个人的存在既为自身也为社会，个人和社会是一种合伙关系，因而利己和利他、个人和社会、个人利益和社会利益要平衡。耶林认为个人和社会合伙关系的主要目标在于实现一种共同的文化目的。即"使个人的劳动——无论是体力的劳动还是脑力的劳动——尽可能地对他人有助益，从而也间接地对自己有助益，亦即使每种力量都为人服务，这就是每个文明的民族都必须解决和应付的问题，并且根据这个问题来调整它的整个经济"。对于个人行为，耶林指出，必须根据社会能从中获得的利益来衡量个人生活的价值。可以看出，耶林不仅主张社会利益的实在性，而且在个人利益和社会利益关系上强调社会利益的第一性。因此，庞德把他看作是一个"社会功利主义者"。

美国的实用主义哲学从源流上看，是功利主义与实证主义相结合的产物，或者说，实用主义是实证功利主义。美国庞德的社会学法学思想的理论基础，就是这种实用主义哲学。庞德发展了耶林的社会功利主义思想，并对利益进行了详细论述。如上节所述，庞德把利益分为个人利益、公共利益和社会利益三种。对于这三种利益，庞德指出，（1）个人利益，即直接包含在一个人生活中并以个人生活的名义而提出的各种要求、需要或愿望。主要有人格的利益（意志自由、荣誉和名誉、私人秘密、信仰和言论自由等）、家庭关系方面的利益（父母、子女、夫妻的利益等）和物质利益（财产、契约自由、结社自由等）。（2）公共利益，即包括在政治生活中并从政治生活的角度所提出的主张、要求和愿望。主要由国家作为法人的利益（国家人格的完整、行动自由的荣誉、债务方面的利益等）和国家作为政治组织的利益（国家的尊严、效率等）。（3）社会利益，即存在于社会生活中为了维护社会的正常秩序和活动而提出的主张、要求和愿望。主要由公共安全、和平与秩序的保障；保障家庭、宗教、政治和经济制度的安全；道德方面的利益（制止卖淫、酗酒、赌博等）；保护社会资源方面的利益；政治、经济和文化方面的进步；个人生活方面的利益（自主、机会、生活条件等）。庞德强调，在这三类利益中，社会利益是最重要的利益。①

功利主义的理论演变受社会发展、现实情况的影响，表现为从个人功利主义向社会功利主义的变迁，也表现为作为功利主义的唯一原则的功利原则这一判断标准的客观化过程。边沁的苦与乐的计算，带有强烈的主观主义特征，经耶林的利益化而至庞德的利益法律保护，这一原则的不断客观化过程，使功利原则现实操作性大为增强。

功利主义对西方社会的经济生活、政治生活和思想文化生活有着重要而深远的全面影响，其中对西方国家的市场经济及其理论、政府职能及其理论的影响尤为显著。

二、社会功利主义与市场经济

市场经济是以市场为纽带，通过市场主体的参与，实现资源有效配置的经济，或者，市场经济是由市场配置经济资源的经济形式。在经济学意义上，市场经济中的市场主体是以实现自身利益最大化为目标的理性人。市场主体自身利益最大化的目标追求是市场经济运行的根本动力，在市场主体的个人利益与社会利益相一致的情况下，市场主体的逐利行为会促进社会利益的实现。市场经济与功利主义存在一种天然的联系。西方经济学家在研究市场经济时大都受功利主义的影响，他们经济思想的差异客观上受其所选择的研究对象决定，在主观上则与其对功利主义的认识密切相关。以经济的发展状态为标准，资本主义先后经历了自由竞争的资本主义阶段和垄断资本主义阶段。与之相对应，自由竞争和垄断也是西方经济学先后的研究主题。

与自由竞争的市场经济相对应，经济学的主导价值理念是经济自由主义，其哲学基础，是个人功利主义。以亚当·斯密为代表的古典经济自由主义者沿

---

① 何勤华主编：《西方法学流派撮要》，中国政法大学出版社 2003 年版，第 67 页。

袭了所谓自然秩序的哲学观念，提出了符合生活常识且无须求证的"经济人"假说，建立在此前提上的经济自由主义学说认为：从个人的自利本性出发，受"利己心"支配的每一个人在追求个人利益时，为避免别人伤害自己的利益，就不能不考虑别人的利益，于是在人与人之间就产生了一致的共同利益。即自利之人在"无形之手"的指引下，通过完全的自由竞争，最终实现经济的有效、协调发展。国内相当多的学者在分析或借用亚当·斯密的经济理论时往往只提到《国民财富的性质和原因的研究》（1776），很少提到他的《道德情操论》（1759），殊不知前者只是后者的续篇而已。《道德情操论》是一部道德哲学著作，其中就包括他的个人功利主义思想。可以说，《国民财富的性质和原因的研究》只是亚当·斯密把其道德学说应用于经济领域的一个成果而已。有学者根据亚当·斯密的《国民财富的性质和原因的研究》（1776）和边沁的《道德与立法原理导论》（1776）同年发表，认为无法断定二者在功利主义思想上的影响和承继关系，这是不准确的。事实上，有证据表明，二人都受到了大卫·休谟（1711—1776）思想的影响。而且，亚当·斯密和大卫·休谟还保持着持久的联系。

亚当·斯密自由放任主义经济学的正统地位保持了100年。19世纪末，随着垄断的出现，自由竞争资本主义过渡到垄断阶段，市场的局限性愈益突出，个人利益和社会利益的矛盾加剧，片面强调个人功利主义的自由放任经济学受到质疑。而强调社会利益的社会功利主义思想逐渐占据上风。不过，以社会功利主义为理论基础的经济学理论取代以个人功利主义为基础理论的自由放任主义经济学，基于理论的惯性，所以在时间上则要晚一些。这一替代过程完成的社会催化剂，就是1929—1933年世界性的资本主义经济危机。凯恩斯《就业、利息和货币通论》（1936）的发表，被认为是这两种理论地位逆转的标准。凯恩斯原本信奉以马歇尔为代表的传统古典经济学理论，认为资本主义经济能够借助市场供求力量自动地达到充分就业的均衡状态。第一次世界大战后英国经济失调和严重失业，使他认识到自由经济并非能够自我调节，自由放任也不足以带来经济的复兴，但这种认识非常有限。1929—1933年的资本主义经济危机，经济萧条，失业严重，传统的经济理论已无法解释大萧条中的各种经济现象，更不能为摆脱危机提供"有效的"对策。这种情况凸显了个人利益对社会利益的重要依赖，也扭转了人们对社会利益与个人利益关系的认识。通过社会利益的维护实现个人利益，是凯恩斯主义经济学的认识前提。如果说经济学理论的转向是通过凯恩斯完成的话，社会经济实践的转向则是通过罗斯福"新政"实现的，其主要表现在于对政府职能的扩展。

三、社会功利主义与政府职能

功利主义者否认关于国家起源的自然法学说,认为国家的产生也是符合功利原则的,即国家来源于功利,国家存在在于功利,在于实现功利。但关于国家(政府)的职能,个人功利主义和社会功利主义在认识上却存在着较大的差异。

个人功利主义者,如边沁,虽然认为政府的职责是通过避苦求乐来增加社会的幸福,但由于其否认社会利益的独立性,因此,增加社会的幸福就是保障个人利益。他确信,如果组成社会的个人是幸福和美满的,那么整个国家就是幸福和昌盛的。在边沁那里,政府是小的、有限的,政府的目标就是保证个人的安全和平等以及创造个人实现其自身利益的必要条件。这与亚当·斯密关于政府职能的认识是一致的。在亚当·斯密的理论中,政府充当的是"守夜人"角色,他反对政府对经济进行不必要的干预。在亚当·斯密所建构的自然秩序下,政府理应奉行不干预主义,政府的理想角色就是充当自由经营的"守夜人",以"管得最少的政府才是最好的政府"为其行为宗旨。"法律应该让人民自己照应各自的利益。人民是当事人,定然比立法者更能了解自己的利益。"① 与之相适应,自由资本主义时期的各国政府大都采用不干预政策,国家的经济职能仅仅在极其有限的范围内发挥作用。

从19世纪末开始,随着垄断的出现,被垄断扭曲的竞争促使竞争更为激烈,其负面效应也愈来愈大,受其影响,各种社会矛盾日趋激化。战争、经济危机等灾难频繁发生。旧的利益结构急剧变动,新的利益结构正在形成,新旧利益的冲突不可避免。而且,资本主义的竞争、发展所引发的社会问题也日趋严重:贫富悬殊、两极分化、道德沦落、社会风气衰退、环境与资源的极大破坏。资本主义的发展需要反思。而这种反思最深刻的表现,即在于对个人功利主义的反思。其中包括对政府职能的反思。在社会利益被假定为不能独立存在的条件下,国家自然不能为了实现某一个人的利益而侵损其他人的利益。但是,在社会利益是一种独立存在的条件下,在个人利益与社会利益发生冲突和矛盾时,国家是否有干预的职能?也就是说,国家能否为了社会利益而干预个人利益?庞德社会功利主义的社会利益法学,为国家干预社会经济生活提供了理论依据和方式选择。罗斯福"新政"也是这种社会功利主义哲学在政府职能方面的实践。自此伊始,通过社会经济立法,政府获得了为维护社会利益而

---

① [英]亚当·斯密:《国民财富的性质和原因的研究》,郭大力、王亚南译,商务印书馆1972年版,第102页。

对社会经济领域进行干预的广泛授权，其主要表现，是政府的宏观经济调控和微观经济规制。

四、社会功利主义与经济法

研究经济法的学者看到了引起经济法产生的经济问题（垄断的产生）和政治问题（政府干预职能的扩大），而对于经济学、社会学和法学背后的哲学思想（从个人功利主义到社会功利主义）的转变，大都未有涉及。这可能与我国哲学领域长期未能正确对待功利主义这一所谓的"资产阶级哲学"有关。但是，基于市场经济与功利主义的天然联系，建立社会主义市场经济体制，不可能不涉及功利主义理论问题。由于这一问题与经济法的几乎所有方面都存在关联，因此这一问题对我国经济法学研究来说尤为重要。

经济法是关于政府干预经济的法，政府干预是经济法理论研究的核心范畴。那么，政府为什么要干预经济？政府干预经济的限度和维度又是什么？如何解释政府干预程度的变化？如何解释不同国家、不同阶段经济干预的方式、程度和维度的差异？如此等等，这些问题都需要以一种适当的理论作为理论基点，并以此为基础解释政府干预现象。

中国经济法是关于中国政府干预经济之法，也是限制政府干预经济之法。中国经济法学研究的根本目的在于解决中国经济运行中的政府干预问题。社会功利主义作为一种理论基点，首先应当在中国语境中获得阐释，赋予其中国国籍，而不是简单的驱逐出境。毛泽东曾经区分了资本主义功利主义和社会主义功利主义，并肯定了社会主义功利主义的价值。我们相信，把社会主义功利主义作为一种理论基点，是能够分析中国经济法的许多重要问题的。

第五章 经济法解释论

第一节 经济法解释论概说

法律解释问题是法理学的基本问题之一,我国法理学界从方法论和本体论意义上对该问题的研究都比较多,但是将法律解释贯穿到部门法的研究相对较少,且目前主要在民法和刑法领域。[①]经济法解释是法律解释理论研究中的新问题,同其他部门法解释理论研究的现状相比较,法学界对于经济法解释理论的研究程度相对薄弱,经济法教材和著作大都没有论及经济法解释问题。总体而言,经济法解释问题就是要研究"谁解释""解释什么""怎么解释"等法律解释方法论意义上的基本问题。

一、经济法解释的概念

解释学,又称诠释学、释义学,指的是文本解释的技艺,旨在字句疏通,释疑解惑。法律解释学起源于20世纪60年代末70年代初的德国。法律解释通常有三种义项,其一是指对法律条文的理解与释疑;其二是对法条含义的确认和裁定,是指当法律含义不清时,对其含义的确定;其三是指法律学术意义上的活动。[②] 法律解释是法理学研究的重要问题之一,在法理学研究中,中外法学家对其所作出的定义不尽相同。一般而言,对法律解释有方法论意义上的理解和本体论意义上的理解,方法论意义上的法律解释是确定法律规范和法律

[①] 李希慧:《刑法解释论》,中国人民公安大学出版社1995年版;梁慧星:《民法解释学》,中国政法大学出版社1995年版。还有一部专门研究司法解释的文献,即董皞:《司法解释论》,中国政法大学出版社1999年版。孔祥俊:《法律解释方法与判例研究》,人民法院出版社2004年版;参见王磊:《宪法的司法化》"宪法解释"一章,中国政法大学出版社2000年版。

[②] 周永坤:《法理学——全球视野》,法律出版社2000年版,第377页。

条款的具体含义的技巧,是法官在法律适用过程中将法律文本同法律事实联系起来的方法;本体论意义上的法律解释则是赋予法律文本法律意义的方式,是以哲学解释学和语言解释学为基础对法律的阐释,解释是理解的过程,即"只要人在理解,那么总是产生不同的理解"[①]。我们所讨论的经济法解释主要是方法论意义上探讨,至于本体论意义上的解释则涉及较少。

依据法律解释的主体和对象界定上的不同,我国法学界对法律解释的定义一般有狭义和广义两种,狭义的是指"有权的国家机关依照一定的标准和原则根据法定权限和程序,对法律的字义和目的所进行的阐释"。广义的是指"有关国家机关、组织或公民为遵守或适用法律规范,根据有关法律规定、法学理论或自己的理解,对现行法律规范或法律条文的内容、含义以及所使用的概念、术语等的理解和所作的各种说明"。狭义和广义的法律解释有所区别,但它们都共同体现了这样一种倾向,即将法律解释理解成为"两个相互联系的活动:理解和说明"[②]。张志铭在《法律解释操作》一书中,将法律解释的定义归纳为9种,加上他自己的定义,有10种关于法律解释的定义。[③]归纳这些关于法律解释的定义,我们可以发现,这些概念已经形成了一定的"定义模式",其中包含五个方面的内容,即法律解释的主体、法律解释的对象、法律解释的作用、法律解释的语境,以及法律解释的目标。法律解释主体一般涉及立法机关、司法机关、法学家和公民;法律解释的对象包含法律文本、法律条文等;法律解释的作用是对法律的说明、补充和完善,在法律适用中揭示法律的确切含义;法律解释的语境包括法律适用时的解释、事前解释与事后解释,以及抽象解释与具体解释等;法律解释的目标包括阐明法律规定的意义与内容、理解和说明法律文本的意思。也有学者认为,我国目前的法律解释概念混淆了"法律解释"与"解释法律"之间的区别,并认为,"解释法律"包括正式解释和非正式解释,而"法律解释"就是享有法律解释权的机关对法律意义的阐明,而学理解释和任意解释等非正式解释只是解释法律的组成部分,不属于法律解释的范畴。[④]

我国法律解释的法律渊源主要是决议、立法法和其他有权解释的主体制定的解释规范。《立法法》第二章"法律"标题之下规定了"法律解释",这时

---

① [德] 伽达默尔:《哲学解释学》,林格编,夏镇平译,上海译文出版社2004年版,"编者导言"。
② 孙国华、朱景文主编:《法理学》,中国人民大学出版社1999年版,第336页。
③ 张志铭:《法律解释操作分析》,中国政法大学出版社1998年版,第14~16页。
④ 陈金钊:《法律解释的哲理》,山东人民出版社1999年版,第43页。

的"法律"仅指全国人大和常委会制定的规范性法律文件，不包括"法律"层次以外的其他规范性法律文件；以及实施法律解释的主体、提出法律解释的主体、法律解释的程序。行政法规层次的法律解释的法律依据是1999年国务院办公厅发出的《关于行政法规解释权限和程序问题的通知》，其中对行政法规（包括法律的实施细则、实施条例）和国务院、国务院办公厅有关贯彻实施法律、行政法规问题的规范性文件等的解释权限和程序作出了明确规定。

经济法解释的概念与经济法的适用具有关联性，经济法解释的动因就是为了适用经济法，而经济法的适用必然要求进行经济法解释。在大陆法系传统中，一般将应用法学和法律实践活动称为对实体法的解释，例如，将民法学称为民法解释学、刑法学称为刑法解释学等，而且民法解释学和刑法解释学都具有悠久的历史传统。经济法解释学则是在经济法实体法出现以后，将法律解释理论运用到部门法的产物，属于正在形成与发展中的部门法律解释学。经济法解释是指有权的国家机关在经济法适用的过程中，基于法定的权限和职责，对具有法律效力的经济法规范性法律文件的阐释与说明。经济法解释过程中，不仅包括对经济法文本的理解，还包括经济法制定的经济社会背景、立法者的立法意图、经济法的价值选择等。

二、经济法解释的目标

法律解释的目标，就是指解释者通过法律解释活动所要达到的效果，一般认为，法律解释的目标就是要探求和阐明的法律意旨，法律解释的目标也是法律解释所要完成的任务。德国学者认为，"法律解释的任务在于，清除可能的规范矛盾，回答规范竞合及不同之规定竞合的问题，更一般的，它要决定每项规定的效力范围，如有必要，并须划定其彼此间的界限"。① 按照国内学者对法律解释功能的一般理解，法律解释的任务是要通过研究法律文本及其附随情况，即制定时的经济、政治、文化、技术等方面的背景情况，探求它们所表现出来的法律意旨，即法律规定的意思和宗旨，② 而法律意旨是法律解释的目标与结果，③ 基于法律解释的任务，法律解释所要达到的目的就是法律解释任务的完成的过程。进行法律解释的目的就是要查明法律中包含的立法者的价值判断，解释者首先要服从立法者的价值判断，这是立法的民主原则的要求。除了

---

① ［德］卡尔·拉伦茨：《法学方法论》，陈爱娥译，商务印书馆2003年版，第194页。
② 沈宗灵主编：《法理学》，北京大学出版社2000年版，第534页。
③ 黄茂荣：《法学方法与现代民法》，中国政法大学出版社2001年版，第264页。

判断立法者的立法意旨之外，法律解释还有"法律漏洞填补"的目的，在法律适用中会出现立法者在立法时没有预见到或者根本无法认识到的纠纷，这时，法院就会认为法律秩序中出现了"漏洞"，法院或者法官必须作出判断，代替立法者的评价。

在法律解释理论研究中，一般根据解释取向的不同将解释目标分为主观说和客观说，主观说坚持认为解释要再现立法者在立法当时的主观意图，客观说则主张法律解释应当与时俱进地反映在作出解释时的法律需求。在分析二者利弊的基础上，还演化出了折中说。

主观说认为，法律解释的目标是"探求历史上的立法者事实上的意思，亦即立法者的看法、企图和价值观"。主观说的理由有：（1）立法行为是立法者的意思行为，立法者通过立法表示他们的看法和企图，借助法律实现所追求的社会目的，这些目的在法律解释中应当表现出来。（2）立法者的意思是一种可以借助立法文献加以探知的历史的事实，只要每个人取向于这种能够被探知的历史的意旨，司法机关的裁判或决定便不会捉摸不定，从而根本动摇法律的稳定性。（3）依据权力划分的原则，司法机关应当依照法律裁判或决定，而法律则只能由立法机关来制定。所以，法律解释也应以探求立法者的意思为目标。客观说认为，法律从被颁布时起，便有它自己的意旨，法律解释的目标在于探求这个内在于法律的意旨。客观说的立论根据是：（1）法律自从颁布时起，就脱离了立法者的意旨。（2）依据客观说的立场去做，可以提高法的安定性。[①]

经济法解释是应用性较强的部门法律解释问题，要坚持以客观说为主，在适当的情况下采用主观说。经济法的概念和范围还处于较快的发展演变过程中，经济法解释必须适应时代的需要，反映我国经济改革和经济秩序的需要，要同我国的经济发展相适应，只有这样才能发挥经济法解释的作用，实现经济法解释的目标。经济法解释的目标可以归纳为：第一，在现行经济法律制度存在的情况下，解释要尊重立法者的立法原意，尤其要遵守全国人大及其常委会制定的经济法律和国务院制定的经济法规的立法原意；第二，在法律法规规定不清楚，现行法律规定之间存在冲突的情况下，解释机关就要根据解释当时的社会经济发展需要来解释；第三，经济改革的渐进性与经济法律的不完备性给司法机关及法官留下了法律解释的空间，法律解释的目标就是司法机关在行使剩余立法权的基础上创制新的经济法规则。

---

① 黄茂荣：《法学方法与现代民法》，中国政法大学出版社2001年版，第265页。

三、经济法解释的类型

在大陆法系国家,对法律解释的传统分类是学理解释、司法解释和立法解释三类,学理解释是法学家在学术著作中的法律解释,司法解释是法院在裁判实践中对法律的适用性解释,立法解释则是法律本身中对其所规定的法律条款的解释,是法律的组成部分。我国法律解释理论传承自大陆法系,法理学界将法律解释依据不同的标准分为不同的类型,概括起来,大致可以分为以下几种类型。根据法律解释主体和解释效力的不同,可以分为正式解释和非正式解释;根据法律解释的方法不同,可以分为文理解释和论理解释,文理解释还可以进一步分为字面解释、扩张解释和缩限解释,论理解释可以进一步分为体系解释、法意解释、目的解释等;根据法律解释所适用范围,可以分为规范性解释和个案解释。

(一) 正式解释和非正式解释

正式解释,也称法定解释、有权解释,是由特定的国家机关(包括依法授权的其他组织)依法对有关法律条文的含义,所进行的能够产生法律效力的阐释与说明。正式解释又分为立法解释和应用解释,立法解释是立法机关在法律制定以后根据法律的执行情况和执行中的问题作出的解释,凡属于法律条文本身需要进一步明确界限或作补充规定的,由最高国家权力机关解释,即立法解释,立法解释的效力具有普遍约束力而与法律的效力相同;应用解释是执法机关(行政机关、审判机关和检察机关)在应用法律过程中对法律规定的含义作出的解释,① 包括司法解释和行政解释。司法解释是由国家最高司法机关在适用法律过程中对具体应用法律问题所作的解释,即最高人民法院和最高人民检察院的解释不属于审判或检察工作中的其他法律如何具体应用的问题,司法解释的效力具有普遍的司法效力,但是次于法律效力;由国务院及其主管部门负责的解释叫作行政解释。其中,立法解释居于主导地位,司法解释、行政解释不能与立法解释相抵触。非正式解释,也称非法定解释、无权解释、任意解释,是指未经授权的国家机关、社会组织或公民个人对法律规范所作的没有法律效力的解释,可以分为学理解释和任意解释。学理解释一般是指在法学学术研究、法学教育和法制宣传中,由专家、学者和法律工作者对法律规范所进行的解释。任意解释是指公民、当事人、辩护人、代理人等按照自己的理解,对法律规定作出的解释。

---

① 张春生主编:《中华人民共和国立法法释义》,法律出版社 2000 年版,第 139 页。

(二) 文理解释和论理解释

从法律解释方法上，可以划分为文理解释和论理解释，文理解释就是针对解释对象的文字含义所进行的解释，任何法律规定都是由文字构成的，而文字有日常性意思和专门意思两大类，日常用语的文字也可能具有多重意思。文理解释即按照构成法律条文的字面意思和通常使用方式来阐释所要解释的法律意义和内容。按照文字的通常意思进行既不扩大愿意也不缩小愿意的解释就是原意解释；如果扩大了原来的意思，则是扩张解释；如果缩小了原来的意思，则是缩限解释。论理解释，是指参考被解释的法律规定的制定原因、背景等因素而作出的超越文字含义的解释。论理解释中包括体系解释，即按照法律条文的前后关联关系以及被解释的条文在法律体系中的地位而作出的解释；法意解释，是指解释的过程就是探求立法者在制定法律规范时所采取的价值判断，从而探求立法的历史因素和推导立法者的立法意图，所谓历史因素主要是指立法文献，包括立法过程中的一切记录、文件，如预备资料、预备草案、草案、立法理由书等；目的解释，是指以法律规范的目的为根据，阐释法律的意义和内容，使法律能够获得与时俱进的效果。

(三) 规范性解释和个案解释

规范性解释是指享有法律解释权的国家机关，依据自己的职权，对法律规定所作出的具有普遍约束力的解释。规范解释具有立法的一般特征，其所适用的程序一般是立法程序，从解释的效果看，规范性解释具有与所解释对象等同的法律效力。个案解释是指解释主体针对法律适用作出的解释，该解释只针对具体个案，不具有普遍适用性，个案解释一般通过描述性的语言对特定案件中的法律适用问题作出解释，一般不需要经过严格的程序，包括最高法院和最高检察院的职权解释和对下级机关请示的批复。

此外，还可以将法律解释分为立法解释和具体应用解释。1981年全国人大常委会《关于加强法律解释工作的决议》规定了两类有权解释，即立法解释和具体应用解释。具体应用解释是指执行机关在处理个案中或者在处理个案的法律文书中对法律规定的解释，如国务院及其主管部门的行政解释，最高法院和最高检察院的司法解释，这些法律解释都属于具体应用解释；立法解释是法律授权机关对具体应用法律作出的具有普遍适用性的正式解释。[1]

---

[1] 孔祥俊：《法律解释方法与判解研究》，人民法院出版社2004年版，第171页。

四、经济法解释的原则

法律解释的原则,是指法律解释主体在进行法律解释时必须遵循的基本准则。对于法律解释原则,在我国法学界还没有形成统一的认识,例如,有人认为,合法性原则、客观性原则和合理性原则等应当是我国法律解释的具体原则;① 有人将法律解释原则区分为总的指导思想、基本原则与具体原则三个层次,具体表现为法制统一原则、实事求是原则、政策指导原则、连续性与稳定性原则、有选择地吸收、有分别地借鉴原则;② 也有人将合法性原则、合理性原则、法制统一原则,以及历史与现实相统一原则作为法律解释的原则。③ 我们认为,经济法解释除了需要遵循法律解释的一般原则之外,还要遵循合法性原则、及时原则、公开原则和市场导向原则。

(一) 合法性原则

经济法解释的合法性原则是指进行经济法解释时必须符合宪法和基本法的规定,具体而言,合法性原则包括解释主体合法、解释内容合法和解释程序合法。解释主体法定是主体合法的必然要求,从而也规定了解释权限的范围,经济法立法解释的主体是全国人大常委会,该解释主体的法律性质和地位决定了它对经济法规范可以作出相当于立法的解释,但是不能作出违背所要解释的经济法律的基本原则。经济法司法解释的主体是"两高",其对经济法的解释属于司法解释的范围,解释的范围不能超出立法机关所指定的基本法之外。经济法的行政解释机关是国务院,而国务院部门则无解释权,这是由经济法的性质所决定的,经济法的立法范围是市场监管和宏观调控两大类,市场监管的目的是形成全国统一的市场,并维护统一市场的交易秩序,宏观调控则是国家对宏观经济运行的调节和控制,经济法的立法范围的统一性决定了拥有经济法解释权的行政机关只能是作为最高国家机关的国务院。经济法解释内容的合法性要求对经济法的解释不能背离经济法的基本原则,解释的结果符合经济法立法原意,如果是"造法性"解释,则符合国家的基本经济政策和经济发展的趋势。经济法解释的合法性还体现为解释程序的合法性,作出经济法解释时,解释主体应当依照法定的解释权限和程序,从国家整体利益出发,维护社会主义法制的统一与尊严。

---

① 陈金钊:《法律解释的哲理》,山东人民出版社1999年版,第96页。
② 郭华成:《法律解释比较研究》,中国人民大学出版社1993年版,第147~149页。
③ 张文显主编:《法理学》,高等教育出版社2001年版,第324~325页。

(二) 及时原则

经济法是与市场经济紧密联系的部门法,经济法与市场经济的互动性强于其他部门法,这就要求经济法立法具有适当的超前性,但是立法所固有的滞后性与市场经济对法律制度的需求之间存在着紧张关系,立法的滞后性和不完备性必然要通过经济法解释来弥补,所以,经济法解释的及时原则就是要求对市场经济所需要的经济法规定作出及时迅捷的解释,以适应经济的发展。经济法解释的直接目的就是要通过经济法适用解决经济发展中的现实问题,并填补法律的漏洞与弥补立法空白现象。

(三) 公开原则

法治的一个基本原则是法律生效的前提是法的正式公布,法不依据法定的公布程序公布的,不产生法律效力,这也是法律透明性的要求。经济法解释是一种法律行为,其解释结果具有法律效力,在作出经济法解释时,要依据解释的法律依据所规定的方式公开。立法机关进行的解释要依据立法法的规定,依据法律的公布程序和形式公布立法解释。行政机关的行政解释的公布程序和方式是当前法律规范公开化的重要领域,因为行政机关是经济法的主要解释主体,有权解释的行政机关对自己制定的经济行政法规和规章的解释,是经济法执法环节中的必须环节,大量的经济法是在执法环节中得以解释并适用的。司法机关在法律适用过程中对法律规范的解释的结果一般可以分为司法解释和司法解释性文件两类,司法解释的制作过程具有立法程序的属性,其公布也以正式的法律程序予以公布,即通过"法释"的方式在特定的出版物上公布。司法机关直接适用经济法解决纠纷的比较少见,在市场规制法领域,司法机关适用较多的一般是竞争法、消费者权益保护法和产品质量责任法等,对这些法律制度的司法解释一般是通过法定的方式公布的。而宏观调控法直接进入司法机关的法律适用范围的则很少,在我国,目前还没有典型的宏观调控法的司法案例,所以,对于宏观调控法的司法解释只是理论上探讨的问题之一,从理论上讲,宏观调控法的司法解释也应当通过法定程序予以公布。

(四) 市场导向原则

经济法是市场导向的法律制度,在作出经济法解释时,除了遵循法律解释的方法之外,还要遵循市场经济的规律。市场经济是法治经济的提法已经被普遍接受,但是市场经济有好坏之分,法治也有善恶之别,经济法应当是遵循和利用市场规律规制市场秩序和调控宏观经济运行,所以,客观地说,法治的市场经济才是符合经济社会发展需要的制度。在立法解释方面,立法机关在作出经济法解释时,尤其要遵循市场经济的基本规律,以市场为导向,在缺乏法律规定的时候,需要通过最新的经济政策作为解释的依据,经济法解释的结果也要符合市场经济的规律。

第二节 经济法解释的主体

经济法解释的主体就是要研究"谁解释"的问题。独立的法律解释主体与解释对象是法律解释产生的条件,这也是西方法律解释学发达而我国法律解释学滞后的原因。在古代罗马时期,作为法律解释者的法学家、法官就与立法主体相互独立,自然法和制定法的含义由他们解说,并在具体个案中加以适用,这种解释得到了民众的认同,并形成了独立的法律解释学。在我国的法律发展传统中,没有出现独立的法律解释主体,立法与法律解释都由王权所垄断,出现了有法律解释而没有法律解释学的局面。直到近代以来,现代法律观念和法治精神在我国产生以后,才出现了专门的法律解释主体,法律解释作为一门学问才有产生和发展的前提条件。

除了香港、澳门等地区之外,我国现行法律体系中的法律解释主体分别是:全国人民代表大会常务委员会、国务院及各部委、中央军委,最高人民法院、最高人民检察院,具有地方立法权的地方人大常委会(含省级人大常委会,较大市人大常委会,民族自治地方的人大常委会,经济特区的人大常委会),省级地方人民政府主管部门。以上七种主体分别对不同层次的法律、对法律的不同方面进行解释,形成了我国独特的法律解释体制。

一、经济法解释体制

我国现行法律解释制度中的主体、权限和效力等内容,体现在不同的层次的法律渊源之中,这些法律渊源分别以宪法、法律、行政法规、地方性法规和规章的形式存在。(1)宪法,作为最高层次的法律解释渊源是 1982 年《宪法》第 67 条第 1 项、第 4 项。(2)法律,包括专门的法律解释立法和普通法中的法律解释条款,专门的法律解释规范是 1981 年全国人大常委会制定的《关于加强法律解释工作的决议》,普通法中关于法律解释的规定散见于相关法律条款,例如《立法法》中的"法律解释"部分。(3)行政法规中的有关法律解释性条款,这些法律解释条款多数是授权性法律解释,例如 1994 年实施的《中华人民共和国营业税暂行条例》第 16 条授权财政部解释该条例。

(4)地方性法规中的法律解释条款。(5)规章中规定的行政规章解释权,例如《行政规章制定程序条例》。除此之外,1999年国务院办公厅《关于行政法规解释权限和程序问题的通知》、1997年最高人民法院《关于司法解释工作的若干问题的通知》和1996年最高人民检察院《关于解释工作暂行规定》等,都是我国现行的法律解释的法律渊源。

一般而言,所谓我国现行的法律解释体制,是根据1981年《关于加强法律解释工作的决议》而构筑的,根据该决议,我国的法律解释的主体有:全国人大常委会、最高人民法院和最高人民检察院、国务院及其主管部门、省级人大常委会和省级政府主管部门。并将全国人大常委会的法律解释称为立法解释,"两高"的法律解释称为司法解释,国务院及其主管部门作出的法律解释被称为行政解释。从2000年制定的《立法法》可以看出,该法第42条明确规定了法律解释权属于全国人大常委会,并且对全国人大常务会的法律解释行使的范围作出了限制;第43条规定国务院、中央军事委员会、"两高"和全国人大各专门委员会,以及省级人大常委会可以向全国人大常委会提出法律解释要求,该条还增加了中央军委的法律解释请求权。《立法法》除了规定狭义的法律解释,即立法解释之外,对其他各种有权解释并没有作出规定①,也没有明文废止《决议》,这表明,立法法实施之后,1981年的《决议》仍然具有法律效力。

二、立法机关的解释及效力

一般地,按照法律解释主体的不同,将法律解释分为立法解释、司法解释和行政解释,进而认为立法解释就是立法机关作出的解释,实际上立法解释和立法机关的法律解释之间并非完全重合。根据我国立法解释的理论和现行法律规定,可以将立法机关的法律解释分为最狭义、狭义和广义三个层面,从最狭义上说,有权进行法律解释的立法机关专指全国人大常委会;从狭义上说,有权制定法律和地方性法规的中央和地方国家权力机关的常设机关是立法解释机关;从广义上说,则泛指所有依法有权制定法律、法规的国家机关或其授权机关对自己制定的法律、法规进行的解释,这里所说的立法机关包括全国人大常委会、国务院、省级人大及其常委会。

《关于加强法律解释工作的决议》规定了立法机关法律解释的范围,即"凡关于法律、法令条文本身需要进一步明确界限或作补充规定的,由全国人

---

① 顾昂然:《中华人民共和国立法法讲话》,法律出版社2000年版,第40页。

民代表大会常务委员会进行解释或用法令加以规定"。① "凡属于地方性法规条文本身需要进一步明确界限或作补充规定的,由制定法规的省、自治区、直辖市人民代表大会常务委员会进行解释或作出规定。"该决议授权中央国家立法机关和地方国家立法机关享有法律解释的权力。立法机关的法律解释方式有两种,一种是在原来需要解释的法律条文的基础上进一步明确界定,是针对需要解释的条文的单独解释;另一种是重新制定补充规定,即对原来需要解释的作为整体的法律文本进行的解释,是一种立法性质的扩充解释。

《立法法》第42条第2款的规定是立法机关解释法律的最新依据,该条款以列举的方式穷尽了全国人大常委会法律解释权行使的范围,即法律解释的主体是全国人大常委会;法律解释的情形有两种,一是"法律的规定需要进一步明确具体含义",二是"法律制定后出现新的情况,需要明确适用法律依据的"。在这两种情况下,最高立法机关的立法解释具有优先权。从立法机关法律解释权的变化来看,《立法法》关于"法律解释"的规定修正了《关于加强法律解释工作的决议》的部分内容。法律解释的提出机关有国务院、中央军委、"两高",以及省级人大常委会。

从1979年以来,各地方和部门要求全国人大常委会作出的法律解释,一般步骤是直接向全国人大常委会法制工作委员会提出,并由其以书面、电话等形式予以答复。但是,由于全国人大常委会法工委没有法律解释权,因而作出的法律解释不具有明确的法律效力。根据《立法法》的规定,我国的立法机关的法律解释程序是:(1)国务院、中央军事委员会、最高人民法院、最高人民检察院和全国人民代表大会各专门委员会以及省、自治区、直辖市的人民代表大会常务委员会可以向全国人民代表大会常务委员会提出法律解释要求。(2)全国人大常委会工作机构研究拟订法律解释草案,由委员长会议决定列入常务委员会会议议程。(3)法律解释草案经常委会会议审议,由法律委员会根据常务委员会组成人员的审议意见进行审议、修改,提出法律解释草案表决稿。法律解释草案表决稿由常务委员会全体组成人员的过半数通过,由常务委员会发布公告。在法律效力方面,全国人民代表大会常务委员会的法律解释同法律具有同等效力。

立法机关对法律文本作出解释的方式是:(1)在法律文本尤其是文本的附则中规定解释性条款;(2)有关部门基于法律文本中的授权而制定的"实施细则"和"补充规定";(3)法律在提请审议通过时所附带的说明,即

---

① 1982年《宪法》之前,"法令"专指全国人大常委会制定的规范性文件,1982年宪法之后,"法律"的概念代替了"法令"的概念。

"关于某法的说明";(4)全国人大常委会针对法律实施过程中提出的问题作出的"决定""决议"和"补充规定"等。① 这些解释方式并不属于立法解释,而是立法中的解释,属于立法和立法文献的范畴。

关于省级、省会市和经国务院批准的较大的市的地方性法规的解释,在大多数情况下,该地方性法规会作出规定。其中,"法规的解释"一般由本级地方人大常委会进行,而对法规"具体应用问题"的解释则一般由法规所涉及的本级人民政府主管部门负责。

有学者主张废除立法解释,其理由是:第一,立法解释用处不大,只有少量的立法解释;第二,立法解释的存在使立法行为与解释行为难以区分;第三,实际行使立法解释权的主体与法不合,即立法解释权属于全国人大常委会,而实际从事立法解释的是全国人大常委会法制工作委员会;第四,现在民主制度下,立法解释的观念基本不成立。②

三、司法机关的解释及效力

司法机关的解释即司法解释,是指国家最高司法机关在适用法律法规的过程中,对如何具体应用的问题所做的解释。我国的法理学界,一般将司法解释界定为"司法机关在审理案件中对有关法律的含义所作出的理解和阐释"。③并且将司法解释分为个别性解释和规范性解释两类,个别性解释是针对具体案件的法律事实而对法律规定进行的解释,其解释的效力仅仅及于该个案本身,对其他同类案件只具有示范效应,而不具有先例的功能。规范性解释是最高司法机关对低级司法机关作出的具有普遍性效力的司法解释。

根据现行法律的规定,我国的司法解释主体是最高人民法院和最高人民检察院④(以下简称"两高"),其他各级法院和检察院,以及其他部门都没有司法解释权。⑤ 司法机关的解释包括审判解释、检察解释和联合解释,审判解释是指最高人民法院对审判工作中涉及的具体法律适用问题作出的解释;检察解释是指最高人民检察院对检察工作中具体适用法律问题作出的解释;联合解释包括审判检察联合与司法机关、行政机关联合解释,审检联合解释是指最高

---

① 张志铭:《当代中国的法律解释问题研究》,载《中国社会科学》1996 年第 5 期。
② 周永坤:《法理学:全球视野》,法律出版社 2000 年版,第 405 页。
③ 孙国华主编:《法理学教程》,中国人民大学出版社 1994 年版,第 400 页。
④ 关于"检察解释"的合法性问题,参见周永坤:《法理学:全球视野》,法律出版社 2000 年版,第 406 页。
⑤ 最高人民法院在 1987 年 3 月 31 日作出过《关于各级人民法院不应制定司法解释性文件的批复》的文件,实际上禁止各级地方法院作出司法解释。

人民法院和最高人民检察院对具体应用法律法规的共同性问题的联合解释。有时司法机关与行政机关会联合对法律应用中的共同性问题进行解释。这种解释兼具司法解释和行政解释的性质，被视为具有普遍约束力的法律文件。①

依据解释对象的不同，司法解释还可以分为广义的司法解释和狭义的司法解释。广义的司法解释包括法官在具体适用法律规定审判案件时，为了说明判决依据和判决理由而对所适用的法律、法规的规定进行的解释，这种解释实际上是法律适用解释；狭义的司法解释是指人民法院在审理案件具体适用法律时遇到的问题，由最高人民法院作出对各级法法院具有普遍约束力解释，因此，由最高人民法院对具体适用法律的问题，是狭义的司法解释。

关于司法机关的法律解释权问题，存在过三个法律规定，一是1955年全国人大常委会《关于法律解释问题的决议》中规定，关于审判过程中如何具体应用法律、法令的问题，由最高人民法院审判委员会解释。二是1981年《关于加强法律解释工作的决议》规定，凡属于法院审判工作中具体应用法律、法令的问题，由最高人民法院进行解释。凡属于检察院检察工作中具体应用法律、法令的问题，由最高人民检察院进行解释。最高人民法院和最高人民检察院的解释如果有原则性的分歧，报请全国人民代表大会常务委员会解释或决定。三是1983年修订的《人民法院组织法》第33条规定的最高人民法院对审判工作中如何具体应用法律、法令的问题举行解释。从理论上讲，我国的法院享有法律解释权，包括最高人民法院制定的具有普遍适用效力的司法解释的权力和各级地方法院在个案裁判中针对具体案件实际行使的法律解释权。②1983年修订的《人民法院组织法》第33条规定："最高人民法院对于在审判过程中如何具体应用法律、法令的问题进行解释。"进一步明确了最高人民法院的法律解释权。此外，"两高"还自行制定了关于司法解释的法律文件，即1996年最高人民检察院制定的《最高人民检察院司法解释工作暂行规定》和《最高人民法院关于司法解释工作的若干规定》。

目前，"两高"司法解释的形式主要有以下几种：（1）最高人民法院审判委员会和最高人民检察院检察委员会对法律的解释；（2）对法律具体适用过程中的解答或者批复；（3）对有关问题的规定。通常使用解释、规定、批复等属于作为司法解释文本的名称。从我国司法实践经验的角度看，司法解释所针对的事项一般有四类：一是澄清法律规定的含义；二是解决法律解释上的分歧或者裁判上的不统一；三是弥补法律规定的不足与漏洞；四是在成文法无规

---

① 张文显主编：《法理学》（第二版），高等教育出版社2003年版，第323页。
② 孔祥俊：《法律解释方法与判解研究》，人民法院出版社2004年版，第151页。

定而又必须作出裁判时,进行适当的补充规定。①

司法解释的效力是基于审判机关的专属审判权和检察机关的专属检察权而产生的,其效力范围与审判权和检察权所及的效力范围相同。就司法机关作出的规范性解释而言,其法律解释的效力只能约束其下级机关,对其他国家机关没有约束力;就司法机关(尤其是审判机关)在具体案件审判过程中作出的解释,只能对本案具有约束力。立法机关的法律解释的效力高于司法机关的解释效力,当司法机关与行政机关就同一法律规定作出法律解释的结果不一致时,可以要求全国人大常委会进行立法解释。审判机关检察机关就同一法律规定作出的法律解释不一致时,也可以由任何一方向全国人大常委会提出解释请求。在立法机关没有作出法律解释之前,在具体审理案件过程中,应当依据最高人民法院的司法解释。如果行政机关、检察机关认为最高人民法院的解释违背立法者的原意,可以向全国人大常委会提出进行立法解释。②

四、行政机关的解释及效力

行政机关的法律解释,是指以行政机关作为解释主体的法律解释行为。可以按照解释的目的,将行政机关的法律解释行为分为执行性解释和立法性解释两类。执行性解释,是指法律、法规或者规章授权的行政机关按照法定程序对法律、法规或者规章在具体执行中的问题作出的正式解释,其解释的目的是通过执行法规和规章来处理具体问题,我国的行政法规、规章解释体系中并没有规定执行性解释,也未禁止对法规和规章进行执行性解释。立法性解释,是指行政机关对自己制定的行政法规和规章作出的解释,这类解释有补充立法的属性。③例如,《行政法规制定程序条例》第31条规定,"行政法规条文本身需要进一步明确界限或者作出补充规定的,由国务院解释",《规章制定程序条例》第33条规定,"规章解释权属于规章制定机关",该条文规定被称为"从规章解释的分类角度看,本条规定的规章解释属于立法性解释"。④按照作出法律解释的行政机关的级别,可以将有权作出法律解释的行政机关分为中央行政机关和地方行政机关,根据《关于加强法律解释工作的决议》的规定,行

---

① 孔祥俊:《法律规范冲突的选择适用与漏洞填补》,人民法院出版社2004年版,第94页。

② 乔晓阳主编:《立法法讲话》,中国法制出版社2000年版,第198页。

③ 《国务院办公厅关于行政法规解释权限和程序问题的通知》(1999年5月10日)第1条中使用"立法性解释"的概念。

④ 曹康泰主编:《规章制定程序条例释义》,中国民主法制出版社2002年版,第111页。

政解释的主体有两类：第一，国务院及其主管部门对不属于审判和检察工作中的其他法律如何具体应用问题的解释，这种法律解释一般是体现在国务院及其主管部门制定的有关法律实施细则之中，其解释的效力及于全国；第二，省、自治区、直辖市人民政府主管部门对地方性法规的具体应用问题进行的解释，其解释的效力在所辖地区内生效。行政机关法律解释的范围只是就"如何具体应用法律"的问题所作出的解释，也即行政机关的法律解释仅限于适用法律的过程中所进行的解释。

依据1981年6月10日全国人大常委会《关于加强法律解释工作的决议》和2000年制定的《立法法》的规定，法律的立法解释权属于全国人大常委会，不属于审判和检察工作中的其他法律如何具体应用的问题，由国务院及主管部门进行解释。1999年国务院办公厅《关于行政法规解释权限和程序问题的通知》，对行政法规的解释权限和程序作出了规定，这些行政法规包括法律的实施细则、实施条例的形式。具体实施行政法规解释权限的主体分别是国务院、国务院有关行政主管部门、国务院法制办等机构。从国务院颁布的行政法规的附则中解释条款的规定看，法规解释的主体有两种规定：一是凡国务院自行制定并颁布的法规由国务院解释。二是对于涉及部门主管和专业性较强的法规则授权行政部门解释；如果是国务院部门制定报请国务院批准颁布的法规，多数由制定部门负责解释，如果没有明确解释授权的法规则由国务院解释。

从我国现行的行政机关的法律解释情况看，行政解释的主体一般包括国务院，国务院各部门，省、自治权、直辖市人民政府主管部门等。由国务院作出解释的行政法规是"行政法规条文本身需要进一步明确界定或者做补充规定的问题"；由有关行政主管部门负责解释的是"行政工作中具体应用行政法规的问题"；由国务院法制办承担解释工作的是"有关行政主管部门解释有困难或者其他有关部门对其作出的解释有不同意见的"；地方性法规的具体应用问题由省级人民政府主管部门进行的解释。国务院主管部门的范围最为广泛，目前，国务院设办公厅和部委共29个，国务院直属特设机构1个，国务院直属机构18个，国务院直属机构4个，国务院直属事业单位14个，国务院部委管理的国家局10个，共计76个主管部门。除了中央行政机关之外，省级地方行政机关也有规范性解释权，也属于行政解释的范畴。尽管在我国能够作出行政解释的行政机关复杂，但是从行政机关法律解释的实践看，可以归纳为"谁制定，谁解释"。

为了解决《决议》《立法法》和国务院制定的《行政法规制定程序条例》和《规章制定程序条例》，以及《行政法规解释权限和程序问题的通知》规定的不一致性，《国务院关于贯彻〈中华人民共和国立法法〉的通知》指出，

"维护社会主义法制统一，要求各地方、各部门严格遵循法律、行政法规的解释权限和程序"，这表明，在我国的法律解释体制中，行政机关的解释属于法律解释的范畴。除了法律规定的行政机关享有法律解释权限之外，全国人大常委会在自己制定的法律中，一般会授权有关机构制定"实施条例""实施办法""实施细则"或"补充规定"。这些被授权的机关包括国务院、经国务院批准的国务院主管部门、省级人民政府、省级人大常委会等。这实际上使得法律解释权被其他部门分享了。

由于有权进行法律解释的行政机关具有不同的行政层级，所以不同的行政机关在各自法律解释权限范围内作出的解释具有不同的效力。国务院作出的行政法规解释相当于行政法规，所以具有普遍的约束力，法院在审判案件中可以作为直接法律依据；国务院各部门和地方政府对规章作出的解释的效力等同于规章的效力，法院在审判案件中可以"参照适用"。但是，依据《行政诉讼法》第 53 条第 2 款的规定，"人民法院认为地方人民政府制定、发布的规章与国务院部、委制定、发布的规章不一致的，以及国务院部、委制定、发布的规章之间不一致的，由最高人民法院送请国务院作出解释或者裁决"。这一规定表明，行政机关的解释权威高于司法机关的解释，这种审判机关在具体适用法律审理案件时就法律问题向行政机关请示的规定，导致司法独立的法治原则受到挑战。

第三节 经济法解释的对象

一、法律解释的对象

法律解释的对象问题就是要回答"解释什么"的问题，在法律解释学研究领域，法律解释的对象是一个基本问题，对此，研究者并没有形成一个统一的认识。在法律解释实践中，不同的有权解释主体所解释的对象也各有侧重，例如，立法机关侧重对法律文本和法律规范进行总体解释，也可以对需要解释的具体法律条款进行解释；司法机关则侧重在法律适用中需要解释的法律文本和法律条文，也可以对法律规范进行整体解释；行政机关对法律的解释主要在于对自己制定的法律规范需要进一步解释的条款进行解释，解释的目的是执行和使人们遵守法律规范。

从法律解释理论层面，法律解释的对象还存在着争议。大陆法系的学说认为，法律解释最主要的对象是成文法，成文法是哲学解释学所描述的典型文

第二编 经济法认识论

本,从法律解释的对象来看,不限于狭义的"法律",而是包括宪法、法律、法规在内的所有规范性法律文件;同时,法律解释不仅是对个别法律条文、概念和术语的说明,而且也可以指对整个规范性法律文件的系统阐述。① 台湾学者黄茂荣认为,法律解释的对象与法律解释的目标非同一概念。法律解释的对象是作为法律意旨表达方式的法律文本,包括法律规范的条文、立法文献,以及立法当时的社会、经济、技术等附随情况。② 我国大陆的法学界对法律解释的对象为何物也没有形成一致的认识,20世纪80年代的代表观点有两种:一种观点认为,法律解释的对象是法律规范;③ 另一种观点认为,法律解释的对象是法律条文。④ 20世纪90年代以来的主要观点有四种:第一种观点认为,广义的法律解释不限于法律文本,甚至主要不是对法律文本的解释,还包括类比推理、"空隙立法"、剪裁事实、重新界定概念术语乃至"造法"。⑤ 第二种观点认为,法律解释的具体对象主要是制定法体系、法律条文、法律概念以及其他规范性法律文件,也就是所谓法律文本。⑥第三种观点认为,法律解释的对象应当包括两部分,一部分时作为"文本"的成文法法律,另一部分是经过解释主体选择、并与成文法相关的事实,包括事件与行为。⑦ 第四种观点认为,法律解释是对具有法律效力的规范性法律文件的说明,从法律解释的对象来看,不限于狭义的"法律",而是包括宪法、法律、法规在内的所有规范性法律文件。同时,法律解释也不仅是对个别法律条文、概念和术语的说明,而且也可以指对整个规范性法律文件的系统阐述。⑧ 尽管法律解释的直接对象是法律文本或法律条文,但在具体个案的司法裁判和法律适用过程中,对法律文本或法律条文的解释可以有两种不同的进路,即文本解释和事实剪裁。所谓文本解释,就是直接就所适用的法律文本或条文进行解释,然后将解释的结果与个案求实相连接;而所谓事实剪裁,就是不直接就所适用的法律文本或条文作出解释,而是就有关的个案事实进行区分、剪裁,然后将事实与法律文本或条

---

① 张文显主编:《法理学》(第二版),高等教育出版社2003年版,第320页。
② 黄茂荣:《法学方法与现代民法》,中国政法大学出版社2001年版,第263~264页。
③ 《中国大百科全书·法学卷》,中国大百科全书出版社1984年版,第81页。
④ 乔伟主编:《新编法学词典》,山东人民出版社1988年版,第246页。
⑤ 苏力:《解释的难题:对几种法律文本解释方法的追问》,载《中国社会科学》1997年第4期。
⑥ 孙国华、朱景文主编:《法理学》,中国人民大学出版社1999年版,第336页。
⑦ 陈金钊:《法律解释的哲理》,山东人民出版社1999年版,第56页。
⑧ 张文显主编:《法理学》,高等教育出版社2002年版,第320页。

文相连接。在前者，解释者是用法律涵摄事实；在后者，解释者是将事实归摄于法律。①

我们可以从微观和宏观两个层面理解法律解释的对象，微观层面的法律解释对象涉及法律规范、作为法律规定的载体的法律文本和法律条文；宏观层面的法律解释对象涉及所解释的部门法的渊源，即需要解释的部门法包含哪些层次的规范性法律文件。经济法解释的对象也包括微观层面的经济法文本和宏观层面的经济法渊源规范，经济法文本是作为部门法意义上的经济法规范的载体，经济法渊源则是经济法的表现形式，有宪法中的经济法规范、经济法单行立法，以及行政法中的经济法规范等，同时还要注意经济政策的经济法内涵及其解释问题。

二、经济法解释对象之经济法文本

法律条文、法律规定、法律规范、法律文本（legal text）四个范畴之间存在着一定的区别，法律条文（以下简称法条）是由法律概念和法律术语组成的，同时，法条又是组成各种法律规定的要素，而法律规定又是组成法律规范的单位，法律文本是法律规范的有机集合体，一般以成文法的形式出现，法律文本和法律条文在逻辑上存在着同一性。有人认为，法律条文和法律文本是同义词，后者作为法律解释的直接对象，所指的就是以书面法律语言的形式存在并包含法律规范内容的法律条文。② 从法律条文与法律规范的关系看，法律条文是法律规范的载体，法律规范则是法律条文的内容。同一个法条在为不同类型的生活事实所组成的不同法律规定中的意义也不一定相同。不经过组合而孤立存在的法条并不能产生适当的规范功能，当法条组合成法律规定后，不同的法律规定之间虽然存在着较高的独立性，但是法律规定之间仍然取向于法律规范体系及法律规范所追求的目的。③

探讨经济法的解释对象问题，需要将其与不同的解释机关加以区分，不同的解释机关对经济法解释的具体对象存在差异，例如，立法机关的立法解释的对象是自己制定的成文经济法条文和经济法规范本身，行政机关作出的行政解释主要针对的是具有行政性的经济法法规和规章，司法机关对经济法的司法解释对象则是成文经济法的具体审判适用条文。作为经济法解释对象的经济法文本是指构成部门法意义上的成文经济法规范及其文本。但是，就经济法的调整

---

① 张志铭：《法律解释操作分析》，中国政法大学出版社1998年版，第33页。
② 张志铭：《法律解释操作分析》，中国政法大学出版社1998年版，第31页。
③ 黄茂荣：《法学方法与现代民法》，中国政法大学出版社2001年版，第106~107页。

对象和范围问题,在法学界及经济法学界还存在争议。大体上说,经济法学界普遍认可的经济法主要是市场规制法和宏观调控法两类,有的学者还将市场主体法和社会保障法也视为经济法。从经济法理论的研究角度,经济法的独立性以及经济法与相邻部门法之间的关系还有待进一步认识,虽然经济法与民法的界限相对比较明晰,但是经济法与新兴的商法以及与行政法之间的边界并没有完全清楚,这种局面给经济法解释带来了困难。

从当前经济法立法实践的情况看,最能体现经济法的国家干预经济运行特征的法律制度主要是财政法律制度、中央银行法律制度、税收调节法律制度、汇率法律制度等具有宏观调控属性的法律制度,竞争法、反垄断法等市场管理法律制度,以及资本、土地、基础能源市场监管法律制度。这些法律制度与微观市场经济秩序和宏观国民经济运行规律之间存在着密切的联系,属于典型的市场经济法律制度,作为这些法律制度载体的法律文本就是经济法解释的主要对象。根据前已述及的法律解释主体的解释权限的法律依据,有权作出经济法解释的国家机关是全国人大常委会的立法解释,国务院及主管部门的行政解释,"两高"的司法解释。到目前为止,对经济法的立法解释还只是一种法律上和理论上的解释,全国人大常委会还没有针对经济法作出过任何解释,从其享有法律解释权以来,主要集中在对于刑事法的立法解释工作,所以,立法机关的经济法解释是我国立法解释的薄弱环节。从立法理论和法律解释理论角度看,全国人大常委会应当对需要进一步解释的财政法和税收法等关系到国家财政税收法律关系的成文经济法进行解释,而不是将财政税收法律制度的立法权和法律解释权授予行政机关。

行政机关对经济法的解释范围比较大,从目前的行政解释实践看,对经济法的行政解释主要是国务院及主管部门作出的解释,其解释的对象是本部门制定的经济法规章本身及其具体条文。例如,由全国人大制定并于1995年1月实施的《预算法》中没有规定本法的法律解释及解释权归属的条款,而是授权国务院根据本法制定实施条例[①],国务院于1995年11月发布了《预算法实施条例》,并于发布之日起实施,在《实施条例》中对《预算法》第4条"中央各部门"、第5条"本级各部门"的具体范围进行解释,第74条所称的"擅自动用国库库款或者擅自以其他方式支配已入国库的库款"的概念进行了解释。此外,还补充了预算法中没有出现的内容,例如,将《预算法》第5条"各部门预算由本部门所属各单位预算组成"进一步解释为"各部门预算由本部门所属各单位预算组成。本部门机关经费预算,应当纳入本部门预

---

① 《预算法》第78条。

算"。将《预算法》第 8 条"国家实行中央和地方分税制"扩张解释为两款内容①。《预算法实施条例》对《预算法》的 17 个条文（款项）进行了解释。从《预算法》和《预算法实施条例》的关系看，前者是法律，后者是行政法规，前者是后者的法律依据，后者是对前者的具体化和进一步解释及补充规定，后者对前者的条文中的概念和需要进一步明确的范围进行解释。可以看出，国务院对全国人大通过的立法进行了大量的"进一步"解释和"补充规定"，对经济法的行政解释对象是被解释的法律条文本身。

国务院部门对经济法进行行政解释的对象主要是国务院部门自行制定的行政规章，依据《规章制定程序条例》规定，规章解释权属于制定规章机关。例如，1992 年实施的《国库券条例》规定"本条例由财政部负责解释"，是将行政法规解释权授予国务院部门，并规定"实施细则由财政部商中国人民银行制定"，那么，如何处理解释与实施细则之间的关系？需要进一步研究，该解释授权于 2002 年实施的《行政法规制定程序条例》规定的"行政法规条文本身需要进一步明确界限或者作出补充规定的，由国务院解释"存在冲突，依据后法优于前法的冲突规则，前者的授权归于无效。《增值税暂行条例》规定，"本条例由财政部负责解释，实施细则由财政部制定"，随后，财政部依据该条例的授权制定了《增值税暂行条例实施细则》；该细则又继续作出了规定，"本细则由财政部解释，或者由国家税务总局解释"。《消费税暂行条例》及其实施细则、《营业税暂行条例》及其实施细则均有这样的规定。

从我国的行政解释实践看，经济行政主管部门的行政解释的对象是决定、条例、规定、办法等行政法规，还有实施细则、实施办法等行政规章。行政解释所涉及的范围十分广泛，从国防军事外交到劳动人事民政，以及教科文卫体等，其中有关经济法规范的解释对象主要是以综合计划与产业政策部门、财政部门、中央银行等为主体而制定的行政法规。

《立法法》将法律渊源分为法律、行政法规、地方性法规和规章四个层次，所以经济解释的具体对象也就是这四个层次的法律渊源，由制定机关对其制定的法律、行政法规、地方性法规或者规章，按照法定程序作出的正式解释都可以称为立法解释。全国人大常委会依据《立法法》第四节规定的"法律解释"权限与程序对"法律"的解释可以视为狭义的立法解释；除了《立法法》对狭义法律解释的规定之外，国务院依据《行政法规制定程序条例》对行政法规的解释，国务院主管部门依据《规章制定程序条例》对规章的解释，

---

① 《预算法实施条例》第 6 条。

这种由国家行政机关对行政法规和规章作出的解释可以视为广义的立法解释。①

三、经济法解释对象之经济政策

经济政策通常是指政府从微观或者宏观的角度处理经济问题的工具。从我国由传统计划经济向市场经济转型的实践看,以经济政策为主的政策在市场经济构建中起到了十分突出的作用。虽然经济政策不同于法律制度,经济政策和经济法居于不同的层次,但是经济政策是我国经济法的重要来源是毋庸置疑的,甚至在实践中经济政策起到了法规范的作用,有人将我国经济改革的路径称为"政策之治"也是有一定依据的。② 在实践中,经济政策的制定主体是作为执政党的中共中央和最高行政机关的国务院,中共中央和国务院为了解决经济发展中的重大问题而通过一定的行政程序决议、决定、命令、规定、办法、意见、通知、解释等,尤其是国务院制定的这些名称不同的经济政策在我国市场经济建设中发挥着重要作用。这些具有纲领性和指导性的政府干预经济的规范性政策文件也可以看作是实质意义上的经济法,经济法解释的对象也应当包括这类经济政策,例如,1989 年发布的《国务院关于当前产业政策要点的决定》,规定"本决定由国家计委组织实施并负责解释"。2004 年《国务院关于投资体制改革的决定》是一项具有导向性的投资体制改革的经济政策,该《决定》不具备行政法规的基本形式,不能认定是行政法规;但是,随后国家发展和改革委员会却根据该《决定》制定了名为《境外投资项目核准暂行办法》,该《办法》显然是行政规章,并规定了《办法》的解释机关是国家发展和改革委员会,这也从一个侧面表明了《国务院关于投资体制改革的决定》是具有经济法属性的经济政策。2004 年由国家发展和改革委员会主任办公会议讨论通过,并报国务院批准,发布施行的《汽车产业发展政策》具有典型的经济法属性,从该政策的名称看,完全是采用某某政策的名称,而不是行政规章所使用的一般名称如"规定""办法"等;从结构看,该政策完全采用法律规范的表达方式,整个文本由 13 章 78 条组成,其中第 78 条明确规定"本政策自发布之日起实施,由国家发展改革委负责解释",而且还专列"附件一"对其中涉及的名词进行解释。从中外经济法理论关于经济法调整对象和

---

① 《国务院办公厅关于行政法规解释权限和程序问题的通知》中将由国务院对行政法规条文本身作出的解释称为"立法性解释"。

② 李曙光:《转型法律学——市场经济的法律解释》,中国政法大学出版社 2004 年版,第 47 页。

经济法本质的论述而言,《汽车产业发展政策》无疑是一项实质意义上的经济法,体现政府对汽车产业的态度和干预措施。通过鼓励、促进、支持、准入管理等措施,达到"推进汽车产业结构调整和升级,全面提高汽车产业国际竞争力,满足消费者对汽车产品日益增长的需求,促进汽车产业健康发展"的直接目标,其阶段性目标,是"通过本政策的实施,使我国汽车产业在2010年前发展成为国民经济的支柱产业,为实现全面建设小康社会的目标作出更大的贡献"。

第四节 经济法解释的规则、方法与程序

一、经济法解释的规则

德国法学家萨维尼将法律解释与法律适用联系在一起,认为在权力分立的法治国家中,法律适用首先是对适用于当时纠纷的法律进行解释,解释的首要目的是考虑立法者的立场,并在立法者的立场上人为地重复立法者的行为,这是对静态的文字中所隐藏的丰富思想进行再研究。① 萨维尼归纳了法律解释的四个要素,即语法要素、逻辑要素、历史要素、体系化要素。语法要素是对立法者所使用的语言法则进行解释,逻辑要素是思维的各个部分相互依赖的逻辑关系,历史要素是法律与其颁布时现实状态的相关性,体系化要素即一切法律制度和法律规则构成的庞大的统一体的内在关系。②法律解释规则就是要对这些解释要素进行排列组合,针对不同的解释主体和解释对象,选择优先适用不同的解释要素和解释方法。

法律解释规则的作用主要是:(1)维护法律解释的客观性;(2)加强对法律的认同,法律解释规则在形式上将法律解释的结果同法律解释者的意志区分开来,使得法律解释的结果得到社会的认同;(3)树立法律及法律解释的权威,通过法律解释所生成的法律规则可以对抗妨碍法律实施的社会力量。经济法解释规则能够为不同的解释者提供解释的技术依据,使得对经济法的解释达到尽可能的客观实在,体现立法意志和经济法的基本价值和理念,同时使得经济法解释具有法律权威的力量。

从法律解释规则的普适性角度,可以分为一般规则和个别规则,一般规则

---

① [德] 魏德士:《法理学》,丁晓春等译,法律出版社2005年版,第304页。
② [德] 魏德士:《法理学》,丁晓春等译,法律出版社2005年版,第305页。

是指法律解释学所讨论的进行法律解释时一般应当遵守的规则，个别规则是指对个别法律文件进行法律解释需要遵守的特殊规则。由于各国法律解释实践的差异性，对法律解释规则的内容甚至有无都存在分歧，例如，同是英国法学家的哈里斯将英国的法律解释规则表述为词义规则、黄金规则、纠错规则，而沃克则表述为：（1）按普通、日常的含义理解法律；（2）按语法规则理解法律；（3）整体地、相互联系地解释法律；（4）解释过程中可以考虑序言、长标题、各节、目及程序表，但不得考虑旁注、标点、法令之下的短标题或图解或顺序，也可考虑先前的法律陈述等。①经济法解释的一般规则是指解释主体针对解释对象作出解释时所要遵循的规则，包括探求立法原意规则、历史解释规则、体系解释规则、目的解释规则等；个别解释规则是指针对个别的解释对象而使用的规则，一般仅限于对某个法律条文进行解释所采纳的规则。

关于立法机关的法律解释具体方式，可以归纳为四种：一是法律文本中的法律解释条款，一般规定在附则中，也有的在正文中就某些概念进行解释；二是在需要解释的法律文本之外另行规定法律解释事项，例如通过制定法律、法规的实施细则来解释原有法律法规；三是在法律提交立法机关审议的同时，在立法说明中加以解释；四是法律法规制定机关针对法律实施中出现的情况专门作出的解释。

司法机关的法律解释的具体方式主要有三种：一是针对最高立法机关及其常设机关制定的法律，作出的规范性解释具有立法的属性，即这种解释具有普遍的司法效力，在司法适用上和原法律具有同等的效力，一般以"意见"等名称发布；二是最高法院针对审判工作中就具有普遍性的法律适用和提高审判质量作出的具有规范性和可操作性的解释，一般通过"规定""决定"等名称发布；三是最高法院对高级法院和军事法院就审判工作中具体适用法律问题的书面请示作出的答复，一般为"批复"。

二、经济法解释的方法

法律解释方法具有多样性的特征，从解释手段而言，德国学者考夫曼指出，自萨维尼以来，有四种法律解释方法：文理的或语言学的解释，论理的或体系的解释，主观的或历史的解释，客观的或目的论解释。从解释结果而言，还可以分为扩张解释和缩小解释。②我国台湾学者郑玉波将法律解释分为文理

---

① ［英］戴维·M.沃克：《牛津法律大辞典》，邓正来等译，光明日报出版社1988年版，第791页。

② 转引自梁慧星：《民法解释学》，中国政法大学出版社1995年版，第213页。

解释和论理解释,这也是我国大陆法学界普遍认可的两类法律解释方法。文理解释是依据法律的文意或字意对法律所作的解释,大体包括文字解释和逻辑解释;论理解释是指参考立法目的、利益平衡、历史沿革、外国法律和其他与法律相关的因素阐明法律真意的解释方法,论理解释方法可以分为扩充解释、缩限解释、当然解释、体系解释、目的解释、历史解释、比较解释、社会学解释等。①

法律解释在部门法中的运用主要是在民法和刑法等成文法之中,有的学者专门研究了刑法解释问题,将刑法解释的方法归纳为两大类十种方法,即文理解释方法与论理解释方法,其中文理解释包括字面解释与语法解释两种,论理解释包括扩张解释、限制解释、当然解释、反面解释、系统解释、沿革解释、比较解释、目的解释八种。② 研究民法解释的学者将法律解释方法的分类如下:文义解释,论理解释,比较法解释,社会学解释;其中,论理解释包括体系解释、法意解释、扩张解释、限缩解释、当然解释、目的解释、合宪性解释。③ 由于经济法解释是法律解释在部门法中的应用,所以,法律解释方法也可以直接在经济法解释中加以应用,经济法解释的方法包含在法律解释方法之中。

按照我国法学界对法律解释方法的基本分类,我们也可以将经济法解释方法分为一般解释和特殊解释两种类型。一般解释方法包括语法解释、逻辑解释、系统解释、历史解释、目的解释和当然解释等。语法解释,又称文法、文义、文理解释,是指根据语法规则对法律条文的含义进行分析,以说明其内容的解释方法。逻辑解释是指运用形式逻辑的方法分析法律规范的结构、内容、适用范围和所用概念之间的关系,以保持法律内部统一的解释方法。系统解释是指将需要解释的法律条文与其他法律条文联系起来,从该法律条文与其他法律条文的关系、该法律条文居所属法律文件中的地位、有关法律规范与法律制度的联系等方面入手,系统全面地分析该法律条文的含义和内容,以免孤立地、片面地理解该法律条文的含义。历史解释是指通过研究立法时的历史背景资料、立法机关审议情况、草案说明报告及档案资料,来说明立法当时立法者准备赋予法律的内容和含义。目的解释是指从法律的目的出发对法律所做的说明。任何法律的制定都具有一定的立法目的。当然解释是指在法律没有明文规定的情况下,根据已有的法律规定,某一行为当然应该纳入该规定的适用范围

---

① 周永坤:《法理学——全球视野》,法律出版社2000年版,第391页。
② 李希慧:《刑法解释论》,中国人民公安大学出版社1995年版,第97~133页。
③ 梁慧星:《民法解释学》,中国政法大学出版社1995年版,第214页。

内，对适用该规定的说明。[1]

特殊解释方法根据不同的分类标准：（1）按照解释尺度的不同，法律解释可以分为字面解释、扩充解释与限制解释。字面解释即是文义解释、平义解释，指按照法律规定的字面含义作出的解释；扩充解释，又称扩张解释，是指解释所得的含义宽于被解释法律规定的范围和字面含义；限制解释，又称缩限解释，是指经过解释得出的含义窄于被解释的法律规定的范围和字面含义。（2）按照解释自由度的不同，法律解释可以分为严格解释和自由解释。严格解释，又称狭义解释或者字面解释，是指严格按照法律条文的字面含义对法律的解释，并且要忠实于被解释法律规定的精神和原则；自由解释，又称广义解释，是指不拘泥于法律规定的文字含义，比较自由的解释。在经济法解释领域，一般强调严格解释，因为经济法所追求的社会整体利益本位的价值目标决定了对经济法的解释需要严格进行，尤其是在宏观调控法领域的解释，必须根据高位阶的法律规定的基本精神作出解释。

三、经济法解释的程序

从经济法解释规则所涉及的实体或者程序的不同层面，可以将经济法解释规则分为实体规则和程序规则。实体规则是进行经济法解释时所遵循的基本规则，这些规则一般具体表现在解释方法之中。程序规则是指，有权解释主体作出解释时必须遵守的法定程序，这些程序规则一般由法律法规明确加以规定。我国的法律解释规定分别散见于不同层次的法律规范之中，1981年《关于加强法律解释工作的决议》中只规定了解释权的分配问题，没有规定具体的解释程序规则。2000年的《立法法》规定了中央立法机关作出立法解释的程序规则：首先，由全国人大常务委员会工作机构研究拟订法律解释草案，由委员长会议决定列入常务委员会会议议程；其次，法律解释草案经常务委员会会议审议，由法律委员会根据常务委员会组成人员的审议意见进行审议、修改，提出法律解释草案表决稿；最后，法律解释草案表决稿由常务委员会全体组成人员的过半数通过，由常务委员会发布公告予以公布。2004年第十届全国人大常委会第12次委员长会议通过了《全国人大常委会法律解释工作程序》，该规定适用于《立法法》第42条规定的法律解释的范围，即"法律的规定需要进一步明确具体含义的"和"法律制定后出现新的情况，需要明确适用法律依据的"。除了《立法法》的规定，"国务院、中央军事委员会、最高人民法院、最高人民检察院和全国人大各专门委员会以及省、自治区、直辖市的人大

---

[1] 张文显主编：《法理学》（第二版），高等教育出版社2003年版，第326页。

常委会可以向全国人大常委会提出法律解释要求"之外，增加了委员长会议也可以向常委会提出法律解释草案的议案，可以委托全国人大常委会法制工作委员会研究拟订法律解释草案；对于提出的法律解释要求，由常委会办公厅报秘书长批转法制工作委员会研究拟订法律解释草案。同时规定，法工委拟订法律解释草案，应当征求全国人大有关专门委员会和常委会有关工作机构的意见，听取提出法律解释要求的机关以及其他有关机关、组织和专家的意见。法律解释草案经常委会会议审议，由法律委员会根据常委会组成人员的审议意见和有关专门委员会的意见对法律解释草案进行审议、修改，提出审议结果的报告和法律解释草案表决稿。

行政机关对经济法规范的解释程序规则分为对行政法规的解释和对行政规章的解释，对以行政法规形式表现的经济法的解释程序规则是：由国务院法制机构研究拟定行政法规解释草案，报国务院同意后，由国务院公布或者由国务院授权国务院有关部门公布；对以行政规章形式表现的经济法解释程序规则是：由规章制定机关的法制机构参照规章送审稿审查程序提出意见，报请制定机关批准后公布。

最高人民法院的司法解释的程序规则是：由最高人民法院各审判业务庭、室根据审判工作中应用法律的问题提出意见，经研究室协调后分别报分管副院长批准；最高人民法院审判委员会认为需要作出司法解释的，由有审判业务庭、室直接立项，司法解释草案经审判委员会讨论通过后，以最高人民法院公告的形式在《人民法院报》上公布。最高人民检察院的司法解释程序依次是：确立司法解释项目；调查研究并提出司法解释草案；论证并征求有关部门的意见；提交检察长审查，决定提交最高人民检察院检察委员会讨论；最高人民检察院检察委员会审议；检察长签署发布。最高人民检察院的司法解释文件的主管部门是最高人民检察院法律政策研究室。

地方法规的解释一般参照全国人大常委会立法解释程序，地方政府规章的解释参照国务院部门规章的解释程序。

第六章 经济法方法论

第一节 经济法方法论概述

一、经济法研究方法与方法论研究

"方法"一词在汉语中,有很多种表达方式,例如法、道、术、计、策等。西文起源于古希腊语的 μετα 和 οδος,合起来是沿着正确的道路运动的意思。① 可见,在古希腊人的思维中,方法就是要为人们指出前进的道路或方向。进一步引申,方法就成为人与自然、人与社会、人与人之间进行沟通的桥梁和纽带,是人类实现自我认识、自我反省的工具。

从哲学上讲,方法是人类主体不断接近、认知改造客观世界的方式,是主体在认识世界和改造世界的实践活动中为达到对某一问题的认识,解决所从事的活动以及所采取的相应步骤和方式。在人类社会早期,方法主要是指经验性的手工技能,如钻木取火。而现代意义上的"方法"则冲破日常经验束缚的牢笼,具有普遍性意义,逐渐适用于自然科学、社会科学、人文科学等一切领域。黑格尔认为,方法就是形式的普遍性的东西,在对真理的认识过程中,方法不仅是许多已知规定的集合,而且还是概念的自在和自为的规定性,"方法并不是外在的形式,而是内容的灵魂和概念",② 强调方法不是内容,而是形式,并且是内容的灵魂即普遍性的东西。

方法论(methodology)一词,英国哲学家培根首创,其意思是对方法理论的探索研究和关于方法的一门学科,它一方面包括探索研究方法组成部分及其内在联系的专门性的研究活动,另一方面包括对于方法研究成果的集中阐述。

---

① 吴元梁:《科学方法论基础》,中国社会科学出版社 1984 年版,第 1 页。
② 黑格尔:《小逻辑》,商务印书馆 1981 年版,第 427 页。

培根首创的"方法论"术语,为近代哲学研究开辟了一个新的天地。培根一生致力于实验科学方法论的研究,力图为近代自然科学的发展提供新的工具。在培根看来,科学研究的哲学基础就是"经验"的积累,科学研究的方法论就是从具体的经验积累抽象到较低层次的公理,再由较低层次的公理提升到较高层次的公理,最后抽象到最高真理的过程,其核心就是归纳法。培根之后,笛卡儿等一批哲学家从不同的哲学观点出发,对方法论进行研究,并且将方法论从自然科学领域引入人文、社会科学领域,对人文、社会科学领域的研究起到极大的推进作用。可以说,方法论是对各种方法的说明和逻辑抽象,其本身体现了对该学科发展的反思和自我内视,是该学科日益成熟的重要标志,一位成熟且理性的学者无不对其研究领域和学科的方法论问题倾注极大的关注。因此,可以将方法论完整地表述为,"关于自然、社会和思维活动的结构、逻辑组织、方法和手段的学说"。①

法学方法论的出现与法学学科的发展之间存在内在的必然联系。法学方法论是法学发展到一定阶段之后,"学科对本身进行的情况、思考方式、所利用的认识手段之反省"。② 对于法学方法论的内涵,学者们存在很大争议,比较公认的观点是将法学方法论作为各种法学研究方法所组成的方法体系,以及对这一方法体系的理论说明,或者将法学方法论定位在研究法律现象的各种方法、手段、程序的综合性知识体系。③ 法学方法论的成熟与发展对整个法学研究的推动形成巨大的动力,直接体现在对诸如法理学、宪法学、民法学、经济法学等分支学科的推动上。新的研究方法和路径都为研究者提供新的理论武器,以新的理论框架去分析和研究本学科中内在科学规律。

经济法是法学学科重要的分支领域。目前,经济法的学科建设和学科体系仍处在不断完善和成熟过程,尽管经济法的研究已经取得丰硕成果,但目前仍然面临突破的压力。任何一门成熟的学科,都具有自成体系的研究对象和研究方法,而经济法的研究目前在这两个方面都需进一步提高。关于经济法方法论的研究,学者们对其必要性、基本原则、方法论体系的构建作了一些有益的探索,④

---

① 韦诚:《方法论系统引论》,安徽大学出版社1999年版,第5页。
② [德] Karl Larenz:《法学方法论》,陈爱娥译,五南图书出版公司1996年版,第132页。
③ 参见胡玉鸿:《法学方法论导论》,山东人民出版社2002年版,第105~106页。
④ 经济法方法论目前研究主要有:刘瑞复:《经济法学原理》,北京大学出版社2000年版,该书初步论述了经济法方法论;张守文:《经济法理论的重构》,人民教育出版社2004年版,该书探讨了经济法方法论;翟继光:《经济法学方法论论纲》,载《黑龙江省政法管理干部学院学报》2002年第3期。

但从整体上看,这方面的研究成果还是比较匮乏的,值得肯定的是,对经济法方法论的研究已经成为经济法学者的共识。

经济法方法论是对经济法研究方法的理论探讨,它具有专门性和特殊性。它与法学方法论是一般和特殊的关系。一方面,法学方法论是整个法学研究方法的理论概括,自然对经济法方法论起重要的指导作用;另一方面,法学方法论也无法代替经济法方法论。这是因为法学方法论的概括性无法体现各分支学科的特殊性,法学方法论属于法理学或法哲学范畴。法学方法论无法代替经济法方法论和哲学方法论无法代替法学方法论是一样的道理。

二、经济法方法论的特点

经济法方法论从经济法研究中产生,是对其方法的系统概括,同时又对经济法的研究起指导作用。经济法方法论受到本学科的特殊性的直接制约。经济法的研究,不可能是先验存在的,在经济法存在之前,必然也不存在经济法的研究方法。经济法研究都是学者们着眼于中国社会主义市场经济建设的现实,根据本学科的研究对象,从当时迫切需要解决的经济法问题和矛盾的探索研究中不断摸索,经济法的研究方法存在于学者们的经济法研究活动中,必须从学者们已有的研究方法中进行概括和抽象,要在现实的经济法研究中探求方法论的规律,而不能凭空进行先验的规定,将哲学、法哲学、法经济学、法社会学的方法强加于经济法研究。

当然,这并不是说,经济法研究不能借鉴其他学科的研究方法。事实上,在社会科学飞速发展的今天,每一门学科都大量借鉴其他学科的研究方法,以丰富和完善本学科的方法论体系,经济法研究也不例外。在经济法研究的初始阶段,更多的是利用法学研究的一般方法,如法学归纳演绎方法、法的解释方法。但并不能直接将法学研究的一般方法等同经济法的研究方法。

经济法方法论具有自身的特殊性,这种特殊性既反映经济法研究方法的特殊性,也反映经济法的特殊性,更存在于经济法现象和经济法矛盾中。① 只有充分注意到学科的特殊性,经济法方法论的研究和构建才有意义。经济法方法论的特点主要体现在以下四个方面:

第一,历史性,也就是发展性。经济法的产生和发展是一个历史过程,是社会经济生活发展的必然逻辑,中外经济法都是如此。西方经济法产生和发展

---

① 经济法的基本矛盾主要就是在现实的经济生活和社会生活中日益突出和普遍存在的矛盾,包括个人利益与公共利益的矛盾、效率和公平的矛盾、局部与整体的矛盾等。参见张守文:《经济法理论的重构》,人民出版社2004年版,第16页。

的背景是自由资本主义向垄断资本主义的转变,为适应新的社会经济的需要,出现了经济法这一新的法律现象和法律部门。中国经济法的产生背景和动因与西方有着很大的不同,其产生发展的主要动力来源于当代中国处于急剧变革中的经济和政治条件,以及社会主义市场经济和民主政治建设要求的共同推动。一般认为,中国经济法产生和发展大致分为三个阶段,即1978年到1992年的经济法初创阶段,1992年到2000年的经济法发展阶段,21世纪以来的经济法形成和完善阶段。① 而经济法研究的方法也自然根植于经济法发展的进程中。

经济法的发展过程就是经济法研究方法的运用和选择过程,是多种研究方法制约、选择、淘汰及演化的过程。某种特定研究方法能否为经济法研究所用,关键在于其是否能够揭示经济法现象的内在联系,为中国市场经济建设提供宏观调控和市场规制经济法理论支持。任何一种研究方法,都有其自身的逻辑依据,单独进行评价自然得不出准确的结论,只有将之运用到现实的经济法研究中,才能得出合乎逻辑和规律的评价。与此同时,经济法方法论研究,必须注重方法的发展性,要从整个法学研究和经济法研究的历史演进中来比较、归纳、分析各种方法形式,从众多的方法中找出合乎历史和逻辑规律的方法,以此作为方法论研究的主要依据,进而批判地吸收其他各学科的方法形式,探索本学科独有的方法,最终形成与历史发展和现实需求相适应的方法论体系。

第二,系统性。经济法方法论是对经济法学科研究方法的总体探讨,系统性是其必备的要求和内在的特质。经济法方法论的系统性要求和表现主要包括以下三个方面:其一,遵循人类认识的普遍规律,与人们认识经济法现象和探究经济法内在联系的过程相统一,也符合人类认识从感性到理性的认知规律。其二,坚持方法论的系统性与经济法学说的系统性相统一,任何经济法理论和学说,都是一个逻辑自洽的系统。从方法的系统说明经济法理论和学说演化的系统,本身就是经济法方法论的一个重要方面。

系统性还包括研究方法的综合性。从现代学科的发展以及经济法自身体系的协调完善看,一方面需要对具体问题的具体分析,另一方面也需要总体上对学科重大问题以及全局问题进行把握,因此必然既强调具体的研究方法,也强调综合的、系统的方法。在经济法研究中,对于某一具体的经济法现象进行研究可以用某一具体的方法,如对于虚假广告问题,可以采用个案分析等方法,但如果研究广告法律制度的修改和完善,单纯的个案分析肯定无法完成研究,需要研究者从历史分析、实证分析、经济分析等多方法进行综合研究,才能发现我国广告立法的局限性,以及如何建立与当前市场经济相适应的广告法律

---

① 参见陶广峰主编:《经济法原理》,中国政法大学出版社2005年版,第15~19页。

制度。

第三，实用性。经济法方法论的研究，目的在于促进本学科的发展。经济法研究须直接面向社会经济生活，为国家的立法和执法提供理论的指引，因此，经济法学科本身具有实用性和可操作性。这就要求经济法研究方法必须从实际出发，以实际经济法现象和矛盾为对象，同时对大量的现象材料进行收集和占有，实事求是地进行分析和研究。只有根植于社会现实的研究才有意义，也才有实用性和可操作性。

第四，开放性。社会经济生活是不断发展变化的，作为经济法研究对象的经济法现象和矛盾也随之不断演进，这就要求经济法及其研究方法与时俱进。在我国改革开放初期，即经济法发端时期，社会经济关系比较简单，经济法研究的深度和广度自然不高，现今，传统的工业经济、知识经济、网络经济并存，经济法现象比以往任何一个时代都复杂，这就要求经济法的研究方法一方面要创新，另一方面要多元化，借鉴各种可以利用的研究手段和方法。如对于网络经济的法律规制就面临与传统经济形态极大的不同，传统的经济法制度和理论对于网络经济法律现象有很多不适应，如网络经济主体资格问题、管辖权的问题、法律适用等问题，而对此进行研究，利用传统的、原有的研究方法和路径自然无法取得实质性的进展，只有在研究实践中，不断探索和总结新的研究理念和方法，才能将网络经济法律制度的研究引向深入。

三、经济法方法论与经济法理论的关系

经济法方法论作为经济法研究方法的集中概括，它与经济法理论（学说）的关系，在一定意义上，也必然包含方法与理论的关系，甚至可以说，经济法理论就是研究方法的体现，或说研究方法是经济法理论得以形成的主观条件，是经济法方法论与经济法理论之间关系的基础，也是其相互关系中最基本的一面。

学者对经济法研究最终的成品是提出关于经济法的理论或学说，经济法研究愈繁荣、愈深入，经济法的理论和学说便会愈丰富。[①] 任何经济法理论和学说的形成不是一个一蹴而就的过程，是研究者使用特定的研究方法或方法体系长期潜心研究提出的。

经济法方法论的研究，要以不断发展、进步的经济法理论和学说的演进为依据，方法论本身的意义在于一是有助于对已有的经济法理论和学说的理解，二是有助于对现实经济法现象的探索和认识，形成新的经济法理论和学说。经

---

① 参见张世明：《经济法学理论演变研究》，中国民主法制出版社2002年版，第50页。

济法方法论研究的根本动力不在于学者本身，而在于经济法理论对社会经济生活的所遇到的各种困境和挑战促使学者进行方法论的研究。因此，经济法方法论研究不能脱离已有的经济法理论和学说，更须立足于社会经济生活的现实，否则方法论的研究就失去意义。

现代各国经济发展水平差异很大，制度背景和法制化水平也存在巨大差别，经济法现象在各个国家存在和发展状况也各不相同，经济法的研究在世界各国也存在很大差别。这就要求研究经济法方法论，首先应当着重考察本国社会经济发展的特点以及所遇到的经济法问题，为形成关于本国经济法发展规律、内在联系提供指导，并在此基础上，充分考虑经济法的发展性和世界性，顾及世界经济运行中的宏观调控、市场规制、社会保障等重大法律问题，以有利于经济法学科的发展。当前，中国的经济总量已居世界第二，中国的经济改革和立法当然的受到世界各国的广泛关注，因此，中国在经济法的理论和方法论研究上，也应当为有关国家提供理论借鉴。

四、经济法方法论的基本原则

经济法方法论的基本原则是指建构经济法研究方法体系所应遵循的准则。它不仅是经济法研究方法的具体指导，同时也是经济法方法论构建的理论基础之一。借鉴法学方法论的基本原则，结合经济法研究的具体实际，经济法方法论的基本原则主要包括以下几个方面：

第一，主体性原则。要求在经济法研究中，学者要以主体的姿态，以人类理性的完善和超越为内在要求，实现对社会经济生活内在法律联系的把握。主体性要求研究者能够充分发挥主观能动性，以积极的姿态把握经济法矛盾和规律，努力为社会经济的立法和执法提供理论支撑。

事实上，我们研究经济法的目的在于努力构建能够促进社会经济健康发展的法律制度，为整个人类社会造福。现代经济法的理念就是强调社会经济的可持续发展，经济法学者的任务就是充分认识和解读可持续发展的意义，并能动性地将可持续的要求贯彻到经济法研究中，贯彻到关于政府经济立法和执法的学者建议中。

第二，实践性原则[①]。要求在建构方法体系的过程中要从实际出发，以需要解决的问题为导向，目的在于构建和谐、发展的社会经济制度，强调人文关怀以及社会整体利益，研究人类社会发展的特定领域的矛盾和规律，以便对社

---

① 参见翟继光：《经济法学方法论论纲》，载《黑龙江省政法管理干部学院学报》2002年第3期。

会经济生活具有直接的指导意义。

经济法方法论的实践性原则,鼓励学者多做关于中国经济法制度的实证研究,能够通过社会分析、经济法分析等,针对中国社会主义市场经济建设中出现的法律难题进行研究,提出有建设性,具有可操作性的经济法建议。

第三,整体性原则。整体性原则要求,一是在研究的思维取向上,强调以一种整体的,而非个体的方式分析和研究问题。完整的经济法体系是由具体的法律规定以及制度设计组成的,必须在诸法律要素的有机联系与相互渗透、相互影响中分析法律现象,找出内在规律和矛盾。

二是在研究的价值取向上,强调整体性原则,要求研究者遵循社会整体利益和公共利益大于个体利益的基本原则。经济法与民法的重要差别也在此,民法在本质上强调个体利益的保护,奉行的是"丛林法则",而经济法则强调效益和公平的统一、整体利益大于个人利益,防止社会出现两极化。当然,经济法本身并不排斥个体利益,同样反对以整体利益为名侵占个体利益,只是强调在个体利益与社会整体利益、社会公共利益发生冲突时,应当选择公共利益。① 在经济法立法和执法的实践中,经济法的重要功能就是要防止社会个体贫富的两极分化、地区之间的贫富分化,以实现整体价值的目标。

五、方法论在经济法研究中的意义

经济法方法论的研究,由于历史和现实的原因,其研究难度是巨大的,以致有学者感慨,"对于经济法学之类的新兴学科的方法论探讨,就更是几乎尚付阙如。这可能是由于经济法制度和经济法研究本身尚不够成熟,同时,对于方法或方法论之类问题的研究本来就存在难度和风险,因而鲜有人涉足"。② 但经济法方法论的研究则又是非常必要的,是一个成熟的学科所无法跨越的,其重要意义体现在理论和实践两个层面。

(一) 经济法方法论研究的理论意义

首先,方法论研究有利于经济法学科体系的构建。经济法学科的产生和建立是一个不断争论的过程,争论的核心就是经济法学科的独立性问题。从经济法和民法的关系,经济法和行政法的关系,特别是和经济行政法的关系,不同时期的学者有不同的看法。尽管,这些争论并未影响经济法学科的建立,相反通过这些争论反而使经济法学科的内涵愈来愈丰富。但是,一个学科成熟与否

---

① 参见胡玉鸿:《法学方法论导论》,山东人民出版社2002年版,第208~220页。
② 张守文:《经济法学方法论问题刍议》,载《北京大学学报》2004年第4期。

的标志就是该学科是否拥有自己的研究方法和方法论。因此,方法论研究对于经济法研究是必不可少的。

其次,方法论研究和经济法理论研究相辅相成。一方面,经济法理论研究的丰富和繁荣为经济法方法论研究提供了研究的基础,理论和学说的百花齐放为方法论的研究提供了可能;另一方面,方法论研究可以打破理论研究的僵局和困境,新的方法以及成熟的方法论可以推进学科的各项研究,为学科发展找到新的增长点。

再次,方法论研究还可提高经济法研究者的专业素养,提升经济法研究能力。我们对于客观世界的认识,不能依靠主观的想象,而应该利用科学的方法进行观察和分析,实现从未知到已知的超越。而科学、成熟的方法论可以使研究者知道如何去揭示经济法的内在联系,探索解决经济法律问题的途径。甚至可以说,研究方法是学者最为重要的专业素质之一。

最后,经济法方法论研究的发展和进步,可以促进法学方法论研究的发展,经济法方法论和法学方法论是特殊和一般的关系。分支学科方法论的发展,必然促进一般学科方法论的进步。

(二) 经济法方法论的实践意义

经济法方法论并不是单纯的理论的研究,实际上是通过方法论的构建,指导经济立法和执法的实践,为法律实践提供解释的基本规则以及分析的基本逻辑。"社会科学研究方法提供了考察和了解人类社会事务的途径。研究方法也提供了通常我们不曾知晓的、揭示事物的视角和技术。"① 经济法方法论的重要作用就在于不断为经济法实践提供新的视角和技术。传统的法律研究,较多侧重权利、义务、责任等问题的研究,而法经济学使研究者从"交易成本""博弈分析"等新视角进行研究,使研究结论更具有可操作性和现实意义。

我们重视方法论研究,不是为了方法而方法,方法论研究是为了理论,为了实践。"法学方法论终极的任务仍然要服务于法学研究和法学实践,从这个意义而言,方法只是某种手段,是顺利达到目的的工具,与方法相比,理论本身更为重要,它直接体现了该学科解释社会现象的深度与力度,因而成为学科研究的主要方向。"②

---

① [美] 艾尔·巴比:《社会研究方法》(上),邱泽奇译,华夏出版社 2000 年版,第 3 页。

② 胡玉鸿:《法学方法论导论》,山东人民出版社 2002 年版,第 187 页。

六、经济法方法论体系

无论是作为的一般的方法论还是作为法学方法论,都具有层次性。不同层次的研究方法相互补充,构成一个方法论体系。对于法学方法论的体系,学者所作的系统研究较少,一般来说,可以概括为三种意见:①

一是以法学发现为核心概念的方法论体系。将法律发现、法律解释、价值衡量、漏洞补充、法律论证、法律推理等法学研究方法构建成方法论体系。根据以司法为中心的法律渊源理论,法律发现特别强调司法过程中,法官针对个案发现法律必须与法源理论相结合才具有方法论意义。但法官发现的法律很可能有多种意义,这就需要运用两种或多种法律方法进行确认,以便选定最优的判案标准。

二是以法律解释为核心概念的法学方法论体系。法律解释的历史同法律存在和发展的历史一样久远。解释的目标不仅在于探求法律本身客观的规范意旨,而且还在于根据法律建构裁判规范。通常来说,构成法解释方法体系的主要有文本解释、目的解释、社会学解释、历史解释、体系解释、价值衡量等方法。

三是以法律推理为核心概念的法学方法论体系。法律推理在法律适用过程中就是一个从已查证属实的事实和已确定适用的法律规定出发推论出判决或裁定的过程。法律推理是法律适用的组成部分,没有法律推理,就没有法律适用。

对于经济法方法论的研究,有学者认为②,从来源看,经济法方法论主要有以下几个途径:一是马克思主义哲学的基本原理到方法论的实际转化,特别是辩证唯物论的一些基本方法,诸如辩证统一等方法;二是借鉴和吸收现代西方哲学中的哲学方法,例如实证主义的哲学方法等;三是从一般科学方法中吸取适合于本学科实际的方法,例如逻辑的方法、系统的方法、经验的方法等;四是法学研究的基本方法,例如法律解释等方法;五是经济法学科在研究和发展中所形成的研究方法。

实际上,关于经济法方法论的研究,根据研究方法的层次性,经济法方法论体系还可以从三个层次进行构建,即哲学层面上的方法、一般科学层面上的

---

① 参见陈金钊、焦宝乾:《中国法学方法论研究学术报告》,载《山东大学学报(哲学会科学版)》2005 年第 1 期。

② 参见翟继光:《经济法学方法论论纲》,载《黑龙江省政法管理干部学院学报》2002 年第 3 期。

方法和具体科学层面上的方法。三个层次上的方法相互结合，组成了一个有机联系的统一的整体。前一层次的方法对后一层的方法起指引作用，而后下一层次的方法又是前一层次的方法的发展和具体表现。

根据法学方法论的研究成果，我们认为经济法方法论体系应包括两个子系统，即抽象系统和解释系统。这两个系统相辅相成，构成经济法方法论的完整体系。①

抽象系统本身也是法学方法论的核心内容，包括法学研究一般理论研究方法。具体来说，包括六个基本组成部分。

其一，概念。经济法研究中，方法论都是围绕着经济法的基本概念来构建经济法理论体系的。在经济法概念中，包括两个部分：一部分是法学的一般概念，如公平、正义、价值、秩序等；另一部分，也是更为重要的，也是经济法自身的概念，如经济法的研究对象、经济法调整方法、经济法责任等。只有确定一系列明晰的经济法概念，整个经济法研究才会有前提，并以此作为理论推导的基本工作。

其二，假说。假说是指按照预先设定，对某种现象进行的解释，即根据已知的科学事实和科学原理，对所研究的自然现象及其规律性提出的推测和说明。任何一种科学理论在未得到实验确证之前表现为假说。假说最初作为自然科学的重要方法，后来在经济学、社会学等社会科学中也得到很好运用。在法学研究领域，学者们也引进"假说"的研究方法，如有学者提出"法律人"的假说。在经济法研究中，假说同样也具有一定运用价值，有学者提出经济法研究中"公私二元结构"的假说②，该假说将人类的基本欲望分为"公共欲望"和"私人欲望"，以此建立"公私二元结构"，并以之为基础，可以衍生出一系列的二元结构。

其三，模式。模式是指将研究对象原型抽象为符号、文字、图像来表示其结构、关系、状态、过程的简约化了的范型。模式来自客观事物的原型，但又不是事物表象的复现，而是经过思维上的一番由表及里、去粗取精、去伪存真的加工制作功夫，从整体和本质上把握了事物的存在形式和动作机制的一种认识样式。经济法学研究的模式，就是要为整个学科体系寻找出一个基本的起点，并形成能够解释经济法现象的一般模式。如在法理学研究，学者们构建了"权利—义务"的分析模式，对整个学科构建起支撑作用。目前，在经济法学研究中，模式研究尽管较少使用，但对经济法研究所起的作用是不可忽视的。

---

① 参见胡玉鸿：《法学方法论导论》，山东人民出版社2002年版，第138页。
② 张守文：《经济法理论的重构》，人民教育出版社2004年版，第32页。

其四，方法。方法是研究的最基本，也是最直接的手段，方法有时与假说、模式相互融合，假说、模式本身也是方法。法学以及经济法学的研究都必须通过一些和一系列具体的方法进行。就经济法学研究而言，特别有价值的研究方法包括经济分析法、政策分析法、系统分析法、社会分析法、个案分析法、规范分析法、价值分析法、实证分析法、比较分析法和历史分析法等。我们进行经济法学研究，不仅需要根据研究对象的不同运用某种方法，还要能够将多种方法的交叉和综合运用，只有如此才能全面揭示被研究对象的一般规律。

其五，理论。构建经济法理论是经济法方法论研究的目标。方法论为理论的构建提供指导，使理论具有坚实的哲学基础。同时，理论是否正确或者完善，必须要经过检验，而理论可检验性的基础是方法论提供。经济法方法论不能替代经济法理论，但可以为研究经济法现象、发现经济法的基本规律提供有效的理论工具。

其六，体系。一个学科，需要具备概念、假说、模式、方法、理论的基本元素。实际上仅仅具备这些元素是远远不够的，还需要将这些元素有机整合起来，使之形成结构上系统完整、逻辑上自洽的统一体，也就是说形成一定的体系。经济法方法论的重要着眼点就是要形成一个能够满足经济法研究需要，并能不断发展、与时俱进的方法研究体系。

解释系统是指经济法方法论在经济法实践中的具体运用。经济法方法论不能仅局限于从理论上进行构建，更要关注经济法理论研究和司法实践的实际效能，关注实践检验，因此经济法方法论必须承担起如何解释体系构造功能，即能够说明和解释越来越复杂的经济法现象，对经济法研究和司法实践真正起到指导作用。

第二节　经济法研究方法

一、历史分析方法

历史分析的方法是马克思主义法学方法论的重要方法，也是经济法方法论的重要组成部分。历史分析的方法是对事物进行纵向分析的方法，也是具体分析方法的纵向延伸。辩证法认为，世界是由过去、现在和将来各个环节构成的无穷发展的链条。任何事物都具有自身发展的历史，任何现实都是历史发展的现实。因此，任何现实中都有历史的足迹，揭示事物发展的历史，弄清来龙去脉，也就在一定意义上把握了事物的现实；任何现实既是历史发展的结果，又是未来的起点，揭示事物发展的历史，把握事物的现实，也就在一定意义上预测了事物的未来。

列宁对历史分析方法有着精辟的论述，他在《论国家》中指出："为了解决社会科学问题，为了真正获得正确处理这个问题的本领而不被一大堆细节或各种争执意见所迷惑，为了用科学眼光观察这个问题，最可靠、最必需、最重要的就是不要忘记基本的历史联系，考察每个问题都要看某种现象在历史上怎样产生，在发展中经过了哪些主要阶段，并根据它的产生发展去考察这一事物现在是怎样的。"这就是说，历史分析方法是指在对事物研究时，要获得具体的而不是抽象的真理，最重要的是要着眼于事物的发展，把事物放到特定的历史坐标中去考察，正确处理过去、现在和未来的关系。

历史分析的方法不是孤立的，必须与逻辑分析的方法结合在一起，历史从哪里开始，思想进程也应当从哪里开始，思想进程的进一步发展不过是历史过程在抽象的、理论上前后一贯的形式上的反映。历史分析方法实际上也就是逻辑分析方法，是一种摆脱了历史的形式以及对历史发展起干扰作用的偶然因素的方法。

具体来说，历史分析方法的基本内容包括：（1）法的发展总是从属于一定的经济基础的。研究任何一个法律现象、法律问题，都必须将其放在本来的历史联系、历史阶段上，不能孤立地或抽象地讨论；（2）法的历史联系是广泛的，有文化的，也有经济的和其他方面的，但最基本的历史联系是经济的；（3）法的发展过程作为社会发展过程的一个组成部分，具有客观规律性。

历史分析方法与历史主义方法有很大不同。历史主义方法是19世纪在德国兴起的一种历史研究方法，其代表人物是德国历史学家萨维尼，历史主义方法否认永恒价值，反对目的论历史观，强调个人属于他的时代环境，人类行为只应该根据当时起作用的价值体系来判断。历史主义方法虽然倡导采用历史方法来研究法律，但把法制史设想为一堆绝对现成的材料，强调从法制史内部寻找法律发展的基础，因此，其哲学基础是唯心主义的，具体方法上表现为主观主义和非理性主义。

历史分析方法对经济法研究无疑是非常必要。首先，从起源看，经济法的发展本身是特定历史阶段的产物，是市民社会和政治国家融合的产物，其出现有着深刻的社会原因、经济原因和政治原因。只有将经济法的产生和发展放入整个人类社会大历史背景中去，我们才能够发现经济法形成与发展的基本规律。① 我国的经济法产生的背景和发展轨迹更有着其特殊性，这些特殊性表现在政治、经济、文化等各个方面，忽视其中的任何一个因素就会使研究误入歧途。

其次，经济法的研究内容有着无法割裂的历史联系。以经济法重要组成部分的竞争法为例，该法已有近一百多年的历史，这期间，社会经济条件变化、不同国家状况变化等，是我们今天研究竞争法无法忽视的研究因素。美国竞争法立法是一个以规制限制竞争行为为主、兼及不正当竞争行为的立法体系，如1890年美国制定的《谢尔曼法》主要是为了限制垄断企业的限制竞争行为。而中国竞争法的立法则侧重于对不正当竞争行为的规制，实际上与我国经济发展的轨迹有着必然的联系。

最后，经济法的发展是各国法律发展的组成部分，也是社会进步的组成部分，经济法的发展有着客观历史规律。我们研究经济法学，就需要运用历史分析的方法，寻找和发现经济法的历史轨迹，既注意经济法民族性问题的研究，也要注意经济法全球化问题的研究。②

值得注意的是，我们对经济法发展进行历史分析研究时，容易产生两种偏差：一是过分重视某一两个发达国家经济法的发展经验，将一两个国家的个别经验当作普适的经验；二是将分析重点放在不同国家或一个国家不同阶段的具体技术性法律机制上，忽略各国经济法发展运行的更深刻的社会、经济、政治文化及历史条件的差异。这两种偏差都需要在研究中避免。

二、价值分析方法

价值分析法是从一定的价值观出发，对特定法律制度进行分析、评判的研究方法。实际上就是通过价值分析，来论证某一原则、规则、制度的正当性和合理性，或者批判某一制度或现象的非正义性。

价值分析方法是法学研究的基本方法，也是历史最为悠久且最具争议的研究方法。自柏拉图和亚里士多德开始，从"正义"这一基本价值出发，研究法律的本质、特征、功能等问题。其后由于不同的价值观及价值标准，不同的学派和学者提出了众多各不相同的价值分析方法，在2500多年的历史演变和发展过程中，有影响的价值分析的方法包括自然主义的价值分析方法、神学的价值分析方法、理性主义的价值分析方法、伦理主义的价值分析方法、"权利

---

① 陶广峰主编：《经济法原理》，中国政法大学出版社2005年版，第13~14页。
② 陶广峰：《全球化与中国经济法的发展进路》，载《南京大学学报》2005年第3期。

论"的价值分析方法等。① 这其中，最具有代表性是自然主义价值分析方法，这一方法在今天的法学研究中仍具有重要影响。

价值分析方法对我们今天经济法研究具有特别重要的意义。经济法是国家调控经济运行的法律规范。经济法制度的建立和实施是国家经济政策的直接体现和最重要的保障。我国实行社会主义市场经济，而经济法律制度是否符合社会主义的基本价值观，或者说如何制定和实施既符合市场经济运行规律又符合社会主义基本价值取向的经济法律制度就需要我们认真研究。具体来说，第一，运用价值分析方法有利于我们明确经济法价值属性和价值特性。经济法的价值取向和法的价值取向总的说来是既相同又不同。如作为"公平"这一法的基本价值在民法和经济法中就有很大的不同，民法奉行"丛林法则"，强调民事主体不论贫富、贵贱一律平等，遵守共同的法律准则；而经济法则不仅强调"程序公平"，同时又关注"结果公平"，经济法的重要任务就是保护弱势群体的利益，防止社会两极分化，维护经济秩序的有效运转。第二，运用价值分析的方法有利于确定经济法的价值标准和目标。

关于经济法的价值标准和目标，人们一直有着争论。这些争论的解决，一方面取决于立法的实践，另一方面需要学者运用价值分析的方法进行创新的研究。应该说，随着经济发展，经济法也出现相应发展，经济法价值目标和标准也相应发展。学者们对经济法的基本价值，诸如正义、自由、平等、人权、秩序等已有共识，并提出了可持续发展等新的价值观，当前的研究是一方面继续分析和探寻适合社会主义市场经济特点的经济法价值标准；另一方面研究如何将这些价值标准内化到具体的经济法律制度中，或如何对已有的经济法律制度所表现价值观进行分析、评判和甄别，力图构建一个价值统一的经济法律制度。

再如，自由是人类社会长期追求的最重要的价值之一，也是法律以及经济法所追求的最重要的价值之一。经济立法最重要的目标之一就是保障经济自由。自由可以最大限度地发挥市场的创造力，社会经济发展的过程既是一个支撑人类文明发展的过程，更是一个摆脱束缚与压制，不断拓展经济自由边界的过程。自由是经济发展的精神指引，经济世界的自由是其他领域自由可获得的基础。经济法作为补充经济自身缺陷的规则创造，更要以经济自由为基本理念，发挥法律的特有功能，保障经济自由，指引经济自由并不断拓展经济自由。长期以来，我国的经济法研究和立法、司法实践，更多是强调国家对市场

---

① 参见吕世伦、文正邦主编：《法哲学论》，中国人民大学出版社1999年版，第661~677页。

及经济行为的法律规制，对自由这一经济法的核心价值研究分析不够，重视不够，立法和司法过程的体现不够，并对我国经济发展，特别对我国市场创造力发挥形成制约作用。

这里需要指出的是，价值分析是以科学的价值观为前提的。因此，确定正确的价值观是进行价值分析的关键。美国著名法学家罗斯特·庞德曾经指出：法的价值问题是法律科学所不能回避的问题，"在法律史上的各个经典时期，无论在古代或近代世界里，对价值准则的论证、批判或合乎逻辑的适用，都曾是法学家们的主要活动"。① 马克思主义价值观认为，价值的最根本特性是它的主体性，即价值以主体为转移，价值的性质和实现程度主要取决于主体的状况，主要由主体的需要、利益等内在尺度决定，同一经济法现象，主体不同，价值取向不同，价值观具有强烈的主观性。因此，有些时候，强烈的经济法价值取向会使研究者产生偏见，甚至丧失研究的客观性，这是每个研究者都需努力避免的。作为研究者，一方面要坚持社会主义的基本价值观，强调社会的和谐发展和共同富裕，关注弱势群体的利益②；另一方面需要避免"泛政治化"，要实事求是，在经济法客观现象中寻找规律，克服主观性。

价值分析同时要与事实分析结合起来。经济法现象包括事实与价值两个部分，相应地，对经济法现象的分析包括事实分析与价值分析。唯物辩证法认为，事实分析与价值分析是相联系的，事实分析是价值分析的基础。因此，经济法研究首先要认识我国经济法的客观事实，即经济法律体系的具体构成、实际运行、存在问题以及与民法、商法、行政法等部门法的关系等，从这些事实中探求经济法的内在规律。如研究消费者权益保护法，首先要认识到我国消费者保护的现状，商家与消费者之间的逻辑关系和力量对比，以及世界各国消费者权益保护的立法状况，在认识这些客观事实的基础上，才能对我国的消费者权益保护法律制度进行价值分析，一方面要承认消费者的相对弱势，切实保护他们的利益；另一方面，也不能过分加大企业和商家责任，从而影响社会整体利益的实现。

三、实证分析方法

实证分析方法作为自然科学、人文社会科学的重要研究方法已经得到广泛

---

① ［美］庞德：《通过法律的社会控制——法律的任务》，沈宗灵、董世忠译，商务印书馆1984年版，第55页。

② 陶广峰：《农民工权利保障的理论判断与宪政价值》，载《学习与探索》2010年第3期。

的使用，其研究价值已得到较为一致的公认。法学的实证分析方法的哲学基础是法律实证主义，实证主义由法国哲学家孔德创立，孔德认为，只有实证科学才是真正的科学，这一思想对许多学科产生影响，并涌现出实证主义思潮。奥斯丁和哈特就是两位法律实证主义代表人物。奥斯丁抛开传统法学对"法律应该是什么"的功利主义研究，直接从经验感性认识的角度讨论"法律是什么"的命题。哈特则认为道德是无法通过理性的手段进行分析论证的，而法律体系则是一个完整的逻辑体系，可以通过逻辑手段和分析工具进行研究的。

凯尔森也是实证分析方法的积极倡导者，他试图建立一种科学的法理学即纯粹法学，认为应将法律理论与自然法学和社会法学区分开，法理学的研究对象是实在法，而不是其他。凯尔森反对法律应该以客观、普遍、绝对的正义原则为基础的自然法观点，认为法律理论无法回答"什么是正义"，正义是意识形态问题，是无法被客观认识的。他提出，纯粹法学的主要任务是研究法律基本概念和法律体系的形式结构。

实证分析方法尽管有着众多理论渊源，但其方法论原则是基本一致的。实证分析的一般原则包括以下几方面：第一，法律与道德相分离，以法律现象之间的关系为研究对象，任何道德价值因素都不可进入法律的定义；第二，对法律的分析不是价值判断，研究法律的关键是分析规则的概念；第三，以理性主义和科学主义的观点考察法律体系，法律存在可以被客观地认知和检验；第四，判决以法律规定为依据，法官的法律适用行为必须在现有的法律框架内进行。① 有学者将实证分析和实证主义进行了区分，认为"实证分析是认识工具，是获得理论认识凭借的工具。作为一种方法，实证分析不具有实证主义哲学所固有的某些特征，也不依附于实证主义哲学所信奉的某些理念"。② 同时认为，实证分析方法由程序、经验、量化三个要素组成，程序强调过程性，特别是研究结论的获得过程；而经验则强调研究以经验为对象，而不是以理论为对象；量化分析则强调在定性基础上的定量分析。应当说，这一论点是存有偏颇的，由"程序、经验、量化"组成的实证分析方法，事实上也是整个实证分析方法的一种，或者说是狭义的实证分析方法。实证分析作为研究方法已经有了更广义的发展，如逻辑实证分析、经济实证分析、社会实证分析等都是实证分析的具体形式。逻辑实证分析以感觉经验为基础，以可以操作的逻辑形式来检验或推导出概念和命题。经济实证分析则通过现象的描述和数量分析来揭

---

① 参见李桂林、徐爱国：《分析实证主义法学》，武汉大学出版社2000年版，第5页。
② 参见白建军：《论法律实证分析》，载《中国法学》2000年第4期。

示事物发展的一般规律。社会实证分析是一种经验方法与理论方法相统一的方法体系，该方法包括三个层次：第一层次建立理论模型，为系统地说明法律生活的各种经验事实提供框架；第二层次为比较分析、规范分析、角色分析、组织分析、制度分析等一般方法；第三层次为观察法、个案法、抽样调查法、统计分析法等技术性方法。

目前，实证分析方法在我国的法学研究中还没有形成独立的研究领域，只有部分学者尝试利用该方法进行研究，在经济法领域也是如此。应该说，实证分析方法对经济法研究也是大有可为的。实证分析方法有利于对经济法的立法、执法、守法等诸环节进行深入，有利于对经济法制度实施效果进行研究，有利于经济法各理论层面的研究，如经济法解释、经济法现象的描述等。

值得注意的是，在经济法研究中，不能单纯使用实证分析方法，而忽视规范（价值）分析方法。实证分析方法完全排斥价值判断，将法学研究视为纯技术的分析。而经济法本身有着不可忽视的价值追求，如对社会公正、以人为本等价值诉求，只注意实证分析，有可能无视"恶法"的存在。因此，规范分析应以实证分析为基础，实证分析应在规范分析的前提下进行，使两者有机结合。首先，规范分析应以实证分析为基础，因为规范分析所需演绎的前提应是经过实证检验的，由规范分析所得到的成果也必须经过实证检验。其次，实证分析应在规范分析的前提下进行，经济法本身具有特定价值要求，只有在特定规范之下，法律的实证分析才有意义。

四、经济分析方法

自从詹姆斯·M. 布坎南将经济学方法运用于政治学研究，在政治决策和公共经济学理论方面取得重要成绩，获得 1986 年诺贝尔经济学奖以来，经济分析这种将经济学原理和方法应用于经济学以外的政治学、法学、社会学等学科的研究，已经逐渐发展成为一种综合性的研究方法，"为理解人类行为提供了一个有用的框架"。①

受到国际学术界的影响，我国法学界也开始在很多法学研究领域有意识地运用经济分析的方法进行研究，特别在民商法、行政法等问题研究中，有学者对我国法律体系下的各部门法，经济法律制度和物权法律制度、侵权责任制度等作了经济解释的探索。在经济法研究中，也有许多学者运用经济分析的方法对经济法现象以及经济法律制度的设计进行研究，有学者比较系统地对经济分

---

① ［美］加里·贝克尔：《人类行为的经济分析》，王业宇、陈琪译，上海三联书店 1993 年版，第 18 页。

析方法的"博弈分析方法"和"成本效益分析方法研究"进行了阐述。①

　　经济分析方法的系统引入对于经济法的研究有着重要意义。"经济学帝国主义"运动席卷全球,迄今为止,法经济学是经济学向其他社会科学渗透成功诞生的分支学科。尽管法经济学和经济法学具有巨大的差别,但两者之间的联系和共同点是无法割裂的。法经济学实际上就是运用有关经济学理论、方法研究法学理论和具体的法律问题。法经济学的研究主线就是把效率作为法律的基本价值目标和评价标准,立法、执法和司法都要有利于社会资源的配置和社会财富的增值,尽量减少社会成本。法经济学所提出的经济分析研究方法对于我国经济法研究的完善和突破将起到积极作用。同时,我们发现,经济法学和经济学研究具有许多相同点。例如不管将经济法理解为市场规制法还是市场调控法,经济法事实上是国家在特定的权利义务框架下公正配置社会财富和社会资源的规则,经济法包括整个经济立法及司法活动,事实上承担分配稀缺资源主要是经济资源的任务,而经济学以研究如何有效配置资源为主要研究目的,"凡是以多种用途为特征的资源稀缺情况下产生的资源分配与选择问题均可以纳入经济学的范围,均可以用经济分析加以研究"。因此,经济学的研究方法,特别是作为经济学和法学结合的法经济学的研究方法,应该可以引入经济法的研究中。

　　第一,经济分析方法的应用,可以为经济法研究提供全新的研究视角和方法。"作为一种统一的方法,与其他学科比较,具有明确而简练的假设、一套统一的方法和严密的逻辑推理等优点。运用这种方法,可以清楚地了解到某一因素变动时,别的因素是如何变的,向哪个方向变,变多少。这种严密性主要来自于系统运用数学和规定许多基本假定。"② 当前,经济法学发展目前面临许多困难和挑战,例如学者们对经济法的性质、研究对象,责任形式等很多方面存在分歧,经济分析方法的运用将可以提供新的研究视角和方法,对我国经济法理论研究,对社会主义市场经济法律制度的构建以及司法实践都起到积极的推进作用。在经济法研究中,利用成本—效益的经济分析方法,可以使经济立法更具科学性和可操作性。经济法是市场调节法,如何使个人、群体、国家等不同利益主体在经济活动过程实现利益最大化,整个经济活动富有效率,就需要利用成本—效益等分析框架,通过立法,促使各市场主体降低成本,实现整个社会经济运转的最优。

---

　　① 张守文:《经济法理论的重构》,第五章为博弈分析方法研究,第六章为本益分析方法研究,人民教育出版社2004年版。

　　② 朱国宏主编:《经济学视野里的社会现象》,四川人民出版社1998年版,第15页。

第二，经济分析方法的应用，可以在经济法研究中确立个人主义方法论原则。在法学研究中，一直存在整体主义方法论和个人主义方法论之说，整体主义方法论强调社会科学的研究应该以集团、民族、阶段、社会等整体的活动作为研究对象，而个人主义方法论则强调对于社会现象包括集体，应该按照个体及其活动与关系来分析研究。与自由主义法学传统相类似，经济分析之是以个人主义为逻辑起点，这使得经济分析方法与传统的自由主义法学产生一定程度共鸣之处。尊重个人自由，认可价值选择的多元化，是经济分析基本假定即理性经济人的效用最大化的基本要求。而在传统的经济法研究中，过多的强调整体利益、国家利益，甚至在经济立法中出现对个人经济权利剥夺的现象，这事实上影响到社会主义市场经济体制的建设及和谐社会的营造，而承认个人主义方法论原则可以在一定程度上扭转这一现象。

第三，经济分析方法的应用，有利于经济法理论的解释、批判和重构。经济法的经济分析并不是将经济法理论与经济学原理和方法进行简单的整合，而是将经济法理论、经济法律制度纳入经济学的参考系，深入剖析其内在的经济逻辑，并揭示其创新、变革的经济理由。最终目标是将整个经济法律制度、原则以及经济法理论理解成一个促进社会繁荣，社会财富最大化的科学体系。

对于如何运用经济分析进行法学研究，学者所持观点不尽相同，有学者认为，经济分析应包括三个方面："一是运用经济学观点分析规则的形成；二是具体分析法律的效益或分配效应；三是运用交易成本寻求包含各种交易的法律程序的抽象模式。"① 也有学者认为，经济分析方法首先包含两个基本假定，第一，假定个人是理性地追求其最大功利化的利己主义者。第二，假定社会环境是完全竞争的市场，在此条件下，行为人都追求以最少的成本获得最大的效益，从而实现个人利益的最大化。因此，效益原则是经济分析最为基本和最主要的原则，进一步来说，经济分析就是利用边际分析方法论述法律在促进效益的结果过程中的作用。②

总体来看，上述观点都有合理之处，只是侧重点不同和表述方式不同。笔者认为，经济分析方法包括两个方面的内容：

首先，经济分析体现了经济学的基本原则，不同经济学家对经济分析的基本原则理解是不同的。亚当·斯密发现了"经济人"的秘密，以利己主义的经济人作为经济分析的基本前提，并将人类的经济活动看成人类其他一切活动

---

① 张乃根：《经济分析法学》，上海三联书店1995年版，第10~11页。
② 参见吕世伦、文正邦主编：《法哲学论》，中国人民大学出版社1999年版，第733~735页。

的基础,要求分析社会和政治问题都应该从经济根源出发。马克思则以阶级和阶级利益为经济分析逻辑起点。以布坎南为代表的公共选择学派则将经济分析方法归结为三个要素,即个人主义、经济理性、交易政治。加里·贝克尔则将经济分析限定为由经济人、市场均衡、偏好稳定三个假定有机构成;新制度经济学的理论提出了三大命题:第一,斯密定理:自愿交换对于所有的个人都是互利的。第二,科斯定理:当交易成本为零并且个人合作行动时,法律权利的任何配置方式都是有效率的。第三,波斯纳定理:如果市场交易成本过高而抑制交易,那么,权利应赋予那些最珍视它们的人。西方法经济学则以这三个命题为核心,对法律现象进行分析。

其次,经济分析方法是一个以一般社会科学研究方法为基础,集中了经济学研究方法的方法体系。经济分析过程既有规范分析,也有实证分析。经济分析具体工作包括成本—收益分析方法、博弈分析方法、替代分析方法、边际分析方法、均衡分析方法等。

运用经济分析方法进行经济法研究,应当认识到该方法的局限性。① 其一,经济分析方法过分强调效益原则或利益最大化原则是和经济法基本价值是背离的。例如,"财富最大化隐含了如果可以通过奴役社会中最少生产力的公民而推进社会繁荣,那么牺牲他们的自由就是值得的。但这种意蕴与美国人无法动摇的道德直觉是对立的"。② 经济法的研究不仅需要突出效率,但效率与公平是相辅相成的,没有公平的效率不是经济法追求的目标。其二,经济分析方法忽视非理性行为的存在也是严重不足的,在经济法现象中,政府的行为,市场主体的行为并不是一直都很有理性的,但不管行为本身是否具有理性,都需要经济法去调整。这些问题都是我们运用经济分析方法时需要注意的问题。

---

① 陶广峰:《经济法学》,中国检察出版社2007年版,第4~5页。
② [美]波斯纳:《法理学问题》,苏力译,中国政法大学出版社2000年版,第470页。

第三编　经济法价值论

第七章 经济法价值理论

第一节 经济法价值释义

一、法的价值与经济法价值

法律是否内蕴着一定的价值以及内蕴着什么价值,是西方法学研究中一个历久弥新的主题。在西方,"法律史的各个经典时期,无论在古代和近代世界里,对价值准则的论证、批判和合乎逻辑的适用,都曾是法学家们的主要活动"。①

对于法的价值,法学家们从未停止或中断过对它的探求。因为"价值问题虽然是一个困难的问题,它是法律科学所不能回避的"。②"任何值得被称之为法律制度的制度,必须关注某些超越特定社会结构和经济结构相对性的基本价值。在这些价值中,较为重要的有自由、安全和平等……一种完全无视或根本忽视上述基本价值中任何一个价值或多个价值的社会秩序,不能被认为是一种真正的法律秩序。"③《西方社会的法律价值》一书也指出:"作为法律的首要目的,恰是秩序、公平和个人自由这三个基本的价值。"④查士丁尼在《法学总论——法学阶梯》开篇第一句话就是"正义是给予每个人他应得的部分

---

① [美]庞德:《通过法律的社会控制——法律的任务》,沈宗灵、董世忠译,商务印书馆1984年版,第55页。
② [美]庞德:《通过法律的社会控制——法律的任务》,沈宗灵、董世忠译,商务印书馆1984年版,第55页。
③ [美]博登海默:《法理学:法律哲学与法律方法》,邓正来译,中国政法大学出版社1999年版,作者致中文版前言。
④ [美]彼德·斯坦、约翰·香德:《西方社会的法律价值》,王献平译,中国人民公安大学出版社1989年版,第3页。

的这种坚定而恒久的愿望",并指出"法律的基本原则是:为人诚实,不损害别人,给予每个人他应得的部分"。①就法律而言,法律作为调控社会生活的行为规范,对人们的行为起着允许或禁止的指引作用,以及赞同或谴责的评价作用。这些作用的发挥,必须基于一定的标准或准则作为支撑。而对这些标准或准则的抽象概括,就是内蕴于法律规范中的基本价值。因此,法律基本上是关于各种价值的讨论,所有其他都是技术问题。相应地,法哲学的内容分为两个部分:关于法律价值的讨论和关于法律技术问题的讨论。显而易见,前一部分是基本的方面,后一部分是从属的方面。②但是,"就当代中国法学理论而论,法的价值,或法律价值,是20世纪80年代从有些西方法学作品中引进的一个概念"。③长期以来,"缺乏对于价值的正确认识,是我国立法的一个重大问题,也是制约我国立法发展的重要因素"。④不过,由于法的价值在法的运行中的重要意义,法的价值研究,这一法学研究中不容回避和忽视的重要问题,不可避免地要成为中国法学研究的重要课题。近些年来,首先是在法理学、法哲学的研究中,重视法的价值的研究、分析和探讨,已经成为法理学界的潮流之一。继之,在具体的部门法领域,研究和分析法的价值在部门法中的设定和运行的学者也不断出现并取得了相当显著的研究成果。例如,对宪法、刑法、民法、诉讼法等法律部门的价值研究,对我国的立法、执法和司法活动产生了极其重要的作用。相应地,对经济法价值的研究,无疑也是经济法学研究的重要课题。

　　法的价值是什么,学者们有着不同的理解。由于"价值"是一个相当含混的词,学者们往往基于不同的需要,在不同的语境中使用,把之等同于"意义""作用""功能"等。然而,法律的价值不能仅仅等同于法律的作用和功能。法律的作用和功能只是法律价值实现的外在结果而已。沈宗灵认为,从字面上讲,法的价值可能存在三种不同的含义:一是指法促进哪些价值;二是指法本身有哪些价值;三是指在不同类价值之间或同类价值之间发生矛盾时,法依据什么标准来对他们进行评价。⑤ 美国法学家庞德在其法理学中认为,在法律调整或安排背后,"总有对各种互相冲突和互相重叠的利益进行评

---

① [罗马]查士丁尼:《法学总论——法学阶梯》,张企泰译,商务印书馆1989年版,第5页。
② 吕世伦:《西方法律思想源流论》,中国人民公安大学出版社1993年版,第232页。
③ 沈宗灵:《法理学》,高等教育出版社1994年版,第46页。
④ 卓泽渊:《法的价值总论》,人民出版社2001年版,第1页。
⑤ 沈宗灵:《法理学》,高等教育出版社1994年版,第46页。

价的某种准则"。①日本学者川岛武宜认为:"大体在任何一个社会中,都存在赋予人们的行为以动机的特定的'价值'(或基准、或社会价值)……人们的行为总是支持或共有着在该社会中处于支配地位的价值,并由该价值获得行为的动机。而在各种社会领域、社会集团、阶级等层次中,各种价值相互关联并形成为一定的体系('价值体系')。在这些价值中,法律所保障的或值得法律保障的(存在着这种必要性)价值,我们将其称为'法的价值'……各种法律价值的总体,又被抽象为所谓的'正义'。"②尽管正义有着一张普洛透斯的脸,但法与正义的关系问题始终是古今中外法学中一个永不消失的主题。人类社会尽管对正义有无数不同的解释,但普遍认为这是一个崇高的价值、理想和目标。③英国《牛津法律大辞典》在解释"价值观"时,并没有给出法的价值的定义,而是具体列举了价值应包括的内容,"价值因素包括:国家安全、公民的自由,共同的或者公共的利益,财产权利的坚持,法律面前的平等、公平,道德标准的维护等。另外还有一些次要的价值,如便利、统一、实用性等"。④有些学者还对法律价值进行了种种分类,如分为法的工具性价值和目的性价值,法的正价值和法的负价值,法的政治价值、经济价值、文化价值、科学价值和道德价值,法的潜在价值和法的现实价值,如此等等。马克思在批判德国庸俗资产阶级政治经济学家瓦格纳时曾经指出,"价值"这个普遍的概念是从人们对待满足他们需要的外界物的关系中产生的。⑤人们对法的需要是为了满足在社会生活中追求正义的需求。正义作为法律价值是一个总括,其具体表现为:自由、公平、秩序、效率、安全等。法律价值之间相互联系,共存于调整社会生活的法律规范之中。当然,在社会生活中,这些法律价值之间在实现时不可避免的存在矛盾和冲突的情形。也就是说,这些法律价值是对立统一的关系,在相互联系和相互冲突中形成法律价值系统。

经济法是社会发展到一定阶段法律演进的产物,体现了人们对国家调控社会经济生活的需要。由于社会经济生活相当复杂且极具变动性,国家的经济政策也具有灵活变动的特点,经济法是国家经济政策的法律表现。因而与其他法律部门相比较,经济法也具有更为显著的变动性特点。所以,分析经济法的内

---

① [美]庞德:《通过法律的社会控制——法律的任务》,沈宗灵、董世忠译,商务印书馆1984年版,第55页。
② [日]川岛武宜:《现代化与法》,王志安等译,中国政法大学出版社1994年版,第246页。
③ 沈宗灵:《法理学》,高等教育出版社1994年版,第47页。
④ [英]戴维·M.沃克:《牛津法律大辞典》,光明日报出版社1988年版,第920页。
⑤ 参见《马克思恩格斯全集》(第19卷),人民出版社1963年版,第406页。

在特质——经济法价值尤具有相当重要的意义。当然,经济法作为法律部门之一,其价值是法律价值在经济法中的具体设定和体现。经济法价值也包括自由、公平、秩序、效率、安全等。但是,这些法律价值在经济法中的具体设定和体现既不应当是极其抽象的,也与其他部门法的具体价值设定和体现存在差异。正如经济法是社会发展的产物、法律演进的结果,经济法价值也是社会发展到一定阶段人们对法律的新需求。分析经济法价值应当考察法律价值的演进过程。

二、法的价值的演进与经济法价值的产生

假如存在一个充满爱的社会,人与人之间能够和谐相处,彼此之间不存在争端和冲突,那么这是一个不需要法律的社会。然而,在人类社会的演进过程中,社会矛盾和冲突却到处存在。人类为了自身和群体的生存与发展,调整社会生活的规则就成为必不可少的了。法律作为这些规则的一部分,其作用在于为人们规定行为的标准,使遵守规则的人能够得到规则的保护。

历经奴隶社会、封建社会,至资产阶级革命前夜,古典自然法学家们在继承先贤们思想的基础上,通过假设庄严提出法律应具有自由、秩序、平等、公平、安全等基本价值,并得到现代社会的普遍认可。梅因在评价自然法理论时指出:"这个理论在哲学上虽然有缺陷,我们却不能因此而忽视其对于人类的重要性。真的,如果自然法没有成为古代世界中一种普遍的信念,这就很难说思想的历史,因此也就是人类的历史,究竟会朝哪个方向发展了。"①

伴随着资本主义生产方式的成熟和资产阶级革命的胜利,保障公民政治权利的资本主义制度在西方国家全面确立。封建制度施加在人们身上的种种限制和以身份为特征的不平等被取消,自由、平等成为时代的主题。这种价值观在国家与社会经济生活关系方面的影响,促进了经济法价值的产生。

资本主义国家建立之初,在法律价值观上秉承自然法学说,认为人生来平等,享有各种自由和权利,包括经济自由和财产权利。人们通过契约组成国家,目的在于人们的自由和平等能够通过国家而得到保障。因此,在资本主义的上升时期,经济自由主义成为国家和社会经济生活关系的主导价值。以亚当·斯密为代表的古典经济自由主义者沿袭了所谓自然秩序的哲学观念,提出了符合生活常识且无须求证的"经济人"假说,建立在此前提上的经济自由主义学说认为:从个人的自利本性出发,受"利己心"支配的每一个人在追求个人利益时,为避免别人伤害自己的利益,就不能不考虑别人的利益,于是

---

① [英]梅因:《古代法》,沈景一译,商务印书馆1959年版,第43页。

第三编 经济法价值论

在人与人之间就产生了一致的共同利益。即自利之人在"无形之手"的指引下，通过完全的自由竞争，最终实现经济的有效、协调发展。在这种自然秩序下，政府理应奉行不干预主义，政府的角色就是充当自由经营的"守夜人"，以"管得最少的政府才是最好的政府"为其行为宗旨，成为当时西方经济政策的基本纲领。与此相适应，"法律应该让人民自己照应各自的利益。人民是当事人，定然比立法者更能了解自己的利益"。① 亚当·斯密于1776年出版了《国民财富的性质和原因的研究》一书，为经济自由主义思想准备了一个坚实而完备的理论体系。其理论背景是，在1748—1758年，英、法、德等国的学者与名流曾开展了关于国际经济运行与平衡机制的讨论。第一次提出了一个问题，即是否有这样的"自然的"过程，在这种过程中，国家经济会自然而然地保持平衡，如果平衡被打乱，不需要政府的广泛或有步骤的干预即可自行恢复；如果有这样的"自然的"过程，它又是如何起作用的。讨论的焦点集中于对经济自由主义抑或国家干预主义政策的评价和取舍的问题。因此这场讨论是反对抑或赞同重商主义和原始国家干预主义的论战。虽然论战的结果无论在经济政策还是经济思想上，是以早期经济自由主义者的败北而告终，但因其以英国资产阶级的日益强大、资本主义生产方式日益巩固和英国世界霸主地位的巩固为原动力，经济自由主义思潮毕竟不可遏止地为自己开拓前进的道路。

机缘巧合，英国功利主义者边沁的《政府片论》也发表于1776年。尽管受当时的主流价值观的影响，边沁也偏爱经济自由主义，但在其观点中，法律控制的主要目的并不是自由，而是安全和平等。边沁认为，"自然把人类置于两个主公——快乐与痛苦——的主宰之下。只有它们才指示我们应当干什么，决定我们将要干什么。是非标准，因果联系，俱由其定夺"。② 政府的职责就是通过避苦求乐来增进社会的幸福。"最大多数人的最大幸福乃是判断是非的标准。"③ 边沁认为，立法者要想保障社会的幸福，就必须努力达致四个目标：保证公民的生计（口粮）、富裕、平等和安全。他指出："法律的所有功能可以被归结在这四项之下：提供生计、产生富裕、促进平等、保证安

---

① ［英］亚当·斯密：《国民财富的性质和原因的研究》，郭大力、王亚南译，商务印书馆1972年版，第102页。
② ［英］边沁：《道德与立法原理导论》，殷弘译，商务印书馆2000年版，第57页。
③ ［英］边沁：《政府片论》，沈叔平等译，商务印书馆1995年版，第96页。

全。"① 其中安全是主要的和基本的目标。尽管在他看来，自由是安全的一个非常重要的组成部分，但是在有些时候，自由也必须服从对一般安全的考虑，因为，如果不牺牲自由，就无法制定法律。② 仅次于安全的目标，边沁认为是平等。他坚持认为，只要平等不侵扰安全、不阻挠对法律本身所产生的预期的实现、不扰乱业已确立的秩序，就应当提倡平等。③ 虽然边沁主张的是一种个人主义的功利观，但是，边沁的最大幸福原则既可以为主张自由放任主义的人所采用，也可以为拥护福利国家的人所采用。因此，他的理论同时也就为国家干预和社会改革打开了方便之门。

在近代西方社会，个人与社会的关系一直是价值哲学研究的主题。古典自然法强调个人自由，反对国家对个人自由的限制。这种强调个体本位的价值观，在西方国家资本主义社会形成之初发挥了巨大的作用。就经济生活而言，提倡个人自由和个性解放，强调保护个体利益，从微观领域来说，有利于发挥广大民众生产经营积极性，搞活经济；从宏观上说，也有利于整个社会经济的繁荣和发展。④ 然而，19世纪中叶，西方资本主义国家进入垄断阶段，垄断带来的一系列问题都是自由主义无法避免和难以解决的。因此，日益突出的社会问题和日益加剧的社会矛盾，促进西方人的价值观念发生了由以个人为本位到以社会为本位的转向，由此也引起了法律社会化的运动。在18世纪，得到人们普遍承认的国家的目的，除了维护社会内部公共秩序和抵御外来侵略之外，就没有什么更多的内容了。⑤ 而到19世纪末期，为了减缓经济危机及减轻其所带来的后果，为了减小社会震荡和缓和因贫富悬殊所产生的冲突和矛盾，西方国家开始干预经济和进行一系列改善劳动条件、增进社会福利的立法。

19世纪功利主义法学的个人功利主义思想认为社会幸福是个人幸福的总和，因此法律应保障最大多数人的最大幸福。耶林批判地修正了这种个人功利主义，主张把个人目的和社会目的结合起来，认为个人只有通过法律来保障他在社会中法律许可的利益。耶林认为，既然法律的目的首先是社会利益而不是

---

① ［英］边沁：《立法理论》，丁露等译，中国人民公安大学出版社2004年版，第120页。

② ［英］边沁：《立法理论》，丁露等译，中国人民公安大学出版社2004年版，第123页。

③ ［英］边沁：《立法理论》，丁露等译，中国人民公安大学出版社2004年版，第123页。

④ 漆多俊：《经济法基础理论》（第三版），武汉大学出版社2000年版，第29页。

⑤ ［英］彼德·斯坦、约翰·香德：《西方社会的法律价值》，王献平译，中国人民公安大学出版社1989年版，第176页。

个人利益,那么,实现社会利益就成为法律的目的和生命所系。因此,他把法律定义为国家通过外部强制手段保证其实现的社会目的的总和。1872 年,耶林发表了《法律目的论》一书,在其中表达了其关于法律目的的基本观点,即法律的目的是社会利益,法律是人类有意识地创造的以达到一定目的即社会利益的手段。这标志着西方法学一个新的且后来的事实证明是日趋重要的法学流派——社会法学派——的诞生。以社会利益为核心,西方国家(或政府)开始运用各种手段(包括法律手段)干预社会经济生活,并且其干预的广度和深度不断加大,大量而重要的规范政府干预经济生活的法律规范随之不断产生,法律价值的内涵得以重新阐释。这种内蕴于规范政府干预社会经济生活的法律规范——经济法——之中并得以重新阐释的包括自由、秩序、公平、效率、安全等基本价值,就是经济法价值的具体表现。

第二节 经济法价值的社会基础

在法学研究中很容易产生这样一种思维方式,即试图区分法律价值和法律规范出现的先后顺序,并以此为根据探讨法律规范或法律规范背后的价值基础。然而,辩证地看,法律规范和法律价值是密切联系的一个整体,不存在孰先孰后的问题。经济法价值也是这样。但是,法律规范和法律价值的产生,则是在其相应的社会基础形成之后。因此,研究经济法的价值,理应对其产生和存在的社会基础进行分析。经济法价值形成的社会基础,包括经济基础、政治基础和价值观基础。

一、经济法价值的经济基础

由于人们的生产方式、生活方式以及价值观念的形成是受既定的物质生活条件制约的,同时,一定历史时期的法律制度的制定和实施也不可能超越人们所处的物质生活条件,因此,内蕴于一定历史阶段的法律制度中的法律价值的设定和实现也要受该历史阶段所能提供的物质生活条件的制约。经济因素是法律价值设定和实现的内在根据。恩格斯指出:"正像达尔文发现有机界的发展规律一样,马克思发现了人类历史的发展规律……直接的物质生活资料的生产,是人类历史发展的前提。因而一个民族或一个时代的一定的经济发展阶段,便构成为基础,人们的国家制度、法的观点、艺术以至宗教观念,就是从这个基础上发展起来的,因而,也必须由这个基础来解释,而不是像过去那样做的相反。"① 因此，法律价值的形成有赖于一定的社会经济基础。自由、公平、秩序、效率、安全等价值需求是随着社会经济的发展逐渐被引入法律制度之中而成为法律价值的。经济法价值在经济法中的设定及其实现也离不开特定的社会经济发展状况。

从西方国家经济法产生和发展的历史来看，经济法价值的形成和存在的社会经济基础，是经济发展到一定程度，生产的社会化程度加深，经济集中的出现，以及相伴而来的具有不同价值追求的利益群体的产生。

在前资本主义时期，由于社会生产力水平低下，生产的社会化程度不高，社会经济领域中存在的大多是离散式的生产个体，维系这些离散个体的组织是手工工会或行业协会。社会经济形态表现为自给自足的自然经济，商品经济虽然存在，但并不发达。然而，产业革命的爆发，极大地提高了劳动效率，也促进了社会生产力的飞速发展，社会经济形态从自然经济阶段过渡到商品经济阶段，社会化大生产成为经济发展的必然要求。西欧各民族国家15世纪至18世纪的重商主义政策，加速了资本的原始积累，促进了以效率为固有特征的资本主义生产方式的成熟。资产阶级革命的胜利，摧毁了阻碍资本主义生产方式运行的种种障碍，为资本主义生产方式的顺利运行提供政治上的保障。因此，为满足资本主义生产的本质要求，以自由竞争为价值取向的法律制度在西欧资本主义各民族国家普遍确立。这种价值哲学提倡运用市场自发的力量调节社会经济的运行，不赞成国家（政府）对经济生活进行过多的干预。以自由竞争为主导价值的这一资本主义时期即自由资本主义阶段。

然而，以效率为基本评判标准的竞争，虽然促进了社会经济的飞速发展和社会生产力水平的极大提高，但是也促进了竞争的必然结果——经济集中——的产生。② 经济集中的典型表现就是企业的出现及其飞速壮大和发展。而经济集中的出现，使原有的价值判断标准失去了其本应具有的意义。如获得巨大竞争优势的经济组织往往会基于"自由"而滥用其竞争优势，试图控制整个市场的商品产量，垄断商品的价格，限制竞争或进行不正当竞争，从而使价值规律和市场调节机制失灵。相应地，经济集中的出现，原有的自由、秩序、公平、效率、安全等价值的经济基础被动摇，以自由主义和个人权利本位为特征的资本主义民法的三大基本原则——财产所有权绝对、契约自由和过错责任——被修正。

---

① 《马克思恩格斯全集》（第3卷），人民出版社1972年版，第31页。

② 有相当多的学者认为，竞争导致的结果是垄断。实际上，竞争导致的结果是经济集中，垄断只是经济集中的一个阶段。

生产的进一步社会化,使个人利益和社会利益的冲突和矛盾加剧,基于共同利益诉求的社会利益群体或利益集团开始形成,这些利益集团在经济方面对国家提出了许多新要求,要求国家通过干预社会经济生活来维护其集团利益。如劳工组织和消费者组织等。与自由竞争的资本主义时期不同,现在人们要求国家为其做更多的事情。国家不应仅仅保证公民享有最起码的生存条件,它还应当以提供福利设施、防止压榨个人资源,防止破坏社会整体利益等,来提高人们的生活质量。与自由资本主义时期不同,人们要求国家所做的事情越多,对个人自由的限制也就越大。

经济危机的频繁爆发且对社会经济生活的破坏也越来越严重,客观上也要求国家必须寻找减小经济危机爆发的频度和减轻经济危机的危害程度的切实可靠的办法,即由此国家被赋予一种干预社会经济生活的新职能。

社会经济发展的新形态,要求对原有的自由、秩序、公平、效率、安全等价值进行重新阐释,由此,伴随着资本主义国家危机对策法、战时经济控制法和公平竞争法等大量国家干预社会经济生活的法律规范的陆续出台,一种新的与这种以经济集中为具体表现的经济形态相适应的价值体系——经济法价值体系——产生。因此,生产的进一步社会化和经济集中的出现,是经济法价值的社会经济基础。

二、经济法价值的政治基础

资本主义国家是在摧毁了以封建特权为特征的封建等级制度的基础上建立起来的,民主政治是资本主义政治制度的基石和基本价值观。民主的基本含义是人民的权力或多数人的统治,至现代通常指与专制相对立而由多数人实施统治的一种国家制度。列宁指出:"民主是一种国家形式,一种国家形态。"①"民主就是承认少数服从多数的国家,即一个阶级对另一个阶级、一部分居民对另一部分居民有系统地使用暴力的组织。"②"民主意味着在形式上承认公民一律平等,承认大家都有决定国家制度和管理国家的平等权利。"③ 在自由资本主义时期,虽然在社会经济领域已经存在了经济集中的趋势,但这种经济集中并没有达到挑战民主制度的程度。虽然此时的经济集中也曾对民主政治的运行施加了一定的影响,但并没有危及民主政治的运行。资本主义的法律制度,主要表现为维护自由竞争的外部环境,对竞争本身一般并不进行干预。

---

① 《列宁全集》(第三卷),人民出版社1992年版,第257页。
② 《列宁全集》(第三卷),人民出版社1992年版,第241页。
③ 《列宁全集》(第三卷),人民出版社1992年版,第257页。

然而，经济集中是以效率为主要特征的资本主义经济发展的必然趋势。随着竞争的不断进行，经济集中也在同步发展。在竞争中获得优势的力量强大的经济组织自然提出政治上保护其竞争成果的要求。与此同时，在竞争中处于弱势的力量较小的经济组织和个人，由于其自由和权利受到市场上强势主体的侵害，也在政治上提出限制强势主体的经济强权，保护自己合法权利的主张。因此，在资本主义进入垄断阶段之后，要求维护经济集中的主张和要求限制经济集中的主张随着社会经济的发展而在政治上日益对立，且其矛盾日趋尖锐。由于经济集中的出现，在社会经济领域，对经济资源的占有呈现一种倒置状态，即为数较少的经济主体占有着较多的经济资源，而为数众多的经济主体却占有着较少的经济资源。[①] 由于民主机制的存在与运行，不同利益诉求的利益集团为维护本集团的利益而相互博弈，影响着国家对社会经济生活干预的宽严程度。

从客观上看，经济集中的进一步发展，势必会破坏政治民主，或者使民主机制异化为强势利益集团的附属工具。但从主观上看，民主被认为是资本主义社会政治制度的基石，民主机制不容许遭到强势利益集团的肆意扭曲。因此，民主与经济集中实际上是一对矛盾，二者相互影响，既对立又统一。

正是由于民主机制的存在和运行，在社会经济领域，不同利益追求的利益集团之间才有了对话和博弈的政治基础，经济上的专制才有可能受到国家的干预。就此而言，政治民主作为限制由经济集中和利益集团所带来的经济专制，发挥了极其重要的作用，是经济法价值的政治基础。

三、经济法价值的价值观基础

价值观是指人们关于自身需要以及在存在多种需要时如何确定需要优先次序的思想观念。在任何社会形态中，作为社会组成部分的人都存在着与其自身历史条件相一致的价值需求，关于这种价值需求的认识和观念即为人的价值观。在一个社会中，由于组成社会的人在经济条件、政治地位、知识体系以及身体的胜利状况等方面存在着种种差异，因此，人与人之间价值观的差异是客观存在的。这种价值观差异必然导致人们在进行价值追求时相互冲突。价值观差异既有可能是区别较小的价值观之间的差异，也有可能是根本对立的价值观之间的差异。因此，在价值冲突的过程中，价值观相同、相近或相似的人们往往会形成价值观共同体，与其他与之相对立的价值观相抗衡。法律就是通过确

---

① 例如，根据资料显示，美国20%的人占有着80%的财富，而80%的人却仅仅占有着20%的财富。

定社会行为的标准和准则，作为在价值冲突时进行价值选择的一种方式而存在的。而法律价值观是指人们对法律应该以什么价值作为其核心标准，并在法律价值相互冲突时如何选择的思想观念。

垄断资本主义阶段，经济集中的不断加剧和生产社会化程度的不断加深，自由竞争阶段的以个人本位为核心的价值观逐渐被以社会本位为核心的价值观所取代。这种新的价值观强调人的社会责任，提倡国家应为解决社会问题而干预社会经济生活。这种新的价值观体现在法律上，就是要求国家以法律形式干预经济的运行。而这是传统的法律价值观即使是经过修正也无法适应的。在资本主义进入垄断阶段时期的一系列关于国家干预经济的立法说明，这种内蕴于国家干预经济的法律规范的法律价值是一种新的法律价值形态。这些法律价值虽然与原有的法律价值在形式上相同或有很多相似之处，但其内容显然不同，其主导观念形态更是存在本质性的差异。这种关注社会整体经济运行状况甚于个体经济运行状况的价值观，就是经济法价值的价值观基础。

第三节 经济法价值的表现形式

法律价值作为法的核心内容，是通过法的外部规范形式表现出来的。在法的制定过程中，立法目的的确定或立法理由说明、法律基本原则的概括、为保证法律通过而作出的必要的妥协以及具体规则的斟酌都涉及法律价值问题。在法的实施过程中，基于法律问题而产生的争议、法官对法律规范的选择、为使抽象规范应用于具体案件而作出的解释以及随之形成的具有法律约束力的判决也都属于法律价值问题。在法学研究中，学者对于法律的应然状况所进行的科学分析、对实施中的法律价值所进行的科学评价以及为促进法律的进一步发展所进行的合乎逻辑的法律制度的建构，也往往与法律价值问题有关。因此，法律价值主要表现在以上三个方面，其表现形式包括法律立法目的或理由、法律基本原则、法律规范、法律选择适用、法律解释、法院判决和法学理论分析。同样，经济法价值的表现形式也包括上述几个方面。

一、立法目的

立法是指法的制定活动，即拥有立法权的国家机关在其法定的职权范围内，依照法定程序，制定、修改、补充和废止规范性法律文件的活动。在一定社会的特定阶段，社会中存在的价值观念多种多样，立法是把人们认可和确认的价值内嵌入法律之中从而作为人们活动的行为准则的重要环节。从社会结构分析，法的形成最终是由经济基础以及整个社会发展的客观需要引起和决定的。而社会发展的客观需要可以通过在经济上居于支配地位的阶级的利益表现出来。在经济上居于支配地位的阶级必然会为实现其经济、政治利益而成为统治阶级，并通过立法活动将抽象的法律价值观念转化定型为具体的法律规范，从而使其价值观成为全社会的法律价值观。马克思指出："无论政治的立法或市民的立法，都只是表明和记载经济关系的要求而已。"①

立法目的的确定或立法理由说明，是立法活动中的核心内容。因为立法目的的确定或立法理由说明隐含着直接的价值选择。就反垄断法而言，立法的目的是什么，什么是垄断行为，是否对垄断行为进行规制以及规制垄断行为的理由等，都是需要在制定反垄断法时必须予以充分说明的问题。因为一旦反垄断法得以通过并在社会中实施，所涉及的都是社会中每个个体与之有关的问题。因此，立法并不纯粹是技术性的活动，或者说，技术性活动在立法中并不是最重要的部分。有学者指出："与其说立法是一种专门的技术工作，毋宁说它是一种重大的社会抉择，是关于社会基本价值选择、社会中相互冲突的诸利益协调的重要活动。立法的核心问题就是如何确切地认识和恰当地协调各种利益，以减少利益冲突，促成利益的最大化。"②

经济法立法是制定经济法的活动。经济法立法中立法目的的确定，除了满足社会经济运行对经济法的需要外，还包含着相当多的政策成分。因为经济法作为国家以法律形式干预社会经济生活的法律规范，往往体现着国家特定时期的经济政策，是经济政策的法律化。一部新的经济法律的制定，往往包含着国家的经济政策目标。而国家的经济政策体现着国家基于社会整体经济运行的顺畅所进行的价值选择。因此，经济法的立法目的在经济法立法中尤其重要。立法目的是否科学合理，决定着一部新的经济法律的生命力。由于确立经济法立法目的主要在于澄清经济法的主导价值取向，因此，经济法立法目的是经济法价值的重要表现形式。

二、法律基本原则

在制定法中，法的基本原则是一个相当重要的范畴。按照《布莱克法律词典》的定义，所谓原则，是指"法律的基本真理或准则，一种构成其他规则的基础或根源的总括性原理或准则"。由此可以看出，法律基本原则是一部法律的核心组成部分。法律规范是法律基本原则的展开和具体体现。法律的基

---

① 《马克思恩格斯全集》（第4卷），人民出版社1958年版，第121~122页。
② 朱力宇、李曙光主编：《法理学》，中国人民大学出版社2001年版，第85页。

本原则是在立法中予以概括和凝练出来的。它既是立法目的的概括性说明,又是法律规范的设定准则,以及在法律适用中弥合抽象法律规则与具体社会生活之间的缝隙的桥梁和纽带。而按麦考密克的理解,"法律原则即是规则和价值观念的汇合点"①。可见,法律原则集中体现了法律的基本性质、内容和价值取向。因此,经济法基本原则也是经济法价值的表现形式。

由于社会经济的运行具有很大的灵活性的特点,经济中的问题往往具有时效性,而宏观经济运行尤其如此。因此,在经济法立法中如何确立经济法的基本原则是需要具体研究的。一部经济法中基本原则的确立往往可能涉及不止一项基本法律价值,而且很有可能这些法律价值之间原本就存在着紧张关系。同时,一部经济法的基本原则涉及的基本法律价值有可能与业已生效的其他法律所内蕴的法律价值相矛盾、相冲突。如经济法基本原则所体现的是经济法基本价值,民商法的基本原则所体现的是民商法基本价值,二者的价值取向显然不同。这既是经济法立法中应当首先考虑的,也是经济法执法和经济法司法中所无法回避的问题。但作为一国完整的法律体系的有机组成部分,各法律之间的基本价值应当存在统一的基础。这一基础就是一国的基本价值取向。经济法基本价值就是在一国的基本价值取向的指导下,通过对自由、秩序、公平、效率和安全等法律价值进行的重新阐释和选择,以所谓经济法的基本原则表现出来的。

值得进一步说明的是,当前在中国经济法学的研究中,论述经济法基本原则的文献十分丰富,这些研究从不同角度和运用不同的研究方法对经济法基本原则进行分析、概括和总结,为中国经济法立法中基本原则的确立提供了理论依据。但也应当看出,由于这些研究的视角和思路存在差异,所得出的结论也不尽相同,经济法基本原则究竟应当是什么,尚没有形成学界一致同意的意见。

三、法律规范

立法目的和法律基本原则往往是通过法律规范实现和实施的。法律规范是法律最为直接的表现形式,也是法律与现实社会生活最为接近的部分。一个完整的法律规范在结构上由三个要素构成:假定、处理和制裁。法律规范的假定部分指出适用该法的某种事实状态或条件;法律规范的处理部分是在某种实施状态存在或条件具备的情况下,主体的具体行为模式或权利义务,指明人们可

---

① [英]麦考密克、魏因贝格尔:《制度法论》,周叶谦译,中国政法大学出版社1994年版,第90页。

以做什么、应该做什么、不能做什么,是人们行为的评价标准;而法律规范的制裁部分则是对于违反标准的行为,主体应当承担的法律后果。因此,法律规范是法律中法律价值的最为直接和具体的表现形式。在一部法律中,包含在法律条文中的法律规范,除了少量的技术性规范外,大量的法律规范都包含着法律价值判断的成分。在包含有法律价值判断的法律规范之中,具有更为明确的价值选择作用的形式是命令性规范。命令性法律规范通过"应当"和"禁止"等词语,直接表达了法律价值的基本要求。

经济法设定的法律规范,是关于社会经济生活中与社会整体经济利益有关的行为依据和评判标准。客观地说,人们的日常行为并不能被要求时刻关注整个社会的经济运行状况并与之相适应、相协调,人们往往只关注自身的利益,并以此为中心开展活动。经济法规范的设定有助于人们在法律上调整自身的行为,在法律允许的范围内关注自身的利益。因此,经济法规范的设定,既要反映社会整体经济运行的要求,也要符合社会生活的实际。尤其是经济法规范中带有明确价值判断成分的命令性规范,应当科学、明确,易于理解。如反不正当竞争法禁止不正当竞争行为,就应当对不正当竞争行为本身科学合理地进行界定,指明在什么情况和条件下实施什么行为是法律上明确禁止的不正当竞争行为。又如反垄断法中禁止垄断和限制竞争行为,就应当对垄断行为本身进行法律上的说明。什么是垄断,是否所有的垄断行为都是法律禁止的对象,有无除外规定,若有,什么条件适用法律的除外规定,等等。

四、法律选择适用

一旦法律经由立法程序制定出并生效后,就作为行为准则而具有普遍约束力。人们行为目标的设定、权利义务的履行,以及纠纷的解决都会涉及法律的适用问题。从理论上说,所有立法机关制定的法律都应当得到实施。但是,应对于社会关系的复杂性,运行在社会生活中的法律也相当复杂,调整不同社会关系的法律既有可能在法律价值设定方面是一致的,也有可能是不一致的,甚至是相互冲突的。根据不同的法律处理纠纷,很可能得出不同甚至完全相反的结果。因此,法律的选择适用是法律纠纷解决的重要问题。由于不同的法律设定的法律价值不同,所以,法律的选择适用,从根本上说是一个价值选择的问题。法律的选择适用是法律价值在法律实施中的表现形式。

从形式上说,法律主要表现为判例法和制定法两大类型。在法律适用中,在以判例法为主要法律形式的国家,遵循先例是其传统原则。但是,历史积累下来的判例浩如烟海,针对相同或相似的案件可能有多个判例存在,而且这些判例往往由于社会价值观念的差异,极有可能并不是前后一致的。因此,针对特定的案件如何选择应当遵循的先例,这往往涉及案件的当事人和法官的价值观问题。而在以制定法为主要法律形式的国家,制定法同样是极其丰富的,而且制定法之间也并不一定存在着完全一致的法律价值系统。根据不同需要而制定的法律其价值是不可能完全一样的。因此,在制定法的适用中,如果有两种以上的法律可供选择适用时,如何在反映不同价值需求的法律之间作出选择,也同样是一个价值判断问题。因此,不论是先例的选择适用,还是制定法的选择适用,都是一个法律价值判断的问题。

经济法中所内蕴的法律价值应当包括自由、公平、秩序、效率和安全等,但是,因经济生活的不同要求而制定的经济法显然不可能包容上述价值的全部,或者不可能在一部法律中对所有价值采用同等态度。所以,因不同的目的制定的经济法之间,法律价值难免相互冲突,这就要求在适用经济法时必须进行选择。比如,对经济发展的不同阶段,国家对于经济集中完全可能是两种相反的态度:鼓励或者抑制。反映在法律上,有可能为鼓励经济集中而制定的法律,或为抑制经济集中而制定的法律并存于一国的现行法律体系之中。这就为当事人和法院根据自身的价值观念选择适用法律提供了条件和基础。有一种认为法制应当统一的观点,认为法律之间不应当存在法律价值相互冲突的情形,即使有,也应当通过立法活动而消除,这是值得认真思考的问题。如果社会主体在社会经济生活方面存在着完全一致的基本价值追求,经济法之间法律价值冲突似乎可以通过立法活动而予以消除。但这基本上是一种应然的想象,是不符合社会经济生活实际的。

五、法律解释

判例法、制定法与现实社会生活之间存在的张力,可以借助于法律解释予以缓解。如在判例法适用中,既往判例与现实发生的案件,二者不可能存在完全一致的关联性,即存在着时空上的差异性。把既往的判例运用于现实案件,需要法律解释。而制定法与现实案件之间存在着普遍与特殊的矛盾关系,即法律规范是抽象规则,而现实发生的案件则是具体现实。把制定法规范运用于具体案件,同样需要法律解释发挥作用。无论是判例法还是制定法,法律解释的关键在于对某一具体案件适用某一法律规范所作的说明。这种理由说明,包含着法律价值判断的成分,或者说,主要是一种法律价值的判断与选择过程。因此,法律解释也是法律价值在法律适用中的表现形式之一。

由于社会经济生活变化迅捷,经济法规范与社会经济生活之间的张力,较之于其他法律规范与社会生活要大得多。因此,在经济法规范适用中,法律解释问题尤为重要,且往往存在着法律价值方面的争议。既往的判例较之于现实案件是否已经时过境迁，还是二者之间仍然存在着逻辑上一致的关联性而被适用于当前的案件，这是需要进行价值分析的。在制定法的适用中，一项法律规范是否已经失去其价值而不能适用于现实案件，还是二者之间仍然存在着共同的价值基础而适用于现实案件，同样是一个价值判断过程。如在合议庭审理的案件中，法律并不要求合议庭成员对一项判决必须一致同意，而是允许有不同意见存在。实际上，合议庭出现不同意见的情形往往不是基于对事实的不同认识，而是出于对法律的不同理解。这种不同理解在经济法中表现得尤为明显。比如，什么样的垄断行为是法律允许的，什么样的垄断行为是法律所禁止的，即便法律上有比较清楚的规定，但在具体适用时，仍然可能存在对垄断企业的垄断行为，是否禁止以及如何处理的分歧。虽然法官被要求在处理案件时尽可能不受外界的干扰而作出判决，但法官的判决不可能不受自身价值观念的影响。美国最高法院在 20 世纪对于政府干预经济生活的态度，发生过很大的变化，这种变化既有社会经济发展方面的原因，也有最高法院的法官们本身价值观念的原因。

由于一项经济法规范应用于具体案件的过程中，法官对法律的解释起着相当大的作用，因此，法律解释也是经济法价值的表现形式之一。研究和分析经济法价值问题，理应关注不同时期、不同社会条件下，经济法规范适用于具体案件时法律的解释过程。

第八章　经济法价值系统

以往关于法律价值的理论研究表明，似乎应当由一种法律价值成为法律的主导价值，而其他法律价值相应地处于从属地位，受其制约和影响，甚至不考虑其他价值的存在。这种思路同样扩散到对经济法价值的研究中。在自由、秩序、公平、效率和安全等法律价值中，选择其中一种作为经济法的基本价值的观点相当普遍，虽然他们强调的内容可能并不相同。实际上，作为法律价值演进的结果，经济法价值已经不再抽象地强调某一种价值的优先性，而是把各种法律价值融入一个价值系统之中。只有当这一价值系统与社会生活实际相接触时，作为各种经济法价值之间相互影响和相互博弈的结果，才有可能产生某一种经济法价值的优先性问题。因此，经济法价值本身是一个系统，作为系统的要素，包括自由、秩序、公平、效率和安全等内容。本章主要通过分析经济法价值系统中每一个要素的演进过程，揭示其在经济法中的独特内涵。

第一节　经济法价值系统概说

一、经济法价值的多元性

法律价值的演进包括两个方面的内容：质的演变和量的演变。法律价值的演进过程，既是某一法律价值，基于社会发展的客观要求和人们的主观需要，在内容上不断演变的过程，也是随着人们需要的不断增加，法律价值量的增加过程。在社会的发展过程中，某一法律价值的内涵总是在不断变化的，这种变化是通过法律制定过程中对其内涵的重新界定和法律实施过程中对其内涵的重新解释实现的。而在法律适用过程中，在法律价值之间相互冲突的情况下，对法律价值之间的相互关系所作的重新界定，也是法律价值演进的表现。譬如法律的自由价值，从以身份为基础的自由到以契约为基础的自由，从政治自由到经济自由，从绝对自由到相对自由，揭示了自由这一法律价值在不断变迁的历史条件下基于人们对自由的现实需要而具有的不同内涵。而随着社会的不断发展，客观物质条件同样使人们的需要增加成为可能，以不同的价值观念和物质条件为基础，人们产生了不同的利益需求，反映在法律上，就是法律价值的数量或要素在不断地增加。自由、秩序、公平、效率和安全等需求相继进入法律之中，成为法律的价值。其结果，使绝对的法律价值成为相对的法律价值。也就是说，在考虑某一法律价值的设定和实现时，必须相应地考虑它与其他法律价值的相互关系。各种法律价值在相互联系和相互制约中形成一个法律价值系统。此即为法律价值的多元性。

虽然有学者根据国家干预社会经济生活的早期历史，认为经济法在古代社会中即已产生，但这一看法并未得到大多数的研究者的同意。普遍的观点认为，经济法是社会发展到现代阶段才产生和发展起来的。法律产生于人们的现实需要。经济法也是基于人们的现实需要而产生的。也就是说，社会发展到一定阶段，由于人们需要的变化而使法律价值发生了相应的变化，从而产生了新的法律价值需求，把这种新的法律价值需求设定在法律中，形成了新的法律价值。其中之一，就是经济法价值。因此，经济法是随着经济法价值被设定在法律之中而产生的。以往的经济法历史渊源的考证，总是把目光投向经济法概念的出现或者经济法理论的形成，忽视了经济法产生与经济法学产生二者之间的差别。以经济法价值来衡量，人类社会早期体现国家干预的法律规范虽然具有现代经济法的某些形式特征，但由于缺乏经济法价值这一实质特征而不能被认为是经济法的早期渊源。由于经济法概念、经济法理论的形成晚于经济法价值，所以以此来界定经济法的产生是不科学的。经济法价值产生的基础是现代社会经济集中和民主政治之间的内在矛盾。在这一矛盾作用下，自由、秩序、公平、效率和安全等法律价值都获得了新的解释。也就是说，这些法律价值可以作为国家为处理经济集中和政治民主之间的内在冲突，并作为干预社会经济生活的理由和准则，也可以作为国家不干预的原因和界限。在缓解经济集中和政治民主之间的内在张力，由国家对社会经济生活进行干预的过程中，没有哪一个法律价值是绝对的，任何一个法律价值的实现都会受到其他法律价值的影响和制约。因此，经济法价值也不是一元的，而是多元的。

经济法价值的多元性首先在于不同的经济法规范中基于不同的立法目的，选择了不同的经济法价值要素作为其基本价值。如在反垄断法中为保证市场竞争的自由、公平、有序和高效率而设定了自由、公平、秩序和效率价值；在对外贸易法中为保证对外贸易的安全性、有序性而设定的安全、秩序价值等。有的理论研究为了保证经济法价值的统一性、一元性，不得不对经济法价值进行一再地抽象，直至正义，认为经济法的价值为实质正义，以区别于民商法的形式正义价值，这也是说得通的。但是，把法律价值一再抽象的结果，形式上的统一必然导致实质上的冲突，最终使其失去实践生命力。因此，可以考虑不再对经济法价值作彻底的抽象，而是把经济法价值看成是一个法律价值系统中多元价值要素存在，并在其实现时给予系统本身和系统中其他要素以充分考虑。

其次，经济法价值的多元性也表现在经济法制定过程中对经济法价值要素的多元选择和并行设定。经济法本质上是为调整社会经济生活中不同利益群体的利益对立和冲突而制定的，而不同的利益群体有着不同甚至相互冲突或对立的价值需求。经济法的制定过程也是不同利益群体之间相互博弈和妥协的过程，简单地否定或忽视某一个利益群体的价值需求，而赋予某一个利益群体价值需求的绝对优先性，在现代立法活动中是很难做到的。

最后，经济法价值的多元性还表现为法律适用中对相互对立和冲突的经济法价值的选择。在经济法制定过程中保留在法律中的相互对立和冲突的经济法价值必然在法律适用中表现出来。在社会经济生活中，利益主体实现其自身利益，必然选择对其最为有利的法律价值作为行为的准则。不同的利益主体选择的作为其自身行为准则的法律价值是不同的。在法律适用中，不同的利益主体借以主张自身利益的行为准则或法律价值基础是不同的。

经济法价值的多元存在，既是法律价值演进的结果，即法律价值质的演变和法律价值量的增加，也是社会经济生活中经济集中与政治民主之间内在矛盾的深层次表现。不同的利益主体关于经济集中与政治民主之间的矛盾解决的要求并不相同。在市场竞争中获得竞争优势的强势利益主体的主张与在市场竞争中处于劣势地位的弱势利益主体的主张是不同的。而同一利益主体在处于不同的经济关系中也可能提出不同的主张或要求。因此，作为国家干预（管理、调节）社会经济生活的经济法，其价值目标不可能是一元的，而是多元的。另外，从价值观方面看，社会主体的价值观念呈现多元特征，即便是同一利益群体的不同利益个体，也有可能存在不同的价值观，相应地也会产生不同的价值要求。所以，作为法律发展到现代阶段的经济法，其价值设定为适应社会的需要和人们的要求，也必然是一种多元存在。这种多元存在的法律价值，各价值要素之间是相互联系和相互制约的，从而形成经济法价值系统。

二、经济法价值系统

所谓法的价值系统，也可称为法的价值体系，是由法的多元价值所构成的价值系统或价值体系。具体地说，法的价值系统是指若干相互联系、相互制约的法的价值要素按照一定的方式组合起来，形成具有特定功能的法的价值的有机统一整体。在法的价值系统中，各价值要素都是系统中不可或缺的组成部分，而且各价值要素是在相互影响和相互制约中发挥作用。系统本身并不排斥各要素之间相互依赖或相互对立和冲突的关系。相反，在系统中，要素之间存在的相互冲突和对立的关系是通过系统的层次性和结构性得以消解。因此，经济法的多元价值之间虽然存在冲突和对立，但这并不影响经济法诸价值要素组合成为经济法价值系统。也就是说，经济法价值系统是由具有经济法意义的自由、公平、秩序、效率和安全等价值要素构成的有机统一整体。

由自由、公平、秩序、效率和安全等经济法价值构成的经济法价值系统，是经济法的内在价值特质。这既彰显了经济法与其他法律部门的区别，也是经济法作为独立法律部门的标志。经济法价值作为系统存在，具有四个特征。（1）经济法价值系统的整体性。尽管在不同的部门经济法中，可能强调系统中的某一种或某几种经济法价值，并没有给予系统中的所有价值要素予以同样的考虑、同样的地位，但这并不表明系统中的其他要素就不发挥作用。实际上，当某一法律价值对政府的干预或不干预行为起支撑作用时，另一法律价值则对政府的干预或不干预行为起着阻却作用，或者相反。譬如，当国家以秩序或安全为理由干预社会经济生活时，利害关系人可以基于自由或效率的理由而予以抗辩；或者当国家以自由或效率为理由不干预社会经济生活时，利害关系人可以以公平为理由而要求国家干预。在系统中，所有的法律价值要素都在起作用，只不过对于不同的社会经济行为，其作用不同罢了。但是，作为一种整体性存在，系统中的任何一个价值要素都不应被轻易忽略或否定。即使需要如此，也应当有充足的理由并给予利害关系人以充分的抗辩权。（2）经济法价值系统的层次性。从宏观上看，经济法价值系统本身作为一个要素，是法的价值系统的一个有机组成部分，与法的价值系统中的其他要素（如宪法价值系统、民商法价值系统、行政法价值系统、刑法价值系统）相互联系，也相互制约。从微观上看，在经济法价值系统内部，经济法各价值要素自身亦是一个微观价值系统，各具有相对的独立性。经济法各价值要素之间既是要素与要素之间的关系，也是系统与系统之间的关系。因此，构成经济法价值系统的各价值要素是在相互联系和相互制约中独立发挥作用的。（3）经济法价值系统的结构性。构成经济法价值系统的各价值要素虽然都是不可或缺的，但它们并不能取得完全一致的地位。它们虽然处于同一层次，但在立法和法律适用时仍然会存在着优先性问题。也就是说，在制定经济法时，设定的经济法价值往往存在着某一价值要素或某些价值要素的优先性问题。在适用经济法时，也存在某一价值要素或某些价值要素的优先性问题。通过这种价值要素的优先性选择，决定了经济法价值系统的结构。不同的优先性设定形成不同结构的经济法价值系统。这样，就使得结构的比较成为可能。而通过对按照不同的组合方式形成的不同结构的经济法价值系统的比较,可以优化经济法价值系统。这就是经济法变革的原因和基本路径。国家对社会经济生活加强干预或放松管制,其法律变革的基础,就是对经济法价值系统中不同价值要素的优先性问题予以重新考虑并重新作出安排。(4)经济法价值系统具有开放性。经济法价值系统作为法的价值系统的一个要素,与法的价值系统中其他要素之间相互影响、相互作用。同时,经济法价值系统中各价值要素之间也存在着相互影响、相互制约的关系。这决定了经济法价值系统不可能是一个封闭的、孤立的存在,而是一个相对开放、不断演变和发展的有机体。否定这一点,经济法价值系统就会成为一个僵死的存在,而经济法就会失去其应有的生命力。在我国现阶段,社会正经历着从传统社会向现代社会的全方位的转型,我国经济法正是在社会转型中产生和发展起来的,更要适应社会转型的需要,保持经济法价值系统的开放性,是社会发展的客观要求,也是经济法本身不断发展的需要。

第二节 经济法的自由价值

法律发展的历史表明,自由向来是法律的重要价值追求。然而,在我国有关经济法价值的研究中,自由被有意无意地忽略了。似乎这一重要的法律价值并不存在于经济法之中。诚然,19世纪末的法律社会化运动突出了法律的社会本位倾向,要求通过对以个人本位为特征的自由以适当限制,维护社会公共利益或社会整体利益,强调个体对社会的责任。但是,限制个体的自由并不是取消个体自由,而是通过限制对个体自由的滥用而更好地维护自由。国家干预社会经济生活的目的,也绝不是由国家行为取代个人的经济活动,而是通过国家对社会经济生活的管理和调节,使个人的自由得到更好地实现。因此,自由并不是与经济法价值相冲突的法律价值,而是经济法的基本价值之一。当然,经济法的自由价值不同于传统民商法中的自由价值。

一、自由的含义

探讨经济法的自由价值,首先要对"自由"这一范畴进行解说。李连科在《价值哲学引论》中认为,"自由是一个议论最多且歧义最大的范畴。差不多可以说,有多少种主义,便有多少个关于自由的界说"。① 可见,关于自由这一价值范畴的研究既受到普遍的重视,又存在着相当大的差异。

---

① 李连科:《价值哲学引论》,商务印书馆1999年版,第180页。

古希腊的哲学家虽然也提到过自由，但他们把自由与城邦生活紧密地联系在一起。在他们看来，所谓的自由就是城邦公民不断地参与公共政治生活，完全是一个政治概念。而且这种自由观并不是以人的个体权利为基础的，强调的是城邦的公共生活。这与后来哲学家所指称的自由是完全不同的概念。或者，我们可以把这种观念称为古代自由观。

文艺复兴时期的人文主义者也曾有过关于自由的讨论，但这种讨论往往与共和政体有关。人文主义者对自由的一层认识是：保持残存的城市共和国的完整，免受君主任何进一步侵犯。① 人文主义者对自由的另一层认识是：维持一个自由的政体，在这个政体之下，每个公民都能够享有参加政府事务的平等机会。② 由此可以看出，这种关于自由的观念，虽然其中已经包含"不受……干涉"的思想成分，但与近代强调个体权利的自由观念也是不同的。出于对基督教神学严密控制人们思想的抗争，这一时期的思想家提出了意志自由的观念。他们主张人的意志不受自然的、社会的和神的约束，是完全自主、绝对自由的。如但丁认为自由的第一个原则就是意志的自由，而意志自由就是关于意志的自由判断。马丁·路德也说，人有意志自由，可以行善避恶，反之亦然。人靠自己本来的力量能遵守上帝的一切诫命。③

随着资产阶级革命的胜利，世俗的封建等级制度被摧毁，宗教的封建神学控制被打破，宣扬个体权利的意识形态得以确立，为讨论个人自由奠定了社会基础。

洛克通过一种假设的自然状态，讨论了自由（个体自由）这一范畴。他指出，"为了正确地了解政治权力，并追溯它的起源，我们必须考究人类原来自然地处于什么状态。那是一种完备无缺的自由状态，他们在自然法的范围内，按照他们认为合适的办法，决定他们的行动和处理他们的财产和人身，而无须得到任何人的许可或听命于任何人的意志"。④ 洛克的自由观是一种天赋自由论。在他看来，自由是自然的或天赋的，是与人性同在，并且由人性决定的。针对意志自由的主张，洛克在天赋自由论的基础上，又提出了能力自由的观念。洛克认为，自由与意志是两个不同的概念，是两种不同的能力，这两种

---

① ［英］昆廷斯·金纳：《近代政治思想的基础》（上卷：文艺复兴），亚方译，商务印书馆 2002 年版，第 130 页。

② ［英］昆廷斯·金纳：《近代政治思想的基础》（上卷：文艺复兴），亚方译，商务印书馆 2002 年版，第 131 页。

③ 参见周辅成主编：《西方著名伦理学家评传》，上海人民出版社 1987 年版，第 191 页。

④ ［英］洛克：《政府论》（下），瞿菊农、叶启芳译，商务印书馆 1964 年版，第 5 页。

能力之间不存在任何归属问题。自由不属于人的意志范畴,而是自由与意志一起,都属于人的能力的范畴。

洛克的能力自由的观点在后来的哲学家看来,实际上是一种选择自由论。因为人的自由能力说到底是一种选择的能力,其中包括认识上、心理上和行为上的选择。洛克在把自由看作一种能力时,其前提就是根据"心理的选择和指导"。萨特认为,人的自由恰恰就是选择的自由。"人是自己造就的;他不是做现成的;他通过自己的道德选择造就自己,而且他不能不作出一种道德选择。"①

卢梭发现,理性与自由、科学与道德是相互矛盾的。理性与其成果科学知识的发展和进步不但不能使我们逐步摆脱种种束缚与限制从而走向自由,反而与自由是背道而驰的。科学、文明越是进步,人类就越是不平等不自由。在卢梭假定的自然状态中,人是自由平等的,但进入社会状态以后,由于私有制的产生,人就陷入了没有自由和平等的社会痛苦之中。

康德面临的问题,正是理性与自由相冲突的问题。也就是"在一个严格遵守自然法则的世界上,人究竟有没有自由,有没有独立的价值和尊严"的问题。康德认为,人的理性认识能力不是无限的,而是有限的。对理性认识能力的限制就为理性的另外一种能力——实践能力——开辟了无限广阔的天地,因为实践能力是以自由为其根据的。在实践理性中,康德认为,自由就是意志自由,就是自律,或者说,是意志的自律。即,这样行动:你意志的准则始终能够同时用作普遍立法的原则。②

在哲学上对自由的讨论,最终归结于在理性面前人的尊严、人的价值问题。正如康德所面对的问题一样,在自然律面前,人是否具有至高无上的尊严和价值。康德在自然的合目的性讨论中指出,人是自然的"最高目的"。换句话说,就是"把人当作人来尊重"。这就要求把在哲学上探讨的自由问题转移到社会政治层面,使哲学上所探讨的自由在社会政治中得到实现。这就涉及对政治自由的认识的问题。

在社会政治层面,对自由存在着两种理解:一是不受他人或事物的干预和限制,即"免予……的自由"。这种自由一般被称为消极自由,也有人称为保

---

① [法]萨特:《存在主义是一种人道主义》,周煦良、杨永宽等,上海译文出版社1988年版,第26页。
② [德]康德:《实践理性批判》,韩水法译,商务印书馆1999年版,第31页。

护性自由。① 二是去做自己想做的事情，即"从事……的自由"。这种自由被称为积极自由。由于在自然和人类社会中，人被认为具有至高无上的价值和尊严，因此，在社会政治层面，消极自由是历来得到强调的自由。消极自由的含义有三：其一，自由就是不受他人的干预；其二，限制自由是因为存在着与自由的价值同等或比自由的价值更高的价值；其三，必须保留一种任何权威借以任何借口都不能侵犯的最小限度的自由。②消极自由，或者更确切地说，保护性自由，是自由的最基本的含义，其目的在于承认"人是人的最高目的"的同时，保护人们尤其是处于弱势地位的人们不受他人、尤其是国家或者其他权力组织的侵犯，使每个人都能获得相对独立自主的生存和发展空间。可见，消极自由是人类社会的重要价值目标，尤其在现代社会，对消极自由的关注，更是具有重要意义。在强调消极自由的同时，有学者指出，实现了消极自由，并不是实现了自由的全部。"除此之外，还有另外一种自由，即'要……'的自由。这是指获得某种积极效果的能力。一个人，只有在他能够实现某种目的（不论是依靠自己的力量还是与他人合作）时，方能感到自己享有自由、方能感到自己是自己的主人。很明显，通过得到某种积极的目的来发现自己的真正价值，这种自由是以某种程度上不受限制的自由为前提的。身受各种各样束缚的人很难实现什么目的。然而仅仅是不受限制，恐怕还不足以保证得到预期目的的自由。"③

对政治层面自由概念的广义理解，自由展开为政治自由、思想自由和经济自由。"从最一般意义上说，社会政治自由涵盖了人们在社会关系各个领域的自由，包括政治关系领域的政治自由、思想文化关系领域的思想文化自由，以及经济关系领域的经济自由。"④ 其中每一种自由同时又包含着许多具体的内容。如政治自由包含着结社自由、集会自由、选举自由等；思想文化自由包含着宗教自由、言论自由、思想自由等；经济自由包含着财产自由、经营自由、贸易自由、劳动自由等。

---

① ［美］乔·萨托利：《民主新论》，冯克利、阎克文译，东方出版社1993年版，第304页。"就其特征而言，政治自由是摆脱外物的自由，而不是行动的自由。我们现在都习惯于称其为'消极的'自由，但由于这种说法容易引起歧义，并有助于把政治自由表述为劣等的自由，因此我宁愿更精确地说，它是一种防卫性或保护性自由。"

② 参见吕世伦、文定邦主编：《法哲学论》，中国人民大学出版社1999年版，第520页。

③ ［英］彼德·斯坦、约翰·香德：《西方社会的法律价值》，王献平译，中国人民公安大学出版社1989年版，第194页。

④ 参见吕世伦、文定邦主编：《法哲学论》，中国人民大学出版社1999年版，第521页。

实际上，政治层面的自由概念无论是表述为"免予……的自由"还是表述为"做……的自由"，在法律上都表现为自由者的权利，即"不受……限制的权利"或"做……的权利"。因此，自由与法律存在着密切的关系。孟德斯鸠指出："在一个国家里，也就是说，在一个有法律的社会里，自由仅仅是：一个人能够做他应该做的事情，而不被强迫去做他不应该做的事情。""自由是做法律所许可的一切事情的权利；如果一个公民能够做法律所禁止的事情，他就不再有自由了，因为其他的人同样会有这个权利。"①

二、法律上的自由

法律上的自由概念与哲学上和政治层面的自由概念既相互联系，又有着明显的区别。哲学上的自由概念讲究逻辑上的自恰性，其自由观念并不必然能够在社会生活中被实现。相比较而言，政治层面的自由概念与法律上的自由概念的联系较为紧密，但政治层面的自由只是具有一种实现的可能性，其实现需要借助于一定的社会经济、政治和思想文化条件的支撑。而法律上的自由概念是具有实现的现实性的自由。即法律上的自由往往是通过在法律中具体设定了自由实现的方式、条件以及对阻碍自由实现的制裁等内容来保证自由的实现。需要指出的是，如果把法律上的自由概念也分为自然法上的自由概念和实定法上的自由概念，自然法上的自由概念更接近于哲学上的自由概念。

从抽象意义上看，既然自由彰显着人的价值和尊严，每一个人都有"免予……的自由"，也有"做……的自由"，人人都享有自由，似乎无需用法律再对自由加以保障。也就是说，如果把人看作抽去了其一切现实条件（包括经济、政治和思想文化）的"抽象人"，则人人都是平等和自由的，每一个人都不能受到其他任何人的强制、压迫与束缚。这实际上就是洛克所说的"处于自然状态的人"。但是，在社会生活中，基于人与人之间的社会关系（包括经济、政治和思想文化），一个人难免会受到其他人的强制、压迫和束缚。因此，法律意义上的自由，首先在于规定人和人之间行为的空间。法律上通过对其他人施加到一个人身上的强制、压迫和束缚的禁止和制裁，来保障另一个人的自由得以实现。但是，"徒法不足以自行"，对强制、压迫和束缚的禁止必须借助于更高的强制方能实现，这就是自然法学所说的国家的产生。国家借助于公权力，通过制定法律、实施法律，以国家强制的形式制止个人强制的发生，借以保障社会生活中每个人的自由能够实现。经由国家，人对人的强制、

---

① ［法］孟德斯鸠：《论法的精神》（上），张雁深译，商务印书馆1961年版，第154页。

压迫和束缚被禁止，个人自由得以保障。但随之而来的是，个人可能面临着被国家强制剥夺自由的危险，而且，这是一种更大的危险。这是因为，相对于国家来说，公民个体总是处于弱小地位，很容易受到国家政治、经济权力的侵犯。因此，这又要求必须对国家的强制用法律的形式加以规定，使其既能保障公民的自由，又不至于侵犯公民的自由。因此，对于自由，法律的作用有二：一是保障个人免遭其他个人的侵犯和保障个人免遭国家的侵犯。二是在社会生活中，一个自由者的自由行为往往是与其他自由者的自由行为相互关联的。一个自由者应对其自由行为本身负责，这既是自由本身的应有之义，也是对其他自由者自由的尊重。法律在保障个人自由的同时，也需要为自由者规定一定的责任。对于国家来说，国家权力是为保障人的自由而设定的，如果国家权力虚置，对于侵犯自由者自由的事情不作为，个人的自由仍然无法得到保障，也不可能实现。因此，自由在法律上的意义，既包括个人"做法律所许可的一切事情"，也是指国家"做法律所许可的一切事情"。

法律上对人的自由保障是通过对自由者赋予一定的权利。在法律上，自由是指"做法律所许可的一切事情"，法律许可的方式就是在法律中为自由者设定一定的权利。但是，在法律上，权利和义务总是相互对应的，一个人的权利往往是其他特定或不特定人的义务。一个人"做法律所许可的事情"总是对应于其他人不做法律禁止的事情。因此，法律上对人自由的保障也总是伴随着义务的内容。它既包括不得侵犯权利人权利的内容，也包括着权利人不得滥用权利的内容。法律通过对自由的某些限制来保障自由者的自由能够真正得到实现。

另外，法律对自由的限制也可能来自法律价值的冲突。在法律中，自由虽然是法律的基本价值，但自由也只是法律价值之一。除自由外，法律价值还包括秩序、公平、效率和安全等。法律上自由的另外一层含义，就是自由作为法律基本价值之一，与其他法律价值的关系。自由的含义之一是"限制自由是因为存在着与自由的价值同等或比自由的价值更高的价值"。因此，在自由与公平、自由与秩序、自由与效率、自由与安全等法律价值之间发生冲突时，如果出现了比自由价值更高的法律价值需要，限制自由也就必然出现。

从法律演变的历史看，法律对自由如何设定是与社会发展的一定阶段密切相关的，是社会政治、经济和思想文化基础的要求和反映。同时，从法律上的自由发展历史看，自由总是与对自由的限制相伴运行的，自由的扩展，必然要求对自由的限制的扩展。尤其是在经济生活中自由的发展产生了消灭自由的危险倾向，经济集中的不断发展就是这种危险的表现。也就是说，随着经济自由的绝对化,资本主义的政治民主与经济集中之间的内在矛盾日益凸显,这样,在社会经济领域,客观上要求一种新的法律价值产生。当然,这种新的法律价值并不是对原有的自由价值的完全抛弃,只不过是为适应社会生活的新的需要而对原有的法律自由价值的重新阐释和解读。这种新的法律价值,就是经济法的自由价值。

三、经济法的自由价值

从法律价值演进的历程看,经济法的自由价值是在对传统民商法的自由价值扬弃的基础上形成的。也就是说,曾经被奉为市场经济圭臬的民商法自由价值随着社会经济的发展,已经无法满足社会的进一步发展,需要确立新的自由价值。

资本主义市场经济本质上是以效率为特征的竞争经济,通过市场主体在市场竞争中的优胜劣汰,从而促进经济的发展。在自由资本主义时期,自由竞争是资本主义经济的主旋律,自由必然是法律的主导价值。在自由竞争时期,竞争主要表现为市场的利益主体为了追求和实现利益最大化而进行的技术的、经济的、社会的角逐过程。资本主义生产方式的确立,为竞争准备了必需的条件。首先,资本主义生产方式使得社会分工日益走向细密化。社会分工使任何一个生产者都不能生产出自己所需要的一切产品,任何社会主体都必须依赖其他社会主体才能生存,而联系彼此之间的纽带就是竞争。马克思指出:"社会分工则使独立的商品生产者互相对立,他们不承认任何别的权威,只承认竞争的权威……"① 因此,社会分工不仅是商品生产和交换的客观条件,也是形成市场竞争的客观条件。其次,资本的原始积累造就了众多的相互独立的市场主体。众多的市场主体或分散于不同的生产部门进行不同产品的生产,或集中于同一生产部门生产同一种或同一类产品。而某种或某类产品由众多的相互独立的生产者和经营者进行生产、经营,就形成了竞争产生的又一客观条件。再次,市场主体之间相互角逐必须具有相互独立的人格。在商品生产和交换中不存在也不允许一个主体对另一个主体享有管辖权,否则,商品生产和交换就毫无意义。人格独立是平等交换和平等竞争的先决条件。最后,竞争需要有相应的制度保障。即统治阶级从立法上或观念上承认市场和竞争的客观存在。一般认为,竞争所不可或缺的基本条件主要有四个方面。资本主义生产方式的确立,使得前三个条件已经具备,要实现自由竞争,必须尽可能促使后一个条件

---

① 《马克思恩格斯全集》(第二十三卷),人民出版社1984年版,第394页。

成熟。也就是说，尽可能地使政府干预从微观经济领域（生产、经营、交换）中退出，国家采取不干预的政策维护和保障市场竞争，赋予市场主体以充分的竞争自由。

但是，以效率为特征竞争的必然结果，就是经济集中的出现。经济集中的初始形态是企业的大量出现。在市场竞争中，企业被认为是有效率的竞争手段。大量的企业吞并了市场上离散的市场主体，出现企业与企业之间的竞争。企业之间的优胜劣汰，又促进了资本集中。市场上开始出现利用自身竞争优势控制商品产量和价格的大型企业或企业间的联合体。这就是垄断组织的出现。

自由竞争的结果，使经济领域的自由有被消灭的危险。反映在法律价值上产生了法律价值的矛盾。但这种矛盾并非是自由价值与其他价值的矛盾，而是不同利益群体的自由价值之间产生的矛盾。也就是市场上垄断组织的自由与其他市场主体的自由发生了冲突。具体地说，市场上垄断组织通过限制或消灭其他市场竞争主体的竞争自由来实现自身的自由。因此，垄断组织的出现，产生了一个难以消解的矛盾：要么保障垄断组织的自由，忽略其他竞争主体的自由被侵犯；要么限制垄断组织的自由，从而保障其他市场竞争主体的自由。这是崇尚给予市场竞争主体以充分竞争自由民商法所无法满足和解决的。更恐怖的是垄断了经济资源的垄断组织又必然会进一步垄断政治权力为其经济上的垄断行为服务。但是，由于民主政治的存在，经济集中与民主政治之间的张力，会遏制垄断组织自由的实现。经济集中愈发展，其与民主政治之间的矛盾就愈突出，民主政治所发挥的作用就愈大，就愈要求对经济集中进行控制。对垄断的控制就是对经济问题的一种政治解决。传统的自由价值经由政治过程得到重新阐释和解读，通过对经济集中的适当控制，或者说，对于过度自由的适当限制，使法律的自由价值重新发挥作用。这种新的自由价值，要求国家的参与。与传统的市场竞争行为相比较，新的自由价值要求国家对市场主体的竞争自由进行有效的监控，使其存在在一个适度的范围内，从而保障所有市场主体的竞争自由能够实现。

综上所述，从社会发展的进程来看，经济法的自由价值是经济集中和民主政治矛盾发展的结果；同时，从法律的自由价值的演进来看，经济法的自由价值是传统民商法的自由价值本身矛盾发展的结果。带有国家干预特征的经济法的出现，不是要取消法律的自由价值，而是对原有法律的自由价值的重新阐释，是对民商法法律自由价值的扬弃。

第三节 经济法的秩序价值

就一般的理解,秩序作为法的价值,应该不会引起太多的争论,尤其在法律工具主义者看来,更是如此,法律就是维护一定的社会经济、政治和思想文化秩序的工具。在经济法学研究中,秩序更是受到研究者的青睐,认为经济法的主要作用就是维护正常的经济秩序。需要指出的是,秩序作为法的价值尤其作为经济法的价值,不能简单地等同于法的作用,两者存在着本质的不同。经济法价值中的秩序是指法律主体(包括国家主体)在适用经济法时的价值尺度,是经济法价值系统中的一个价值要素。因此,笼统地认为秩序是经济法的价值并且将其等同于经济法的作用的观点是不科学的。

一、秩序的含义

在英语世界,秩序(order)被界定为:顺序,一组事物各个独立元素的逻辑、可理解的安排状态,或有条理地、有组织地安排各构成部分以求达到正常的运转或良好的外观的状态。在汉语中,"秩序"是指有条理、不混乱。

从广泛的意义上理解,秩序是宇宙中一切事物在存在和运转过程中具有的一定的稳定性、连续性和确定性的结构、过程、模式等。①人们对事物存在和运转秩序的认识的发展是随着人们对事物存在和运转规律性的认识的发展而发展的。事物存在和运转的规律主要包括三种:自然界运行的规律、人类社会发展的规律和人的思维活动的规律,相应地,秩序也可分为三种:自然界运行的秩序、人类社会发展的秩序和人的思维活动的秩序。

在自然界中,自然规律主要表现为因果律,其基础是自然事物之间的因果联系。②自然事物的因果联系是指一现象的发生——某一自然事物的存在及其运动变化——是由另一现象或另一些现象引起的。一现象总能引起其他现象的发生,而一现象总是被其他现象引起。这种引起与被引起的关系,就是因果联系。因果联系在自然界中是普遍存在的,所以,自然事物也必然受到因果律的支配,自然秩序表现为自然事物基于因果律支配而形成的有序性。

---

① 杨震:《法价值哲学导论》,中国社会科学出版社 2004 年版,第 173 页。
② 在张扬理性的近代西方社会,因果律曾是近代机械论哲学家的重要话题,并一度把因果律推及到包括自然界、人类社会和人的思维活动的所有领域并把其发展到极致,其结果险些扼杀了启蒙运动的另一个价值追求——自由。

因果联系同样也在人类社会中普遍存在，所以，因果律也对人类社会发生作用。人类社会的所有现象也都存在着因果联系这一属性，但是与自然界不同的是，人类社会是由具有主观能动性的人为单位构成的。人的认识和实践的能动性促使人不断地改造自然界、人类社会和人本身，以创造出更适宜人类生存和发展的自然条件、社会条件和社会秩序。人类活动在经历了无数的"试错"之后，逐渐形成了有利于自身存在和发展的一些规则，形成了规则秩序。正如有学者指出的，"人类社会行为关系中，至少曾经存在以下四类规则，即习俗规则、道德规则、制度规则、法律规则。与之相联系，人类社会曾经存在过习俗秩序、道德秩序、制度秩序和法律秩序四种社会秩序"。① 实际上，如果说这四种社会秩序渐次成为人类社会秩序的话，那么今天，这四种秩序和基于因果律所形成的社会有序性一起，仍然并且共同构成人类社会秩序的基本内容。

如果把自然界、人类社会和人自身看成是一个个系统，则系统的结构可以优化，相应地，系统中的秩序可以改善。这正是秩序价值追求存在的基础。把一种秩序追求用法律的形式固定下来，成为人们行为的标准或准则，就是法律的秩序价值。

二、法律上的秩序

人们对法律上的秩序或法律秩序的概念存在着不同的理解。归纳起来，主要有把法律秩序等同于法律或法律制度，或者把法律秩序看成是法的作用和法实现的结果两大方面。对法律秩序的不同的理解反映着人们对法律所持的态度。

实际上，如果仅仅把法律秩序等同于一种规则或者把法律秩序看作是法实现的结果的话，就很难解释为什么人们会产生对法律秩序的价值追求。秩序是与法律永相伴随的基本价值。② 从人类社会形成之初至现在，人们从未停止过对法律的秩序价值的追求。秩序与和平、安全密切相关。有了秩序，和平才可能得到维护，安全才有保证。彼德·斯坦和约翰·香德认为，"如果某个公民不论在自己家中还是在家庭以外，都无法相信自己是安全的、可以不受他人的攻击和伤害，那么，对他奢谈什么公平、自由都是毫无意义的"。③ 把秩序作

---

① 杨震：《法价值哲学导论》，中国社会科学出版社2004年版，第174页。
② [英] 彼德·斯坦、约翰·香德：《西方社会的法律价值》，王献平译，中国人民公安大学出版社1989年版，第38页。
③ [英] 彼德·斯坦、约翰·香德：《西方社会的法律价值》，王献平译，中国人民公安大学出版社1989年版，第40页。

为法律的基本价值,是为了增加法律的确定性、可预期性,减少国家或其他社会主体的专断和对人们的肆意侵犯。彼德·斯坦和约翰·香德指出,"法律规则的首要目标,是使社会中各个成员的人身和财产得到保障,使他们的精力不必因操心自我保护而消耗殆尽。为了实现这个目标,法律规则中必须包括和平解决纠纷的手段,不论纠纷是产生于个人与社会之间,还是个人与个人之间。在某些法律领域,法律规则只是规定了某种限度。利益相互冲突的个人或集团在进行非暴力形式的斗争时,不得超越这个限度"。① 法律的秩序价值,既是公民个人之间行为和关系的准则,也是——甚至尤其是——国家权力运行的价值标准。

在社会迅速发展的今天,国家职能不断增加,国家权力极度膨胀,国家对于人们自由和安全的威胁性也在增加,人们在受到国家保护的同时,受到国家侵犯的担心也在与日俱增。因此,秩序作为法律的基本价值,也是国家行为的主要尺度,非有充足的理由,国家不得超越秩序的要求。在这个意义上,法律秩序不仅仅是一种规则,也不仅仅是法实现的一种结果。如果把法律的秩序价值和法律的自由价值联系起来看,似乎更容易说得明白。法律上的自由是在一定范围和限度内的自由,在一定的范围和限度内,公民享有不受侵犯的自由。当然,超出了这个范围和限度,自由便不复存在。与此相对应,法律的秩序价值就在于保障这一范围和限度的存在,所有在法律之下主体(也包括国家机关)活动的秩序要求,就是不得侵犯自由存在的法定空间。同样,也可以从秩序与公平、秩序与效率、秩序与安全等对应的价值范畴的联系来说明法律的秩序价值。

三、经济法的秩序价值

在经济法的研究中,秩序是被过分强调的一个概念。这是因为经济法产生于社会的主导价值观从个体本位向社会本位过渡时期,相应地,法律价值系统中的其他价值要素都需要随之发生转变,在这种情况下,似乎社会处于失调或失序状态,强调法律的秩序价值更显得具有重要意义。伴随着主导价值观的转向,法律上的秩序价值也发生相应的变化,即一种新的法律秩序价值取代了原有的法律秩序价值,或者说,在法律的某些领域,原有的法律秩序价值被新的法律秩序价值所取代,从而正在失去作用。在这些新的法律秩序价值中,经济法的秩序价值是其中之一。

---

① [英]彼德·斯坦、约翰·香德:《西方社会的法律价值》,王献平译,中国人民公安大学出版社1989年版,第41页。

在经济法秩序价值生成之前,社会生活领域的法律秩序中包括着两个截然分开的领域:政治领域的民主政治秩序和经济领域的市场经济秩序。出于对个体自由的考虑,政治领域的政治秩序要求政治权利的运行不得超出法律规定的边界,国家仅仅对人们的安全负责,对市场主体的竞争行为,在没有充分理由的情况下,不得干预,即国家公权力一般不被允许干涉私人事务;经济领域的市场经济秩序要求市场主体接受"看不见的手"的调节,不得借助于国家公权力从事市场行为。在这种两极对立的状态中,国家与市场主体各行其是,互不干涉。这就是自由竞争阶段法律秩序的基本要求。但是,由于竞争的不断演化,随着生产力的不断提高,社会化大生产要求经济进一步集中,垄断资本和垄断产业开始出现。经济集中与民主政治之间的矛盾日趋尖锐,人们对原有的两极对立的法律秩序提出了新的要求。此即经济法秩序价值的生成背景。

客观地讲,在新的秩序价值生成之前,原有的秩序价值仍然在起作用。在对垄断行为进行法律规制之前,所谓的垄断行为都是以合法的面目出现的,也都是符合原有秩序价值要求的。在这些行为中,国家就像一个"局外人",持旁观的态度。但是,垄断的出现,使得原有的平衡被注入了新的因素。垄断者的目的在于通过限制甚至消灭其他竞争者,获得更大的竞争优势,使得市场上其他竞争者有失去竞争自由的危险。但是,在原有的法律秩序中,垄断者的垄断行为是合法的。基于此,两种可能的情况都会发生:要么维护原有的法律秩序价值,听任垄断者的垄断行为发生;要么变更原有的法律秩序,制止垄断者的垄断行为,维护市场上其他竞争者的竞争自由。① 如果不考虑社会的其他因素的影响,前一种选择似乎是显而易见的。但是,由于民主政治的作用,后一种选择成为现实。正如美国的谢尔曼参议员在提出《谢尔曼法案》时说的:"我们既然不能赞同作为政治权利的国王存在,我们就不能赞同一个控制生产、运输和经销各种生活必需品的国王存在;既然我们不能屈从一个皇帝,我们就不能屈从一个阻碍竞争和固定价格的皇帝。"② 正因为如此,原有的法律秩序被改变,政治秩序与经济秩序之间的界限被打破,国家被赋予了干预社会经济生活的新职能,市场主体的个体责任被扩展为社会责任,从而形成了社会本位的法秩序价值。经济法秩序价值就此生成。

虽然国家公权力介入社会经济生活是社会发展的客观要求,但是,由于权

---

① 实际上,这两种选择不存在一种选择明显地永久地优于另一种选择的情况,世界各国对于垄断行为的不断变化的态度也说明了这一点。

② A. D. Neale & D. G. Goyder, The Antitrust Laws of the U. S. A, Cambridge University Press, 1980, p. 16.

力具有扩张的本性，必须对其加以限制和约束。尤其对于权力的拥有者或执行者来说，更是如此。孟德斯鸠很早就说过，"一切有权力的人都容易滥用权力，这是万古不易的一条经验。有权力的人们使用权力一直到遇到有界限的地方才休止"。① 国家公权力介入社会经济生活，其目的并不是取消市场经济的自由价值，而是通过对滥用竞争自由的一定程度上的限制，从而保障市场经济条件下市场主体的整体竞争自由，或者在宏观上保障市场竞争机制和竞争秩序。因此，国家对社会经济生活的干预和调节不是无限度的，而是必须遵循一定的秩序要求。否则，国家公权力在介入社会经济生活时，必然会肆意扩张，从而湮没或吞噬整个市场经济的固有秩序。概言之，国家维护市场竞争秩序必须遵循法律所规定的秩序要求。

经济法的秩序价值，就是国家干预社会经济生活的界限和限度。

第四节　经济法的公平价值

历史地看，自法产生之时起，就包含公平价值。无论是在处理对立利益集团之间的利益冲突中，还是在处理同一利益集团内部各组成部分之间的利益纠纷中，都包含人们对法的公平要求。但是，正如"法无自己的历史"，法的产生、发展、兴盛和衰落总是随着社会对法的要求发展变化而进行的一样，法中所包含的公平价值与处于一定社会阶段人们的公平要求密切相关，相应地也处于不断的演化过程中。经济法是现代社会的产物，其公平价值与传统的法的公平价值相比，也具有了新的内涵。但是，经济法的公平价值是由法的传统公平价值发展演变而来的。

一、公平的含义

在人们的思想中，公平的观念总占有一席之地。历史上，人们关于公平的观念反差较大，即便是现实社会中，也是人人有一种属于自己的公平观。因此，关于公平的概念总也难以形成一种人皆认同的通行之说。

人们在追溯人类思想观念的渊源时，总是"言必称希腊"。在古希腊哲学家那里，确实有关于公平的思想的论述。柏拉图把人分为几类，并在此基础上论述了其公平思想。他认为公平就是正义，而正义是"每个人必须在国家里

---

① ［法］孟德斯鸠：《论法的精神》（上），张雁深译，商务印书馆1961年版，第154页。

执行一种最适合他天性的职务"。① 亚里士多德认为公平与公正是一回事。②亚里士多德在《尼各马科伦理学》中对公平问题进行了较为详细的分析。首先，他区分了公平的两种含义：其一，公平一词被用作一切美德的同义语。说某人很公平，是说这个人有德行。其二，狭义上的公平。他又分为两类：分配公平和矫正公平。分配公平，"表现在荣誉、财物以及合法公民人人有份的东西的分配中"。③ 矫正公平，"是在交往中提供是非的准则"，应当按照算术比例关系进行调整。④ 就亚里士多德的分配公平而言，其公平观实际上是柏拉图公平观的延续，也强调了差别对待原则。但其矫正公平的观念应当说比柏拉图前进了一步。亚里士多德公平观念的另一重要内容是平等，从平等的意义上考虑公平。平等基础上的公平，就是对相同的人（平等的人）相同对待，对不同的人（不平等的人）要不同对待。

　　亚里士多德的公平思想延续至中世纪，被披上了基督教神学的外衣。根据《圣经》，由于人类的祖先在上帝面前犯了罪，所以每个人来到世上都有原罪，只有得到上帝的宽恕，死后才能上天堂，获得永生。由于所有人都是上帝的子民，因而人人都可以通过获得上帝的宽恕使自己的灵魂得到解脱。这就是中世纪基督教神学的公平观。虽然基督教神学公平观带有一种虚幻的色彩，但也启发了人们对于公平的新的思考，关于公平问题的思考范式由此转向。即开始更多地考虑人们的实质公平转向主要关注人们的形式公平问题，并且把公平问题与法律更加紧密地联系在一起。

　　出于对以封建等级制度为基础的身份不公平的抵制和反抗，近代产生了自然法哲学的公平观。这种哲学通过假设一种自然状态，宣扬人的自然权利。格劳秀斯认为，自然法给人们的理性和行为提供了正当的、正义的准则，这些准则就是人的自然权利，而这些自然权利是符合人性要求的，因而就是正义的，自然权利正是有了人类共同的理性，才是公正的、公平的、人们普遍遵行的法则。其后，霍布斯、洛克、卢梭等人经由对自然状态的不同假定，试图抽象出适合于所有人的共同的行为准则，并以此作为公平的标准。自然法哲学从假设

---

① ［古希腊］柏拉图：《理想国》，郭斌和、张竹明译，商务印书馆1986年版，第154页。

② ［古希腊］亚里士多德：《尼各马科伦理学》，苗力田译，中国社会科学出版社1990年版，第110页。

③ ［古希腊］亚里士多德：《尼各马科伦理学》，苗力田译，中国社会科学出版社1990年版，第92页。

④ ［古希腊］亚里士多德：《尼各马科伦理学》，苗力田译，中国社会科学出版社1990年版，第92~96页。

的自然状态出发，通过把人抽象为一般意义上的"人"，从而形成了抽象公平或形式公平的思想。而程序公平的观念就是这种形式公平思想的进一步发展。这种公平思想反映在法律上，促进了程序法的进一步完善。

对公平观念的现代解读，当属罗尔斯的《正义论》。功利主义的公平观基于其"给予最大多数人以最大幸福"的核心理论，认为"富人牺牲一点，穷人就获得许多"。这是公平的。罗尔斯并不满意于这种笼统的说法，旨在建立一种替代功利主义公平观的新公平理论。罗尔斯的公平思想主要体现于他的两个正义原则。第一是平等自由原则，是指"每个人对与其他人所拥有的最广泛的基本自由体系相容的类似自由体系都应有一种平等的权利"。①第二是机会平等和差别原则，是指"社会的和经济的不平等应这样安排，使它们被合理地期望适合于每一个人的利益；并且依系于地位和职务向所有人开放"。② 罗尔斯的第一正义原则对应于社会政治领域，要处理的是公民在社会政治生活中的公平问题；第二正义原则对应于社会经济领域，要处理的是公民在社会经济生活中的公平问题。罗尔斯强调了第一正义原则的优先性。这意味着：不能通过牺牲公民政治上的公平来实现经济上的公平。也就是说，对第一正义原则所要求的平等自由制度的违反不可能因较大的社会经济利益而得到辩护或补偿，财富和收入的分配以及权力的等级制，必须同时符合公民的平等和机会自由。罗尔斯指出："我们假定存在着平等的自由和公平的机会所要求的制度结构，那么当且仅当境遇较好者的较高期望是作为提高最少获得者的期望计划的一部分而发挥作用时，它们是公正的……从差别原则看，不管其中一人的状况得到多大改善，除非另一个人也有所得，不然还是一无所获。"③

以不同的公平观念架构社会生活中的公平秩序，会得出不同甚至完全相反的结果。比如，不同的公平观对于社会经济领域的经济公平、社会政治领域的政治公平、社会思想文化领域的宗教信仰公平、文化教育公平等，都会形成不同的认识和理念。因此，公平是与社会历史发展的一定条件和人们对公平的需要密切联系在一起的。法律中的公平价值，是将社会生活中存在的公平观念的一部分——而不是全部——选择出来，以国家意志的形式作为全社会共同遵循

---

① ［美］约翰·罗尔斯：《正义论》，何怀宏等译，中国社会科学出版社1988年版，第56页。

② ［美］约翰·罗尔斯：《正义论》，何怀宏等译，中国社会科学出版社1988年版，第56页。

③ ［美］约翰·罗尔斯：《正义论》，何怀宏等译，中国社会科学出版社1988年版，第71页。

的公平价值准则。

二、法律上的公平

法律上对公平存在着两种理解。一种是把公平看作是法律作用的结果。比如,法律工具论者就是这种主张,认为法律能够促进公平。另一种是把法律看作是公平的化身。比如,彼德·斯坦和约翰·香德在评述西方社会人们的公平观念时指出,"在许多情况下,人们往往把公平看作是法律的同义词。人们制定了法令来建立'公平施政',在许多国家,法院被看作是'公平之宫'"。①但他们又说,"普遍的看法是,公平是法律应当奉行的一种价值观"。② 实际上,在社会生活中,由于人们生存和发展的包括物质条件在内的社会基础存在着各种各样的差别,相应地形成各种各样关于公平的观念是必然的。而社会的发展不可能是所有的公平观念都被奉为应当遵循的价值观,其中有一个选择的过程。法律中公平价值的设定就是这种选择的结果。关键的是,选择什么样的公平观作为法律的公平价值。

历史上法律对公平观念的价值选择与人们所处的历史阶段是密切相关的。在以人们的政治身份的高低贵贱为主要表现的政治不平等的奴隶社会和封建社会,建立在政治不平等基础之上的公平观就是法律的公平观。如果说经济不平等是一种相对的不平等,人们可以通过个人的能力和自身的努力去改变的话,那么政治不平等就是一种绝对的不平等,一旦形成,极难改变。因此,近代启蒙运动斗争的矛头所指就是政治不平等。所谓的自由、民主、人权等思想、要求,集中关注于改变现实社会存在的政治不平等上。公民政治权利的公平成为资产阶级革命的重要口号。

在自由竞争的资本主义时期,政治上的天然垄断局面被打破,经济上也不具备凭借其固有经济实力控制整个社会经济生活的经济主体,法律上的公平更多体现在对形式公平的要求上。这种形式公平要求首先表现在分配上,按资分配和按劳分配都被认为是公平的,强调市场调节的作用,反对国家以其公权力干预社会经济生活。马克思也认为,市场是天生的平等派,他指出:"社会分工则使独立的商品生产者互相对立,他们不承认任何别的权威,只承认竞争的

---

① [英] 彼德·斯坦、约翰·香德:《西方社会的法律价值》,王献平译,中国人民公安大学出版社1989年版,第74页。

② [英] 彼德·斯坦、约翰·香德:《西方社会的法律价值》,王献平译,中国人民公安大学出版社1989年版,第74页。

权威……"① 各市场主体被赋予最基本的权利——竞争自由——被认为是公平的。对形式公平要求的另一种表现，是矫正的公平。每一个市场主体，都应对自己的行为负责，而且仅对自己的行为负责，在法律面前人人平等，没有高低贵贱之分。然而，在社会经济领域，形式公平发展的结果，激发了人们对实质公平的要求。以往否定国家介入社会经济生活的公平观，逐渐被要求国家介入社会经济生活并对社会经济生活予以适当调节的新的公平观所代替，法律的公平价值也随之变更。这种新的法律公平价值，就是经济法的公平价值。

三、经济法的公平价值

人们对公平的需求往往是由于人们在社会生活中感受到了不公平。自由资本主义社会经济、政治和思想文化发展的结果，人们感受到了一种新的不公平。即在经济领域经济集中的出现，垄断组织的产生。在人们的观念中，一种本不应当产生的权威随着自由竞争经济的发展在经济领域出现了。垄断组织的垄断行为本身并不违反形式公平的价值准则，然而，它有可能侵削形式公平的价值基础。如前所述，垄断组织的垄断行为旨在限制或消灭其他竞争主体的竞争自由，进而对整个市场经济的竞争秩序构成威胁。基于此，进入垄断阶段的市场经济国家才有可能伸出"有形之手"，依据被赋予的新的国家职能，以公权力的方式介入社会经济生活，对垄断行为予以适度规制。由此形成的新的法律公平价值，就是经济法意义上的公平价值。

经济法的公平价值与传统的民商法的公平价值相比较，其明显的区别在于，传统民商法的公平价值是一种形式公平，而经济法的公平价值，则是一种实质公平。

因为，随着福利国家的出现，国家被赋予更多的再分配职能，税收不再仅仅被用于国家机构的必要的开支，而是其中相当大的一部分被用于转移支付，以此调节社会分配的极度不均。经济法的内容体现在对垄断的禁止和不公平竞争的限制上，因为垄断行为通过限制和消灭竞争，直接或间接地威胁到形式公平存在的基础。因此，经济法的公平价值与传统民商法公平价值的区别，前者是维护和保障形式公平价值存在的基础，而后者是维护和保障形式公平价值本身。

---

① 《马克思恩格斯全集》（第二十三卷），人民出版社1984年版，第394页。

第五节 经济法的效率价值

与自由、秩序、公平、安全等价值成为法律的价值要素的悠久历史相比,效率被纳入法律的价值要素是晚近的事情。即使在自由竞争的资本主义时期,效率虽然是资本主义社会经济运行的主要指标,但也只是在自发地、潜在地起作用,法律只是对效率能够发生的基本条件予以确认和保护,并不对效率本身进行价值判断,更遑论作为法律的基本价值予以维护。然而,经济集中及其进一步发展出现垄断组织,人们关于效率的价值观念出现严重分歧,选择何种效率加以维护更成为法律的任务,效率随之成为法律的基本价值之一。

一、效率的含义

效率原本是一个经济学的概念,用来表示商品生产中投入与产出或者成本与收益之间的比例关系。在产品商品化程度较低的自然经济阶段,效率并没有成为人们关注的对象。但是,随着具体劳动和抽象劳动的分离,具体劳动借助于表现"价值"的抽象劳动而被交换,劳动和产品一起被商品化,降低单位产品的劳动量以获得尽可能多的交换价值成为可能,效率随即成为人们竞相关注的对象。在自由竞争的资本主义阶段,效率是资本主义经济的主要特征,以至于经济学研究的主要问题,也是经济效率问题。萨缪尔森认为,对于经济学而言,效率"也许是惟一的中心问题"。①

至于在经济集中或垄断问题上,更是反映了人们对于效率的不同的思想观念。因此选择什么样的效率作为市场经济运行的价值标准,不再仅仅是一个经济学的问题,更是一个法学的问题。

二、法律上的效率

对于法律意义上的效率,人们存在着两种不同的理解:法律的效率和作为法律价值的效率。法律的效率是对法律所作的效率分析,即沿用经济学的投入与产出或者成本与收益之间的比例关系,分析法律的运行效果。作为法律价值的效率是在存在关于效率的价值冲突和价值选择的情况下,由法律选择一定的效率作为社会经济运行的价值准则,即把效率看作是法律价值之一。

---

① [美]保罗·A. 萨缪尔森、威廉·D. 诺德豪斯:《经济学》(上,第12版),中国发展出版社1992年版,第45页。

在一般情况下,法律的效率往往是通过法律实施的情况显现出来的,因此,法律的效率也就是法律实施的效率。对于法律的效率,有学者认为,"所谓法律的效益,一般来说是指法律调整的实际结果与法律社会目的之间的重合程度。如果法律调整的结果反映或体现了法律的社会目的,那么我们就可以说法律的效益高或比较高;反之,如果法律调整的结果与法律的目的相背离,则法律的效益低或比较低。在这里,法律调整的状态和结果,实际上指的是法律的实效,它表明法律被遵守或执行的基本状况;而法律的目的则意味着制定或颁布法律时所要实现的社会目标。前者构成了法律实效的实证基础,后者构成了法律效益的价值基础,二者相辅相成,缺一不可。因此,法律效益是实证性(即法律调整的结果)与价值性(法律的社会目的)的有机统一"。①从其以上分析可以看出,该文所言的效益,实际上就是效率,即法律实施的效果。由于立法过程与法律的实施之间存在着客观的时空差距,分析法律的效率是有一定价值的。如果一项法律制度的实施存在低效率的情况,说明立法未能反映出社会的现实需要,进而有必要再次通过立法过程对其进行重新调整;如果一项法律制度的实施是高效率的,说明该法律制度反映了社会的现实需要,进而可以通过提高其法律效力等级或完善其具体规定的方法使其能够得到更为充分的实施。

把效率引入法律中并把其作为法律的基本价值,源于把经济学与法学结合研究的经济分析法学理论。经济分析法学是20世纪60年代产生的一个法学流派。它突破了"效率是经济学的主题,正义是法律的主题"这一传统认识,开始用经济学的分析方法分析法律问题,并把经济学的效率观念引入了法学领域。与传统的法律公平正义观不同,经济分析法学派强调,在公平与效率之间,法律应当首先维护效率。他们认为,所有的法律活动和全部法律制度,都是以有效地利用自然资源、最大限度地增进财富为目的的。

经济分析法学旨在通过分析法律与经济之间的逻辑联系,倡导法律对有效率的经济运行方式的维护。但是,在法律价值系统中,效率与自由、秩序、公平、安全都是相互联系、相互影响的,法律中对何种效率的选择也直接关系到法律对自由、秩序、公平、安全等价值的相应选择。仅仅强调效率价值而降低人们对其他法律价值的追求的思想固然不可取,但仅仅关注法律的其他价值要素而忽视效率也是不现实的。在现代社会,国家被赋予了干预社会经济生活的职能,其目的即在于通过这种干预,促进社会经济持续、稳定、协调发展,尽

---

① 公丕祥:《法制现代化的理论逻辑》,中国政法大学出版社1999年版,第129~130页。

可能在协调好效率与其他法律价值的前提下，努力使经济的发展更有效率。效率从而成为了经济法的基本价值之一。

三、经济法的效率价值

从法律价值的演进来看，传统的法律价值系统并不包括效率，而效率却成为现代法律价值系统的重要价值要素，似乎中间存在着相当大的跨度。然而，仔细分析一下，就会打消这种疑虑。传统的法律价值系统没有效率，并不是说效率不重要，其作为市场经济运行的自有规则，时刻都在点评着市场行为的优劣，优者胜，劣者汰。垄断的出现，促使人们关于效率的观念发生了变化。这种变化的主要表现，是人们关于垄断和其他市场竞争主体的关系、垄断和社会整体经济运行的关系的认识上，人们的观念发生了分化。具体地说，垄断是否有效率以及在垄断的效率与其他市场竞争主体的效率之间究竟该如何选择，垄断的效率与社会整体经济运行的效率之间是否存在冲突，等等，对这些问题的不同认识，决定了人们的效率观念和价值追求。

实际上，垄断是一个极为复杂的问题。世界各国对于垄断问题的认识并不相同，因此也决定了其对于垄断的态度和采取的措施。某一个国家在其经济发展的不同阶段，对于垄断的态度也时常发生变化。而且，垄断行为本身又包含着各种各样的内容。因此，简单化地认为垄断应当禁止或者垄断应当予以保护的观点都是不科学的。这些问题在法律上的表现，就是反垄断法。有相当多的学者认为，反垄断法的基本价值取向要么是公平，要么是自由，要么是秩序，甚或是安全，而并不认为是效率。这是一个值得深入思考的问题。诚然，反垄断法的法律价值系统中确实也包含着学者们所主张的如上价值要素，但是，在反垄断法价值系统中，忽视效率价值要素是说不过去的。国家运用公权力干预社会经济生活，既是对诸如自由、公平、秩序、安全等价值的重新选择施加国家影响，同时，更为重要的是，国家影响社会经济运行的重要目标，还在于影响人们对效率价值的选择，即通过国家干预，促使人们选择能够促进社会整体经济运行效率的效率模式作为其自身的效率模式。因此，效率在反垄断法价值系统中是一个不可或缺的价值要素。更进一步地，效率也是经济法的基本价值之一。

从责任观念的变迁上看，传统的个体本位责任观念已经被现代社会本位的责任观念所取代。即从单纯强调社会主体仅仅对其自身的行为负责，转变为社会主体对其自身行为以及这种行为所产生的社会效应负责。这种责任观念变化中的新内容，即是强调了社会主体的社会责任。这种社会责任的内容，不是或者说并不主要是诸如自由、公平、秩序和安全，而是效率。也就是说，社会主体一旦实施了某种行为,就要为这种行为对于社会经济运行的效率所产生的影响负责。在垄断问题上,世界各国的步调并不一致,对于即便都是对垄断持反对态度的国家,其反垄断的范围、程度、方式也并不相同,而对于某一个对垄断持反对态度的国家,其在不同的历史发展阶段,对垄断的规制也是宽严不一的。这并不是旨在说明,国家干预行为的任意性和专断性,而在于说明,垄断的效率与社会整体经济运行的效率之间的关系,并不总是处于一成不变的状态。因而,垄断者的垄断行为给社会整体经济运行的效率所造成的影响也总是处于变化之中,其应当承担的社会责任,利弊轻重也自然不同。

经济法效率价值的内容,是如何通过国家干预促使社会主体,选择符合社会整体经济运行效率要求的效率模式作为其自身效率模式。即规范国家的干预行为,以免使符合社会整体经济运行的效率模式受到国家公权力的侵犯;规范市场主体的行为,以免使符合社会整体经济运行效率要求的效率模式受到其他市场主体的侵犯。而且,经济法效率价值的内容还表现在,在国家基于其他价值要求对市场主体的经济行为进行干预时,经济法的效率价值也是被干预市场主体的抗辩理由之一。

第六节　经济法的安全价值

在人们的思想观念中,安全是一个含义广泛并且多变的概念。但是,不管安全的内容如何变化,也无论在什么时代,基于维持自身存在和发展需要及其对前景的理性预期的依赖,安全总是人们的基本需要,反映在法律上,安全也总是法律的基本价值之一。在经济领域,随着一国经济系统原有平衡被打破和随着经济全球化的迅猛发展,经济安全问题不再仅仅是市场主体依靠自发的市场调节力量所能维护的,而是需要国家的干预作为辅助。因此,法律安全价值的内涵和外延也随之发生了变化,这种变化的结果,就是经济法安全价值的产生。

一、安全的含义

在一般的意义上,安全,是指没有危险、伤害或不受威胁。安全本身是一个消极的防御性的概念,旨在防范不确定的、突如其来的风险。安全成为人们的基本需要,与人们的不安全感密切相关。而人们的不安全感主要来自对在客观上受到他人侵犯或攻击的可能担心,和在主观上受到他人威胁的可能的担心。进一步讲,由于人们的行为和行为的目的之间的张力,人们的每一种选择都伴随着程度不同的风险,这种风险意识具有与生俱来的本性,从而也就决定了在一般意义上,安全需要更倾向于人的本能。马斯洛在其需要层次理论中把安全作为人们的重要的需要之一。

从安全的内容上看,安全对人们来说更是一个相对具体的范畴。环境安全、粮食安全、资源安全、能源安全等关乎全人类的安全问题,也莫不与国家安全、人们自身的安全存在着直接或间接的关联。国家安全一般认为包括国家的国土安全与国家的政治安全和经济安全,在现代社会,经济安全对于一个国家及其国民来说具有越来越重要的意义。对于社会个体而言,安全一般包括人身安全和财产安全。

在社会生活中,人们总是倾向于所有的安全都能得到充分的保护,然而,这种主观上的美好愿望基于相应的社会基本条件的支撑才有可能实现,而社会基本条件是与社会发展的一定阶段相联系的,因此,不同的社会发展阶段、不同国家对安全的保护范围和程度是不同的。把什么样的安全列为保护对象以及保护到何种程度,是一种选择的结果。国家通过一定的制度安排使这种选择得以实现。在人类社会发展的早期,宗教、习俗和法律都是这种制度安排的重要表现形式,在现代社会,法律逐渐成为人们安全的重要屏障。也就是说,通过一定的价值选择,把安全融入法律之中,形成法律的基本价值,作为人们行为的标准和准则,从而达到维护社会、国家、群体和个人安全的目标。

现代阶段,经济全球化和垄断组织的产生,使人们对于经济领域中安全问题的认识发生了极大的变化。对于一国经济运行的外部环境而言,如何认识经济全球化与国家经济安全之间的相互关系,对于一国经济运行的内部环境而言,如何认识垄断组织与国家经济安全和其他市场竞争主体的安全之间的相互关系,以及如何通过法律设置来调整这些关系,进而达到维护社会整体经济的安全与保障各市场竞争主体安全的双重目标,是现代经济法的重要内容。

二、法律上的安全

从抽象的层面看,安全作为法律的基本价值,应当是不言而喻的。古往今来的法学家大都肯定了安全在法律中的重要意义,从未把安全看作是法律中可有可无的东西。但是,究竟应当把什么样的安全观作为法律的基本价值并作为社会通行的行为准则,则是见仁见智的事情。尤其是在不同的法律价值存在冲突的地方,这种分歧尤为突出。如在对外贸易领域,贸易自由与国家的经济安全之间,向来存在着一种紧张关系。各国对外贸易法的不同调整,反映了各国经济不同发展状况以及对于贸易自由和经济安全之间关系的不同态度。当然,法律中的安全价值体现在人们关于安全的方方面面的要求上,诸如人的生命健康、财产和行为，都受到法律的安全价值的维护。虽然其他安全问题并非是不重要的，但是，基于本文的主旨，经济领域的安全问题显然是重点。

有学者根据现代社会法律把经济安全作为现代国家安全的重要内容，而在之前，并非经济问题而是领土完整和"主权"不受侵犯是国家安全的主要内容，也是当时法律的主要调整对象。因此，此时的经济安全，可以看成是广义上的国家安全的重要内容。如在资本主义社会，资本取代土地成为社会发展的最重要的资源。法律通过对资本的情态存在和动态流转的详细规定，维护资本运行的安全性。因此，虽然在不同的社会阶段，法律对于经济运行安全性的规定并不相同，但都体现了经济一直是法律中安全价值维护的对象。由此可以看出，经济安全向来是国家安全的重要内容。只不过在社会发展的现代阶段，经济全球化的迅猛发展，使得一国的经济问题与世界经济运行融为一体，社会个体防范经济风险的能力相对减弱，需要借助于国家，因而世界各国纷纷把经济安全作为国家安全的一项重要内容。此外，在一国经济运行的内部，垄断组织的垄断行为，对其他市场主体的竞争安全构成了现实或潜在的威胁，因此，借助国家的"有形之手"获得强有力的安全保障成为一种必然选择。这一安全观念的转变，也是经济法安全价值产生的原因。

三、经济法的安全价值

在现代社会，由于经济全球化的发展、垄断组织直接或间接的威胁，以及主观上人们关于安全观念的转变，国家主动维护社会经济安全已是大势所趋。但是，在这一大趋势中，还存在着两个问题：一是如何避免国家不仅没有保障社会主体的经济安全，反而侵犯了社会主体经济安全的问题。二是国家出于经济安全而干预社会经济生活，应当奉行什么标准和价值准则的问题。对这两个问题的回答，则构成了经济法安全价值的主要内容。

国家之所以能够比社会个体更具有维护社会主体经济安全的能力，是因为国家具有强大的政治经济实力，在一定意义上可以说，国家是一种"必要的恶"。国家的这种力量既有可能保障市场主体的经济安全，也有可能侵犯市场主体的经济安全或对市场主体的经济安全构成威胁。在自由资本主义时期，人们之所以强调国家对社会经济生活应当奉行不干预政策，正是基于这种考虑。因此，必须通过相应的制度设置使市场主体的经济安全得到国家强有力的保护的同时，免于遭到国家的侵犯或威胁。或者一旦受到侵犯，社会主体得根据安全价值理由进行合理抗辩。这是经济法安全价值的第一项内容。

不少经济法的学者也曾经把安全作为经济法的价值目标之一，但很少把安全作为内蕴在经济法中的一项价值准则，相反只是把安全作为经济法作用的一个结果看待。至于如何看待经济法的安全价值与其他价值之间的冲突,则述说甚少。实际上,把安全作为经济法的一项基本价值,就是因为经济法诸价值之间存在着可能的或者现实的冲突,如自由与安全的冲突、效率与安全的冲突、公平与安全的冲突等。这种设置要求国家在干预社会经济生活时,能够全面衡量其干预的必要性和干预手段的科学性以及干预的限度。因此,在经济法中设定安全价值就是为了国家的干预行为在一定的限度内发生而不至于溢出。经济法的安全价值,既为国家的干预行为提供了依据,同时也为国家的干预行为设定了应当遵循的准则和界限。这是经济法安全价值的第二项内容。

第九章　经济法价值冲突

在有关法律价值的研究中，相当多的学者或是为了突出表现某一法律价值的重要性，或是只强调某一法律价值或者虽然讨论若干法律价值，但又机械地把这些法律价值想当然地予以抽象排序，从而人为地回避了法律价值之间相互冲突的可能性，这种研究进路是值得思考的。如前所述，法律价值是由若干价值要素组成的价值系统，辩证地看，法律价值并不具有完全绝对的意义，任何一项法律价值的设定、运行及其最终实现都必须考虑与其他法律价值之间的作用关系。或者说，正是由于法律价值冲突和价值选择，讨论法律价值才更有意义。经济法价值也是由若干经济法价值要素组成的价值系统，自由、秩序、公平、效率、安全等各价值要素是在彼此的相互作用中得以实现的。

第一节　经济法价值冲突

一、法律价值冲突

对法律价值的进一步研究，必然涉及法律的价值冲突问题。正如有学者指出的，"法的价值冲突研究是法的价值研究的必要内容，法的价值冲突的解决是法的价值研究的重要目的"。[①] 然而，在相关法律价值的研究中，承认或强调法律价值冲突的观点与否认或回避法律价值冲突的观点是并存的。这说明，对于法律价值冲突问题，学者们尚存在着不同的认识，对这一问题的认识不能简单化地以一断言了结。

从种属关系上看，法律价值冲突是价值冲突的表现形式之一，或者说，是价值冲突在法律上的表现。价值冲突是历史上或现实社会生活中不同的价值之间的相互影响、相互作用和相互制约的关系。它并非仅仅等同于有学者所说：

[①] 卓泽渊：《法的价值总论》，人民出版社2001年版，第122页。

"价值冲突就是价值之间的对立。"实际上,价值冲突是价值之间矛盾的外在表现,而这种矛盾关系不仅仅指价值之间的对立关系,还包括价值之间的统一关系。只要在一定社会生活的时空中存在着多个被追求的价值,这些价值之间就存在对立和统一的矛盾关系。考察法律价值冲突,关键在于研究一定社会发展阶段,构成法律价值的价值要素是唯一的还是多个的。

法律价值演进的历史表明,虽然在不同历史阶段,不同法律价值曾经得到不同程度的强调,甚至某一法律价值曾经被推崇至至高的地位,但是,即使认为某一法律价值具有绝对性的观点,也不能完全否认其他法律价值的存在,因而某一法律价值绝对性本身也同样具有相对的意义。实际上,法律价值演进的历史,也就是法律价值系统中各种法律价值要素——虽然在不同历史时期组成法律价值系统的法律价值要素并不一致——相互作用的历史。法律价值系统中各价值要素的相互规定性,决定了某一法律价值的内涵及其实现程度。这种法律价值之间的相互规定性的表现,就是法律价值冲突。具体而言,当某一价值被纳入法律时,该法律价值就从其与其他法律价值的相互关系中获得了自身的规定性,其被认可和实现的程度决定于其他同样被纳入法律之中的价值被认可和实现的程度。譬如,自由价值是近代以来西方社会法律价值中重要的价值,其被认为是西方社会法律制度的基础性价值,但是,自由并不是无限度的。一个社会个体在追求自由时既受到其他社会个体自由价值的制约,同时也受到其他法律价值为自由价值规定的限度制约。

法律价值冲突对于法律的重要意义,在于它解决了法律演进和发展的动力问题。法之为法,是由内在价值特质和外在规范形式两部分构成。法律演进和发展的过程,主要是法律价值的演进和变迁的过程。而法律价值的演进和变迁,其动力在于法律价值之间的矛盾运动。如果法律价值之间不存在矛盾,或者说法律价值之间不存在相互冲突,法律价值就会得到永久性的维护而不可能发展,法律也就会退化为僵死的规则。

法律和社会现实之间的张力,决定了法律的稳定性和灵活性特征。法律作为一种行为规则,其稳定性是必然的要求,人们无法遵守瞬息万变的法律。然而,社会生活又是在不断地运动、变化和发展的,不变的法律难以适应社会发展的需要,法律的灵活性也是法律的必然要求。研究中法律的这两种属性都曾经得到不同程度的强调,甚至有的理论为了强调其中一种属性而排斥、否定法律另一种属性。如果不承认法律价值冲突的存在,如何认识和协调这两种属性之间的关系,也确实是法律上的一个难题。但是,这两种看似不相容的法律属性确实又统一于法律之中,其统一的前提和基础,就是法律价值冲突的存在和作用。把相互矛盾的法律价值纳入法律之中,使法律不至于因为社会价值的变迁而频繁变动，由此保证法律的稳定性；而当法律价值之间的矛盾性被社会现实激活，由此表现出来的法律价值冲突，则为人们解决现实问题的价值准则提供了选择的可能性，使得法律的灵活性得到体现。

法律的普遍性与特殊性矛盾决定了法律价值冲突的内容。法律作为社会通行的行为准则，必须具有普遍性。法律的普遍性特征决定了立法目的、基本原则甚至法律规则的普适性。而在法律适用中同样面临一个抽象规则转化为具体准则的问题。因此，法律是普遍性与特殊性的统一。法律的普遍性和特殊性的矛盾决定了法律价值之间不同的关系，相应地，也决定了法律价值冲突的具体内容。

科学认识和分析法律价值冲突问题，正确对待和处理法律价值冲突问题，不仅仅是理论研究的必然内容，也是立法活动、执法活动和司法活动在内的法律实践的现实需要。

二、经济法价值冲突

正如研究法律价值必须研究法律价值冲突一样，研究经济法价值，也应给予经济法价值冲突以足够的重视。然而，此前关于经济法价值的诸多研究中，经济法价值冲突问题并未得到应有的重视，相反，此问题经常被忽略。实际上，仅仅抽象地说明经济法诸价值之间的序列关系，不能被认为是一种科学的态度。至于自由与秩序、自由与安全、公平与效率、秩序与效率等经济法价值之间的矛盾关系，不是单纯依靠理论抽象一劳永逸地予以解决，必须参照现实经济生活的需要。

法律稳定性与灵活性的矛盾在经济法中的表现尤为突出。经济法是法律发展到现代阶段的产物，既要满足其作为行为规则的稳定性要求，又要适应现代社会发展变化的灵活性需要。经济法作为国家干预社会经济生活的行为规范，其内容是关于国家是否干预、如何干预以及干预的程度、范围等的标准和准则。这是经济法稳定性的表现。但是，国家对社会经济生活的干预，不仅仅取决于法律上的规定，而且必须适应社会经济发展的要求。只有社会经济生活客观上需要国家干预的时候，这种干预才是合法的。由于社会经济生活的变动性特征，"需要干预"并不是一成不变的，需要灵活掌握，这是经济法灵活性的表现。如果否认经济法价值冲突的存在，解决经济法稳定性和灵活性矛盾的方式只能靠频繁的法律变革，这实际上又牺牲了法律的稳定性。因此，把不同的法律价值纳入经济法中，通过经济法价值冲突，才能够较好解决经济法稳定性和灵活性之间的矛盾。

经济法价值冲突是经济法价值系统中各价值要素之间既对立又统一的矛盾

关系。经济法价值冲突,首先是通过立法过程把相互矛盾的经济法价值要素纳入经济法中,然后通过法律适用,把适应社会现实需要的法律价值在价值冲突中选择出来,进而作为解决社会价值冲突的准则和标准。

经济法价值冲突的表现,既反映在经济法的立法过程中,也反映在包括经济法执行和经济法司法等法律适用的过程中。其具体内容,是经济法价值系统中诸价值要素的相互作用,即自由、秩序、公平、效率、安全等经济法价值的对立与统一。

经济法价值冲突的产生和存续,既有社会原因,也有法律原因。经济法价值冲突产生和存续的社会原因,包括经济上利益主体的多元性、政治上政治参与的民主性和思想上价值观念的多元性。经济法价值冲突产生和存续的法律上的原因,包括经济法主体的多元性、经济法价值的多维设定及其交叉重叠关系和经济法制定与经济法适用之间的张力。

第二节 经济法价值冲突的原因

如前所述,经济法价值冲突的产生和存续,既有其社会原因,也有其法律原因。

一、经济法价值冲突的社会原因

社会是人类生活的共同体。作为法的内在特质的法律价值是一定社会的经济基础的反映,同时又受政治上层建筑和思想上层建筑的影响和制约。不同的经济因素、政治因素和思想观念因素决定不同的法律价值,这些不同的法律价值在现实社会中往往是以价值冲突的方式表现出来的。反过来,法律价值冲突的社会原因,在于不同利益主体的不同利益需求,在于不同利益需求的政治表达,在于不同利益需求的不同价值观基础。这也是经济法价值冲突产生和存续的社会原因。

在社会经济生活领域,构成社会经济基础的主要内容,是多元化的利益主体。不同的社会主体有着不同的利益需求。不同社会主体的不同利益需求既存在着相互统一的关系,又存在着相互对立的关系。而不同利益主体利益需求的对立和冲突,促使有相同和相近利益需求的利益主体形成利益集团。这样,构成社会经济基础主要内容多元化的利益主体,就被整合成不同的利益集团。利益主体利益需求正是通过利益集团的形式得到满足的。由于不同利益集团之间存在着不同的利益需求,社会必须在不同的利益集团的利益需求之间作出选择，即对不同集团的不同利益需求，所具有的鼓励、允许、反对或禁止的不同社会态度。这种不同社会态度在法律上的反映，就是法律的价值。现代社会，构成法律价值的经济基础主要内容的，不可能是某一个利益集团的单一利益需要，而是不同利益集团多元化的利益需要。而这些不同利益集团多元化利益需要之间的冲突和对立，在法律上的表现，就是法律价值的冲突。国家以"有形之手"对社会经济生活的干预，反映了国家对不同利益集团多元化利益需求所具有的鼓励、允许、反对或禁止的态度。这种不同态度在法律上的反映，就是经济法的价值。基于国家干预所产生的不同利益集团多元化利益需要之间的对立和冲突，在法律上的表现，就是经济法价值冲突。因此，由于国家干预产生的不同利益集团的多元化利益需要之间的对立和冲突，是经济法价值冲突的社会经济根源。

在政治领域，政治是经济的集中表现。不同利益集团多元化利益需求，通过一定的政治设置及其表达机制演变为政治上的不同要求。不同利益集团之间的利益对立和冲突，在政治上表现为政治主张的对立和冲突。不同利益集团的政治主张能否在政治上表达，关键在于社会政治设置中是否赋予其政治权利。在专制社会，政治权利的赋予是与利益集团的社会等级密切相关的，而授予或剥夺某一利益集团的政治权利与其经济上的利益需求能否在政治上表达密切相关。由于专制社会是以政治等级制度为其主要制度形态的社会，所以其表达机制也必然以政治等级制度为基础。不同利益集团的利益需求也只能通过政治等级制度在政治上进行表达。利益集团的政治主张被认可的程度，与利益集团的政治地位密切相关。因此，在专制社会，利益集团的政治权利变动对其经济利益需求具有重要意义。相应地，专制社会法律价值的冲突主要表现为政治权利的冲突。而在民主社会，政治等级制度被政治民主制度所取代，政治权利普遍化，不同利益集团基于不同利益需求而形成的不同政治主张，可以通过民主机制在政治上获得表达。利益集团政治主张被认可的程度，受利益集团政治力量和经济力量这两个因素的双重影响。具体而言，在民主社会中，不同利益集团政治主张首先与其政治力量的强弱密切相关，其次也与其经济力量的大小有关。因此，民主社会中利益集团的政治力量和经济力量对其经济利益需求具有重要意义。相应地，民主社会法律价值的冲突主要表现为不同利益集团之间政治力量和经济力量的冲突。在利益集团政治力量和经济力量的动态发展过程中，二者总是处于不平衡的发展状态。这种不平衡性的现代表现，就是政治民主和经济集中的矛盾。由于这一矛盾的进一步发展，其结果必然是利益集团的经济力量和政治力量发展失衡，因此，维持利益集团的政治力量和经济力量发展的平衡，是国家对社会经济生活进行干预的根本目的和内在根据。而由于国家干预所形成的政治主张之间的对立和冲突，是经济法价值冲突的政治原因。需要说明的是，由于在前资本主义社会，经济力量不可能摆脱对政治力量的依附关系而独立存在，因此，在前资本主义社会，不可能产生经济法，或者不可能产生现代意义上的经济法，更不存在经济法价值冲突问题。

二、经济法价值冲突的法律原因

经济法价值冲突的法律原因，首先在于经济法主体的多元性。国家以公权力介入社会经济生活而形成的国家干预关系，涉及包括国家在内的多方利益主体。而不同的利益主体存在着不同的利益诉求，譬如，国家和个人、弱势竞争主体和强势竞争主体、生产者和消费者等具有不同的利益诉求，而且某一经济法主体在不同的经济法关系中也具有不同的利益诉求。国家的干预活动，其目的既不是肯定某一利益主体的利益诉求而否定其他利益主体的利益诉求，也不是肯定某一利益主体的某一方面利益诉求而否定该利益主体的其他利益诉求，而是平衡和协调整个社会经济运行中各方利益主体的各种利益诉求。根据这一目的，经济法的主体设定应当包括所有受到国家干预或受到国家干预影响的所有利益主体。经济法价值冲突的产生和存续，不同经济法主体不同利益诉求同时被纳入法律之中，是经济法价值冲突的首要法律原因。

其次，多元经济法主体的多重利益诉求在经济法中体现为多维价值设定。经济法主体的行为既受这种多维价值的保障，也受这种多维价值的限制。由于这种多维法律价值之间并非孤立存在关系，也不是平行并列关系，而是交叉重叠关系，在各价值延伸的边界上，经济法价值之间存在着对立与冲突。因此，经济法价值的多维设定及其交叉重叠关系，是经济法价值冲突的又一法律原因。

最后，经济法制定与经济法适用之间的张力，是经济法价值冲突的又一重要法律原因。经济法制定与经济法适用之间虽然存在着相当程度的一致性，然而，由于二者的主体、程序、技术以及考虑问题视角的差异，二者之间仍然存在着相当大的距离。在经济法的普遍性与特殊性的关系上，二者更是具有巨大的反差。经济法制定考虑的是经济法的普遍适用性，而经济法适用考虑的是经济法的特殊性。经济法制定和经济法适用的矛盾关系，是经济法价值冲突的另一法律原因。

第三节 经济法价值冲突的主要表现

经济法价值冲突的表现,既反映在经济法的立法过程中,也反映在包括经济法实施和经济法司法等法律适用的过程中。其具体内容,是经济法价值系统中诸价值要素的相互作用,即自由、秩序、公平、效率、安全等经济法价值对立与统一的关系。这种对立与统一关系的主要表现是自由与秩序的对立统一、效率与公平的对立统一、自由与安全的对立统一、秩序与效率的对立统一等。

一、自由与秩序

经济法关于自由价值与秩序价值的关系,是一般法律理论中自由与秩序关系的特殊表现。但是,在一般法律理论中,自由与秩序的关系问题虽然是法律价值研究中的一个重要问题,但也是一个众说纷纭的问题。在一般法律理论中,关于自由与秩序关系的争论主要涉及两个基本问题:作为法律价值的自由与秩序是否存在冲突?自由与秩序如果存在冲突,自由至上还是秩序至上?对于第一个问题,形成了两种截然相反的观点。一种观点认为,法律价值之间是和谐统一的,不存在价值冲突问题,相应地,自由和秩序作为法律的价值,二者之间也是和谐统一而非相互冲突的。相反的观点则认为,法律价值之间既存在统一关系,也存在对立关系,法律价值的对立关系决定了法律价值之间是相互冲突的,相应地,自由和秩序分属于两种不同的价值取向,二者是对立的。在肯定自由与秩序存在价值冲突的观点中,对自由与秩序"何者第一性"的回答也存在两种不同的认识。一种观点认为,自由是法律的最基本价值,在自由与秩序发生冲突时,首先应当保障自由价值的实现,甚至为此可以牺牲秩序。与此相反,另一种观点则认为,当自由与秩序发生冲突时,秩序是首要的,为了维护秩序,必要时可以牺牲自由。因此,讨论经济法上自由与秩序的关系问题,有必要对上述观点予以简单分析。

首先,自由与秩序是否存在价值冲突的问题,或者说,法律价值之间是否存在着价值冲突的问题,前面已有论述,但有一点是必须予以强调的,即法律发展的历史表明,法律价值是随着社会的发展而不断演进的,或者法律发展的历史也可以看作是法律价值演进的历史。然而,法律价值何以能够不断演进?或者说,法律价值演进的动力是什么?虽然也可以从法律外部社会条件的变化上进行解析,但这是不充分的。法律价值冲突正是法律价值演进的内在原因。譬如,自由价值的演进是新的自由价值对原有自由价值的扬弃,也是对原有自由价值与其他法律价值（包括秩序价值）关系的扬弃。因此，在法律价值的动态意义上，法律价值之间存在价值冲突是必然的。

其次，关于自由与秩序"何者第一性"的问题。上述肯定自由和秩序存在价值冲突的观点中，强调自由至上和强调秩序至上，都有一个理论上的前提性假设：要么要自由，要么要秩序，二者不可兼得。这个理论上假设是与法律价值本身的认识有关的，即虽然认为自由和秩序都是法律的价值，但仅仅把自由和秩序看作是法律的目的，而不是一种价值尺度。实际上，自由和秩序作为法律的目的被纳入法律首先是一种价值尺度。自由和秩序作为法律价值，既是行为者行为的法律保障，也是行为者行为的法律限度。自由与秩序的冲突，并不是一方消灭另一方，而是旨在确定二者作为价值准则的限度。在法律价值冲突的意义上，作为法律价值的自由是对自由的突破，作为法律价值的秩序是对秩序的扬弃。即新自由取代旧自由，新秩序代替旧秩序，是法律自由价值和法律秩序价值的必然要求。因此，在自由与秩序发生冲突时，并不是自由取代秩序，也不是秩序取代自由，而是自由和秩序界限的偏移，即二者的关系发生了新的变化。经济法自由与秩序的冲突表现为由于自由或秩序的变化引起自由和秩序的冲突。

一方面，由于自由的变化引起自由与秩序的冲突。如前所述，自由是经济法价值系统的要素之一，经济法对自由价值的维护和保障不仅仅是维护业已确立的经济法主体行为自由的范围和限度，也包括经济法主体对其行为自由范围和限度的突破和超越。从某种意义上说，后者具有更为重要的意义。然而，经济法主体的这种突破和超越必然改变自由与经济法其他价值之间的关系，势必受到经济法价值系统其他价值要素的限制或排斥。其中，主要的限制或排斥来自于业已确立的既有经济法秩序。因为经济法主体新自由的产生必然改变经济法价值系统中自由与秩序的关系，这种变化包括新自由取代旧自由和新秩序取代旧秩序。因此，经济法主体自由的变化实际上也就表现为经济法新秩序与旧秩序的冲突。国家对社会经济生活的干预，表现为对经济法主体新自由的肯定或否定，并进而凭借国家力量以秩序变更的方式对这种新自由予以保障或进行限制。因此，经济法主体自由的变迁实质上是对原有经济法秩序的突破，是新的经济法秩序对原有经济法秩序的替换。

另一方面，由于秩序的变化引起自由与秩序的冲突。秩序作为经济法的价值，其变迁也是经济法价值动态性的要求。引起经济法秩序变迁的因素，不仅来自经济法主体自有价值的变化，也来自经济法其他价值的变化。反过来，经济法秩序的变化同样会对经济法其他法律价值产生影响，包括经济法的自由价值。即，经济法秩序的变化导致经济法自由价值的范围或限度的扩张或收缩。

因此,经济法秩序的变化也要受到经济法自由价值的限制或排斥。国家对社会经济生活的干预,表现为对经济法新秩序的肯定或否定,这种干预,导致经济法自由价值的相应变化。

二、效率与公平

对效率和公平关系的制度安排,向来是经济法的主要内容。而这种制度安排如何设定,与人们对效率和公平关系的认识相关。既往的分析虽然并不否认效率和公平关系的矛盾性,即承认效率与公平之间存在冲突,但侧重于效率与公平关系的静态分析,把效率与公平关系定格于一种固定的价值选择。在此基础上,所形成的效率与公平关系的认识主要有两种:效率优先或公平优先。由于这两种认识在当前经济法理论研究中仍然存在着重要的影响,因此有必要对其进行简单分析,并进而讨论经济法效率与公平的关系。

在社会经济领域,效率被认为是市场主体投入与产出、成本与收益之间的比例关系,并根据这种比例关系,把市场主体的行为划分为有效率与无效率,或者高效率与低效率。然而,由于受多方面因素的影响和制约,市场主体投入与产出、成本与收益之间的比例关系并非是一成不变的,这种比例关系的动态性,决定了效率的动态性,也决定了效率的可比较性。效率的比较也是效率概念的内容。这种比较的内容,既包括纵向比例关系的比较,也包括横向比例关系的比较。效率优先的观点肯定了效率的可比较性,强调在不同市场主体的利益发生冲突时,优先考虑高效率市场主体的利益。

然而,市场主体的效率是可变的。由于市场主体内部经济因素和外部经济条件的变化,其经济效率的高低程度也会发生相应变化,相对高效率市场主体可能变成相对低效率的市场主体,而相对低效率的市场主体也可能演变为相对高效率的市场主体,对相对高效率市场主体利益的保护,可能扼杀这种变化的发生。这也是区别对待之所以被认为是不公平的根本原因。公平优先的观点的提出,也是基于防止这种可能发生的考虑。

公平优先观点的主要内容是让所有的市场主体都能够参与市场竞争,防止市场主体之间竞争机会的限制与消灭。然而,公平也是一个比较意义上的概念,其内容具有变化性和相对性。市场主体之间关系的变化决定了公平内容的变化,决定了公平内容的相对性。实际上,公平的相对性本身就意味着对作为价值准则公平的选择。因此,在效率与公平的关系上,很难说应当效率优先还是公平优先,公平和效率都具有动态性和相对性,作为法律价值的效率和公平的限度以及二者的关系,是通过法律价值的冲突予以确定和表现的。而效率与公平的冲突,在动态意义上,表现为由于效率价值的变化而引起的冲突和由于公平价值的变化而引起的冲突。

效率价值变化是指作为价值准则的效率的重新选择。由于选择不同的效率作为价值准则，其对应的公平内容不同，因此，对作为价值准则效率的重新选择，意味着对作为价值准则的公平的重新选择。在这个意义上，效率价值与公平价值的冲突也就意味着新旧公平价值的冲突。新的效率价值准则的选择可能产生三种结果：其一，新的效率价值准则既满足了市场主体的效率需要，又满足了市场主体的公平需要。这表现为效率与公平的良性互动关系，新的效率价值优化了公平价值准则。其二，新的效率价值仅仅满足了市场主体的效率需要，但维护了原有的公平价值准则。这表现为在外部因素的影响下，效率和公平关系的断裂。其三，新的效率价值准则虽然以满足市场主体的效率需要为目的，但阻碍了市场主体公平需要的满足。这表现为新的效率价值准则与公平价值准则相背离，最终不仅对公平构成伤害，而且也无法保障效率价值准则发挥积极作用。国家对社会经济生活的干预，其目的是为效率与公平关系的第一种可能创造条件并促进其实现。

作为法律价值准则公平的变化也对效率价值具有影响作用。在辩证意义上，公平与不公平是对立统一的关系。把何种程度的公平作为价值准则对应着在社会中不公平被保留的程度。完全的公平和绝对的不公平作为两种极端状态，都会限制或阻碍效率价值准则发挥积极作用。因此，国家干预社会经济生活，旨在确定社会不公平被保留的程度和范围，在这一程度和范围内，效率价值准则能够发挥积极作用。

三、自由与安全

在自由与安全的关系上，以往的认识是通过对自由施加一定程度的限制从而使二者的关系协调起来。因为，如果社会主体的行为超出了法律规定的限度，极有可能对其他社会主体的自由构成威胁甚至造成伤害，所以，为了避免这种情况的发生，对社会主体的行为自由施加一定的限制是必要的。基于这种认识，自由和安全似乎存在着明确的界限，也就不存在所谓价值冲突问题。但是，由于作为价值准则的自由总是随着自由的内涵和外延的变化而变化，作为价值准则的安全本身也具有不确定性，因此，看似明确的自由和安全的界限相应地也存在一定程度的模糊性。这一界限的模糊性是由作为价值准则的自由与安全的价值冲突造成的。自由与安全的冲突主要表现为自由的变化所引起的冲突和安全的变化所引起的冲突两种情况。

如前所述，作为法律价值准则的自由不仅仅在于对自由的维护，更在于对自由的突破和超越。自由的选择性特征决定了自由本身具有不确定性的风险，而对自由的突破和超越更是意味着风险的增加和扩大。因此，社会主体的任何自由行为都相应地受到安全价值准则的程度不一的限制，而社会主体对自由的突破和超越更是受到安全价值准则的强烈抵制。自由与安全的对立，决定了自由程度越高，安全对自由的限制就越多。自由对自由界限的突破，势必出现自由对安全界限的突破。当然，需要说明的是，在自由和安全的关系上，自由的变化与自由和安全的冲突并不是通常理解的在时间上存在先后顺序，而是同步发生的。因此，自由的变化是在自由与安全的冲突中实现的。

另外，作为法律价值准则的安全也处于变化之中。从一般意义上说，社会主体的任何行为自始至终都伴随着或多或少、或大或小的风险，安全作为价值准则，就是关于允许出现或者禁止发生风险的程度和范围的概括和说明。安全的变化，同样导致自由与安全界限的变化，从而影响社会主体的行为自由。因此，安全的变化也是通过安全与自由的冲突实现的。

具体到经济法中，自由与安全的冲突表现在由国家干预活动所导致的自由或者安全的变化。在现实经济生活中，国家以安全为理由干预社会经济生活越来越普遍，由此导致对社会主体的自由威胁也越来越多，越来越大。作为法律价值的自由与安全的冲突，相应地也就具有越来越重要的意义。

四、秩序与效率

秩序和效率的冲突是随着效率价值在法律中的设定而受到重视的。在忽视效率的时代，秩序和效率的冲突虽然是客观现象，但往往是通过牺牲效率的方法而使二者协调起来，从而使秩序和效率的冲突得以消解。因此，在这种情况下，秩序和效率的冲突并不具有法律上的意义，也不是法律价值研究的主要对象。效率被纳入法律作为法律价值与秩序比较起来要晚得多。但是，随着人们对效率重视程度的不断提高，在效率与秩序关系问题上，又产生了一种相反的认识，即为了保障效率价值准则的作用而贬抑秩序的价值需求。这种新的认识在经济法中的表现，是一种经济法秩序建构理论。即通过一种经济法新秩序的建构，从而使秩序与效率趋于协调，同时使秩序和效率的冲突得以消解。这种秩序建构理论的社会基础，往往是某一特定时期的社会转型。因为在社会转型过程中，秩序和效率的冲突最为明显，通过建构一种新秩序以适应效率要求的愿望也最强烈。与社会经济生活中的自发秩序需要长期演变发展不同，秩序建构理论希望借助于国家的广泛干预和强力渗透，促使新的秩序迅速发挥作用。从社会发展的意义上看，秩序建构理论有其一定的合理性，但是，从法律价值冲突与演进的角度看，这种理论的惯性思维，容易忽略既有秩序对社会发展的作用以及对新秩序的抵制作用。因此，因建构而生成的新秩序在发挥作用时，很容易并发许多社会问题。

　　因国家对经济的干预而引起的经济法秩序价值或效率价值的变化，是通过秩序和效率的冲突实现的，这种变化的结果是新的经济法秩序价值取代旧的经济法秩序价值和新的经济法效率价值取代旧的经济法效率价值，并且使秩序与效率的界限发生变化。

第十章　经济法价值实现

　　以往对经济法价值的研究和分析，大多有意无意地忽略了经济法价值系统中关于价值要素冲突的研究，由此所导致的关于经济法价值的认识，往往也仅停留在"经济法价值是什么"这一阶段，而对于"经济法价值如何实现"问题，则不再做进一步的分析，或者虽有涉及，也仅仅是把其作为经济法价值的一种结果，对于经济法价值的实现方式和过程，则语焉不详。这说明对于"经济法价值如何实现"这一问题的重要性，尚存在认识不足。然而，从法律价值冲突的意义上看，"经济法价值实现"绝不是法律价值研究中一个可以随意忽略的问题，深入分析经济法价值实现的方式和过程，不仅具有理论意义，更具有实际意义。

第一节　经济法价值实现概说

　　统观学界对经济法价值实现问题未予足够重视的原因，主要与法理学关于法律价值研究的思维进路有关。也就是说，在法的一般理论研究中，关于法律价值的讨论，法律价值实现问题并未获得应有的重视。正如有学者概括的，"法的价值实现，学术界鲜有研究。许多关于法的价值研究的学术论著，几乎都以研究少量的价值原理和一定的价值目标或者价值准则作为研究的中心。对于法的价值实现未予涉足"。[①] 诚然，价值目标或价值准则的论证和阐释确实是法的价值研究的重要内容，但是，这并不能代替法的价值实现所具有的理论和实际意义。

一、法价值实现的含义

　　由于在经济法价值研究中，甚至在一般法的价值研究中，价值实现问题未

---

① 卓泽渊：《法的价值总论》，人民出版社2001年版，第159页。

能得到应有的重视，这使得在客观上关于经济法价值实现的含义进行界定的尝试，面临着相当程度的困难。在我国法理学界，关于法的价值实现的界定，仅有卓泽渊先生的阐释。他认为："法的价值实现，是法的价值目标的现实化，价值选择、价值评价等的过程与结果的总称，是法的价值活动的目的得以现实化的过程和结果。"① 这是从价值实践和价值认识的辩证关系的角度对法的价值实现进行界定的一种尝试。与以往法的价值研究中仅仅把法的价值实现作为一种结果的认识不同，这一定义强调了法的价值实现的过程性，认为法的价值实现是"过程与结果的统一"。这一理解无疑是应当肯定的。但同时我们还应看到法律价值冲突在法的价值实现中的重要作用。从客观上看，正是由于法律价值冲突的存在，法的价值实现才有意义。如果法律仅仅存在一元法律价值，即作为价值准则的要素是单一的，那么法律价值的设定本身就可能是无意义的，更遑论法的价值实现了。因此，多元法律价值的存在，不仅不是法的价值实现的障碍，而且应当是法的价值实现的逻辑前提。

法律价值的多元存在，又决定了法律价值冲突的客观必然性。法律价值冲突表现为构成法律价值系统的各价值要素之间的对立与统一，这种法律价值要素之间的对立和统一是通过法律制定过程中立法部门对价值目标的设定、法律执行过程中各相关方对价值准则的选择适用、司法过程中各相关方对价值准则的选择适用这一法律价值运行的动态过程表现出来的。在多元法律价值构成的价值系统中，价值冲突的存在是法的价值实现的动力和基础。因此，法的价值实现是与多元法律价值的存在及其相互冲突密切相关的。多元法律价值的存在及其相互冲突，使法律价值的选择成为可能。不同的法律价值意味着不同的行为准则和价值尺度，选择不同的法律价值作为行为准则和价值尺度，决定了行为的不同法律后果。反过来，为了谋求不同的法律后果，不同的法律价值选择也是必然的。因此，法的价值实现与法的价值选择是密不可分的。如果把法的价值实现与多元法律价值存在及其相互冲突以及法的价值选择联系起来考虑，法的价值实现应当是：相关法律主体在立法、执法和司法活动中对相互冲突的多元法律价值的选择过程。其中，多元法律价值的存在是法的价值实现的前提，法律价值之间的内在冲突是法的价值实现的动力和基础，相关法律主体是法的价值实现的主体，价值选择是法的价值实现的方式，立法过程、执法过程和司法过程是法的价值实现的途径。

---

① 卓泽渊：《法的价值总论》，人民出版社 2001 年版，第 162 页。

二、经济法价值实现及其基本内容

经济法价值实现是法的价值实现的具体表现。经济法价值是由自由、秩序、公平、效率、安全等价值要素构成的多元价值系统,各价值要素之间存在着对立与统一的冲突关系。各经济法主体为了获得对自身有利的法律后果,必然会选择相应的经济法价值作为行为准则和价值尺度,这一选择过程表现为经济法立法、经济法执法和经济法司法等方面。因此,概言之,经济法价值实现是指相关经济法主体在经济法立法、经济法执法和经济法司法活动中对相互冲突的多元经济法价值进行选择的过程。

多元经济法价值的存在,是经济法价值实现的前提。经济法价值是基于人们对国家干预社会经济生活的现实需要而产生的。在现代社会,这种需要几乎扩展至社会经济生活的所有方面。与之相适应,原有的作为社会经济生活中行为主体的行为准则和价值尺度的法律价值,因为国家对社会经济生活的干预而衍生出了新的法律价值,这些新法律价值的总和,形成经济法价值系统。因此,因国家干预社会经济生活而形成的经济法意义上的自由、秩序、公平、效率、安全等价值要素及其相互关系,构成多元经济法价值。经济法价值的实现,就是对多元经济法价值所进行的选择和取舍。

经济法价值之间的冲突,是经济法价值实现的动力。在经济法价值系统中,经济法各价值要素之间存在着相互冲突的关系,即不同的经济法价值要素为经济法主体的同一行为可能设定不同的法律后果。经济法主体之所以促进经济法价值系统中某一价值要素的实现,是因为该价值要素作为经济法主体的行为准则和价值尺度,为经济法主体的行为设定了最为有利的法律后果。经济法主体促进经济法价值实现的内在动因,就是通过对相互冲突的经济法价值进行选择和取舍,为自身的行为寻求最为有利的法律后果。

经济法价值选择,是经济法价值实现的基本方式。由于经济法价值的多元存在及其相互冲突,使经济法价值选择成为可能。不同的经济法主体基于不同的利益要求,选择不同的经济法价值作为其行为准则和价值尺度,并以此作为与其他经济法主体的利益要求进行抗辩的法律根据。而经济法价值选择的基本途径,是经济法主体作为参与方所进行的经济法立法、经济法执法和经济法司法活动。

第二节 经济法价值实现的方式和途径

如前所述，经济法价值实现是指相关经济法主体在经济法立法、经济法执法和经济法司法活动中对相互冲突的多元经济法价值的选择过程。这里需要指出的是，经济法价值选择是经济法价值实现的基本方式，经济法立法、经济法执法和经济法司法是经济法价值实现的主要途径。

一、经济法价值实现的基本方式：价值选择

在价值的一般意义上，价值是价值客体对价值主体需要的满足。这是价值主体和价值客体关系的普遍性。除此之外，价值主体和价值客体之间的关系，还具有特殊性。其特殊性的表现，在于价值主体需要的多样性和价值客体满足需要的多样性。价值主体需要的多样性表现在不同的价值主体具有不同的价值追求。社会是由人为单位构成的，社会中的人是最基本的价值主体。由于社会中的人自身存在和发展的状况不同，其作为个体价值主体对价值客体的需要也不相同，由此产生了个体价值主体之间价值追求的矛盾和冲突。个体价值主体之间价值追求的矛盾和冲突，又促进了具有相同或相近价值追求的个体价值主体的联合，由此产生了群体价值主体。相对于个体价值主体，群体价值主体的价值追求对于群体成员具有普遍意义。社会价值主体是由众多的个体价值主体和形形色色的群体价值主体构成的价值主体系统。价值客体的多样性是指不同的价值客体能够满足价值主体的不同需要。具体而言，对于某一价值主体来说，不同价值客体能够满足其不同的需要，而对于同一价值客体来说，这一价值客体可能能够满足不同价值主体的不同需要。因此，社会价值客体也是一个具有不同价值需要满足属性的不同价值客体构成的价值客体系统。价值关系从总体上看，就是这两个系统之间的对应关系。然而，价值客体对价值主体不同需要的满足，具有相互否定的属性，这就要求价值主体在存在相互矛盾和冲突的价值追求之间作出选择，以使不同价值主体之间的价值追求或某一价值主体的不同价值追求之间趋于协调。

价值选择作为解决价值主体价值追求矛盾和冲突的方式，包括宗教方式、道德方式、经济方式、政治方式、武力方式和法律方式等多种方式。这些价值冲突解决方式具有不同的作用机制。在人类社会的发展历史中，各种方式都曾发挥了程度不同的作用。法律作为解决价值主体价值追求矛盾和冲突的方式，其作用机制是把一定的价值追求选择出来内化为法律的基本价值，以此作为社

会价值主体的行为准则和价值尺度。同时，由于内化为法律价值的价值追求不是单一的，而是多元的，因此，价值主体对于行为准则和价值尺度可以进行再次选择，并在此基础上选择其自身行为的目标、方式和途径。法的价值的实现，就在于通过法的价值选择协调社会价值主体的价值冲突，反过来，法的价值选择是法的价值实现的方式。在现代社会中，其他价值选择方式的作用日渐式微，法的价值选择逐渐成为解决价值主体价值追求矛盾和冲突的基本方式。

经济法价值选择，是针对国家干预社会经济生活而产生的价值冲突，价值主体所进行的价值选择。国家对社会经济生活的干预活动，存在着一个是否干预以及干预程度和范围的问题，因此，国家对社会经济生活的干预，相应地也存在一个价值选择问题。由于国家公权力的运行，必须具有法律上根据，因此，关于国家干预社会经济生活的价值选择，主要表现为有关国家干预活动的立法价值选择、执法价值选择和司法价值选择。国家对社会经济生活的干预，必然会对其他价值主体的价值追求产生不同程度的影响，在这种影响下，其他价值主体也会为适应国家的干预而进行价值选择。与国家干预社会经济生活的价值选择过程相对应，其他价值主体针对国家干预活动所进行的价值选择，也表现为立法活动中的价值选择、执法活动中的价值选择和司法活动中的价值选择。因此，经济法价值实现的途径，包括经济法立法活动、经济法执法活动和经济法司法活动。

二、经济法价值实现的途径之一：立法活动

国家是否对社会经济生活进行干预，以及如果国家对社会经济生活进行干预，其干预的方式、程度和范围，都必须以法律的形式予以明确。因此，作为规范国家干预活动的经济法，其价值实现的途径之一，是经济法立法过程。在经济法立法过程中，经济法价值的实现主要包括经济法立法目的的确立、与经济法立法目的相一致的经济法基本原则的设定和体现经济法立法目的的经济法具体规范的制定。

任何一部经济法法律规范的制定、修改和废止，都反映着社会经济生活对国家干预的某种程度的要求，都包含着关于国家干预的价值选择。在经济法立法中，经济法立法目的的确立是最为重要的价值选择。它昭示着国家干预的原因，决定了国家干预的内容，界定了国家干预的范围、程度和标准，是国家干预的核心依据。因此，如何确立经济法立法目的，是经济法立法的中心环节。甚至可以说，在经济法立法过程中，经济法价值实现主要是指经济法立法目的的确立。

经济法立法目的的确立，首先受到构成经济法立法主体的立法成员价值选

择的直接影响。立法成员对于国家干预的不同认识，决定了其关于国家干预的不同价值选择。在现代民主社会，多数决原则是立法的基本原则，因此，经济法立法目的的确立，必须获得足够多的立法成员的认可或同意。

此外，经济法立法目的的确立，受经济法主体的价值选择的间接影响。由于不同的经济法立法目的直接决定了国家对社会经济生活干预的范围、程度和标准的不同，而由此产生的国家干预活动必然会对经济法主体的价值追求产生直接或间接的不同影响，因此，经济法主体往往通过对经济法目的的确立施加一定的影响，来保障其自身价值追求的实现。这种影响往往表现为经济法主体试图把其自身的价值选择内化到经济法立法目的之中。经济法立法目的的确立是立法成员价值选择的合意，因此，经济法主体往往通过对立法成员施加一定的影响进而影响经济法立法目的。为保证这一影响的强度，具有相同或相近价值选择的经济法主体往往还形成利益集团，通过集团的力量影响经济法立法目的的确立。在现代民主社会，利益集团是经济法主体影响经济法立法目的的主要形式。

经济法基本原则是对经济法立法目的的具体概括，是维系经济法立法目的和经济法具体规范的纽带。在经济法中，经济法基本原则是维持经济法价值体系相互冲突价值要素之间的统一原则。经济法基本原则的设定，是关于相互冲突的经济法诸价值之间关系的原则性安排。因此，经济法基本原则的设定也是经济法价值实现的重要内容。

体现经济法立法目的的经济法规范，是经济法主体行为的直接行为准则和价值尺度，是经济法立法目的和经济法基本原则最为具体的表现。体现经济法立法目的的经济法规范的制定，也是经济法价值实现的内容之一。

与经济法立法目的相比较，经济法基本原则的确立和经济法具体规范的制定，在关于经济法基本原则、经济法具体规范与社会经济生活的衔接方面，具有更多的技术性特征。

三、经济法价值实现的途径之二：执法活动

经济法价值的实现过程体现在经济法运行的全过程中，而经济法的运行过程又包括经济法制定和经济法实施两个阶段，经济法实施主要是指经济法的适用。广义的经济法适用包括经济法的行政适用和经济法的司法适用。由于在法

理学界，法的行政适用与执法被视为同义语，① 所以，经济法执法就是经济法的行政适用。对于法的行政适用应当遵循的原则，主流的观点认为有两个：合法性原则和合理性原则。合法性原则要求执法主体应当严格按照法律的规定从事执法活动，合理性原则要求执法主体的执法活动在遵循合法性原则的基础上确保行政决定客观、适度、符合理性。经济法执法作为法的行政适用的具体表现，遵循上述原则的要求是毋庸置疑的。但是，这两个原则仅仅是法律对行政执法主体的原则性要求，一般不解决执法主体所适用的法律的内在价值冲突问题，也就是说，这两个原则并不能把法律价值冲突排除在法的行政适用之外。执法主体执行业已生效的法律，仍然面临着价值选择的问题。经济法的行政适用存在的价值选择，是经济法价值实现的表现。

经济法行政适用首要的问题，是执法主体关于国家干预活动的法律选择适用。以不同的法律作为国家干预活动的依据，国家干预的目标、方式、程度、范围等都可能是不相同的。而法律中的不同价值要求使得国家干预活动必须在不同的行为准则和价值尺度中进行选择。执法主体在经济法执行过程中首先要对法律本身进行价值判断，合法性原则和合理性原则仅仅是要求执法主体价值判断和价值选择尽可能地避免个人因素的干扰。

在经济法的行政适用中，与执法主体的执法活动有关的其他经济法主体从事经济法行为，同样面临着价值选择问题。虽然联结包括执法主体在内的经济法主体的，是同一项国家干预活动，然而，由于经济法执法主体和其他经济法主体考虑问题的角度的不同，经济法执法主体和其他经济法主体的价值选择，既有可能是统一的，也有可能是相互冲突的。在国家干预活动中，赋予其他经济法主体一定的抗辩权，就是基于这种考虑。在一定意义上，其他经济法主体基于自身价值选择所进行的抗辩，也是经济法价值实现的表现。

四、经济法价值实现的途径之三：司法活动

法律和社会现实之间的张力，决定了法的司法适用也必然存在大量的价值选择。法的司法适用的价值选择，主要表现在司法主体针对特定法律纠纷所进行的法律选择适用，和把抽象的法律规则运用于具体纠纷所进行的法律解释。司法活动中的法律选择适用和法律解释，都包含着法律价值判断和价值选择，

---

① 如孙国华、朱景文主编的《法理学》对"法的行政适用"作如下界定："法的行政适用又称为行政执法，是指国家行政机关及其公职人员，依照法定的职权和程序，将法的一般规范适用于特定行政相对人或事，调整具体行政行为的活动。"参见孙国华、朱景文主编：《法理学》，中国人民大学出版社1999年版，第317页。

同时，也是法律价值实现的具体表现。

针对某一具体国家干预行为，相关经济法主体作出不同法律价值选择，是经济法纠纷产生的主要法律原因。不同法律价值选择产生的根据，可能是不同的经济法规范，也可能是包含有相互冲突的同一经济法规范。因此，在经济法司法活动中，选择何种经济法规范作为国家干预活动的行为准则和价值尺度，以及如何通过法律解释使这一行为准则和价值尺度适用于具体的经济法纠纷，都属于价值选择问题。

由于法律的选择适用直接关系到法律纠纷的裁决，因此，法律选择适用是经济法司法活动各相关方首先关注的焦点。针对某一国家干预行为，如果存在包含有不同立法目的的不同法律规范，则法律的选择适用就是必不可少。在法律的选择适用方面，不同的立法体制具有不同的规则要求。在单一制立法体制的国家，法律的选择适用空间受法律的位阶限制，高位阶的法律规范优先于低位阶的法律规范，这在客观上排除了不同位阶法律规范之间进行选择的可能性。不过，法律规范的位阶隐含了法律规范变迁的难易程度，以及法律规范与社会生活之间的距离，这必然对法律价值的实现产生某种程度的消极影响。在联邦制立法体制的国家，法律的选择适用虽然也受法律规范位阶的影响，但这种影响远远小于单一制国家。总的说来，法律纠纷各相关方尽可能地选择与其自身价值选择相一致的法律规范作为裁决的准则和尺度，相对有利于法律价值的实现。

社会现实的千变万化和法律稳定性的矛盾，一方面通过立法过程的法律修改来解决，另一方面是通过司法过程的法律解释来解决。法律解释包括对法律规范的立法目的的阐释、法律基本原则的界定，以及把具体法律规范应用于法律纠纷所进行的逻辑分析。而经济法立法目的的解释是经济法解释中最重要的内容，也是在司法活动中经济法价值实现重要表现。

经济法立法目的的确立和具体经济法纠纷发生之间的时空差异，是进行经济法立法目的解释的法律原因。而如何解释经济法的立法目的又与经济法纠纷各相关方的价值判断和价值选择密切相关。经济法纠纷当事人各方总是试图把经济法的立法目的与其自身的价值选择统一起来。在需要法院对经济法立法目的作出解释时，法官虽然被要求必须以客观中立、超然的态度进行司法解释，但事实并非如此。因为，法官的独立性只是要求法官在主观上不偏向经济法纠纷的任何一方，但法官不可能机械地解释法律，他对经济法立法目的的解释必然受其自身的价值判断和价值选择的影响。在现实生活中，法官对经济法立法目的的解释，往往会超越经济法立法目的的原有含义，客观上导致经济法通过司法活动得以修正。

第四编 经济法运行论

第十一章　经济法立法

第一节　经济法立法体制

一、经济法立法体制概述

（一）经济立法与经济法立法

在当前的经济法研究中，"经济立法"和"经济法立法"的概念常常被相互代替使用或模糊使用，较少注意到两者的区别。关于经济立法的概念，大体有四种表述：第一种是与民事立法、刑事立法和行政立法相对，是从立法内容角度出发，指制定经济法律，如中央文献和国家决议领域所使用的"加强经济立法"等。第二种是动态意义上的概念，指有权机关制定经济法的立法活动，即全国人大及其常委会和国务院及其部门制定经济法法律和法规的行为，例如，"经济立法是指国家机关依立法程序制定和颁布的调整经济关系的规范性文件的统称。在特定场合可与'经济法规'一词混同使用"。① 从这一表述看，经济立法容易和行政立法相混淆，因为作为最高行政机关的国务院及其相关部门是主要的经济法立法机关。第三种是社会生活中使用的概念，即指与社会经济生活有关的立法都被作为经济立法，涉及财产法、公司企业法、市场管理法和宏观调控法等经济关系的所有法律的制定。第四种是从法学研究的角度，从经济法部门法的意义上而言的，经济立法的范围大于经济法立法的范围，也有些学者将本来意义上的经济法立法用经济立法来表述，例如，"经济立法是指国家机关根据立法权限依照法定程序制定、颁布，或者修改以及废除经济法律经济法规的全部工作和活动"。② 经济立法的概念产生于我国经济体

---

① 曾庆敏：《法学大辞典》，上海辞书出版社1998年版，第1178页。
② 陶和谦：《经济法基础理论》（第二版），法律出版社1992年版，第132页。

制改革初期，当时法律体系很不健全，还没有在国家法律体系的层面上形成现行的法律部门，经济立法所指称的范围包括了当前法律体系中的民商法和部分涉及市场经济的行政法，在我国经济法理论研究中出现了"大经济法"和"经济行政法"（或者被称为"行政经济法"）的称谓。在经济法立法方面，将有些民商事立法也称为经济立法，甚至将经济管理方面的行政法立法和经济犯罪方面的立法也称为经济立法，即凡是带有"经济"性质的立法都被称作经济立法。所以，对于经济立法和经济法立法的认识，关键在于对经济法本身词义构造的认识，如果将经济法看作为"经济"加"法"组成，则经济立法的名称可以概括表示为"有关经济的立法"；如果将"经济法"理解为整体概念，则经济法立法是经济法的立法，而且，经济法可以同法律、行政法规、部门规章、地方性法规等立法形式结合起来。因此，经济法立法不同于经济立法，经济法立法可以理解为狭义的经济立法，即具有法定立法权的国家权力机关及其授权的行政主体，在相应的立法权限范围内依据相应的立法程序制定、修改、废止经济法的活动。

（二）经济立法体制与经济法立法体制

一般认为，经济立法是与刑事立法、民事立法等相对的概念，是从立法的内容角度而言的，即经济立法是有关经济方面的立法活动，指国家立法机关和授权立法机关依据立法权限和立法程序制定、修改和废止有关调整经济生活方面的法律规范的活动。在我国现行的立法权划分体制中，经济立法的主体有最高国家权力机关及其常设机关，地方国家权力机关及其常设机关，最高国家行政机关及其组成部门和地方国家行政机关，经济立法主体呈现多元性特征。在我国现阶段市场经济立法中，中央国家行政机关和地方政府机关的经济立法数量多于最高权力机关及其常设机关的经济立法。经济立法的范围十分广泛，既包括规范平等主体之间的财产关系，也包括国家对微观市场主体的干预关系和对国民经济的宏观调控关系。

立法体制是指关于立法权、立法权运行和立法权载体诸方面的体系和制度所构成的有机整体。① 经济法立法体制的内容主要有立法主体、立法权、制定的经济法的效力等问题。20世纪以来，由于经济社会事务的复杂化和社会变革速度的加快，现代国家大都实行了授权立法或者委任立法，经济立法主体由立法机关独有，变为立法机关和行政机关共同享有经济立法权。但对经济法立法而言，其立法权应当主要由立法机构享有，行政机构主要是经济法的执法

---

① 周旺生：《立法学》，法律出版社2000年版，第182页。

主体。

我国的经济法立法体制是以宪法和最高国家权力机关的立法为核心，国务院及其部委立法为主干，省级地方权力机关和经济特区国家机关经济法立法为辅助的经济法立法体系，其中国务院制定的经济行政法规和有关经济监督管理部门和专门的宏观经济调控部门所制定的经济法行政规章是当前我国经济法立法最主要的来源。这种立法体制具有积极和消极两个方面：积极方面表现为，行政机关的经济法立法可以及时处置破坏和妨碍市场经济秩序的行为，能够对宏观经济运行过程进行随时监控和调节；消极方面体现为，行政机关在进行市场监管和经济调控时的信息不充足和不对称，导致监管和调控无效，甚至监管和调控本身妨碍了市场运行机制，行政机关自身的利益相关性决定了其在经济法立法中有谋取自身利益的现象，立法中的部门利益和地方利益取向会妨碍经济法运行效果。

二、经济法立法权

（一）经济法立法权的概念

关于这一问题的讨论，我们可以从"经济立法权"与"经济法立法权"的概念入手。首先，从调整对象和逻辑关系而言，经济立法是关于调整一切经济关系的立法体系的总和，经济立法权是指所有涉及经济关系方面的立法权的总称；经济法立法是关于调整一定范围经济关系即国家在监督管理微观经济活动和调控宏观经济运行的过程中产生的部门法立法，经济法立法权是经济法立法的根据和前提，是制定部门法意义上的经济法的法律创制权。其次，经济立法权是一个泛称的概念，是一个比较模糊的概念；经济法立法权则是一个相对明确的概念，其内涵是特指制定部门法意义上的经济法的立法权。再次，经济立法的产生早于经济法立法，经济立法作为国家经济领域的立法，开始于国家和法的产生，经济立法权是国家权力体系的组成部分，而经济法立法权是经济立法权体系中的一项特定权力。从该意义上而言，刑法、民法、商法、行政法、诉讼法等部门法中，只要其中含有调整经济关系的条款，都可以称为"经济立法"，制定与经济关系有关的法律权力都可以称为经济立法权。由于经济法是在社会经济发展进入垄断资本主义后，基于国家的意志对宏观经济进行强制性监管和调控的需要，作为国家干预、监管和调控社会经济生活的重要法律手段，经济法立法权则是制定机关制定经济法的权力，只有特定的国家机关才享有该项权力，而且行使经济法立法权的条件和程序要比一般立法权严格。最后，从立法目的上看，经济立法的目的具有多样性，既有微观目的，也有宏观目的；经济法立法权的享有主体按照经济法的构成体系分类，市场监管法的立法权一般可以由中央和地方权力机关以及中央行政机关享有，宏观调控法的立法权只能由中央机关和经济法授权的地方机关享有。

（二）经济法立法权的特征

现代市场经济是经济法产生的土壤和背景，它的产生是以克服民商法的自由放任价值取向所导致的市场扭曲和弥补行政法在运用国家权力干预经济生活方面的不足。同民商事立法权和行政法立法权相比较，经济法立法权具有比较突出的特征。

第一，经济法立法权的主体具有多元性。作为自由市场基本法的民商法，主要规范的是民商事主体的基本权利，是权利本位法。世界上绝大多数国家的民商事法律的立法主体层次很高，一般都是最高国家立法机关，从我国的民商事立法实践和宪法、立法法等的规定看，我国民商事法律制度的立法权由最高国家立法机关单独享有。①经济法的产生是国家对经济生活干预、监管和调控必然要求，国家对微观经济和宏观经济采取的措施有所不同，由此决定了经济法立法权分散在不同的立法主体之间，针对不同层次的经济法立法，经济法立法权的享有主体有所不同，以便分别调整和适用于不同类型的经济关系。经济法立法主体并非呈单一性，而是具有多层次性和多元性特征，经济法立法主体既有中央立法主体，也有地方立法主体；既有权力机关，也有行政机关，甚至被授权的非政府组织。这些主体在国家立法体制中居于不同的地位，享有的经济法立法权的层次有别。最高层是全国人大的经济法立法权，第二层是全国人大常委会的经济法立法权，第三层是国务院的经济法规立法权，第四层是国务院各部门、委员会和地方人大经济法法规和规章立法权，还有民族自治地方的自治条例和单行条例。

第二，经济法立法权涉及的立法内容具有广泛性。民商法的调整对象是平等主体之间的财产和人身关系，在成文法国家，民商法的立法权涉及的立法内容仅仅是民商事领域的基本法，是对基本交易规则和习惯的法律化；在判例法国家，国家立法权一般不会直接作用于私法自治的民商法领域。相比较而言，

---

① 《宪法》第62条规定全国人大的职权之一是"制定和修改刑事、民事、国家机构和其他的基本法律"，第67条规定全国人大常委会行使的职权之一是"制定和修改除应当由全国人民代表大会制定的法律以外的其他法律"；由全国人大通过的《立法法》第8条也规定，"民事基本制度""基本经济制度以及财政、税收、海关、金融和外贸的基本制度""必须由全国人民代表大会及其常委会制定法律的其他事项"只能制定法律。

经济法调整的范围较为广泛。目前经济法学教科书普遍认为，经济法立法权的调整范围涉及市场管理关系、宏观调控关系和社会保障关系。市场管理关系是国家监督和管理市场秩序，加强市场管理过程中发生的经济关系；经济法立法权针对市场管理关系，有助于维护市场经济秩序，实现市场的基本功能。宏观调控关系是指国家为了实现经济总量的基本平衡，促进经济结构的优化，推动国民经济的发展，对国民经济运行进行的调节与控制所发生的经济关系；经济法立法权作用于宏观调控关系，目的是防止或消除国民经济总量失衡或结构失调。社会保障关系是国家干预社会收入、进行社会化管理过程中发生的经济关系；经济法立法权对社会保障关系领域的体现，就是要保障社会成员的基本生活权利，维护社会稳定，并促进经济发展。由于经济法立法权涉及的立法内容广泛，所以经济法的法律文件在整个法律体系中占有较大的比例，而且该比例还在上升。

(三) 经济法立法权在行使中具有政策的取向性①

由于经济法立法权享有主体的多元性和涉及立法内容的广泛性，决定了经济法立法权不同于民商法立法权所具有的稳定性。民商法是将市场经济中身份规则和交易规则抽象为民商事主体、权利、责任以及民商事法律关系等范畴，这些规则一旦被固定下来就具有了相当的稳定性，所以民商法立法权的行使也具有稳定性。经济法与市场经济相伴生，由于市场的瞬息万变，要求经济法立法要快速适应市场经济的要求，导致了经济法立法权的经济政策取向性很强。经济政策的灵活性也决定了经济法立法权的政策性取向。

(四) 经济法立法权的类型

依据不同的标准，可以将经济法立法权分为不同类型：

第一，依据宪法和法律对经济法立法权的确定方式不同，可以将经济法立法权分为法定的经济法立法权和推定的经济法立法权。法定的经济法立法权又分为法定允许和法定限制。法定允许的经济法立法权即是宪法或法律明确规定经济法立法主体所享有的经济法立法权。如《立法法》第 8 条规定，基本经济制度以及财政、税收、海关、金融和外贸的基本制度只能制定法律，国务院及其部门不能制定该领域的行政法规和部门规章，地方也不得制定某些经济法，地方立法应当与国家立法一致，不得违反国家立法，否则无效。推定经济法立法权是可以从宪法、法律的条文中推理出来或者宪法、法律的条文精神中

---

① 陶广峰：《经济法的经济政策法本质概观》，载《现代经济探讨》2012 年第 8 期。

包含的经济法立法权。如《宪法》第62条第（十五）项规定：全国人大有权行使应当由最高国家权力机关行使的其他职权。根据该规定，当全国人大认为有必要制定某些经济法而无直接法律依据时，可以依据该条规定制定相关的经济法。

第二，依据经济法立法机关经济法立法权的来源不同，可以将经济法立法权划分为职权经济法立法权和授权经济法立法权。职权经济法立法权是立法机关根据宪法和法律规定的职权直接享有在其职权范围内的经济立法权。授权经济法立法权是指有关国家机关依据拥有立法权的国家机关的授权获得立法权，在授权范围内进行经济法立法的权力。

第三，依据行使经济法立法权的主体在国家权力体系中的级别不同，可以将经济法立法权划分为中央经济法立法权和地方经济法立法权。中央经济法立法权是中央国家机关享有的经济法立法权，包括权力机关和行政机关；地方经济法立法权是指特定的地方国家机关依法制定、认可和变更在本行政区域范围有效的经济法规范的立法权力。

第四，依据经济法立法主体的性质，可以分为权力机关的经济法立法权和行政机关的经济法立法权，权力机关的经济法立法权是指全国人大及其常委会和拥有经济法立法权的地方人大及其常委会。地方立法机关的经济法立法权主要是省、市地方权力机关、省级人民政府所在地的市级人大及其常委会、国务院批准的较大和经济特区的市人大及其常委会。

（五）经济法立法权的配置及其模式

立法过程实际上是社会各种利益冲突与协调整合的过程，是民意的参与和表达过程，而拥有立法权是参与利益分配的关键。现代西方国家普遍实行的是代议制民主制度，代议机构是民意的表达机构，代议机构成为立法机关是各国普遍的政治选择。社会主体利益的多元化和社会事务的复杂化导致了行使立法权的机构不局限于国家的最高权力机关，而是出现了立法权的分散行使，立法权的划分成为了立法权限冲突的直接原因。立法权的划分，既有中央与地方之间的分权，也有立法机关与行政机关，甚至司法机关的分权。从立法机关和行政机关立法权的关系看，立法机关是国家权力机关，具有宪法规定的立法权，行政机关是国家立法机关的执行机关，依据现代依法行政的学说，国家应依据法律而治，司法和行政均应受到法律的约束，就行政与法律的关系有三个重点，一是法律的规范创造力原则，二是法律优先原则，三是法律保留原则。①

---

① ［德］奥托·梅耶：《行政法》，刘飞译，商务印书馆2002年版，第66~67页。

依法行政已经不是一个学说，而是多数国家的宪法原则，所以立法机关的立法权高于相同级别的行政机关的立法权。

我国的立法原则应当遵循宪法的基本规定，在立法领域也要维护社会主义法制的统一和尊严，一切法律、行政法规和地方性法规都不得同宪法相抵触。经济法立法权的配置原则也要遵循宪法和立法法的原则。我国是单一制的社会主义国家，立法权涉及在中央和地方国家机关之间、权力机关与行政机关、权力机关相互之间的配置，经济法立法权在不同主体之间的分配实质上是利益和责任的分配，以便各相关机关能够更加科学合理地行使权力。

确定经济法立法权的配置原则和方法，首先要确定作为"法律"的经济法的范围，即什么是法律意义上的经济法，立法权视野中的经济法是指形式意义的经济法，还是实质意义的经济法？从经济法的渊源看，经济法的渊源包括宪法、法律、行政法规、地方性法规和规章。[1] 经济法的存在形式有多种表现。凡是有权制定上述规范的机关都可能成为经济法的制定机关，但是，从经济法的整体本位理念和价值取向看，实质意义的经济法必须具备全局性和统摄性的特征，即能够在统揽国家经济运行状况的前提下，具有驾驭国民经济发展走向的能力和效力。所以，实质意义的经济法的立法权必须由在全国范围内具有唯一性的机构制定，监管全国市场经济秩序和调控国民经济运行的经济法必须统一。形式意义的经济法一般表现为法律和行政法规，在没有法律和行政法规形式的经济法的时候，经最高国家权力机构授权的国务院组成部门或者独立的行政部门以及地方政府，甚至有些非政府组织，都可以制定实质意义上的经济法。所以形式意义的经济法有多种表现形式，但是，实质意义的经济法则不容许分散由不同的机构制定。因此，我国目前的经济法可以通过不同的形式表现出来，但是其实质还是监管整体市场、调控宏观经济，在全国没有立法先例的前提下，一些地方或者经济特区制定的实质意义的经济法在本区域内具有唯一性，是由我国"渐进性改革"的特征所决定的，当市场经济体制改革逐渐完成自主发展，并完成中国特色的市场经济建设时，经济法的立法权必然要由中央机关统一行使。在全国统一适用的经济法框架之内，地方可以结合本地的实际情况，制定变通适用于本地的经济法实施法，而无权制定有违宪法和法律依据的经济法。

（六）经济法立法权限的冲突与协调

在我国，中央、地方立法机关、行政机关的立法权相互组合产生了众多的

---

[1] 陶广峰主编：《经济法原理》，中国政法大学出版社2005年版，第49页。

拥有立法权的机关，再加上改革开放以来，授予经济特区的立法权，目前共有300多个不同层次和性质的立法机关。不同层次和性质的立法机关所制定的各类性质不同的规范性法律文件，虽然不会全部涉及经济法立法领域，但势必导致经济法之间存在一定的冲突。要解决经济法立法冲突问题，首先要确定经济法意义上的规范性法律文件的范围，我们认为，作为部门法意义上的经济法必须是位阶较高的规范性法律文件，即法律和行政法规层面才是经济法意义上的法律规范，地方性法规和部门规章由于只是地方性和行业性的规范性法律文件，不具有调控全局性国民经济运行的效力，不能视为制定法意义上的经济法渊源，而是执行经济法的执行性准则。事实上，现行的具有经济法性质的规范性法律文件，大多数是由国务院及其组成部委和地方权力机关，以及经济特区的地方权力机关制定的，其效力层次较低，但是所适应的范围和领域较广泛。从1979年初到2004年，全国人大及其常委会通过了440多件法律、法律解释和有关法律问题的决定，其中现行有效的法律有200多件；国务院制定了960多件行政法规，其中现行有效的有650多件；地方人大及其常委会制定了8000多件地方性法规，现行有效的有7500多件；民族自治地方制定了现行有效的自治条例和单行条例600多件。① 效力层次众多的各类经济法之间存在某些方面的冲突是我国经济法，甚至整个法律制度不够成熟的体现。即使在法律制度相对完善和成熟的国家，法律之间的冲突也是不可避免的，所以，解决法律冲突的规则是包括我国乃至各国法律制度的组成部分。我国宪法和立法法规定了法律冲突的解决机制。

经济法冲突的协调必须遵守宪法和立法法的规定，依据经济法位阶的不同，最高国家权力机关制定的基本经济法是仅次于宪法的基本法律，具有经济法层次中最高的效力。全国人大及其常委会制定的经济法是以单行法的形式存在，这类经济法规范是效力较高的法律规范。国务院制定的行政法规形式的经济法以及国务院组成部门制定的行政规章类型的经济法属于实质意义上的经济法，其法律效力低于形式意义的经济法。

三、经济法立法模式

经济法立法模式是指组成经济法部门的法律规范的表现形式，即在经济法立法中采取经济法典的形式还是采取单行经济法的立法形式，或者采取以经济

---

① 吴邦国：《加强立法工作，提高立法质量，为形成中国特色社会主义法律体系而奋斗》，载《求是》2004年第3期；《在社会主义民主法制建设座谈会上的讲话》，载《求是》2004年第20期。

法典、经济法通则或者经济法纲要和单行经济法相结合的多层次立法形式。我国自从改革开放以来，所制定的大量经济法律、法规都是单行法，尚未制定统一的经济法法典或者经济法通则。这种模式的选择与我国经济发展的过渡性和法治水平的阶段性有关。首先，从经济体制看，我国正处在社会主义市场经济体制建立初期，经济体制由原来的计划经济体制向市场经济体制过渡的时期，已经制定的经济法受到传统体制的掣肘，难以适应市场经济体制的需要；其次，从立法指导思想看，我国现行的立法以"成熟一个，制定一个"为指导思想，缺乏具有建设社会主义市场经济所需要的框架性法律制度。最后，从立法特点看，我国现行立法由于受"宜粗不宜细"原则的影响，立法内容过于原则，缺乏可操作性。也有学者认为，经济法是一个独立的法律部门，它有共同的调整对象、相同的法律原则、内在的统一逻辑以及和谐的法律体系，所以，一旦时机成熟，制定经济法法典是可能的和必要的。同时，经济法所调整的范围的广泛性也决定了经济法可以表现为单行法的形式。①

　　一国采取什么样的经济法立法模式，除了受到本国经济社会生活条件和国际经济环境的影响之外，还受到本国法律制度和经济法立法的内容、立法指导思想和原则、立法体制传统和立法水平等因素的影响。在大陆法传统的国家，经济法的立法模式有单行经济法、经济法典等形式；在英美法国家，制定法也是经济法的主要来源，其中经济法立法多以单行法规的形式出现。在经济法立法模式方面，多数国家的经济法律在调整不同的经济关系中，采用了单行经济法的立法模式，没有制定经济法典或者经济法纲要等，只有以前的捷克斯洛伐克在1964年颁布了世界上唯一的经济法典。1969年苏联科学院社会科学部部分学者也起草了一部《经济法典》，以后经过讨论并将草案予以公布，但是一直没有提交立法机关审议。经济法典的立法模式能够将经济法规范统一于一部法典之中，使经济法更加具有权威性和整体协调性，也使经济法更加具有部门法的特征。但是，这种经济法立法模式具有滞后性，所制定的经济法不能适应发展着的经济关系。多数国家在经济法立法模式上采取的是单行法模式，这是由于经济法的理念和特点所决定的，因为经济法的调整对象和范围涉及微观经济秩序和宏观经济运行的各个方面，加之经济法所依赖的经济关系处于不断的变化之中，由此决定了经济法需要适应不断变动着的经济发展规律和社会协调发展的特征，同时要对市场经济中的失序行为加以纠正并保持宏观经济的发展方向，这就需要通过制定具有较强适应性的单行经济法，实现对不同经济关系和不同阶段的经济发展矛盾的调控。然而，单行经济法立法模式会导致部门法

---

　　① 邱本：《论经济法立法》，载《法制与社会发展》1999年第5期。

意义上的经济法的调整范围模糊不清，同时还会出现单行经济法之间的矛盾与冲突，从而影响到经济法规范之间的协调和经济法适用的不统一。在经济法典和单行经济法的立法模式之外，还有一种立法模式，就是经济法典或者经济法总则加单行经济法的混合模式，即制定一部统一的经济法，规定经济法的基本任务、宗旨、原则等经济法的共性内容，并在此基础上制定或者修改单行经济法，这种"总一分"结合的经济法立法模式可以吸收经济法典模式和单行经济法模式的优点，避免二者的不足。

在我国经济转轨时期和经济全球化的背景下，经济法的立法现象将是一项长期而艰巨的任务，确立怎样的经济法立法模式，是我国经济法研究和实践都必须尽快解决的问题。随着我国经济转轨的完成和经济改革的深入，通过经济法规范来创造和开辟新的经济体制的模式已经显现出了不足和弊端。例如，单行经济法之间的冲突和其内部结构的杂乱，大量的单行法之间缺乏一部效力层次较高的经济法的统领，无法通过经济法作用于整体经济关系；作为独立部门法的经济法同其他相关联的市场经济法律部门之间的界线过于模糊，尤其是经济法同民商法、行政法之间的某些调整范围和调整方法很难界定清楚，导致了经济法立法的行政法色彩较浓厚，也出现了带有公法属性的经济法干扰民商法的意思自治原则。所以，在我国现有的经济法立法基础上，制定一部带有较强的概括性的经济法总纲，分别制定针对不同领域的市场管理法、宏观调控法和国有资产管理法等，将现有具有经济法性质的法律规范编纂和整理成单行经济法，这种经济法立法模式应当说是可以研究的。

第二节 经济法立法主体

一、经济法立法主体的含义

依据立法法的规定，我国的立法机关有：全国人民代表大会及其常委会，国务院，国务院有关组成部门，省、自治区、直辖市的人大及其常委会，省、自治区政府所在地的市人大及其常委会，经济特区的市和经国务院批准较大的市人大及其常委会，省、自治区、直辖市和省、自治区政府所在地的市、经济特区的市、经国务院批准较大的市的人民政府，自治州、自治县的人大。这些拥有立法权的机关可能制定具有经济法性质的规范性法律文件，即广义上的经济法；但是从狭义的经济法而言，经济法立法权的配置和运行是经济法立法体制的核心问题，而我国实行的是中央集中统一领导下的多层次立法体制。根据宪法、立法法和有关国家机关组织法的规定，我国的经济法立法权限配置大致有中央层次的集权与分权和中央与地方之间的集权与分权，在中央层次，有国家权力机关和国家行政机关的集权和分权，全国人大及其常委会是经济法的主要立法主体，享有经济法法律的立法权；国务院在全国人大以及常委会的授权和法律的直接规定下，享有经济法行政法规的立法权。中央权力机关和行政机关之间的经济法立法权之间不是竞争和制约关系，而是统一与补充关系。在中央与地方之间，中央有最广泛的经济法立法权，地方权力机关只有在宪法和立法法的直接规定以及最高国家权力机关的授权下，享有某些市场秩序监管方面的，适用于本地管辖范围内的经济法地方法规制定权。中央与地方之间的经济法立法权限的划分不是相互独立的，地方没有完全独立的经济法立法权，而是在中央统一行使立法权的前提下。

二、中央立法主体

我国中央立法机关是由两类四个方面的立法机关所组成的，一类是作为中央权力机关的立法机关，又称国家立法机关，包括全国人大及其常委会；另一类是作为中央国家行政机关的立法机关，又称国家行政机关，包括国务院及其所属部门。

（一）全国人大的经济法立法

全国人大和全国人大常委会行使国家立法权，全国人大的立法职权有修改宪法；制定和修改刑事、民事、国家机构的和其他基本法律；改变或者撤销全国人大常委会不适当的决定。基本法律的范围，即刑事法律涉及的是犯罪、刑事责任和刑罚体系以及刑事程序的法律；民事法律是指调整平等主体之间的财产、人身和亲属关系的私法规范以及民事程序法律，商事法律被纳入民事法律的范畴；国家机构的法律是指所有关于国家机构的设置、组成、选举、组织、职权和行使职权的程序以及民族自治方面的法律；涉及国家主权的事项。全国人大制定的"其他基本法律"的范围涉及国家主权；基本经济制度以及财政、税收、海关、金融和外贸的基本制度。

（二）全国人大常委会的经济法立法

全国人大常委会作为我国的最高国家立法机关的常设机关和组成部分，在国家立法权体系中位列全国人民代表大会之下，与全国人大共同行使中央国家立法权，在全国人大闭会期间行使最高国家立法权。全国人民代表大会常务委员会职权的立法权是：解释宪法，监督宪法的实施；制定和修改除应当由全国人民代表大会制定的法律以外的其他法律；在全国人民代表大会闭会期间，对全国人民代表大会制定的法律进行部分补充和修改，但是不得同该法律的基本原则相抵触；解释法律；撤销国务院制定的同宪法、法律相抵触的行政法规、决定和命令；撤销省、自治区、直辖市国家权力机关制定的同宪法、法律和行政法规相抵触的地方性法规和决议。我国现行的多数综合性经济法律都是由全国人大常委会制定的。

（三）国务院的经济法立法

国务院是我国的最高国家行政机关，依据宪法和立法法，国务院有权制定行政法规，发布有关决定和命令，改变或撤销各部委发布的不适当的命令、指示和规章以及地方各级人民政府不适当的决定和命令。

根据宪法关于国家权力机关和国家行政机关立法权限的划分原则，基本的经济制度和经济管理体制运行领域的事务由国家立法机关的法律规定，经济体制中的具体操作制度和国家立法机关还没有制定的经济法由国务院制定的行政法规来规定。立法法规定了国务院制定行政法规的权力，国务院的立法事项可以分为三类：一是为了执行法律的规定需要制定行政法规的事项；二是履行宪法规定的国务院行政管理职权的事项；三是全国人大及其常委会授权国务院的授权，可以先行制定应当由全国人大及其常委会制定法律的事项。

（四）国务院部委的经济法立法

我国现行宪法规定了国务院各部委有权根据法律和国务院的行政法规、决定命令，在本部门的权限内发布命令、指示和规章。《立法法》规定，"国务院各部、委员会、中国人民银行、审计署和具有行政管理职能的直属机构，可以根据法律和国务院行政法规、决定、命令，在本部门的权限范围内，制定规章"。事实上，目前调整市场经济秩序的规范大多数是由国务院的行政职能机关制定的，如在金融市场监管领域，三大监管机构在不断制定有关银行、保险和证券监管方面的经济法部门规章。

三、地方立法主体

地方立法 与"中央立法"相对称。地方政权机关依法定职权或特别授权，并按一定程序制定实施于本地区的立法活动。地方立法在立法体系中的地位与国家的结构形式密切相关。从世界范围看，中央和地方的关系决定于国家的结构形式，在联邦制国家，联邦的州立法也属于地方立法。地方具有某些事项的专有立法权，在地方自主立法权限范围内的立法一般不受联邦干预。在单一制国家，除了少数领土面积较小的国家之外，一般也有中央与地方立法权限划分的现象，地方立法处于从属地位，是中央以宪法、法律或通过特别授权方式赋予的，地方制定的法律文件不得与中央立法相抵触，中央有权监督和撤销地方立法。我国2000年实施的《立法法》对地方性法规和规章制定事项只作了具有指导性意义的规定，地方立法事项存在于两种情况：一是为执行法律、行政法规的规定；二是属于地方性事务，需要制定地方性法规和规章的事项。

目前，我国的地方立法主体有三类：一是省、自治区、直辖市以及省、自治区人民政府所在地的市，经国务院批准较大的市的人民代表大会和它的常务委员会，有权制定的地方性法规。二是民族自治区、州、县的权力机关，有权制定自治条例和单行条例。三是省、自治区人民政府及省、自治区人民政府所在地的市和经国务院批准较大的市的人民政府，有权制定地方规章。这些地方立法主体属于法定立法主体，享有法定的立法权限。

第三节 经济法立法程序

一、经济法立法程序的含义

学者对立法程序的概念，并没有一致的看法。有学者认为，立法程序是立法机关实施职权的程序。有学者认为，立法程序的概念可以从广义和狭义两个角度来理解，从广义上来说，立法程序是指中央和地方的国家权力机关与行政机关制定宪法、法律和行政法规的程序；狭义上的立法程序是指中央立法机关行使立法权的程序，即中央立法机关在制定、修改或废除法律方面的活动程序。①有学者认为，立法程序就是有立法权的机关制定法律的工作程序，它包括起草法律草案、提出法律草案、审议法律草案、通过法律和公布法律等五个阶段。② 也有的学者认为，立法程序是指立法机关"在制定、认可、修改和废止法律上的工作程序、步骤和方法，它包括制定立法规划、起草法律草案、提出法律议案、审议法律草案、通过法律草案、公布法律草案等六个阶段"。③还有的学者从立法程序的价值角度，认为立法程序就是指具有立法权的国家机关

---

① 吴大英等著：《比较立法体制》，群众出版社1992年版，第384页。
② 孙琬钟主编：《立法学教程》，中国法制出版社1990年版，第138~141页。
③ 李步云、汪永清主编：《中国立法的基本理论和制度》，中国法制出版社1998年版，第144页。

创制规范性法律文件所遵守的制度化的正当过程，使限制立法者恣意进而使立法者活动彰显和实现程序正义的制度设置，也是国家通过立法手段协调利益冲突、规制社会秩序、配置社会资源的合法途径和正当法律程序。① 更有学者从立法程序的基本特征入手，认为立法程序具有的特征是：严格的方式、步骤、顺序和时限，有法定程序和非法定程序的区分，同时具有固定性和多样性，即立法程序是立法主体在立法活动过程中必须遵守的方式、步骤、顺序和时限的总称。② 综合各类观点，立法程序是指享有立法权的国家机关在制定、修改、补充和废止法的活动中所遵循的法定方法和步骤。

经济法的产生和发展离不开立法，无论是具有成文法立法传统的大陆法系国家，还是判例法传统的英美法系国家，作为理论研究视角的经济法可以说都是立法的产物。所以，经济法立法程序的概念可以从立法程序的一般概念演绎而来，即经济法立法程序是指享有经济法立法权的国家机关依据法定的方式、步骤和顺序，在法定权限范围内制定、修改和废止经济法的法律创制活动。

经济法立法程序即是经济法立法机关按照立法权限在制定、修改和废止经济法规范活动中必须遵守的步骤和过程。经济法立法程序主要有四种来源：一是在宪法和政府组织法中规定有关经济法的制定程序；二是在有立法权的国家机关的活动准则中确定的制定程序；三是制定专门的立法法；四是制定专门的立法程序法。我国现行的立法程序主要源于宪法和有关国家机关组织法以及立法法的规定，经济法的制定程序也源于此。经济法的立法程序主要有经济法立法议案的提出、经济法草案的审议、法律草案的表决和通过、法律文本的公布等阶段。

二、经济法立法程序的价值取向和基本原则

（一）经济法立法程序的价值取向

立法是对不同主体的利益作出衡量与选择的过程，立法关系到社会全方位的资源配置和利益分配。对立法能否进行价值评判，在西方法律思想史中存在不同的看法，汉斯·凯尔森创立的纯粹法学理论认为，对法规法的分析不该带有任何价值判断的成分，只是用形式逻辑的方法进行客观实证的分析法律；哈特运用逻辑实证主义的哲学观点，认为研究法律只需要从"实际上是什么样的"观点出发，不主张对法律进行价值判断和分析。分析法学的创始人约

---

① 刘武俊：《立法程序的法理分析》，载《中外法学》2000年第5期。
② 曹海晶：《中外立法制度比较》，商务印书馆2004年版，第205~207页。

翰·奥斯汀主张对法律的分析仅仅从法律规范结构分析就可以了，不必对法律规范本身的好坏进行价值上的评判。但是，主张立法需要有价值判断与选择的西方学者也为数不少，可以分为以公正为价值和效率作为价值两个大的分支。主张以公正为立法价值的思想家中具有代表意义的有古代的亚里士多德和现代的罗尔斯，他们都承认在立法中存在着一种价值依据，这种依据主要是公正。主张以利益作为立法价值依据的主要是功利主义法学，功利主义把"最大多数人的最大利益"作为立法的内在价值，从而把立法的价值完全限定在以利益为核心的价值范畴之中。庞德认为，法律本身不能创造利益，而是发现利益并在确定了利益的范围之后，又制定出保障个人利益、公共利益和社会利益的方法。① 立法价值通常不是指立法的作用或立法的有用性，而是指立法主体的需要与立法对象间的相互关系，表现为立法主体通过立法活动所要追求实现的道德准则和利益。② 有学者认为，立法程序作为立法活动进行的轨道，其本身绝非与价值无涉的机械流程。从普适和特质两个方面探讨立法程序的价值，其具有外在的工具性价值，更有内在的独立性价值，并将立法程序的价值归纳为民主性、交涉性、理性化、效率性、平衡性、中立性等方面。③

（二）经济法立法程序的基本原则

经济法立法程序要体现立法民主原则，经济法立法直接关系到不同利益主体之间权利义务的分配和再分配，经济法是以市场经济为取向的法律制度，其关涉到市场活动主体的行为以及主体之间的关系，是维护市场经济健康发展的主要法律制度，也是建构社会秩序，使不同利益集团的要求达到协调、兼容和均衡的制度保障，在经济法立法程序中体现立法民主是经济法顺利实施并获得实效的前提。

三、经济法立法程序的阶段划分

我国的立法程序有广义和狭义的区别，广义上的立法程序是指中央和地方所有立法机关制定、修改以及废止法律规范性文件时应当遵守的活动规则；狭义的立法程序是指立法机关行使立法权，制定、修改和废止法律规范的活动步骤和规则，主要的步骤有提出法律草案、审议法律草案、表决法律草案和公布

---

① ［美］罗斯科·庞德：《通过法律的社会控制——法律的任务》，沈宗灵译，商务印书馆1984年版，第36页。
② 李林：《走向宪政的立法》，法律出版社2003年版，第6页。
③ 孙潮、徐向华：《论我国立法程序的完善》，载《中国法学》2003年第5期。

法律等几个关键步骤。

结合我国当前的立法体制和相应的程序,以及经济法的特点,我们可以将经济法的立法程序归纳为立法规划程序、提出法律案程序、审议法律案程序、表决法律案程序和公布程序。

(一) 立法规划程序

立法规划是指立法机关为了适应社会的需要和调整各种社会关系,依据科学判断和预测,在一定时间内安排立法项目的立法准备活动的规则。

(二) 提出法律案程序

经济法立法议案的提出是指享有提案权的组织、机构或者个人按照一定的程序提请立法会议审议有关制定、认可、修改或者废止某项经济法的建议,经济法立法议案的提出是整个经济法制定程序的首要程序,是立法程序启动的标志;其关键是有权提出法律案的主体和起草法律案两项内容。

(三) 审议法律案程序

经济法草案的审议是指立法机关以会议的形式对列入议事日程的法律草案进行正式的讨论和审查,是立法程序中的重要阶段。审议法律草案的核心是审议权的归属问题,即哪些组织、机构和个人有权参与已经列入议程的法律草案的讨论和审查。根据我国法律规定,全国人大审议的经济法草案,由全国人大常委会决定是否提交全国人大审议。在审议时一般由提案人作出草案的说明,然后交给各人大代表团分组讨论,全国人大法律委员会或根据各个代表团的讨论意见对该法律草案进行审议,并提出修改意见。根据我国立法法的规定,法律案一般需要经过三次常委会会议审议后再提交大会表决,即所谓的"三审制"。

(四) 表决与公布法律案

法律案经过审议,进入实质性审议阶段,即法律案的表决程序。法律案的表决是指立法机关的组成人员对法律案表示赞成或者否决态度的过程。经济法草案的表决即是立法会议成员将各自对法律草案的赞成或者反对态度表达出来,形成为立法机关意志的活动。列入全国人大会议的法律案由参加全国人民代表大会的代表表决;列入常委会的法律案,由常委会的组成人员表决。如果法律草案获得法定数量成员的赞成即视为法律草案的通过。

表决通过的法律案所形成的法律文本的正式生效和实施,还依赖于法律的公布程序。经济法文本的公布就是将立法会议通过的法律文本公之于众的过程。《立法法》的有关条文分别规定了法律、法规、自治条例和单行条例、规章的公布程序,全国人大及其常委会通过的法律,经国家主席签署主席令后予以公布;国务院通过的行政法规经由国务院总理签署总理令后予以公布。法律签署后,在全国范围内公开发行的出版物上予以正式刊登,包括全国人大公报、各级政府公报、本部门公报以及在全国范围内发行的报纸、本行政区域内发行的报纸等。

第四节 经济法立法技术

一、经济法立法技术的含义

立法技术是国家立法制度的组成部分,立法技术水平的高低受一国政治、经济和生活文化以及法学研究状况的制约,但是立法技术也具有很强的技术性特征,各个国家和地区的立法技术可以相互借鉴。对于立法技术的含义,学术界还没有形成统一的认识,我国学者对立法技术的界定,大致有以下几种观点:(1)"规则说"认为,广义上的立法技术是同立法活动有关的一切规则,狭义上的立法技术则是关于法律的内部结构和外部结构的形式、法律的修改和废止的方法、法律的文体、法律的系统化的方法等方面的规则。[①] (2)"过程说"认为,立法技术是依据一定的体例、遵循一定的格式,运用恰当的词语(法律语言),以显示立法原则,并使立法原则或国家政策转换为具体法律条文的过程。[②] (3)"方法和技巧说"认为,立法技术是开展立法活动的方法和技巧,或者是在制定和变动规范性文件中所遵循的方法和操作技巧。[③] 我们认为,立法技术就是在立法原理和立法经验的基础上形成的方法和技巧,并通过作为立法结果的法律规范的文本表现出来,对立法质量和立法效率的高低具有重要影响。

经济法立法技术是指有权制定经济法的国家机关在制定经济法规范的活动中,为了使创制的经济法律和法规在法的形式方面和内容方面最大限度地接近

[①] 吴大英等:《比较立法制度》,群众出版社1992年版,第629页。
[②] 罗成典:《立法技术论》,台湾文笙书局1987年版,第1页;转引自吴大英等著:《比较立法制度》,群众出版社1992年版,第628页。
[③] 周旺生、张建华:《立法技术手册》,中国法制出版社1999年版,第1页;郭道晖:《当代中国立法》(下),中国民主法制出版社1998年版,第1108页。

科学合理，同时使其与整个法律体系相协调，从而使所制定的经济法在实施中能够收到预期效果，需要遵守的操作规程、方法与技巧的总称。

二、经济法立法技术的内容

从不同的角度，可以将经济法的制定技术分为不同的类型。依据所制定的经济法的侧重点不同，可以分为宏观经济法制定技术和微观经济法制定技术，所谓宏观经济法制定技术，是指立法者在进行经济法立法预测、规划和决策等方面的工作时运用的技巧和方法，是围绕着一个相对长期的涉及国家或社会整体法律体系中各个部门之间的立法构造的一般方法和技巧；微观经济法制定技术，是指立法者在设计经济法规范性文件的内容和结构、法律文本、法律规范和法律文本之间关系以及使用法律语言时所运用的方法和技巧，属于解决经济法规范内部关系的方法。[①]

（一）宏观经济法制定技术

宏观经济法制定技术主要包括立法预测、立法规划和立法决策方面的具体操作方法和技巧。经济法立法预测技术是在以往经济法或者相近部门法立法的历史经验和教训的基础上，立足于现实的法律调整状况和需要，从当前的本国的法律需求和发展趋势以及全球化对世界各国法律的影响等方面出发，对本国经济法的现状和发展进行的考量和预测，在立法中所运用的各种方法、技巧和手段称为立法预测技术。经济法立法预测的根本目的是通过对立法的历史经验教训的考察和当前法律需求的分析以及立法的将来状况的评估，寻求经济法的需求与供给之间的关系，从而使需要制定的经济法适合经济社会发展的需要和法律体系本身的内在和谐，充分提高经济法的经济和社会调整效果与效率。这就要求在经济法制定的预测方面必须通过对经济和社会发展、法律实践的深入调查研究，尽可能地获取经济法立法信息，解决好经济法制定中的超前性与滞后性的问题。在经济法立法中，需要考虑到国民经济和社会总体发展战略与全球经济发展的趋势，既要进行短期预测，也要进行中长期预测；既要在把握国情的基础上进行全国性预测，又要进行区域性和地方性预测；既要着眼于法律部门整体发展现状与趋势的预测，也需要针对具体经济法规范在立法上的未来发展的情况。经济法立法规划是指经济法立法主体在合法的权限范围内，为了达到运用经济法对市场秩序的管理和国民经济的宏观调控，以及整体经济与社会协调发展的目的，在一定原则的基础上主要依据经济法立法预测结果，依据

---

① 陶广峰：《经济法原理》，中国政法大学出版社 2005 年版，第 65~66 页。

法定程序所编制的用来实施立法工作的具体部署和设想。经济法立法规划的目的在于从宏观上整体协调经济法立法同国民经济发展的关系，协调法律体系内部各个部门法的关系，促进立法者有步骤地做好具体立法工作。在经济法的立法规划中，需要处理好立法机关和中央政府的经济法立法规划之间的关系，综合经济法立法规划和专门经济法立法规划之间的关系，中央经济法立法规划与有权的地方政府的经济法立法规划的关系。经济法立法决策是经济法立法主体在进行实际立法时在其法定职权范围内，针对经济法立法中的具体实际问题，在综合衡量各种因素的前提下所作出的明确选择和决定的过程。经济法立法决策需要将宏观决策和微观决策、常规决策和非常规决策、个人决策和集体决策相结合起来，在法治原则、民主集中制原则和尊重国情原则的基础上选择当前条件下最有的立法方案与途径。

(二) 微观经济法制定技术

微观经济法制定技术是指经济法制定主体和合法的法律文本的起草者，在进行具体的规范性经济法文件的实质内容与形式结构的构造和设计中所采取的一般方法与技巧。微观经济法制定技术主要包括所拟定的经济法文本的名称、内容、结构和法律语言等立法技巧和方式。经济法的名称是经济法文本的外在形式和符号，也是规范性经济法文件的内在结构要件，经济法的名称要与经济法的内容相互协调统一，名称的规范化和科学化也是一国立法质量高低的体现。当前我国经济法立法中所使用的名称相对比较杂乱，需要进一步规范和整理。经济法的内容是由经济法规范构成的，作为经济法规范的组成部分应当由假定、制裁和处理构成，或者称为行为条件、行为模式和行为后果等内容组成，而经济法条文是经济法规范和文字表达形式，经济法规范是经济法条文和具体内容。在经济法规范中，可以从不同的角度进行分类，即义务性规范、禁止性规范和授权性规范，强制性规范和任意性规范，确定性规范和非确定性规范等。

三、经济法立法的结构技术

法的结构技术是立法技术的基本组成部分，是从成文法的文本结构角度分析法的整体构架和各个条文之间的相互衔接关系。学者们对现代成文法的结构，通常分为法的名称、法的内容和表达符号三个部分。按照结构的繁简程度也可以将法的结构分为简单结构、复杂结构和介于二者之间的结构。① 也有学

---

① 郭道晖：《当代中国立法》，中国民主法制出版社1998年版，第1282~1283页。

者将法案的结构分为实质结构和形式结构两类,实质结构是指法案本身的内在逻辑结构,即假定、处理和制裁;法案的形式结构是指法律条文的外在表现形式,即总则、分则和附则。①还可以将法的结构分为内容结构和形式结构两类。

(一) 经济法的内容结构

法的内容结构是构成法律文本的逐个条文的内容以及具有相对稳定性的条款要素,其由不直接规定权利义务的总括性规定和直接规定权利义务的具体性规定构成。总括性规定主要有立法目的、立法依据、立法原则、适用范围等;具体性规定主要有法的主体、主体之间的关系、权利义务、法律责任等。经济法的内容结构中,立法目的的表述应当简明、逻辑连贯,直接目的、中间目的和最终目的之间要有递进关系,各种目的之间不得有矛盾和突出;立法依据是经济法立法合法性和合理性的来源,一般以上位法或者相关法律为其立法依据,并在具体条文中体现立法依据;立法原则是经济法立法中抽象性较高的条文,是经济法守法、执法和司法的依据,也是法律的具有价值导向性的条文;适用范围是经济法作用于经济生活的领域。

(二) 经济法的形式结构

经济法的形式结构是对经济法体条文的具体安排和布局。我国经济法立法体例结构主要采取了以下几种形式:一是罗列式结构,即不再把经济法内部划分为不同组成部分,而是以条为基本单位,对经济法的内容逐条予以规定,并按照一定顺序排列下来。二是"总则"加"分则"结构,总则是经济法对某一经济社会关系进行调整的纲领性和统率性条文的总称,一般包括立法依据、立法目的、立法任务、立法宗旨、调整对象、基本原则、效力范围和法律适用等;分则是在顺序上位于总则之后,使总则的内容更加具体化和明确化的经济法条文的总称,在内容上主要规定了法律条文所涉及的主体、客体、行为、事件、后果等,以及权限、权利、职责、义务、法律后果和法律责任等。三是"总则—分则—附则"结构。该种结构是我国现行经济法立法采取的具有代表性的最主要的结构形式。其中总则、分则部分规定的内容与"总则—分则"结构规定的内容大体相同;在附则中,主要规定经济法的实施适用条件、新法律的生效和旧法律的废止时间、实施条例、实施细则、变通补充规定的制定权和解释权、有关概念、名词和术语的释义等。

经济法的立法语言是构成法律文本的要素,在法律语言的组织方面,必须

---

① 周旺生、张建华:《立法技术手册》,中国法制出版社 1999 年版,第 288 页。

符合基本的语法规范与逻辑规则,要避免采用形象、夸张等文学色彩的语言和带有感情色彩的语言,也应避免采用探讨、争议、商榷等带有学术研究性的语言,还要避免出现报告、宣传提纲和宣言性质的语言。经济法立法语言的运用要体现"准确、肯定、简洁、通俗、严谨、规范、庄重、严肃"的要求。

第十二章 经济法执法

第一节 经济法执法概述

一、经济法执法的含义

我国法学研究中,一般将"执法"视为"法的执行"的简称。有广义和狭义上的区别,广义的执法指国家行政机关和司法机关依法定职权和方式实施法律的活动。狭义的执法称作"行政执法""行政适用"与"司法适用",仅指国家行政机关依法定职权和方式实施法律的活动。①

经济执法是指行政执法机关在经济领域的执法行为,经济执法仍然属于行政执法的范畴。例如,将工商行政管理部门打击制售假冒伪劣商品、商标侵权、虚假广告、合同欺诈等违法行为;质量技术监督部门打击假冒伪劣产品的执法行为;建设主管部门对建筑市场的执法等行政执法行为看作经济执法,其实就是有关行政机关在经济领域的执法活动。②经济法执法不同于经济执法,经济执法和经济法执法虽只有一字之差,但它们却是不同的概念。经济执法泛指各种涉及经济领域的执法,而经济法执法特指对经济法的执行,即执行经济法的行为;经济执法不是严格意义上的法学概念,而经济法执法是经济法部门法上的概念;经济执法实质上是经济行政执法的简称,是行政行为,在经济法领域使用该概念容易导致将经济法看作行政法的部门法的认识,即所谓的"经济行政法",经济法执法是和行政法执法相对称的概念,即执行经济法之意,所执行的是经济法,而不是其他属性的法规规范或者规范性文件。

与经济法执法有关的概念还有经济法实施,经济法实施是指经济法主体将

---

① 曾庆敏:《法学大辞典》,上海辞书出版社1998年版,第1081页。
② 曾庆敏:《法学大辞典》,上海辞书出版社1998年版,第1081页。

经济法规范转化为现实效果的过程,它包括经济法守法、经济法执法、经济法司法和经济法监督。①经济法实施是从静态的角度说明经济法运行的各个环节,经济法执法是经济法实施的重要环节之一,是经济法立法的逻辑延伸,也是经济法司法的前提条件。

经济法执法是指作为经济法主体的国家行政机关依据法定权限和程序贯彻实施经济法规范的活动。经济法执法主体不是所有的行政机关,而是能够作为经济法主体的行政机关,是特定的国家行政机关;经济法执法主体执行经济法必须依据法定的权限和程序,授权主体不能成为经济法执法主体,经济法执法具有严格的程序性特点;执法主体所执行的法律规范是经济法,即法律和行政法规和部门规章层次上的法律规范,地方性法规和地方规章不能成为经济法的执法依据。

二、经济法执法原则

经济法执法原则是指贯穿于经济法执法活动过程中的执法主体必须遵守的基本准则。现代社会事务日趋多样化和复杂化导致立法者制定的法律不能够满足社会经济生活的需要,而且社会生活的易变性使立法者制定法律的速度无法满足社会变迁的节奏。现代社会法律发展的结果就是"在立法、行政及审判中,迅速地扩张使用无固定内容的标准和一般性条款"。② 立法的滞后性和法律本身的模糊性以及不完备性,决定了执法者拥有自由裁量权。执法中的自由裁量权本质上是执法者在法律规定的框架内享有的自主权,执法过程不再是被动地执行立法者制定的法律,而是具有较大的主动性。为了防止执法者行使自由裁量权时出现偏离,甚至违反立法者的立法意图、立法精神和立法目的,立法者所采取的策略就是在法律中设定基本原则,用来限制执法者对自由裁量权的滥用,克服成文法的局限和填补立法空白。经济法执法的特殊性决定了经济法执法原则在执法中具有重要意义和作用,其原因主要有:

第一,经济法执法依据的多元性。经济法执法主体所执行的"经济法"是由不同立法主体制定的不同层次的法律规范,决定了经济法执法依据是不同层次的经济法法律规范。从经济法的调整对象看,经济法包括市场监管和监管法、宏观经济运行调控法,甚至还包括社会保障法;③ 从经济法的法律渊源

---

① 陶广峰主编:《经济法原理》,中国政法大学出版社2005年版,第68页。
② [美] 昂格尔:《现代社会中的法律》,中国政法大学出版社1994年版,第181页。
③ 关于社会保障法是否属于经济法的调整对象,尚存在不同的理解,也有观点认为社会保障法属于"社会法"的范畴。

看，既有中央立法机关和行政机关制定的经济法属性的法律、行政法规和规章，也有地方立法机关和行政机关制定的地方性经济法规和地方规章；① 从经济法立法主体的性质看，既有国家立法机关制定的经济法，也有国家行政机关制定的经济法。

第二，经济法执法主体的特定性。经济法执法是中央行政机关行使市场管理权和宏观调控权的活动，也是执行立法机关制定的经济法的活动。依据不同的法律规范行使经济法执法权的机关在执行经济法时，需要遵守共同的经济法执法原则，避免执法的各自为政现象，维护经济法执法的统一。

第三，经济法执法程序的复杂性和灵活性并存。从表面上看，经济法执法就是执行立法机关制定的经济法的活动，经济法立法和经济法执法是经济法运行的两个环节，是单向度的运动；从本质上看，经济法执法所要达到的最终目的不是执行法律，而是重现市场机制，并将市场置于法律的控制之下，通过国家干预和消除市场机制中的消极因素。经济法执法的本质要求，在执法中既要严格依据法定的职权和程序，也要在执法过程中"相机选择"。

根据经济法的公法属性、经济法的基本价值选择以及经济法执法的特点，我们认为，经济法执法原则主要有尊重市场规律原则、重视公共利益原则、执法权限法定原则、效果原则。

（一）尊重市场规律原则

经济法产生于自由市场经济和国家干预经济的契合，正是由于国家干预和市场自治的结合，才可能出现经济法调整下的微观经济生机勃勃和宏观经济平稳运行的局面。我国经济法学者一般都认为经济法产生于市场失灵，由于市场机制自身固有缺陷导致了市场机制运行会出现不符合社会经济发展的消极结果，甚至由市场机制所引起的经济危机会导致爆发社会危机。所以，经济法是国家积极主动干预可能会失灵的市场机制的法律表现形式。国家通过经济法对市场的干预能够达到以下目的：第一，弥补市场配置资源的不足；第二，克服市场机制产生的外部性；第三，抑制妨碍公平竞争的因素；第四，确保宏观经

---

① 对于地方立法机关和行政机关是否有权制定经济法意义上的地方性法规和地方规章，决定于对经济法的界定，如果将经济法定义为监管和规制国内统一的市场秩序和调控宏观经济运行，则地方机关显然没有经济法立法权；如果认为经济法是对微观市场的管理和规制以及对区域经济运行的调整，则地方机关在对本地市场秩序的管理领域和区域性的经济运行领域有立法权，但是地方机关在宏观经济调控领域不具有立法权，因为地方经济只是国民经济的组成部分，是局部的非整体的经济，地方政府追求的是地方经济的发展和地方利益，不是国家宏观调控意义上的公共利益或者整体利益。

济运行的平稳和有序增长；第五，实现公共物品的供给以及社会保障。

经济法起源于现代市场经济。市场经济是经济法产生的经济条件，也是经济法发挥作用的经济基础。经济法立法、执法都要遵守市场经济的基本规律，尤其在经济法执法阶段，市场经济是经济法执法的前提和基础。在经济法执法过程中，不能违背市场经济的基本规律，任何恣意和武断的执法都可能导致对市场经济机制的扭曲，从而使经济法执法变成单纯的行政管理，窒息市场经济机制。在经济法执法中尊重市场经济规律，还可以发现和矫正经济法立法中违背市场规律的规定，因为立法和执法之间具有"时滞"现象，经济法执法中的"相机选择"和"审时度势"的现象也要求执法依赖于市场经济规律为前提。这种比较灵活的执法方式需要赋予执法主体较大的自由裁量权，而对自由裁量权的限制是必要的，对自由裁量权的限制依据的就是市场规律。

（二）重视公共利益原则

公共利益是经济法的核心范畴之一，重视公共利益原则是民主原则和共和原则的具体体现。经济法是国家干预和调控经济的产物，而干预和调控的目的除了追求经济安全、经济效益等目标之外，最根本的目的是维护公共利益，进而促进社会全体成员的利益。在具体判断公共利益的分量时，可以从量和质两方面着眼，前者是指受益人的数量，尽可能使最大多数人分享福利；后者是依据受益人生活需要的强度，凡是与人类生存愈有紧密关系的要素，愈符合质最高标准。① 经济法执法的目标是维护公共利益，但是不能同现代法治社会尊重和保障个人利益的基本理念发生严重冲突，在执法中不应只强调公共利益对个人利益的优先性，而是在维护个人利益的同时坚持公共利益，执法的过程就是调整个人利益和公共利益的过程。社会公共利益的确定必须由法律明确规定，法律以外的规范性文件都不能认定社会公共利益的性质和范围。

（三）执法权限法定原则

要弥补市场经济机制的缺陷，必须依靠国家特有的强制力，经济法正是国家强制力作用于市场经济的产物。在市场经济中，一定程度的政府干预是必要的。作为监管和调控市场经济的经济法，如果干预市场过多，就会窒息市场机制；反之，则达不到干预的目的。只有在法治的条件下，将经济法执法主体的权限法定化，才能维护市场经济运行所需要的合作与信心。该原则还包括执法过程必须符合实体法和程序法两个方面，即执法主体在执法过程中必须坚持下

---

① 陈新民：《德国公法学基础》（上），山东人民出版社2001年版，第203页。

列规则：第一，执法主体为了执法所发布的任何规范性文件都不得同宪法和法律相抵触；第二，不得利用执法性文件扩大执法权限和改变执法的法定程序；第三，不得利用执法机会侵害被执法主体的合法权益，或者使其承担法定义务之外的负担；第四，不得在执法中为被执法主体设定新的权利或免除法定义务。经济法执法主体的执法行为所针对的执法对象法定。

（四）效果原则

效果原则是指在依法执行经济法的过程中，执法主体对市场的监管和对宏观经济的调控都要以尽可能低的执法成本获取最大的收益，在执法中注重执法的最终效能和结果。同经济法立法和经济法司法相比较，经济法执法更加强调执法的实际效果，要求在执法中以执法目标为导向，通过执法必须达到经济法所确立的目标，而不是为了执法而执法。效果原则要求在经济法执法中，运用成本收益分析的方法，对执法的后果作出一定的预测和经济分析。经济法执法不是日常性的执法，而是在尊重市场运行规律的前提下，依法对妨碍市场经济运行的重大行为进行管制，依法对影响宏观经济的行为进行调控，经济法执法以是否达到维护市场秩序为效果。

三、经济法执法的功能

经济法执法具有多方面的功能，相对于行政法执法等，经济法执法可以从三个方面去认识，一是经济法执法和经济法立法、经济法司法的关系；二是将经济法规定的权利义务转变为经济法主体实际享有的权利义务和履行的职责；三是将静态意义上的经济法文本转化为动态意义上的经济法所调控的经济秩序。

首先，从经济法执法和经济法立法、经济法司法的关系中认识。经济法立法是经济法执法的前提条件，是执法的基础和根据；经济法执法是经济法立法价值、目的和实现途径的保障，是经济法立法的延续，也是经济法运行的重要环节；经济法司法是经济法执法的救济途径，是运用经济法解决纠纷的过程，也是经济法立法和经济法执法的制约力量。

经济法执法就是将经济法从文本规范转化为经济法主体实际行动的规则的过程。经济法执法主要解决的是经济法的实施问题，是将经济法立法确立的准则、规范和规则适用于特定的社会关系，使经济法法律文本的规定得到贯彻，从而引起经济法所调整的社会关系的产生、发展、变更和消失。在经济法执法中，需要界定好几个问题，一是所执行的经济法的层次，是法律、行政法规层次的法，还是规章、规范性文件等层次的法；二是将经济法文本转化为经济法主体的行为需要的途径,即通过制定执法规范性文件、进行法律解释、实施具体执法措施等途径将经济法文本作用于所调整的社会关系中。

其次,经济法执法的功能是将经济法的"应然"规范转变为"实然"权利。经济法的目的是确认市场主体的权利,调和不同利益者的权利冲突,维护市场经济的健康运行并促进国民经济的增长,经济法执法就是为市场主体的权利实现提供法律保障和途径,排除权利实现过程中的障碍,防止私人权利和国家职权的滥用,追究责任者的责任并给予受害者以法律救济。经济法执法的过程不仅是市场主体权利实现的途径,而且是国家意志的体现,不同于行政执法的是,经济法执法不一定必须存在相对人,行政法执法的对象是行政相对人,其执法过程重在控制行政权力,维护相对人的实体权利和程序权利。

经济法执法中,将"应然"权利变为"实然"权利的过程主要在市场监管和管制方面,经济法执法涉及市场主体实体权利的性质和内容有所不同,有些是宪法性权利,有些是经济性权利;有些权利是概括性的,有些权利是具体化的,所以经济法执法需要分清市场主体权利的性质和类型,将市场主体的民事权利和经济法上权利加以区分,民法上的权利具有自然权利的属性,而经济法上的权利则是法定的。在经济法执法中,尊重和保护市场主体的程序权利是经济法执法重要方面,对市场主体程序权利的尊重和保障有两个方面的内容,一是保障实体权利实现的程序权利,二是市场主体程序权利的独立价值。在经济法执法中要有相关市场主体的参与和抗辩,所以市场主体的知情权、参与权、陈述权、抗辩权等程序权利是经济法执法主体必须尊重和保护的。

最后,经济法执法是将静态的经济秩序规范变为动态的经济运行规则,经济法立法是从经济秩序和经济发展的某个时间段或者时间点截取一定的社会关系加以立法规范,而经济法执法所面对的是未来的经济秩序和经济发展状况。在经济法执法中,执法体制和执法方式是实现经济法对市场的动态调控的重要保障。经济法执法体制就是经济法执法主体之间的权限和执法范围的制度安排,科学合理的经济法执法主体权限划分是经济法执法效果好坏的重要保证。作为经济法司法机构的法院,其独立性也十分有限,不能真正独立地进行经济法司法,不能有效地制约经济法执法主体的执法行为,使经济法的动态运行受到制约。

第二节　经济法执法主体

一、经济法主体和经济法执法主体

法律关系构成理论是部门法的重要理论基础，主体理论是法律关系理论的基石范畴。对经济法主体的研究，是经济法理论建设的重要部分。经济法主体，即经济法法律关系的主体，是指依法参与经济法法律关系，具有经济法上的权利能力和经济法上的行为能力，独立享有经济法权利、承担经济法义务的国家机关和其他组织、个人。从该定义可以看出，成为经济法主体的要素主要有：第一，必须具有参与经济法法律关系的资格；第二，必须是国家调整经济运行过程的参加者；第三，必须是依照经济法规定享有经济法权利和承担经济法义务的国家机关和其他组织、个人。

在经济法研究中，对经济法主体的范围存在不同的理解，从当前经济法学者所进行的分类，可以概括为两分法、三分法和多重分法，各种分类中的具体类型也有所不同。两分法的有：经济管理主体和经济活动主体；①也有人从主体的二元结构入手，认为经济法主体包括调控主体和监管主体，以及与此相对的受控主体和受制主体，将二者合并后组织调制主体和调制受体，并将调制主体分为调制立法主体和调制执法主体。②三分法的有：管理主体、被管理主体、中介组织；③ 经济决策主体、经济管理主体、经济活动主体，其中又将经济活动主体分为生产经营者和消费者、劳动者。④持多重分法的主要有：国家、国家机关、经营者、社会自治体和中间层、消费者和劳动者；⑤经济行政机关、经济组织、事业单位和社会团体、公民或自然人；⑥经济决策主体、经济管理主体、生产经营主体、消费主体、经济监督主体。⑦形形色色的经济法主体类型的表述，证明我国经济法研究对主体研究的重视，也说明对经济法主体的界定还没有形成大体一致的认识。

---

① 潘静成、刘文华：《经济法》，中国人民大学出版社1999年版，第116页。
② 张守文：《经济法理论的重构》，人民法院出版社2004年版，第349页。
③ 顾功耘：《经济法》，高等教育出版社2000年版，第11~12页。
④ 陶广峰主编：《经济法原理》，中国政法大学出版社2005年版，第75页。
⑤ 程宝山：《经济法基本理论研究》，郑州大学出版社2003年版，第134~136页。
⑥ 王保树：《经济法学原理》，社会科学文献出版社1999年版，第105页。
⑦ 杨紫烜：《经济法》，北京大学出版社、高等教育出版社1999年版，第80~86页。

要科学地认识经济法主体,就需要从经济法的立法特性和经济法运行过程廓清这一概念。可以明确的是,经济法主体中必然包含经济法执法主体,对经济法执法主体的认识,是研究经济法主体首先要解决的问题,通过对执法主体的研究,归纳出经济法主体的某些特征,从而在理论上塑造经济法主体。

执法主体是指有资格和能力行使执法权的国家机关和其他组织,享有执法权是成为执法主体的先决条件,获取执法权的法律渠道主要有两条:一是根据法律的直接规定所产生和获得的合法执法权,其中法律的规定又有宪法的确认、组织法的规定和一般法律的规定;二是依据法定的授权而产生和获得的执法权。经济法执法主体获得经济法执法权的途径主要是依据宪法和组织法的规定,同时,还有一部分经济法执法主体的执法权是通过专门的经济法规范产生的。

经济法执法主体是行使经济法执法权的组织。要成为经济法执法主体,首先需要具备一定的资格和能力,再由法律赋予相应的执法权。所以,适格的经济法执法主体是合法执行经济法的前提,也是认定执法行为是否有效的依据。按照一般的法律原则和行政法执法主体需要具备的条件,经济法执法主体也应当具备几个条件:第一,特定的组织机构。完善的组织机构是经济法执法主体存在的依据,现代社会的复杂化和专业化客观要求执法主体是一种组织行为,而不是个人行为,只有完善的组织结构,才有可能具有执行经济法的能力,才能够履行特定的执法行为。第二,依法具有经济法执法权。经济法执法组织必须具备相应的执法权,才能够取得执法资格,才能承担经济法执法的职责。而且,经济法执法权的来源必须明确具体,必须有较高的法律依据。第三,能够以自己的名义实施经济法执法行为,即执法主体具备独立自主的意志表达能力,在执行经济法时不受任何非法定机关监督机构的指示和制约。第四,能够独立承担由于执法而引起的法律后果。独立承担的法律后果必须是由于其经济法执法行为而引起的,这种法律后果包括有利的法律后果和不利的法律后果,这是执法主体具有执行经济法的资格和能力的必然要求。在不同国家,由于法律体系的不同和对经济法的不同认识,一般对经济法执法主体的资格、能力、产生的法律来源等存在不同制度。就我国的经济法执法主体而言,当前的情况也是比较复杂和混乱,经济法执法主体往往与行政执法主体没有区别,行政执法主体被认为是当然的经济法主体,但是在现行法律的规定中,有些经济法执法主体却不同于传统的行政执法主体。

二、经济法执法主体的法律文本分析

在当前经济法研究中,对经济法的调整对象有一个比较一致的看法,通常都将经济法的调整对象分为对市场的管制（监管/管理）和对宏观经济的调控（调整/调节），并按照该分类将经济法的体系分为市场监管法和宏观调控法。①对经济法执法主体的考察也分为市场监管法执法主体和宏观调控法执法主体。按照全国人大常委会法制工作委员会对建国以来到2005年2月28日期间现行有效的214件法律的分类，其中经济法类中共有51件法律，与学术界对经济法的分类存在一定的差异，例如将《反不正当竞争法》《消费者权益保护法》归入了民商法类。这里的分类还是按照经济法学界通常的分类，能够归入市场监管法的现行法律主要有：《反不正当竞争法》《价格法》《消费者权益保护法》和《产品质量法》《广告法》②《反垄断法》等；能够纳入宏观调控法的主要有：《价格法》《财政法》《中国人民银行法》《银行业监督管理法》等。

（一）市场监管法执法主体

"监管"一词是由英语 regulation 翻译而来，意为以法律、规章、政策、制度来约束合规范经济主体的行为，③狭义上指国家对微观市场的管理。市场监管则是以具体市场及其活动主体的行为为基点，消除破坏市场机制正常运作而市场自身无法克服的现象，保障市场主体享有公平、有序、高效的竞争环境，实现微观经济的良性运转。④市场监管法的执法主体主要是国家职能机构，即国务院的具体行政机构，在当前，涉及的执法主体是有关市场管理的专业经济管理部门。

（二）宏观调控法执法主体

宏观调控本来是现代经济学的概念，现在已是经济法的基本范畴。学者们在定义宏观调控法时，通常都是从特定的经济关系界定的，如将宏观调控法定义为，国家在调节和控制宏观经济运行中发生的经济关系。经济法理论对宏观调控的定义，是指国家从社会公共利益出发，为实现宏观经济变量的基本平衡和经济结构的优化，引导国民经济持续、稳定、协调发展，对国民经济所进行

---

① 在经济法的体系研究中，尽管有的学者将国家经营法纳入经济法的体系，也有将社会保障法纳入经济法体系之中的，但是都没有否认市场规制法和宏观调控法是经济法体系的重要组成部分。

② 《广告法》具有经济法和民法混合的属性，其中既有监督管理法律关系的规定，如广告准则的、广告审查；也有民事法律关系的规定，如"广告活动"中的有关规定。

③ 陈富良：《放松规制和强化规制》，上海三联书店2001年版，第2页。

④ 陶广峰主编：《经济法原理》，中国政法大学出版社2005年版，第29页。

的总体调节和控制。[①]而宏观调控的意义在于，通过国家对宏观经济的调控，确保市场机制的良性运行并促进经济增长和社会发展。

宏观调控法的执法主体一般是具有国民经济运行决策权和实施权的机关，有的是国家行政机关，有的是国家权力机关，还有的是介于国家行政权和立法权之间的特定机构，不同于一般的具有经济社会管理职能的行政机关。

三、经济法执法主体的特征

通过对现行经济法的分析，可以归纳出我国经济法的执法主体主要是国家行政机关及其职能部门，是中央国家行政机关，及地方国家行政机关。但是，并非所有的国家行政机关和职能部门都是经济法的执法主体；同时，非政府组织也可能成为经济法的执法主体。从经济法执法主体需要具备的要件，以及经济法执法主体的法律地位等方面考察，经济法执法主体主要有以下特征：

第一，经济法执法主体必须具备一定的执法条件。这些执法条件包括完善的组织结构、专业的执法人员、相对独立的执法费用来源、相对固定的工作环境、享有法定的执法权力。经济法执法所面对的是广泛的市场和宏观经济运行机制，其执法不同于一般的行政管理，经济法执法的侧重点是特定的经济领域，例如证券市场、金融市场、外汇市场，也有一些是宽泛的商品市场，执法主体必须具有完善和严密的执法组织和能够履行职责的执法人员，这是经济法执法的组织基础。执法费用来源的独立性，是指执法主体的经费来源不是依据上级政府部门拨付的，而是通过国家权力机关的决议或者由相关法律规范规定，必须有稳定和可靠的来源，防止在执法过程中受到其他行政机关不必要的制约，同时执法主体必须有固定的工作场所，这些是经济法执法的物质基础。作为经济法执法主体的关键是具有相应的执法权力，该权力可以是法定的，也可以是国家权力机关授权的。符合该要件的主体包括所有国家行政机关和部分社会组织，排除了个人作为经济法执法主体的可能性。

第二，经济法执法主体必须具有职能分工。现代国家职能的专业性决定了经济法执法主体要有相当的职责分工，不同于传统的行政管理主体和行政法执法主体，经济法执法主体是现代国家经济职能扩大后的产物，部分执法主体是从传统的行政管理部门中演化而来的，部分是根据本国经济社会发展现况和阶段设立的新部门。经济法执法主体的法律地位是由法律规定或者最高国家权力机关决定的，其职责和职权也是由国家权力机关决定的。从中外经济法理论和实践看，经济法执法主体都具有"经济性"，即执法主体不是一般的社会公共

[①] 陶广峰主编：《经济法原理》，中国政法大学出版社2005年版，第27页。

事务的管理机关，而是专门执行国家对微观市场秩序的监管和对宏观经济运行的因势利导，在尊重市场经济规律的前提下，运用计划、货币、财政、外汇等现代国家存在和发展的基础性的载体，规范和引导人们的行为，创造适合人的发展和社会进步的经济关系。

第三，经济法执法主体资格的法定性。执法资格是执法主体执法的前提条件，也是区分经济法执法主体和其他法律、法规以及经济政策的执行主体的重要方面。经济法执法主体的资格取得方式有两种：一是由专门的法律规定；二是由最高国家权力机构专门决议确定，法律以外的其他规范性文件无权设定经济法执法主体和经济法执法权。例如，第十届全国人民代表大会常务委员会第二次会议审议并通过了《国务院关于提请审议中国银行业监督管理委员会行使原由中国人民银行行使的监督管理职权的议案》，确定中国银行业监督管理委员会履行原由中国人民银行履行的审批、监督管理银行、金融资产管理公司、信托投资公司及其他存款类金融机构等的职责及相关职责。《中华人民共和国银行业监督管理法》规定由国务院银行业监督管理机构负责对全国银行业金融机构及其业务活动监督管理的工作。

四、经济法执法主体的类型

依据我国宪法和法律的规定，我国执法主体主要有下列三类，即中央人民政府和地方各级人民政府，各级人民政府中享有执法权的下属机构，法律授权组织。① 从抽象意义上讲，经济法执法主体是国家机关，国家机关一般分为权力机关、行政机关和司法机关。有人认为，经济法执法机关仅作为国家行政机关的政府；有人认为国家立法机关、行政机关和审判机关都可以成为经济法执法主体；还有人认为，作为国家行政机关的政府不应成为经济法的执法主体。因为，政府在经济法中享有权力以及承担一定的职责，而政府属于经济法律关系的当事人，根据回避的原则，政府如果在经济法中处于当事人的地位就不应成为经济法规范的执行者。② 我们认为，经济法执法主体可以从横向上分为国家权力机关和国家行政机关，从纵向上分为中央国家机关和地方国家机关。从经济法执法主体权力来源的角度可以分为一般主体和特别主体。从执法领域分为市场监管法执法主体和宏观调控法执法主体。从执法权力属性角度可以分为权力机关执法主体和非权力机关执法主体。

---

① 孙国华：《法的形成与运作原理》，法律出版社2003年版，第282页。
② 薛克鹏：《论政府在经济法中的地位》，载《经济法理论与实务热点问题探讨》，厦门大学出版社2002年版，第187页。

(一) 横向执法主体：权力机关与行政机关

在经济法学界，政府往往是国家的代称，也是最主要的经济法执法主体，至于权力机关能否成为经济法的执法主体尚存在争议，有人认为权力机关是经济法的立法主体，不能成为执法主体；也有人认为权力机关通过立法活动来监管市场和调控经济运行，是广义上的经济法执法主体。从理论上讲，最高权力机关有权干预我国任何一个国家行政机关可以进入干预的领域，宪法实际上已经赋予权力机关广泛的经济管理权。① 从中外经济法执法主体的类型看，国家权力机关也可以成为经济法的执法主体，只是执法的方式各不相同。例如，我国宪法规定，全国人民代表大会和全国人民代表大会常务委员会认为必要的，可以组织关于特定问题的调查委员会，并且根据调查委员会的报告，作出相应的决议；经济法执法问题也可能成为特定问题，由最高权力机关执行。《全国人大常委会关于加强中央预算审查监督的决定》规定，全国人民代表大会会议期间，财政经济委员会根据各代表团和有关专门委员会的意见对中央及地方预算草案进行审查，并提出审查结果报告。美国反垄断法的执法机关中，联邦贸易委员会是依1914年《联邦贸易委员会法》设立的，该委员会由5名委员组成，委员由总统提名参议院同意才予以任命，同一政党的委员不得超过3名。委员会具有很强的独立性，它依法享有一般的行政权、准司法权和准立法权。此外，权力机关在履行制定国民经济发展中长期计划和规划时，与政府以及市场主体之间会形成一定的宏观调控法律关系，也应当属于经济法执法。从我国经济法执法实践看，行政机关是最主要的经济法执法主体，国家权力机关作为执法主体的属性不明显，但从我国市场经济的完善和民主法治发展的趋势来看，国家权力机关作为制约和弥补政府在执行经济法越权和执法不力方面具有重要意义。

(二) 纵向执法主体：中央机关与地方机关

我国的中央机关包括全国人大及其常委会和国务院及其有关部委，地方机关是地方各级人大及其常委会和各级地方政府。对于中央机关的经济法执法主体资格较少有疑义，尤其是国务院及其部委是经济法的主要执法主体，但对于地方机关是否具有经济法执法地位，则有不同的看法。从我国当前的经济法立法中看，经济法的执法主体包括了中央行政机关和地方行政机关，市场监管法执法领域多是由中央和地方行政机关承担，宏观调控法的执法主要由中央行政

---

① 顾功耘：《经济法教程》，上海人民出版社2002年版，第45页。

机关行使。根据我国经济发展和经济法执法背景,我们认为,中央机关和地方机关都可以成为经济法的执法主体,但是要区分执法领域和执法方式。在监管全国统一市场的经济法执法中,以中央行政机关执法为主,地方行政机关作为全国执法机关的补充,针对本地区的特殊情况进行地区性的市场监管,以便防止对市场的割裂和封锁;在宏观调控领域的执法,地方行政机关不具有执法主体资格,执法主体只能是中央行政机关,中央行政机关根据执法的需要可以在地方设立独立于地方政府的垂直领导的分支机构,以便实现宏观调控法执法的全局性和统一性。

(三) 执法主体职权来源:政府职能部门与专设机构

依据经济法执法主体执法职权的来源,可以将其分为依据组织法设定的职权和通过专门法律设定的职权。我国经济法执法主体大多数是行政机关,这些行政机关的法律地位由宪法和组织法设定。宪法规定的国务院职权中涉及经济法执法主体的有:国务院有权规定各部和各委员会的任务和职责,统一领导各部和各委员会的工作,并且领导不属于各部和各委员会的全国性的行政工作;统一领导全国地方各级国家行政机关的工作,规定中央和省、自治区、直辖市的国家行政机关的职权的具体划分;编制和执行国民经济和社会发展计划和国家预算;领导管理经济工作和城乡建设;审定行政机构的编制。国务院组织法规定国务院各部、各委员会的设立、撤销或者合并,经总理提出,由全国人民代表大会决定,在全国人民代表大会闭会期间,由全国人大常委会决定;国务院可以根据工作需要和精简的原则,设立若干直属机构主管各项专门业务,设立若干办事机构协助总理办理专门事项。经济法执法主体中的国务院组成部门的经济法执法职责由国务院规定,其执法主体资格来源于国务院组织法,目前作为国务院组成部门的经济法执法主体有:国家发展和改革委员会、财政部、中国人民银行、商务部和作为国务院直属机构的国家工商行政管理总局、国家税务总局、国家质量监督检验检疫总局。除了根据国务院组织法设立的行政机关作为经济法执法主体之外,有些执法机关不是国务院组成部门,但是隶属于国务院,由国务院领导,其法律地位和经济法执法职权由专门的法律规定。这些机关是各个"监督管理委员会",目前有中国银行业监督管理委员会、中国证券监督管理委员会、中国保险监督管理委员会和电力监管委员会。[①] 这些委

---

① 中国银行业监督管理委员会由《中国银行业监督管理法》规定,中国证券监督管理委员会由《证券法》规定,中国保险监督管理委员会由具有商法性质的《保险法》规定,电力监管委员会由行政法规《电力监管条例》规定。

员会在国务院组织机构中属于国务院直属事业单位，不具有组织法上的职权，但分别由专门的法律或者最高权力机关的决议来设定其法律地位和经济法执法主体的资格。

（四）执法主体执法领域：市场监管主体与宏观调控主体

从经济法执法主体执法的领域，可以将其分为市场监管执法主体和宏观调控执法主体。市场监管是针对产品市场或者要素市场活动主体的行为进行的监督和管理，是以维护市场经济秩序有序为目标，执法主体的执法方式是以监控市场活动主体的行为和对不利于市场运行的行为进行处罚，使其遵守市场秩序。对市场的监督和管理是现代市场经济国家不可缺少的政府职责，监管的范围涉及从简单的商品市场到高级的金融证券市场，监管的过程是事中和事后，监管的主体一般是常设的国家行政机关。在我国，市场监管执法主体众多，有监管普通商品市场的工商行政管理部门、质量检验检疫部门等商品市场监管部门，还有金融监管部门、证券监管部门、保险监管部门、电力监管部门等生产要素监管部门。除了权力机关作为市场监管法的执法主体之外，有些社会中介组织也可能成为市场监管法的执法主体，因为市场监管法的目的是规范有序的市场运行机制，市场中的一些行业自治组织也可以维护特定市场秩序的良好运行，通过规范行业组织中成员的行为，达到市场有序运行的目的，例如消费者权益保护法赋予消费者协会的某些执法权力；证券法规定了证券业协会的有关职责。

宏观调控是国家对国民经济整体依据市场经济规律所进行的操作，其目的是促进经济增长、稳定物价水平、增加就业并保持国际收支平衡；执法方式不同于传统的行政执法，而是以市场运行规律为前提，运用市场运行规律来引导和规范市场经济活动主体按照利益最大化的市场原则从事市场行为，将市场活动主体因追求私利最大化导致的"集体非理性"造成的损失减少到最小，甚至消除。宏观调控法执法主体不同于立法主体，宏观调控法的立法主体是最高国家权力以及授权的独立机构和最高国家行政机关。宏观调控法的执法主体则具有多元性。从我国的实践看，当前具备宏观调控法执法主体客观条件和具有执法的合法性依据的机关是国务院及由国务院领导的中国人民银行，以及作为国务院组成部门的国家发展与改革委员会，地方机关和非政府组织不能成为宏观调控法的执法主体。这是因为，宏观调控是以现代经济学基本原理为依据，调控措施是运用财政政策和货币政策工具，财政政策一般是政府通过确定和改变税收、转移支付和政府购买来影响经济运行，货币政策是由执行货币政策的特设机构或者中央银行对利率和货币量的变动来影响总需求，从而实现宏观经济目标。财政政策和货币政策的执行机构是影响国民经济运行的重要机构，必须具有统一性和权威性。一般行政主体和非政府组织不能成为宏观调控法的执法主体。应当指出的是，由于我国的宏观调控法执法主体隶属于中央政府，其执行宏观调控法和政策措施大都受到行政机关的牵制，在一定程度上妨碍了其宏观调控法的执法能力。

五、我国经济法执法主体及其职责

当前，我国的经济法执法主体依据其在行政机关中的地位，可以分为两类，一类是国务院组成部门的行政机关和相应的地方行政机关；另一类是由国务院领导，属于国务院组成部门之外的国务院行政机构，该类机构多以"委员会"命名，在地方政府中没有相应的机构设置，而是以其分支机构的形式负责经济法在地方的执行。

（一）行政机关

根据宪法的规定，国务院是最高国家权力机关的执行机关，是最高国家行政机关，国务院对全国人大及其常委会负责并报告工作。《国务院组织法》和《国务院行政机构设置和编制管理条例》规定，国务院行政机构根据职能分为国务院办公厅、国务院组成部门、国务院直属机构、国务院办事机构、国务院组成部门管理的国家行政机构和国务院议事协调机构。其中，具有经济调控和管理职能的国务院部委是宏观调控部门和专业经济管理部门。

宏观调控部门的主要职责是：保护经济总量平衡，抑制通货膨胀，优化经济结构，实现经济持续快速健康发展；健全宏观调控体系，完善经济、法律手段，改善宏观调控机制；宏观调控部门有国家发展与改革委员会、财政部、中国人民银行，此外，国土资源部在控制土地审批规模方面，对于国民经济运行具有宏观调控作用，但是由于不是典型的经济调控主体，不认为具有宏观调控职权。专业经济管理部门的主要职责是：制定行业规划和行业政策，进行行业管理；引导本行业产品结构的调整；维护行业竞争秩序；目前的专业经济管理部门有建设部、信息产业部、国防科技工作委员会、水利部、农业部、铁道部、交通部、商务部。① 除了有关国务院组成部委之外，在18个国务院直属机构中，有经济管理职能的部门还有国家税务总局、国家工商行政管理局、质量技术监督检验检疫总局；作为国务院的直属特设机构的国务院国有资产管理委员会。14个国务院直属事业单位中的有几个不同于其他事业单位的"委员会"，也是重要的经济法执法主体，但是，这几个以"委员会"命名的经济法

---

① 罗干：《关于国务院机构改革方案的说明》，载人民网，2003年3月6日。

执法机构与作为国务院组成部门的委员会的法律地位有所不同。

(二) 独立委员会

在国务院的直属事业单位中,有四个以"委员会"命名的经济法执法机构,即中国证券监督管理委员会、中国保险监督管理委员会、中国银行业监督管理委员会、国家电力监管委员会等,① 这类事业单位的法律地位与一般的行政机关的法律地位有所不同,是我国经济法发展过程中出现的机构,也是研究经济法执法主体时不可忽视的机构。但是这些机构在我国国家行政机关中的法律地位比较特殊,它们不同于作为国务院组成部委的行政机关,而是国务院的"事业单位",但它们属于重要的经济法执法主体。这类经济法执法主体的执法权来源一般是通过国务院的授权,行使的是经济领域的行政管理权,我们将其视为经济法执法主体。这些机构的权力来源于专门法律的规定和国务院的授权,在法律地位上属于国务院的直属事业单位,但是属于具有行政权力的事业单位,不同于国务院所属的其他事业单位,这些事业单位不但具有规章制定权,还具有执行相关法律和自己所制定的规章的权力,同时还享有行政复议权和行政纠纷解决权。这类具有行政权的事业单位属于典型的经济法执法主体,但是由于其带有较浓厚的行政主体色彩,其作为经济法主体的法律地位和属性不太明显。

(三) 社会中介组织

20世纪80年代以来,随着对"第三部门"研究的展开,认为在政府和市场之间存在着另一类主体,这类主体的称谓很多,例如,第三部门、非政府组织、非营利组织、市民社会、社会中介组织等。从政府与市场的二元关系角度看,认为是不同于政府和市场的第三部门;从其与政府职能的关系看,属于非政府组织,但是其范围过于广泛;从其与市场的营利特性比较而言,属于非营利组织,即除了政党和宗教组织之外的无需向国家纳税的社会组织;是指独立于政府和市场主体之外的主体,这些主体具有政府和市场的某些职能,是衔接和协调政府与市场主体的一类主体。尽管从不同的研究角度得出的结论存在差异,但是从法律的角度看,这些主体都具有某种类型的法律主体资格,有的具有民事主体的法律地位,有的具有经济法主体的法律地位,其认定依据就是赋予这些主体法律地位的法律规范的属性。

---

① 其他几个都是"某某监督管理委员会",只有电力监管委员会直接表述为"监管委员会"。

第三节 经济法执法程序

一、经济法执法程序的含义

经济法执法程序是指经济法执法主体依照特定的步骤、顺序、方式执行国家法律的过程,是一般法律程序在经济法执法中的体现和贯彻。经济法执法程序是执法主体在执行经济法中必须遵守的顺序和方式,这些执法主体不但要遵守作为行政主体执法的一般程序,还要遵守经济法规范所确定的特别程序。程序的价值在于通过形式来形成正确的决定。[①] 经济法的执法程序对于经济法作用于特定的经济关系也具有实现经济法的功能和作用的意义,经济法执法程序与行政程序有紧密的联系。首先,经济法执法程序的主体主要是行政主体,但也有不同于行政执法主体的其他主体;在行政执法主体中,只有特定的行政机关才是经济法执法主体,不是所有的行政机关都是经济法执法主体。其次,二者所适用的执法程序有重合之处,也有差别之处;其中经济法执法领域中的市场监管法执法程序基本上适用行政执法程序,而宏观调控法执法程序与行政执法程序具有较大的不同。最后,行政程序偏重于程序正义,而经济法执法程序侧重于结果公正。按照经济法执法程序适用的领域,可以分为市场监管法执法和宏观调控法执法,二者在执法程序上存在较大的差异,前者以行政程序为主,后者则具有立法程序的性质。

二、经济法执法程序的特征

经济法执法程序同行政执法程序有重合之处,如果经济法没有规定特殊的执法程序,就可以适用行政执法程序,这是由于经济法执法主体与行政执法主体的重叠关系所决定的。经济法执法程序除了具有行政程序的基本特征之外,还具有自身的特点,即执法程序的独立性、交涉性、协商性和针对性等。

第一,独立性。经济法执法程序的独立性特征就是赋予执法主体相当程度的独立性,使其避免受到政治层面和被执行主体的影响。这种程序的独立性主要体现在市场监管领域的执法中,一般而言,市场监管领域的执法就是通过对市场的监管达到执法目的,就是执法机关在具备必要的专业技术条件下对市场

[①] 季卫东:《法律程序的意义》,载《法治秩序的建构》,中国政法大学出版社1999年版,第37~38页。

运行作出及时的反映。同时，独立的执法程序可以保障执法机关免受来自政府机关的干预，从而增强执法行为的透明度和稳定性。当然，执法程序的独立性并不是意味着与其他执法程序之间没有联系，而是在坚持程序独立的前提下，和其他类型的执法程序相互配合，并通过"自我约束"来消除程序的任意性。

第二，交涉性。经济法执法程序的交涉性，体现在执法主体与被执法主体双方参与、交往、互动的制度空间中，经济法执法程序应当给予被执法主体以充分的机会参与到决定形成过程中，尊重并保障其进行抗辩的权利。经济法的执行过程就是双方或多方博弈的过程。执法程序有目的取向的程序和工具取向的程序。在目的取向的程序中，执法程序本身就是目的，通过程序来实现对经济法的执行；在工具取向的程序中，经济法执法程序是达到其他经济法立法目的的手段或工具，在目的取向的执法程序中，交涉性特征更加明显。执法程序的交涉性还体现在程序的强制性与妥协性之间的转化，在程序进行的过程中，如果被执法主体自愿遵守经济法的规范，则执法程序可以中止或终结，如果被执法主体不履行经济法的义务，则执行程序继续进行，而且以强制的姿态要求经济法主体遵守经济法的规定。

第三，协商性。经济法执法程序的协商性不同于交涉性，交涉性是在经济法规范的框架内，由执法主体根据被执法主体的守法情况而决定是否继续适用执法程序执行经济法，被执法主体可以在法律的框架内行使抗辩权来对抗和交涉。而经济法执法程序的协商性就是执法主体与被执法主体之间在基本法律原则和执法背景下，就执法事宜进行协商，由执法主体通过非强制执行的方式督促被执行主体遵守经济法的规定，自觉维护市场秩序和宏观经济的运行。如果说交涉是在合法性原则的前提下进行的话，协商则是在合理性原则的条件下进行的。在执法主体和被执法主体之间达成和解，从而实现执法的目的。

第四，多样性。经济法执法程序没有统一的普遍适用的模式，具有程序的多样性特征，不同的程序具有不同的针对性。经济法的执法程序与经济法实体法一般没有严格的界限，经济法的实体法和程序法往往混合在同一部法中，这就决定了经济法没有普遍适用的执法程序法。经济法执法程序的多样性还与经济法的专业属性有关，经济法具有技术法的特征，伦理性色彩比其他部门法要淡薄一些，经济法的内容中包含了大量的技术性规范和专门知识性规范，经济法的执行程序就是通过贯彻经济法技术规范，达到经济法的目的。

第十三章 经济法司法

第一节 经济法司法概述

一、经济法的适用

法的适用有广义和狭义的区分，广义上指国家机关及其公职人员以及被授权主体，依据其职权范围和法定方式运用法律规范的规定处理具体纠纷的活动，其主体包括行政机关和司法机关，以及为了适用某些法律规范而特别授权的有关社会组织；狭义上仅指拥有司法权的国家机关依据特定程序应用法律规范处理纠纷的过程。经济法的适用是就狭义层面而言的，是指国家司法机关运用经济法规范独立解决纠纷的过程。考察外国关于经济法的适用机关，主要有三种情况，即由不同的国家机关适用经济法解决纠纷。

第一种是由国家行政机关适用经济法解决经济关系中的争执，这些机关在执行行政法的同时，经济法还赋予其担负实施经济法的任务。例如，在竞争法和反垄断法的适用方面，各国都规定了有关行政机关参与；在宏观调控法的实施上，执行机关基本上都是由相关行政机关担任。行政机关适用经济法的权限和程序由行政法和经济法共同规定。第二种是由专门设立的经济法司法部门实施，这些专门机构具有与一般行政机关不同的职能和地位，这在反垄断法领域比较明显，大多数国家都设有专门从事反垄断法实施的特别机构。例如，美国的联邦贸易委员会、英国的公平贸易局、德国的联邦卡特尔局、日本的公正交易委员会、法国的联合与支配地位委员会等。这些专门机构拥有较广泛的权力，有些还被赋予准立法权和准司法权。第三种是由司法机关适用经济法，包括特设的经济法司法机构和普通司法机构。例如，有的国家设立专门管辖竞争法案件的司法机关，主要有英国的"限制行为法院"、德国的"竞争法院"等；有的国家还设有适用其他经济法的专门法院或法庭，如美国的关税和专利上诉法院,德国的财政法院,我国也曾经在各级人民法院内设立经济审判法庭等。

经济法的适用机制与本国的经济发展状况、法律传统,以及法律发达程度等因素有关,世界各国没有统一的模式,具体采用何种机制,由本国的司法实践所决定。我国目前的经济法适用机制是由各级人民法院统一适用,在法院内部设有专门的民事审判法庭等,承担经济法纠纷案件的审判,刑事审判法庭审理涉及经济犯罪的案件。从 2000 年开始陆续取消了实行了近 20 年的经济审判法庭,将原来经济审判庭的受案范围划归民事审判庭。对于这种司法改革的利弊,学者中存在较大的分歧。我们认为,在现行的审判体制下,虽然曾经设立了经济审判庭,但这些经济审判庭实际上审理的是除了婚姻家庭亲属继承关系等民事诉讼之外的经济纠纷,严格来说还不是真正意义上的经济法法庭,即审理经济法问题的如计划、垄断、宏观调控等纠纷的审判机构。因此,建立适合我国经济发展和法治进程的经济法司法机制是经济法理论和司法实践发展的必然结果,也是我国经济法研究和司法制度改革必须要认真思考的。

二、经济司法与经济法司法

经济司法是我国学术研究和法律领域通常使用的概念。一般认为,经济司法是指国家司法机关依法行使职权,运用国家强制力对经济纠纷案件和经济犯罪进行审判和检察,以保障经济法律规范实施的活动,经济司法是一国司法的重要组成部分,也是实行经济法制的根本保证。①经济司法有广义和狭义两个方面的含义,广义的经济司法是指人民检察院和人民法院依法审理经济犯罪案件、国内经济纠纷案件和涉外经济贸易、运输、海事纠纷案件的职能活动;狭义的经济司法专指人民法院的经济审判机构依法审理国内和涉外经济纠纷案件的职能活动。②经济司法的任务是保障经济法律的实施;经济审判的对象是国内经济纠纷和涉外经济纠纷案件;经济检察的对象是贪污、贿赂、走私、诈骗、偷税抗税、渎职等经济犯罪活动。③经济司法和经济法司法具有本质区别,经济司法是我国改革开放以来司法实践产生的概念;经济法司法是同民事司法、刑事司法等并列的概念,是指司法机关适用经济法规范解决纠纷的活动。

经济法司法不同于经济审判,经济审判的概念是我国改革开放初期,在民法制度缺失的背景下,将涉及财产纠纷的案件统称为经济审判,其实质上是民

---

① 曾庆敏:《法学大辞典》,上海辞书出版社 1998 年版,第 1178 页。
② 张淑兰:《浅谈经济司法》,载《新疆社会科学》1995 年第 6 期。
③ 曾庆敏:《法学大辞典》,上海辞书出版社 1998 年版,第 1178 页。

事审判，在程序适用方面适用民事诉讼的程序，设置经济审判的意义在于，解决计划经济体制转型过程中的经济纠纷，在没有私法制度的情况下恢复有限的私法制度，即通过公法的手段解决私法的问题。在经济法理论完善和制度确立的进程中，建立经济法司法制度是有可能的，所以，寻求经济法司法制度的建立要抛弃原来的经济审判框架，在原经济审判体制中无法构建新的经济法司法。经济法司法的本质是要解决经济法在审判机构中的适用问题，即经济法主体可以成为经济法司法（审判）中的当事人，无论是作为监管和调控主体的国家机关，还是作为被监管和受调控的市场主体，都可以通过经济法司法程序维护自身的职责和权利。

三、经济审判及经济审判庭的变迁

在我国改革开放之初，经济审判是一个适应当时我国经济体制的需要而被构建出来的概念，例如，认为经济审判就必须依据国家的经济法律规范和民事诉讼法来审理和裁决经济纠纷案件，将经济审判定义为：人民法院代表国家，依据经济法律规范和民事诉讼法审理和裁判在生产和流通领域中因利益冲突发生纠纷的一方当事人，为了保护自己的利益向人民法院提起诉讼的案件的活动。①司法界认为，经济审判庭是处理公与公之间的经济纠纷，因而对一方是公民个人或个体工商户的经济纠纷，没有列入受案范围。经济审判工作的范围和任务就是，通过处理经济纠纷、经济犯罪和涉外经济案件，保障社会主义现代化建设事业的顺利进行。②我国经济审判庭的建立始于1978年11月原重庆市中级人民法院提出的经济审判庭受案范围试点。1979年7月1日第五届全国人民代表大会第二次会议通过的《中华人民共和国人民法院组织法》第24条、第26条、第31条规定，直辖市的中级人民法院和省、自治区所辖的市中级人民法院以及高级人民法院和最高人民法院设经济审判庭。1980年最高人民法院将经济审判庭的受案范围初步确定为"处理经济纠纷、经济犯罪和涉外经济案件"。③1983年9月，第六届全国人大常委会第二次会议通过《关于修改〈中华人民共和国人民法院组织法〉》的决定，规定"基层人民法院可以设经济审判庭""中级人民法院设经济审判庭"。根据上述规定，最高人民法

---

① 孙本鹏：《中国经济审判》，北京大学出版社1997年版，第1~2页。
② 《最高人民法院经济审判庭关于人民法院经济审判庭受案范围的初步意见》（1980年8月8日）。
③ 《最高人民法院经济审判庭关于人民法院经济审判庭受案范围的初步意见》（1980年8月8日）。

院和地方各级人民法院全部设立了经济审判庭。一些专门人民法院也承担了经济审判任务，当时全国78个铁路专门法院也设立了经济审判庭。一些军事法院也开始受理军内企业之间的经济纠纷案件。到20世纪80年代末，随着乡镇企业的迅猛发展，一些基层人民法院派出的人民法庭也开始受理经济纠纷案件。1984年11月，十二届三中全会通过了《关于经济体制改革的决定》，标志着我国经济体制改革进入重大突破阶段，经济往来的增多，经济纠纷案件也随之增多，经济审判的范围需要有明确的边界。

1984年最高人民法院在经济审判工作会议上确定了经济审判的任务和受案范围，根据全国人大关于加强经济司法工作的决议和人民法院组织法关于人民法院任务的规定，从当前我国经济建设形势的需要出发，经济审判工作的基本任务是审理经济纠纷案件。通过审判活动，调整生产和流通领域内的经济关系，保护国家利益和集体、个人的合法权益。维护社会主义经济秩序，保障我国社会主义现代化建设事业的顺利进行。① 根据经济审判工作的基本任务，并考虑发展需要，各级人民法院经济审判庭的受案范围主要是：经济合同纠纷案件、涉外经济纠纷案件、农村承包合同纠纷案件、经济损害赔偿纠纷案件、经济行政案件及其他经济纠纷案件。除上述五类案件以外，法人之间或法人为一方当事人的争议案件，经济法规规定可以向人民法院起诉的，经济审判庭也应予以受理。1985年，为了适应《中共中央关于制定国民经济和社会发展第七个五年计划的建议》指出的"经济体制改革的深入进行和国民经济的进一步发展，要求把更多的经济关系和经济活动的准则用法律的形式固定下来，使法律成为调节经济关系和经济活动的重要手段"的要求，最高人民法院作出了"重视和加强经济司法工作"的通知。②

1991年最高人民法院第二次全国经济审判工作会议确立的经济审判工作的目标和任务是：以党的基本路线为指导，围绕经济建设中心，依法公正及时审理各类经济纠纷案件，保护国家利益和公民、法人及其他组织的合法经济权益，维护社会主义有计划商品经济秩序，保障改革开放顺利进行，顺利实施十年规划和"八五"计划纲要服务。为了实现上述基本任务，经济审判工作主要应在以下几个方面发挥职能作用：（1）维护社会主义有计划商品经济秩序；（2）积极主动地为深化城乡经济体制改革职务；（3）为扩大开放提供法律

---

① 参见最高人民法院任建新副院长在第一次全国经济审判工作会议上的报告（节录）。
② 《最高人民法院关于加强经济审判工作的通知》1985年12月9日，法（研）发〔1985〕28号。

保障。①

1993年最高人民法院召开的全国经济审判工作座谈会进一步明确了经济审判的目的是，进一步加强和改革经济审判工作，坚持为经济建设这个中心服务；经济审判工作要适应社会主义市场经济体制，树立为社会主义市场经济服务的新观念。②

1994年全国经济审判工作会议中确立的人民法院的工作目标和任务是：进一步提高对经济审判重要性的思想认识，强化审判工作，坚持严肃执法，加强队伍建设，充分发挥经济审判的职能作用，为社会主义市场经济体制的建立和经济的发展，提供更全面、更及时、更有效的司法保障，把经济审判提高到新水平。人民法院作为国家的审判机关，相应地担负着依据经济法律，为社会主义市场经济体制的建立和经济建设的发展提供司法保障的光荣使命。人民法院的经济审判工作运用司法手段直接调节经济关系，处在执行这项使命的第一线，它通过审判活动，解决经济纠纷，化解社会矛盾，规范市场行为，维护经济秩序，保证经济发展，促进统一、开放、竞争有序的社会主义大市场的建立，具有不可替代的作用。因此，认真做好经济审判工作，使之有效地服务于改革开放，服务于经济发展，服务于社会稳定，就成为人民法院一项重大的政治任务。

1998年，为了正确适用《中华人民共和国民事诉讼法》，建立与社会主义市场经济体制相适应的民事经济审判机制，保证依法、正确、及时地审理案件，在总结各地实践经验的基础上，对民事、经济审判方式改革中的有关问题作出了新的规定。③

2000年8月8日，最高人民法院召开记者招待会，介绍了最高人民法院机构改革的特点之一，即建立大民事格局，完善了刑事、民事、行政三大审判体系。④ 所谓的大民事格局，就是取消原来的经济审判庭的设置，将经济审判庭改为民事审判第二庭，在我国人民法院体系中运行了16年的经济审判庭在各级人民法院消失了。

最高人民法院的机构改革和取消经济审判庭主要是为了"使人民法院审判工作的职责分类更加清晰、更加科学合理"，建立大民事审判的目的是为了

---

① 参见最高人民法院华联奎副院长在第二次全国经济审判工作会议上的报告（节录）。
② 参见最高人民法院关于印发《全国经济审判工作座谈会纪要》的通知，1993年5月6日，法发〔1993〕8号。
③ 参见《最高人民法院关于民事经济审判方式改革问题的若干规定》。
④ 李岩峰：《最高人民法院全面实施机构改革》，载《人民法院报》2000年8月9日。

"使审判庭与我国现行三大法律体系相对应，机构设置更规范，布局更合理"。① 我们姑且不谈最高人民法院通过召开记者招待会的方式宣布撤销经济审判庭的合法性。② 但是，就经济法研究而言，经济审判庭的取消，给经济法的研究还是形成了一定的冲击。这是因为，在经济法理论研究的初期，受到民法、刑法和行政法有各自独立的诉讼法的影响，多数经济法研究者将经济法的独立性与经济法是否具有独立的诉讼制度联系在一起，认为经济法独立性最好的体现就是建立"经济诉讼法"，或者说即使没有与经济法相对应的诉讼制度或诉讼法，设置经济审判庭也是经济法独立的有力证据。关于经济审判庭的被撤销，我们认为，在一定意义上也可视作经济改革的结果，也是包括经济法在内的我国法律体系发展的结果。这是因为，改革开放初期建立的经济审判制度，随着我国民法和商法理论认识和立法实践的加强，原来属于经济纠纷和经济审判的案件基本上都归为民商事纠纷和民事审判。例如，原来的经济审判中存在的经济合同、技术合同、农村土地承包合同等各类合同纠纷随着合同法和民事诉讼法的颁行，被纳入民事诉讼的范畴，经济损害赔偿被纳入民事侵权的范畴，工业产权纠纷被纳入知识产权法的范畴，并适用民事诉讼程序。所以，最初意义上的经济审判实际上失去了依存。同时，我们也认为，对于经济法诉讼救济应在不断探索经济法理论和实践的基础上，从完善经济法实体法入手，发现新的经济法诉讼机制，方是经济法研究需要探索的新问题，而不是通过模仿民事诉讼法和行政诉讼法或通过设立什么庭来构建经济诉讼机制。因为，经济法的独立与否，成熟与否，关键在理论的构建，制度的构建（关于该两点，发达国家的研究和经济法建设已给予了明确的回答）和社会的需要（关于这一点，改革开放几十年的实践已给予了肯定的回答），并不是以经济法庭的存在与否为标志。

四、经济法的可诉讼性之争

法的可诉性是指法所必备的为了判断社会纠纷的是非，而使纠纷主体可诉求于法律公设的判断主体的属性，③ 经济法的可诉性就是经济法所具备的为了判断经济纠纷的是非而使纠纷主体可以诉求于法律设置的评判机构的基本属性。理论上，这些评判机构是多元的，即可以是民间组织，也可以是国家组

---

① 《人民法院报》评论员文章：《确保司法公正的重大改革》，载《人民法院报》2000年8月9日。

② 《人民法院组织法》规定了经济审判庭的合法性。

③ 谢晖：《独立的司法与可诉的法》，载《法律科学》1999年第1期。

织，在现代社会，最主要和最权威的评判机构是国家司法机构。

经济法诉讼就是经济法在法院的适用。20世纪90年代初，有人试图构建一套经济诉讼机制，并认为随着我国经济审判和民事审判的相互独立存在，要求制定一部《经济诉讼法》来指导与规范经济审判活动与经济诉讼活动。①

司法实践中的经济诉讼即是经济审判。一般是指当事人的合法经济权益受到侵犯或者与他人发生经济权益纠纷，依法向人民法院起诉，以及人民法院在经济纠纷案件当事人和其他诉讼参与人的参加下，依照法定程序对案件进行审理并作出裁决的全部活动。② 经济审判和经济检察共同构成经济司法，经济司法和经济执法共同构成经济法的实施。经济法诉讼是指作为独立部门法意义上的经济法，是否需要与之相应的独立的诉讼程序法，即类似于民事诉讼法、行政诉讼法和刑事诉讼法一样的诉讼程序法，关于这一点，经济法学者将其视为经济法的可诉讼问题并予以研究。

对于经济法可诉讼性的问题，法学界和经济法学界存在三种认识，一是将经济法部门法的独立属性和经济法诉讼机制联系起来，认为经济法需要独立的诉讼机制，构建经济法诉讼是经济法理论和实践的要求，也是经济法作为部门法的标志和重要依据。认为，随着经济法成为独立的法律部门的理念在法学界日益兴起，经济法要求有独立的诉讼机制与其配套。在诉讼理论以及国际、国内的实践提供了充分的合理性依据的背景下，我国构建独立的经济法诉讼制度已是必然趋势。③ 二是认为经济法不需要自己的诉讼机制，目前的诉讼模式可以满足经济法所需要的诉讼机制，经济法的适用可以分别适用民事诉讼和行政诉讼机制，经济法可以没有独立的诉讼机制。认为，依据经济法理论和经济庭审判的现时，不难作出以下推断，即经济法与经济庭并不存在一一对应或一一映射的内在联系，经济审判并非全部依据经济法来对案件进行审理和判决，实际上的经济审判已经有了"泛化"的意义，它与法学上界定的经济法的调整范围是不尽相同的。④ 三是认为研究经济法诉讼问题不是为了构筑独立的经济法诉讼制度，更不是为了丰富经济法作为独立部门法的理论依据，而是为了适

---

① 陈珺：《经济诉讼与经济仲裁》，中国政法大学出版社1993年版，导论。
② 陈珺：《经济诉讼与经济仲裁》，中国政法大学出版社1993年版，第6页。
③ 黄丽娟：《经济法独立诉讼制度构建之研究》，载《海南大学学报（人文社会科学版）》2003年第3期。
④ 张守文：《经济法的发展与经济审判的变易》，载漆多俊主编：《经济法论丛》（第3卷），中国方正出版社2000年版。

应当今世界司法救济宪法化、国际化、社会化特征的客观要求，探寻经济法权利司法救济和经济法纠纷司法解决的实施机制，经济法诉讼在很大程度上表现为公益诉讼，同时也包含了大量的私益诉讼。①

我们认为，经济法的可诉性问题与我国经济发展的阶段和法治进程有关，也与经济全球化背景有关。在现阶段，经济法作为我国的基本法律制度，无疑可以适用于具体的案件，但是建立专门的经济法诉讼的时机尚不成熟。这是因为：第一，建立经济法诉讼制度的必要性不是建立在经济法适用中存在障碍的缘故，而是观念的产物。在成文法体制中，法学研究者有一种倾向，就是将相关法律规范分为不同的门类，在不同的实体法中建立对应的程序法，并且将程序法的存在作为实体法独立与否的证据，而不是从实用的观念出发认识经济法的司法适用。事实上，经济法本身是市场经济产物，随着市场经济的发展和变迁不断更新自己的内容，坚持实用的观念来看待经济法诉讼的问题，立足于我国法制的国内外环境，在现有的司法体制框架之中寻求经济法的适用是一种可取的观念。第二，经济法的内容受政府经济政策的影响较大，经济法的核心内容正在进一步发展，例如，在市场经济建立初期和经济法发展的最初阶段，人们普遍认为计划法应当是经济法的"龙头法"，但随着我国市场经济体制的建立，垄断法和竞争法又被认为是经济法的核心内容，就当前而言，宏观调控法的地位在不断加强，渐趋成为经济法主体内容。在这一背景下，经济法的诉讼实际上缺乏相对确定的实体法。第三，经济法的边界尚待进一步厘定清楚，导致专门的经济法诉讼机制缺乏依据。从我国经济审判庭的受案范围可以看出，我国先前经济审判并不成熟，是对经济法律和经济法认识不清的结果。因为改革开放初期，发展经济的呼声使得"经济"成为一种"图腾"，泛经济的标签贴在了法学研究领域，加之新中国缺乏私法传统，将原本是民法的范畴纳入到"经济法律"领域，导致了经济法的泛民法化。随着民法理论和实践的发展，将原本属民法的领域重新纳入民事诉讼，应是法治的进步。第四，部门法的发展史告诉我们，经济法诉讼也不应以专门的诉讼法为依托，现有的民事诉讼机制和行政诉讼机制，以及加入世界贸易组织之后逐渐建立的司法审查制度是能够满足经济法的诉讼的。例如《1994年关税与贸易总协定》第10条（3）等规定了成员国有建立司法审查的义务。虽然我国尚未建立司法审查制度，但可以通过最高立法机关撤销同宪法和法律相抵触的行政法规、国务院改变或撤销不适当的部门规章和地方政府规章等实现对抽象行政行为的审查。

---

① 王新红、傅强：《关于建立经济法诉讼制度的几个问题》，载《中南大学学报（社会科学版）》2004年第3期。

第二节 公益诉讼与经济法司法

一、公益、公共利益与公益诉讼

公益是相对于私益的概念。"某种利益是否属于公益,往往是个语境化的观念,在一种语境中相对于更加具体的利益而言,它是公益;但在另外一种语境中,相对于范围更广、涉及人数更多或者意义更加重大的利益,这种利益又变成一种大规模的私益。"①有些由个人组成的群体的利益,从群体内部的个体角度看,群体利益是公益,个体利益是私益;从群体外部的其他利益角度看,该群体利益则属于私益。公益具有相对性、多元性、层次性、模糊性和整体性的特征。法学界对"公共利益"的探讨主要集中在公法领域,例如有人从公共利益的概念及其与宪法中近似概念的辨析中进行了研究;② 有人从公法基石性范畴的角度分析了公共利益;③ 也有学者从行政法的角度研究公共利益问题;④但是对公共利益的概念就目前来说,尚未形成一致的认识,主要是从公共利益的特征、公共利益与其他相关概念之间的关系等角度寻找着公共利益的内涵和外延。

在经济法研究中,公益诉讼也是近些年来学术界和司法实务界讨论的热门话题。公益诉讼的源头,周枏先生认为"相对于私益诉讼(actiones privatae),公益诉讼(actiones publicae populares)的概念起源于古罗马法。私益诉讼是为了保护个人所有权的诉讼,只有特定人的才可以提起;公益诉讼是为保护社会公共利益的诉讼,除了法律有特别规定之外,凡市民均可以提起"。⑤法学界

---

① 袁曙宏、宋功德:《WTO 与行政法》,北京大学出版社 2002 年版,第 342 页。
② 胡锦广、王楷:《论公共利益概念的界定》,载《法学论坛》2005 年第 1 期。
③ 王景斌:《论公共利益之界定——一个公法学基石性范畴的法理学分析》,载《法制与社会发展》2005 年第 1 期。
④ 中国法学会行政法学研究会 2004 年年会 3 个论题中的一个论题是"公共利益的界定",并有数篇会议公开论文发表。
⑤ 周枏:《罗马法原论》(下册),商务印书馆 1994 年版,第 958 页。凡是研究公益诉讼的人,基本上都以此为公益诉讼的历史依据。

在民事诉讼法确立公益诉讼制度前，对公益诉讼研究的领域主要有两类①：一类是"经济公益诉讼"，另一类是"行政公益诉讼"。

较早研究经济公益诉讼的学者认为，经济公益诉讼是人民法院依法处理经济违法行为的活动，即人民法院在当事人及其他诉讼参与人的参加下，按照司法程序依法对个人或组织提起的违反经济法，侵犯国家经济利益，扰乱社会经济秩序的行为进行审理和判决，以处理经济违法行为的活动。② 这个概念明显是从民事诉讼等概念演绎而来，将民事诉讼概念中的一些构成要素置换为经济违法、经济法等概念，从而形成了（经济）公益诉讼的概念。该研究认为，不同于其他诉讼，经济公益诉讼原告和被告资格具有特殊性，即"原告可以是任何组织和个人"，"被告可以是违反经济法，侵犯国家经济利益，扰乱社会经济秩序的任何组织和个人"；"经济公益诉讼法适用的法律是经济法和经济公益诉讼法"。③应当说，这种"任何组织和个人"都可以提起的经济公益诉讼制度，在理论和实践层面尚需进一步研究。

但也应指出的是，这一（经济）公益诉讼概念的提出，为经济法理论研究领域的拓展和经济法司法实践提供了参照系。有人认为，公益诉讼是为了维护国家和社会公共利益而提起的诉讼，它的主体只能是国家机关，在我国就是通过检察院代表国家提起。④ 还有民法学者认为，公益诉讼是指与自己没有直接的利害关系，就是诉讼针对的行为损害的是社会公共利益，而没有直接损害原告的利益。⑤ 有人认为，行政公益诉讼是针对国家公权机关的行为或不行为提起的诉讼，在诉讼过程中适用行政诉讼法的相关规定，行政公益诉讼的提起主体是公民、法人或其他社会组织，行政诉讼针对的是损害社会公共利益的行为。⑥ 也有人认为，行政公益诉讼是指当国家行政机关不依法履行法律规定的职责，损害国家或社会利益时，无直接利害关系的公民（包括相关的社团）

---

① 也有人提出"民事公益诉讼"，参见董伟威：《民事公益诉讼人的法律问题》，载《人民司法》2002年第12期；"环境公益诉讼"，参见冯敬尧：《环境公益诉讼的理论与实践探析》，载《湖北社会科学》2003年第10期。

② 韩志红、阮大强：《新型诉讼——经济公益诉讼的理论和实践》，法律出版社1999年版，第30页。

③ 韩志红、阮大强：《新型诉讼——经济公益诉讼的理论和实践》，法律出版社1999年版，第30~31页。

④ 马守敏：《公益诉讼亟待开放》，载《人民法院报》2001年6月15日B1版。

⑤ 梁慧星：《关于公益诉讼》，载《私法研究》，中国政法大学出版社2002年版，第361页。

⑥ 王太高：《论行政公益诉讼》，载《法学研究》2002年第5期。

可以向法院起诉行政机关，要求行政机关履行法定职责的诉讼；并认为，公民提起的行政公益诉讼对国家和社会，以至于对每一个人都有直接的重要的积极意义。① 也有人大声疾呼，"建立公益诉讼制度，乃国人之呼声，安邦之大事，治国之良策，实有燃眉之急之感"。②事实上，我国此前学界的研究实际上把公益诉讼只是视为一种诉讼观念，而不是一种确定的诉讼制度。关于这一点，直至 2013 年 1 月 1 日开始实施的《民事诉讼法》（第 55 条）增加规定了公益诉讼制度，这一问题的讨论方才较为明晰。③

二、外国与公益诉讼类似制度的简介

公益诉讼的核心就是通过司法机制保护不特定社会公众的利益。然而，保护社会公众利益的方法，在中外司法制度设计中都有所涉及。英美法系和大陆法系都有类似的规定。例如，英美国家民事诉讼中的集团诉讼等。美国的集团诉讼制度是衡平法的产物，渊源于古代英国法中，1966 年联邦最高法院修改了《联邦民事诉讼规则》第 23 条，使得集团诉讼在美国社会生活中开始发挥越来越重要的作用。④美国公益诉讼的范围非常宽泛，从 1863 年的《反欺骗政府法》到后来的《谢尔曼反托拉斯法案》《克莱顿法》以及环境保护法，均规定政府机关或者个人可以提起规制型民事诉讼，从美国的规定看，在美国只要有多数人的利益受到侵害或者将要受到侵害，政府、社会团体、利害关系人等，都可以提起诉讼或者参与诉讼。⑤ 与美国不同的是，英国的检察长是按照法律唯一在法庭上有权代表公众的人，是公众利益的维护者，他或者依职权或因私人的请求允许告发人提起诉讼，如果检察长不同意私人要求提起告发人诉讼的请求，法院无权调查为什么检察长拒绝个人的请求，也无权撤销他的决定。⑥ 在美国的环境诉讼中还存在另一种公益诉讼，即公民诉讼。公民诉讼制度是美国环境保护法颇有特色的一项重要制度，它指公民可以依法就企业违反法定环境保护义务、污染环境的行为或主管机关没有履行法定职责的行为提起

---

① 韩志红：《我国应当支持公民提起行政公益诉讼》，载《天津大学学报（社会科学版）》2003 年第 2 期。

② 赵许明：《公益诉讼模式比较与选择》，载《比较法研究》2003 年第 2 期。

③ 修改后的《民事诉讼法》第 55 条规定："对污染环境、侵害众多消费者合法权益等损害社会公共利益的行为，法律规定的机关和有关组织可以向人民法院提起诉讼。"

④ 汤维建：《美国民事司法制度与民事诉讼程序》，中国法制出版社 2001 年版，第 390 页。

⑤ 赵慧：《国外公益诉讼制度比较与启示》，载《政法论丛》2002 年第 5 期。

⑥ 沈达明：《比较民事诉讼法初论》，中信出版社 1991 年版，第 159 页。

诉讼；公民诉讼在性质上属于公益诉讼（Public Interest Action），它是"以公益的促进为建制的目的与诉讼的要件，诉讼实际的目的往往不是为了个案的救济，而是督促政府或受管制者积极采取某些促进公益的法定作为，判决的效力未必局限于诉讼的当事人"。①

在德国，维护公共利益的诉讼制度是团体诉讼，团体诉讼是指有权利能力的公益团体基于团体法人本身所具有的实体权利，依照法律规定对他人违反特定禁止性规定的行为或者无效行为，请求法院命令行为人撤回或终止其行为的特别诉讼制度。由此可以看出，有权提起公益诉讼的团体必须具备法律规定的条件。德国《反不正当竞争法》赋予被告的竞争者、事业团体和消费者团体具有原告资格；《商标法》第 11 条规定了有关公益团体可以提出团体诉讼。②团体诉讼可以将不特定多数人的利益通过"诉讼信托"的方式，赋予有权提起诉讼的团体。该制度起源于 1908 年的《防止不正当竞争法》。其背景是德国传统的行会制度在行业内部进行控制的思想。当时为了制止不正当竞争，把提起诉讼请求对不正当竞争行为发布禁止令状的当事人资格赋予了一些产业团体。后来引起诉讼法学上最大关注的是 1965 年修改《防止不正当竞争法》时，赋予行业外部的消费者团体提起诉讼请求发布禁止令状的权利。1976 年《普通交易约款法》也把针对使用违法约款行为的禁止令状请求权赋予了消费者团体。此外，消费者团体还可以从个人那里获得授权，以自己的名义来提起损害赔偿的请求。1977 年的防止不正当竞争法草案还明确承认了消费者团体从自己成员之外的消费者那里获得损害赔偿请求的授权，并以自己的名义提起诉讼的资格。③

法国是由检察机关代表公共利益参与民事诉讼。继罗马法之后，法国 1806 年《民事诉讼法》和《法院组织法》都规定检察机关可以为维护公共秩序提起公益诉讼，这一规定为其他国家所效仿。④法国现行《民事诉讼法》第 421 条规定，检察院得作为主当事人进行诉讼，或者作为从当事人参加诉讼。

---

① 叶俊荣：《环境政策与法律》，月旦出版公司 1993 年版，第 234 页；转引自李艳芳：《美国的公民诉讼制度及其启示——关于建立我国公益诉讼制度的借鉴性思考》，载《中国人民大学学报》2003 年第 2 期。

② 肖建华：《群体诉讼与我国代表人诉讼的比较研究》，载《比较法研究》1999 年第 2 期。

③ 参见赵慧：《国外公益诉讼制度比较与启示》，载《政法论丛》2002 年第 5 期。

④ 参见任允正、刘兆兴：《司法制度比较研究》，中国社会科学出版社 1996 年版，第 31~32 页。

于法律规定之情形,检察院代表社会。① 以下两类诉讼中,法律赋予检察机关作为主当事人与个人一起共同进行诉讼或取代个人进行诉讼的资格,一类是法律条文有明文规定的情形,另一类是在公共秩序受到危害的情况下,检察机关可以依职权提起诉讼(《新民事诉讼法典》第423条)。也有学者基于"诉权"的理论认为,法国在法律原则上并不存在"民众诉权"(action populaire),所谓"民众诉权",是指对于违反规范的行为任何人都有可能请求给予制裁,即使他本人在其中并无任何"个人的直接利益",有例外的情况是"可以提起保护正当竞争之诉讼的行业组织",行业组织不仅可以在民事法院或商事法院就侵害其代表本行业或本部门之利益的行为提起诉讼,而且可以对直接或间接损害公平竞争的行为提起诉讼。在经济诉讼程序中,还有一种与刑法中的"公诉"相类似的特别的诉权。1986年12月1日关于价格自由与竞争的法令第36条第1款规定:"当竞争委员会主席确认在属于其权限范围内的事务中有本条所指之行为时,就违反竞争的行为提出要求赔偿之诉讼,由任何证明有利益的人,检察院,负责经济事务的部长或竞争委员会主席向民事法院或商事法院提起。"②

三、公益诉讼与经济法司法

公益诉讼与经济法司法是不同的概念,公益诉讼侧重于对公共利益的维护,是从实体法上的公共利益的界定入手,运用一定程序法来维护私人利益之外的特定或不特定人的利益,其适用的程序法律制度具有多元性特征,既可以是私法程序法,也可以是公法程序法。经济法司法侧重于经济法实体法的司法救济,是对经济法实体法所确定的不同法律主体权利的救济程序,其表现是审判机关直接适用经济法的司法过程。

从中外相关公益诉讼的概念、特征和制度来看,公益诉讼是为了解决民事诉讼的不足而产生的制度或者观念,是在民事诉讼的框架内对民事诉讼的补充,并不是新型的、异于传统民事诉讼的诉讼制度。从经济法角度看,公益诉讼具有一定的经济法属性,这种诉讼形式以维护公共利益为目的,但是经济法上的公共利益具有自身的特性,即具有经济性的特征。所谓经济法公共利益的经济性,是指经济法所保护的公共利益以经济基本权为权利外形,经济法所保

---

① 参见罗结珍译:《法国新民事诉讼法典》,中国法制出版社1999年版,第85~86页。

② [法]让·文森、塞尔日·金沙尔:《法国民事诉讼法要义》(上),罗结珍译,中国法制出版社2001年版,第188页。

护的公共利益的核心是实现经济上的正义。① 经济法司法中的公共利益是经济法上的公共利益,其与公益诉讼中的利益形态存在明显的差异,即前者具有公法上的属性,后者只是私法中的利益形态。

四、经济法司法程序

在经济法司法程序研究中,有学者从经济法的未来发展和经济法的地位等角度,希望制定一部经济诉讼法。

实际上,建立专门的经济法诉讼程序来实施实体经济法是否可行,这需要从经济法的本质和特征来分析。一般认为经济法是以国家干预经济为前提,以社会整体利益为本位,通过规范市场失灵和政府失灵,维护社会公共利益的法律部门。经济法同市场经济的密切联系是经济法不同于其他部门法的最大特点,尤其在我国向市场经济转型阶段,经济法是推动经济成功转型的主要法律力量,即经济法的一方主体是政府,在政府主导下建立和完善市场经济体制的构建中,经济法的实际运作具有行政执法的痕迹,这就决定了经济法执行的行政性。政府在经济法的执行中居于重要地位。当前法院民事审判二庭审理的有关经济案件中,依据经济法提起的诉讼和依据经济法判决的案件数量相对较少,甚至只有诸如消费者权益保护法、产品质量责任法等几部具有民事特殊侵权性质的法律规范被作为解决纠纷的依据,在宏观调控法领域中,进入司法程序作为审判案件的实体法的更是十分少见。现实中出现的一面是经济法研究热,另一面是经济法实践冷的现象,在经济法学术界和经济法司法实务界之间出现了严重的脱节。

经济法学界和司法实务界对经济法认识的差异也在一定程度上导致了经济法司法程序设计的困难,只有学术界的理论设计而没有司法界的参与,所设计的经济法司法程序是不可想象的,所以,当前在经济法诉讼处于司法实务低潮的情况下,加强学术界和司法界的交流和沟通是完善我国经济法司法的重要切入点。因为,理论的创建不能指导实践,则理论是空洞的,缺乏理论统帅的实践容易导致社会付出较大的成本。因此,我们认为,在当前离设计一套与三大诉讼法并行的经济法诉讼法还有较长的路要走。这是我国市场经济发展和法治进程,以及法律传统所决定的。因为,成熟的市场经济和健全的法治是经济法发展和发挥作用的基础,而我国处于市场经济构建时期和法治建设的初步阶段,经济法作为应对我国市场经济的产物,其本身缺乏一定的市场经济基础,

---

① 王保树:《论经济法的法益目标》,载《清华大学学报(哲学社会科学版)》2001年第5期。

实际上是不大可能制定出一部经济诉讼法的,同时其所对应的实体法还尚在构建过程中。对于我国目前的经济法司法程序,我们理解可以通过三种途径加以解决,即通过建立司法审查制度来规范经济法的立法和执法;通过赋予经济法执法主体的诉权来规范经济法守法;通过建立社会团体起诉制度来完善经济法的诉讼主体制度。

第五编　经济法变迁论

第十四章 经济法变迁的一般理论

第一节 经济法变迁的原因和方式

经济法是法律体系中独立的法律部门，经济法变迁是法律变迁中一个重要组成部分。经济法变迁意指由于经济发展和主体需求而引起的经济法的发展变化。

经济法变迁理论是经济法哲学研究的一个重要组成部分。同时，由于经济法变迁记录了经济法产生、发展的全过程，在一定程度上能够预见经济法的发展趋势，进而有效指导与市场经济实践相互协调和促进的经济法律法规的制定与完善，因而对经济法变迁的研究也具有极强的现实意义。

一、经济法变迁的原因

从一般意义上说，一切社会现象的发展变化归根结底都在于社会基本矛盾的发展变化。正是在此意义上，马克思认为社会基本矛盾的运动史决定法律变迁的历史。社会基本矛盾的变化是法律变迁的根本原因。同时，在马克思看来，完整的社会制度是由经济基础和上层建筑这两个相互联系的层次组成的。"制度是社会演化的选择，是社会上各种关系的纽带和各种正式和非正式规则的集合。[①]"社会基本矛盾的变化必然会引起社会主体包括法律需求在内的制度变化。

就经济法变迁而言，由于经济法的调整范围是国民经济运行领域，而该领域中，经济主体主要包括政府及一般市场主体，因而经济法的变迁与社会经济发展和经济主体的经济法需求是分不开的。

---

① 靳涛：《从中国经济转型的实践重新理解制度与制度变迁的内涵》，载《江淮论坛》2002年第4期。

从社会经济发展来看，自从进入市场经济社会以来，市场经济的发展已经历了两个阶段，并正向第三阶段跨进。20世纪初以前，市场调节机制是社会经济唯一的基本调节机制，国家对经济运行的干预处于消极状态。这是市场经济的第一阶段，即自由市场经济阶段。随着市场经济充分发展，社会化大生产出现，垄断逐渐形成，原先的调节机制逐渐不能满足生产力发展的需要，进而暴露出市场调节唯一性的种种弊端。生产力与生产关系的冲突阻碍了经济的发展，以致在20世纪二三十年代西方资本主义国家普遍爆发了严重的经济危机。为适应经济发展的需要，作为上层建筑的经济调节体制发生变革，政府作为国家的代表介入市场经济的运行。此时，市场经济的发展进入第二阶段，即现代市场经济阶段。

由于人们对政府干预经济缺乏深入认识，20世纪70年代西方经济的"滞胀"危机暴露出了政府全面干预经济的弊端。90年代，西方国家又出现新一轮经济衰退。人们在对如何适应经济发展的调节机制进行探索，建立起市场调节与政府调节相协调以及有限政府的经济调节模式，大大促进了社会经济的发展。

自"二战"以来，市场的国际化趋势日益明显。人类经济活动跨越民族国家的界限，渗透入其他国家，货物和资本、生产、技术、信息等生产要素在全球范围内的广泛、自由流动，各国间的经济联系和相互作用在世界范围内相互融合，形成各国经济的相互依赖关系。市场和经济的国际化和全球化，标志着市场经济正在进入另一个新阶段，即在经历自由市场经济和现代市场经济之后，20世纪末又步入第三个发展阶段，即国际化市场经济阶段。

随着市场经济发展的不断深入，经济主体的法律需求也在不断变化。

在自由市场经济阶段末期，从一般经济主体来说，经济危机和垄断现象的出现，迫切需要法律予以规制，而传统的法律部门无法发挥作用，因而产生了新兴法律部门的需求。而对市场失灵的纠正，需要政府介入，就作为经济主体的政府而言，也存在同样的法律需求，以确认自身介入经济的合法性。这一需求促使了经济法的产生，并定位在"危机对策之法""确认政府干预之法"的层面上。

在现代市场经济阶段，由于与经济发展相适应的政府全面干预向有限干预的转变，例如，政府的经济职能由干预微观经济向重点维护公平的市场竞争环境转变，由全面干预经济运行向主要从事公共物品提供转变。一般经济主体需要将政府干预的范围与程度以法律的形式予以确定，从而对经济权力加以约束，以保护自身合法权利不受非理性权力的侵害。从政府自身来说，由于经济权力是由主观的人来行使的，为保证自身权力行使的理性化，就需要将行使的方式、程序、范围等以法律的形式确定下来，以保证权力运用的适度与合理。经济法主体共同的法律需求使得经济法向"确认和规范政府干预""适度干预"的现代经济法变迁。

在当前的国际化市场经济阶段，市场机制的各种缺陷和局限性，对于国际化市场仍然存在，并可能引发更为重要的后果。例如，国际市场同样存在着垄断和限制竞争以及不正当竞争现象，甚至由于缺乏管理机制或者母国政府的支持而更为严重；市场机制作用的被动性和滞后性，不能使国际市场经济结构和运行得到预先的、及时的调节，可能引发严重的比例失调和运行阻滞，甚至发生世界性经济危机等。因而处于国际市场中的经济主体也有着强烈的法律需求，以解决上述种种问题，维护自由、公平的竞争秩序。同时，在经济全球化进程中，任何类型国家的政府，若要融入经济全球化进程，必然要使政府行为符合市场经济的要求，并提高其管理经济的效率。这将进一步导致政府职能方向的变化。因此从各国政府的角度看，市场经济的国际化发展也使其产生新的法律需求，即从法律上对政府的经济职能加以确定，对政府经济行为加以规范，以适应经济全球化，维护本国经济发展的需要。

社会经济的发展以及主体法律需求的变化直接推动了经济法的变迁。这主要是因为经济法作为调整一定经济关系的法律部门，始终是与一定的社会经济现实相协调的。从经济法与社会经济现实的关系来看，首先，经济法以经济现实为基础，并反映社会经济状况。从马克思主义法学观点来看，任何法律规范本质上都是一定社会现实的反映。法律应该以社会为基础。法律应该是社会共同的、由一定物质生产方式所产生的利益和需要的表现。同样，经济法也是如此，其产生和发展是同市场经济紧密相联的，总是一定的社会经济状况的反映。其次，经济法又在一定程度上超越社会经济现实。法并非是对社会物质生活条件作呆板的描写，而是对之既反映又不完全反映的矛盾过程。① 立法者在注意使法反映整体经济状况的同时，总是趋向发挥自己的能动性，在必要的情况下使法律规定超越现实经济的发展状况，以此来反作用于经济或改造经济，使经济社会得以更加理想地发展。

综上，由于社会经济是不断变化的，因此经济法的稳定性也是相对的。市场经济的深入发展以及由此而引起的经济主体法律需求的变化是经济法变迁的根本原因和直接动力。

---

① 秦前红：《宪法变迁论》，武汉大学出版社 2002 年版，第 46 页。

二、经济法变迁的方式：以我国为例

根据制度变迁理论，制度变迁大致上可以分为两种，即诱致性变迁与强制性变迁。诱致性变迁是"由个人或一群人，在响应获利机会时自发倡导、组织和实行"，① 主体以市民为主，以自发性为基本特征；强制性变迁则是由政府命令和法律引入或实行，主体以代表国家的政府为主，以强制性为基本特征。经济法作为广义上经济制度的内涵之一，它的变迁方式也是与经济制度的变迁相一致的，也可以分为两种类型，即诱致性变迁与强制性变迁，或称社会演进型变迁和政府推进型变迁。

我国经济法的产生、发展是与体制变革紧密相关的，甚至可以说，中国经济、政治体制改革史就是我国经济法的变迁史。我国经济法变迁具有极强的政府主导性，属于强制性变迁或说政府推进型变迁。主要是因为：

首先，新中国成立后，由于长期高度集权和僵化的计划经济体制，以及各种政治运动对经济的严重破坏，社会危机已在潜伏之中：经济上，社会经济发展水平远远落后于西方国家，甚至面临崩溃的边缘；政治上，政府的合法性基础面临着动摇的危险。正是这种危机促使政府采取各种经济的和政治的措施，来加速经济发展，改进经济的和政治的管理体制。② 政治和经济体制的改革又必然会导致法律手段的运用，导致以法律手段建构适宜经济发展和政治进步的制度框架，从而引起经济法的产生和变迁。

其次，我国有一个强大的政府体制。从我国政府在经济建设中的作用来看，改革开放以前，我国是一个实行高度集权体制的社会，政府对社会生活各个方面实行着全方位的行政控制。由于高额的成本和代价，民间性团体和个人都没有能力冲破现有法律框架进行制度创新。在以政府为主导的经济和政治体制改革开始之初，政府依然起着核心作用，在没有政府允许和支持的情况下，民间的法律制度创新活动必然要承受巨大的成本，这是民间团体和个人所无法承担的。

从以上两个方面来看，民间团体和个人不能成为单独推动我国经济法变迁的主要力量。因而以政府为主导的自上而下的强制性制度变迁是当前中国经济法制度变迁的主导模式。这种强制型变迁模式主要表现在两个方面：

---

① [美] R. 科斯、A. 阿尔钦、D. 诺思等著：《财产权利与制度变迁——产权学派与新制度学派译文集》，刘守英译，上海人民出版社1994年版，第384页。

② 蒋立山：《中国法治道路初探》，载公法评论，http://www.gongfa.com/jiangls-fazhi.htm。

第一,我国经济法制度的理论资源是由政府提供的。任何一个部门法的生存和发展都是与一国本身的法律资源紧密联系的,即使在大量吸收了外国法律资源的情况下,仍然要深深扎根于本土文化,与本国法律资源融为一体,才能解决好本国特殊问题。我国经济法也同样如此,它的理论资源主要来源于建立在社会主义公有制的基础上的社会主义法律理论体系。

第二,我国经济法变迁的方向和基本原则是由政府设置的。我国经济法是在计划经济体制向市场经济体制的转轨过程中产生的,一开始就是由政府推动的。往往由政府出台若干经济政策,确定经济发展的方向以及具体步骤。在此基础上,政府通过制定经济法规范使其法律化。这一过程,深刻地说明了经济政策与经济法之间密切联系。因此我国经济法的产生、发展方向及其制度规定是与政府着手进行的政治、经济体制改革和相应的基本经济政策相一致的。

这种强制性变迁模式从经济法变迁的效果来看,一是表现在经济生活中经济主体的关系上。即通过经济法的调整,政府与市场之间是否建立协调的关系;政府经济权力与市场主体的经济权利是否达到了相互促进、相互制约的平衡。二是表现在社会经济的发展状况上。即经济法的发展变化是否对经济发展和经济改革起保障和促进作用,促进了市场经济的协调发展。三是表现在经济主体的法律意识上。即经济法对经济生活的调整,是否形成一定的经济权利意识,人们对经济法的认识程度以及经济法知识的普及程度是否有一定程度的提高。

从这三个方面来看,我国经济法体系在政府推动下,不断发展并趋于完善,在很大程度上解除了政府非理性权力对市场主体的束缚,为市场经济的发展提供了法律的保障,同时大大增强了市场主体的经济权利与经济自由意识。这种经济法变迁有效性的取得是与其变迁的强制性模式紧密相关的。

其一,政府对经济法变迁方向和原则的确定,使经济法的演进可以在一个相对稳定的环境下进行,从而有利于加快市场经济法制建设。试想,若不是以政府为主导进行经济法制建设,很难想象在短短二十余年里,我国经济法理论和制度会形成当今的规模体系。

其二,在体制改革过程中,某项经济法律制度的缺失,政府能够作出迅速反应,提供市场经济发展所需的法律支持。并且可以在很短的时间内完成一项制度安排,从而减少了诱致性变迁下个人之间漫长的组织和谈判成本。

其三,在个人自愿合作的诱致性制度变迁中,一项正式的制度安排需要主体花费较多的实践与精力去组织和谈判,以获得多数人的一致性意见,从而需要花费较多的成本,而在强制性变迁中,政府"具有使其内部结构有序化的相应规则,并具有实施的强制力"①,使"政府有能力以低于私人组织的成本进行某些活动"②。所以,有强大政府推动的制度变迁,成本将大为降低。

以此看来,我国强制性的经济法变迁模式在促进经济法自身与社会经济现实的协调方面起着重要的作用。但与此同时,由于政府主导型变迁自身缺点的存在,我国经济法变迁模式也存在一些缺陷。其一,在政府主导型的经济法变迁中,由于政府既是行政法的主体,又是经济法的主体,多少致使出现经济法的行政化现象。例如在经济领域过分强调政府干预,从而很可能产生抑制市场主体经济自由的问题。同时,政府还是经济政策的制定主体,这就可能会出现经济法的政策化,使得我国经济法与经济政策相混同而减少其应有的法学特质。

其二,政府自身的偏好可能对经济法的变迁产生不利的影响。经济法是国家对经济实行经济性干预的法律,其目的无非是经济性的。③ 而根据制度变迁理论,在政府主导型的变迁模式下,政府推动制度变迁的目标最大限度的实现政治目标和经济目标。由于政治目标在我国往往支配经济目标,结果又导致经济法运行的低效率。

其三,政府在经济法变迁中居于主导地位,往往导致外部性现象的产生。由于经济法的制定和实施直接关乎到经济主体的经济利益,且当经济法调整某一特定经济关系时,又容易对其他经济关系产生连带性影响,从而使经济法的制定与实施成为一种极易产生外部性的"类经济"活动。④ 由于地方和部门经济利益的相对独立性和竞争性,地方政府和部门在制定和实施经济法规范时,趋于保护本地方、本部门的经济利益,排斥其他地方政府和部门的利益获取,使其额外成本增加,从而产生了外部性问题。⑤

因而,如何使我国强制性变迁模式下的经济法摆脱上述困扰,是我国经济法研究中一个不可忽视的问题。

---

① [美] 诺思:《经济史中的结构与变迁》,陈郁、罗华平等译,上海三联书店、上海人民出版社 1994 年版,第 106 页。

② [英] 科斯:《社会成本问题》,载 [美] R. 科斯、A. 阿尔钦、D. 诺思等著:《财产权利与制度变迁——产权学派与新制度学派译文集》,刘守英译,上海人民出版社 1994 年版,第 22 页。

③ [日] 金泽良雄:《经济法概论》,满达人译,甘肃人民出版社 1985 年版,第 50 页。

④ 郑鹏程:《论经济法制定与实施的外部性及其内在化》,载《中国法学》2003 年第 5 期。

⑤ 郑鹏程:《论经济法制定与实施的外部性及其内在化》,载《中国法学》2003 年第 5 期。

第二节 经济法变迁的内容和途径

一、经济法变迁的内容

经济法变迁包含了丰富的内容,体现在经济法的调整内容、调整重心、调整主体等方面。

(一)调整领域的变迁

社会经济的发展必然使经济法的调整内容发生变迁,主要表现在由一国政府对本国经济的调节向国际经济组织对国际经济调节的转变,即由国内经济法向国际经济法转变。

19世纪末20世纪初,由于生产社会化,在资本主义特别是垄断形成以后,政府介入经济运行,国家调节机制应运而生。同时,由于政府失灵的存在,国家调节又需要法律加以规范。为此在各国立法上,大量关于通过政府调节机制来调节经济的法律规范涌现出来。此后的几十年,各国经济发展在总体上是以本国为主的。所以,作为促进和保障经济运行的经济法是以确认和规范政府对本国经济的干预为内容的。

但近一二十年来,随着市场的国际化,经济发展全球化、一体化,必然导致新矛盾的出现。例如,垄断现象会随着市场范围的扩大而延伸至国际市场,虽然在一定程度上获得规模经济效应,但同时可能会破坏国际市场的有效竞争环境,从而带来资源配置的低效率。此外,由于各经济利益的不同、经济政策的不同,又往往导致摩擦和冲突的产生。因此,维护国际市场的秩序、协调各国经济利益、解决国家间贸易纠纷等就需要有与之相适应的健全的经济调节机制。"国际经济运行需要的国家协调,不是一个国家对本国经济运行的单独协调,而是两个以上国家对国际经济运行的共同协调,即国际协调。"[1] 这种背景下,"新的经济调节机制即国际性调节机制正在形成和发展",[2] 也就是"两个以上国家、区域性或全球性的组织机构,通过协商或以国际条约形式,或借助国际惯例对国际市场经济的结构和运行实行调节,以维护和促进国际社

---

[1] 杨紫烜:《论国际经济法基础理论的若干问题》,载《法商研究》2000年第3期。
[2] 杨紫烜:《论国际经济法基础理论的若干问题》,载《法商研究》2000年第3期。

会经济的协调、稳定和发展"。① 相应地,保障经济调节的经济法也随之出现新的发展趋势。各国国内经济法在立足于本土文化的基础上,围绕着经济发展的共同原则而逐步接近,从而使经济法出现国际化的趋势。

(二) 调整重心的变迁

随着市场经济的发展,经济法由以西方反垄断法和社会主义国家的国有企业法为调整重心,过渡到以宏观调控法为调整重心。

无约束的自由竞争必然会导致生产和资本的集中,产生垄断,从而导致经济危机。20世纪30年代经济危机的全面爆发使得西方国家经济遭到了重创。这种背景下应运而生的经济法,必然以解决垄断问题、消除经济危机为首要任务。反映在经济法的调整重心上,则表现为以反垄断法为中心。

在我国,经济法产生于计划经济体制向市场经济体制转轨时期。这一时期,政府实行的经济体制改革,要解决的问题是长期的计划经济体制遗留下的弊端,例如政企不分、市场失效、供求失衡、产业结构布局极不合理等。因此,首先必须转变政府职能,实行政府与企业分离,还原其市场主体身份,使其通过竞争机制求得生存与发展。在此背景下产生的经济法必然要以规制和保障国有企业改革及其独立市场主体的地位为主要内容,② 例如,20世纪80年代前期,立法主要围绕"让利、放权"展开;中期以后,立法集中在改革企业经营制度,表现在承包制、租赁制方面。1992年起,企业改革步入新阶段。主要立法有《全民所有制工业企业法》《全民所有制工业企业转换经营机制条例》等。

因此,经济法发轫之时,在西方资本主义国家主要是以反垄断法为代表的市场规制法占据核心地位;③ 而在以中国为代表的社会主义国家,由于实行计划经济体制改革,经济法产生后较长时期内以国有企业法为核心。

20世纪末期,由于科学技术的发展以及国际政治、经济社会的迅速变化,冷战的结束和社会主义国家体制改革的深入,无论资本主义还是社会主义国家的经济法都发生了变化。而国际经济调节的缺乏使得国际经济危机爆发频繁,从1992年欧洲货币危机到2002年阿根廷金融危机,再到始于2008年的国际金融危机,不仅破坏力强,而且波及范围广,严重影响到各国的经济发展。这

---

① 漆多俊:《宏观调控立法特点及其新发展》,载《政治与法律》2002年第3期。
② 程宝山:《经济法基本理论研究》,郑州大学出版社2003年版,第85页。
③ 漆多俊:《论市场经济发展三阶段及其法律保护体系》,载《法律科学》1999年第2期。

就要求政府具备更强的在开放条件下从全局和总体上把握经济运行,提高稳定本国宏观经济的能力,确保国家经济安全,即健全和加强宏观调节能力。在经济法上,则表现为宏观调控法地位的提高,并正在成为当代各国经济法的核心。这是"20世纪与21世纪之交世界范围内经济法体系发展变化最显著的特征之一"。①

(三) 调整主体的变迁

一是经济自治团体的兴起。在现代经济社会结构中,企业和政府是两个基本部门,但自20世纪80年代以来,兴起于世界范围的一场社团革命,产生了介于政府与企业之间具有民间性、公益性、自治性、志愿性等基本特征的经济组织,成为经济结构中除政府和企业以外的第三部门。它反映了公民自决意识的觉醒,政府和市场的失灵以及社会和科技的变化。在全球范围兴起的第三部门有其独特的社会功能,例如能够为社会提供大量就业机会、提供广泛的社会服务,并且在企业与企业之间、企业与政府之间起着桥梁作用等。因而日益成为影响一国经济、政治、文化、社会的重要力量。在我国,经过近三十年的政治、经济体制改革,中国社会逐渐走向开放化、市场化和多元化,从而为经济社会走向自我服务、自我管理的多元治理模式奠定了基础。在这种背景下,也出现了第三部门如经济自治团体兴起。经济自治团体的作用主要有:首先,有利于促进政府经济职能的转变。计划经济体制下由政府承担的部分经济管理职能,可以转由经济自治团体来承担,从而实现政府职能转变过程中经济运行的稳定和秩序。其次,有利于培育和规范市场。经济自治团体的自律性管理可以确保市场主体资格的真实性,保证交易的安全,同时避免市场上无序竞争、恶性竞争,能够在最大程度上维护本行业整体利益。最后,有利于扶助社会弱势群体。经济自治团体由于其自身性质的特殊性,因而能够聚合和表达某种意义上社会整体利益,尤其是能够成为社会弱势群体的利益表达组织,进而保障和实现其合法权益。总之,由于经济自治团体在经济社会中日益重要的地位,经济法作为调整经济关系的法律部门,"有必要对此种新的情况作出理论上的回应",②即将其纳入经济法主体体系,赋予其相应的权利和义务。

二是调制主体的扩大。首先,由于经济法调整内容的国际化,国际性调节实际上成为与市场调节、国家调节同时存在的调节方式之一。其主体就是国际

---

① 漆多俊:《论市场经济发展三阶段及其法律保护体系》,载《法律科学》1999年第2期。

② 程宝山:《经济法基本理论研究》,郑州大学出版社2003年版,第233页。

性经济组织。当前,国际经济领域最重要、最突出的经济组织就是世贸组织。就其职能而言,WTO 是一个国际经济协调管理机构,其目的是建立多边贸易体系,协调各国政策,以此来扩大贸易,增加就业,维护世界经济的可持续发展。对各国政府来说,WTO 对它的影响主要表现在对其成员国政府行为的规范与协调。例如,除非规定的例外,政府必须按已经确定的开放时间表、关税减让时间表和非关税减让时间表来进行,同时必须保证国内的法律、法规与 WTO 相协调、接轨,并保证其实施。因而 WTO 是超越政府之上的,"通过控制政府的权力以全局观念对整个经济实行综合调整"① 的国际性经济协调管理机构。因此,以 WTO 为代表的国际经济组织应当是国际化的经济法的主体之一。

其次,作为经济法主体的政府角色的重新定位。随着市场经济发展阶段的不同,政府也不断转换其管理理念和运作方式,这主要体现在政府的经济职能上。其一表现为政府微观经济干预职能的弱化。市场失灵要求政府干预,而现代市场经济的发展,使得由政府全面干预经济而导致政府失灵现象产生。客观上要求政府干预的有限化,将经济职能定位在市场不能良好发挥作用的宏观经济领域和部分微观经济领域。其二表现为政府宏观调控职能的强化。在国际化市场经济条件下,全球范围内的商品自由贸易和要素的自由流动与优化配置,使一国政府保持本国市场的稳定运行存在着障碍。这就要求政府必须在弱化微观市场规制的同时,具备更强的宏观调控能力,包括利用国际经济资源的能力、保护国内幼稚产业的能力、防范和化解风险的能力等。

三是调制受体的扩大。由于市场的国际化、经济的全球化,20 世纪 60 年代以来,跨国的营利性经济组织作为新的经济实体迅速发展起来。这类经济组织通常以一国为基地,通过对外直接投资,在其他国家或地区设立子公司、分公司或附属机构,从事国际性或跨国性的生产、经营或服务活动,主要以跨国公司为代表。跨国公司控制着全球范围内的商品、技术、服务贸易以及国际直接投资,参与国际经济和一国国内经济的运行,因而必然会对一国的国内经济产生重要影响。除了实现世界经济活动总量的有效扩张、深化产业结构调整、促进经济全球化、优化市场经济体制等积极影响以外,同时不可避免地存在消极影响,例如跨国公司对东道国民族工业造成冲击,甚至在某些行业形成垄断等。基于此,跨国公司应被作为经济法的受制主体之一,纳入经济法的调整范畴。

---

① 程宝山:《经济法基本理论研究》,郑州大学出版社 2003 年版,第 232 页。

二、经济法变迁的途径

经济法变迁大致通过三种途径,即经济法立法、经济法司法解释和经济政策演进。

(一) 经济法立法

这种变迁方式是指立法机关在其立法活动过程中,通过立法性文件引导经济法的变迁。

20世纪初,自由市场经济的发展导致垄断等的产生,在此背景下,各国纷纷采取应对措施。美国国会于1890年通过了著名的《谢尔曼法》,1914年通过了《联邦贸易委员会法》。同年,国会通过了《克莱顿法》,该法是在反托拉斯道路上对《谢尔曼法》的全面修改、补充的法律。以上三项法律,是资本主义经济法的最早形式。1929年至1933年爆发的经济危机再次动摇了资产阶级对自由放任主义的信仰,在美国,罗斯福实行新政,先后颁布了《产业复兴法》、1938年的《农业调整法》、1933年的《1933年银行法》、《1933年证券法》、《1934年证券交易法》等经济法规,从宏观上加强对经济的干预。德国则先后颁布了诸如《设立强制卡特尔法》和《全面管理制度法》。由于这些立法,经济法在其产生初期表现为"危机对策法"。

"二战"以后,在美国的推动下,日本开始实行经济改革。为保障市场竞争机制,1947年制定了以《谢尔曼法》为蓝本的《关于禁止私人垄断及确保公平交易法》;为防止战前统治团体复活,1948年又颁布《事业者团体法》;为排除大企业对中小企业的支配,1949年颁布了《中小企业等协同组合法》。1952年以后,日本进入高速发展期。为促进企业合理化,于1952年制定了《企业合理化促进法》。1955年后,日本开始放松国家限制,倡导企业自主性,制定了以基本法为主的国民经济各部门法规和企业法。其经济立法表明了随着经济形势和国际形势的变化,日本政府对垄断的态度由对垄断禁止的逐步缓和,到限制垄断再到促进垄断,再到禁止垄断这样一个波浪形发展过程。①1955年修改《禁止垄断法》,废除了对积聚的规定。1976年修改,加强了对垄断的限制。这一系列经济法立法体现了日本经济法的特点,即以禁止垄断法为中心,通过创设除外制度来促进垄断,发展规模经济,达到用政府强力来推

---

① 漆多俊、陈云良:《中日经济法立法与理论研究之比较》,载《江苏行政学院学报》2004年第1期。

动经济发展的目的；而通过强行修改来限制垄断，促进市场的自由竞争。① 同时，日本也十分重视运用经济计划从宏观上对经济进行调控，颁布了一系列计划法规。

与日本相同，长期的战争使德国经济遭到严重的破坏，因而政府着手加强对经济的宏观控制，以挽救面临崩溃边缘的国民经济。1948 年德国制定了《币制改革法》，对经济的恢复和发展产生了深远的意义。与此同时还颁布了相配套的《货币改革后经济政策指导原则法》。此后进一步加强宏观经济调控法的制定。1963 年制定了《促进成立专家委员会的法律》，由该委员会确定指导性的中期和年度经济计划。还连续多年制定了《财政年预算法律》，以法律手段确保财政预算的效力，更有力地对国民经济进行调整。1967 年制定了《促进经济稳定与增长法》，规定"必须注意通过联邦和各州的财政和经济措施达到经济平衡"，"授权政府采取措施防止经济发展的大起大落"，实现"持续增长"。德国还致力于维持竞争秩序、限制垄断的发展。1957 年制定了《反对限制竞争法》，禁止大企业和大企业的联合组织在产品或劳务方面签订限制竞争的卡特尔合同。并于 1965 年和 1974 年又两次修订了 1957 年《反对限制竞争法》。

通过"二战"后德国和日本的经济立法情况可以看出，经济法已经由最初的"危机对策法"向"经济复兴法"迈进。

随着市场经济的深入发展，新的经济问题不断出现。在 20 世纪中期和 2008 年以来，美国先后爆发多次大规模的货币信用危机，从而促使美国对其金融监管制度进行改革和完善②：1980 年《储蓄机构解除管制及资金调控法》取消了美国储蓄利率的限制，1989 年《金融机构改革和实施法》与 1991 年《联邦储蓄保险公司提高法》进一步加强了严格干预和早期干预原则。1999 年的《1999 年金融现代化法》确立了混业经营原则。美国不断完善的金融监管制度，为其金融业的高度发达提供了法治保障。同时加强对证券业的监管，1986 年《政府证券法》、1988 年《内部交易和证券欺诈实施法》、1996 年《资本市场效率法》等。此外对农业的宏观调控予以经济法保障，例如 1985 年《农业法》、1996 年《农业法》、2002 年《农场安全与乡村投资法》等。这一时期，在日本，《禁止垄断法》在 1999、2000 年又有大幅度的修改，废止了大量限制竞争的规定，弱化了政府对市场的规制权，减少了执行机构——公

---

① 漆多俊、陈云良：《中日经济法立法与理论研究之比较》，载《江苏行政学院学报》2004 年第 1 期。

② 陈云良：《中国经济法的国际化路经》，中国政法大学出版社 2004 年版，第 183 页。

平交易委员会的权限。可见，经济法已由传统意义上的经济法向现代经济法演进，由过去着重对市场秩序的规制转向从宏观上加强和完善对经济的控制，即宏观调控法的完善。

20世纪末期，针对市场国际化、经济全球化的状况，新的形式的经济立法产生，协调各国政府经济行为、对全球范围内的经济活动进行调控的WTO协议是其典型代表。WTO协议由三个部分组成：基本法《建立世界贸易组织协定》、程序法《关于争端解决的规则和程序的谅解协议》和《贸易政策审评机制》、协调多边贸易关系和规范国际贸易竞争规则的实质性规定。其主要职能在于解决国际贸易争端、制定和实施多边贸易规则以及组织多边谈判。WTO在协调国际经济关系的同时，还指导一国国内经济法的制定。在这种意义上，WTO协议是世界经济的经济法。

通过以上各个阶段经济法立法状况，可以发现经济法变迁的轨迹，即经济法是由传统经济法向现代经济法变迁，由以市场规制法为中心向以宏观调控法为中心变迁，由国内经济法向国际经济法变迁。可以说，经济法立法的变化，引导和体现着经济法的变迁。

（二）经济法司法解释

司法解释是法官和审判组织根据宪法赋予的司法权，在审判工作中为具体运用法律所必要时，结合社会发展现状和法律价值取向对审判依据包括法律事实所作的具有司法强制力的理解和阐释。[①] 司法解释的存在有两个方面的原因：一是法律本身的局限性需要司法解释。法律因其稳定性而存在一定程度上的滞后性，因其高度概括性而存在实际操作中的模糊性，以及由于社会不断发展而引起的不周延性，这些都需要司法解释来弥补其局限；二是社会现实的迅速变化与立法资源有限之间的冲突，使得立法机关自身存在局限，从而使司法解释成为必要。

在经济法中，司法机关的司法解释主要包括经济法含义模糊的解释和经济法规范补充性的解释。在前一种情况下，由于各种因素的制约，经济法规范出现一些含义模糊的词语。由于社会经济的发展，各阶段的界定标准不同，就需要司法机关在经济法实施过程中作出适当的解释。后一种情况包括经济法文本的补充性解释和司法实践追加的补充性解释。前者如法律文本中的"其他情况"，后者则是司法实践中出现的、法律文本未规定也未用"其他情况"来包容的新情况。例如，美国司法解释创立了反垄断法的很多原则，如合理性原

---

① ［美］德沃金：《法律帝国》，李常春译，中国大百科全书出版社1996年版，第47页。

则，本身违法原则、域外管辖原则等。①

经济法司法解释与经济立法有着密切关系。经济立法是一个动态的过程，它的最终实现是以大量司法解释的积累为前提的，很多新的经济法规范的产生都是长期司法解释实践经验的科学总结和大量司法解释的结晶。这种司法解释的积累，在英美法系国家，以判例的形式来实现；在法国、德国等大陆法系国家，以法官解释的形式来实现；在我国则是通过最高司法机关的解释来实现。司法解释对经济法立法起着重要作用，对经济法的变迁有着不可忽视的影响。经济法司法解释能够在不变动经济法条文的情况下，推动经济法的变迁。

（三）经济政策演进

经济政策，也称为国民经济政策，属政策的一种，是国家或政府有意识的去解决各种经济问题的行动指南。在现代国家中，"经济政策集中地反映了国家在经济生活中的意志，国家通过各个不同层次的经济政策的贯彻、实施，来指导、调控或干预社会经济生活的各个方面，引导着整个国民经济和社会发展计划，实现既定战略目标"。②

经济法作为一门新兴的法学学科，与经济政策有着鲜明的区别③：从制定的主体和程序来看，经济法是由国家立法机关依照法定的立法程序制定的，而经济政策则是由党和各级政府依照其职权制定的；从实施的方式与机关来看，经济法由司法、立法、行政机关加以实施，由国家强制力加以保障，而经济政策则由党和各级政府行政机关加以实施，依赖经济手段来实施；从表现形式来看，经济法是由经济法律规范组成的，依照宪法制定的，具有确定性和规范性，通过调整经济主体的权利义务关系来实现其目标，而经济政策则表现为决议、方针、指示、纲领等，具有指导性、原则性、号召性；从调整的手段来看，经济法的调整具有强制性和协调性相结合的特点，通过具体明确的权利义务达到目的，而经济政策则具有特殊性与原则性相结合的特点，通过经济杠杆以及政府的直接运作，以行政指令等方式来实现目的。因此，经济法与经济政策是两类完全不同性质的事物，是不能互相替代的。

但同时，两者又有着极其紧密的联系。首先，由于经济法是经济共同体内

---

① 陈云良：《中国经济法的国际化路径》，中国政法大学出版社2004年版，第173页。
② 邓峰：《经济政策、经济制度和经济法的协同变迁与经济改革演进》，载《中国人民大学学报》1998年第2期。
③ 邓峰：《经济政策、经济制度和经济法的协同变迁与经济改革演进》，载《中国人民大学学报》1998年第2期。

不同利益相互博弈的结果,加上其本身不是万能的,也不可能规范经济社会中存在的一切事物,因而在经济法运行过程中,如果不借助经济政策的引导,必然出现某种程度的不和谐甚至冲突。而经济政策可以根据不同时期的不同要求,对经济法的运行予以引导,使其具有不同的倾向性,并进一步促使新的经济立法的产生。① 罗斯科·庞德曾指出,"一个法律制度之所以成功,乃是因为它成功地在专断权力之一端与受限权力之另一端间达到了平衡并维系了这种平衡"。② 对于经济法来说,维系这种平衡的正是经济政策。

其次,经济立法具有规范性和稳定性,可以促使某些经济政策向立法转化。经济政策具有及时和灵活的特点,因而就稳定性和长久性而言,是无法与经济法相比的。为保证某些根本性的、在较长时期内需要坚持的经济政策的实施,政党往往通过合法的程序,将某项经济政策上升为经济法律,从而使其法律化。

可见,经济法与经济政策的联系表现在两个方面:其一,经济政策可以引导经济法规范的形成;其二,经济法可以促使经济政策向立法转化。因此,从理论上说,经济政策的演进可以推动经济法的发展,它是经济法变迁的途径之一。因为,从实践中看,经济法的变迁,是由经济法主体来实现的,政府作为最重要的主体,要实现其经济目的,其意志的贯彻必然通过经济政策来实现。

在经济全球化的背景下,各国政府纷纷调整经济政策,着眼于从国际层面来制定经济贸易政策和措施,以促进本国经济利益的最大化。同时,注重各国政策的相互协调,以维护国际市场的经济秩序。这必然使得国内经济法与别国经济法在一定程度上的协调,从而出现经济法的区域化、国际化,促使国际经济法的产生。

因此,无论是从经济法与经济政策关系的分析出发,还是从实践上两者的发展历程分析,都表明了经济政策演进是经济法变迁的途径之一。

---

① 陶广峰:《经济法的经济政策法概观》,载《现代经济探讨》2012年第8期。
② Pound,"Individualization of Justice",7 Fordham Law Review 153, at 166(1938).

第十五章 经济全球化与经济法变迁

第一节 经济全球化对经济法的影响

一、经济全球化概述

20世纪90年代以来,随着通讯技术和国际互联网络的快速发展,全球各个民族国家之间的政治、经济、文化领域的普遍联系和交往日益加强,全球化成为主流媒体的时髦词汇,也成为了我国学术界竞相研究的热点问题。[1] 不同领域的研究者所理解的全球化存在着一定的差异性,尽管"全球化"概念在他们心中所代表的内容有所不同,但是,该概念预示着一种不同于人类过去的经历,暗含着人们观察问题的视野不同于以前,意味着人类所面临的时空观念发生着某些变化。

国外理论界对全球化的认识也不尽一致,按照人们习惯的三分法,可以将全球化的观点分为三类,第一类是"左"的观点,萨米尔·阿明认为全球化理论是以前理论的延续和重述;[2]第二类是"右"的观点,以经济学家为代表的人士认为,全球化主要是经济全球化,是国际贸易和投资的全球化;第三类是"中间"的观点,社会学家吉登斯认为,全球化的本质就是流动的现代性,全球化是一个范围广阔的进程,受到政治与经济两种影响的合力推动。[3] 从全球化与政治的关系看,全球化对于政治生活的影响主要在于它正在改变传统的国家主权观念,正在走向一种新的全球治理秩序。从全球化与市场的关系看,全球化是民族国家的市场之间相互依赖性的增强,并逐渐成为统一的世界市场

---

[1] 陶广峰:《经济全球化与中国经济法》,中国检察出版社2006年版,第1页。
[2] [埃及]萨米尔·阿明:《全球化与社会主义》,载《学习时报》2000年12月18日。
[3] [英]安东尼·吉登斯:《第三条道路》,郑戈译,北京大学出版社、三联书店2000年版,第36页。

第五编 经济法变迁论

的趋势。① 全球化与文化、军事等其他领域之间也存在着相互影响，但是，全球化的核心是经济全球化。

新自由主义、依附理论和社会民主主义理论对经济全球化都有不同的认识和评价，但是将经济全球化视为一种发展趋势的观念已经得到了国际社会和学术界的普遍认同。② 事实上，经济全球化是当今世界发展的客观进程，是在现代高科技的条件下经济社会化和国际化的历史新阶段。③ 国际货币基金组织所定义的经济全球化是指跨国商品、服务贸易、国际资本流动规模与形式的增长，以及技术的广泛迅速传播，使世界各国经济的相互依赖性增加。④ 经济全球化实质上是市场在全球范围内的整合，是资本在全球范围内追逐利润的产物，其技术支持是交通运输的迅捷化和通讯技术的飞速发展。经济全球化对于各个国家和地区来说，意味着本国和本地区的经济交往和经济发展超越了国界和地区的界限，国际经济的联系不断紧密和深入，国际经济交往的深度和广度都有所变化，进而使世界经济出现一体化的趋势。经济全球化主要表现为：各国之间的经济逐渐被取消；贸易、金融和生产活动的国际性扩展以及在此过程中跨国公司和国际经济组织权力的扩大；各国经济对外自由化需要打破本国对经济活动的壁垒，从而导致更大程度的开放和融入世界市场。⑤

对于经济全球化的本质，有不同的认识，从新自由主义、垄断资本的国际扩张和贸易的跨国流动二者紧密交织的关系来看，经济全球化是世界经济体系发展的一个阶段，是人类社会生产力发展的必然结果。⑥ 新自由主义学派认为，自由市场是解决经济问题、促进成长的最佳机制，资本的流动必然会带来先进的技术，但是对于金融资本的自由流动是否如同贸易自由一样带来繁荣的结果存在争议。在如何处理国家与市场的关系方面，新自由主义形成标志的

---

① ［法］阿莱因·李佩兹：《后福特主义的运气和不幸》，载［加］罗伯特·阿尔布里斯：《资本主义的发展阶段》，经济科学出版社2003年版，第35页。

② 朱景文：《关于法律与全球化的几个问题》，载胡元梓、薛晓源主编：《全球化与中国》，中央编译出版社1998年版，第107页。

③ 汪道涵：《经济全球化与中国经济》，载［法］雅克·阿达：《经济全球化》，何竟、周晓辛译，中央编译出版社2000年版，序。

④ 国际货币基金组织：《世界经济展望：全球化与挑战》，中国金融出版社1998年版，第30页。

⑤ ［美］罗伯特·吉尔平：《全球资本主义的挑战：21世纪的世界经济》，杨宇广、杨炯译，上海人民出版社2001年版，第18页。

⑥ 何秉孟：《新自由主义评析》，社会科学文献出版社2004年版，第14页。

281

"华盛顿共识"主张国家退出市场,实行市场化、私有化和自由化。

我国参与经济全球化的立场是坚定的,但是要在参与经济全球化中积极捍卫我国的国家利益和市场主体的利益。在参与全球经济规则中,要通过完善我国的法律制度,争取我国政府和企业在参与经济全球化中的主动性,所以,完善我国的经济法律制度是我国经济迈向全球化的先决条件。

二、经济全球化与我国经济转型

经济全球化过程,是一些国家经济转型的过程。从20世纪70年代末期开始,我国经济体制改革的国际背景就是经济全球化。经济全球化与经济转型之间的关系,波兰著名学者格泽戈尔兹·W. 科勒德克认为"在全球经济一体化的时代,转型过程也是全球化的一个重要部分"。国内有学者认为经济全球化的实质是以发达国家为主导,跨国公司为主要动力的世界范围内的产业结构调整。[①] 这种在世界范围内的产业结构调整必然要求各国经济作出相应的措施,对于非市场国家来说,就是将本国经济体制转变为市场经济体制。还有学者认为,经济全球化主要包括贸易自由化、金融全球化以及投资的自由化和生产的国际化。[②] 但是,这种自由化并不是自由资本主义时期的自由放任主义,而是在国家权威的干预下的自由。经济全球化对于非市场经济国家的经济转型具有明显的影响,对市场经济国家经济制度的完善也具有一定的影响。

经济全球化的逻辑过程是全球经济的市场化,而这一过程又涉及传统非市场经济国家的经济转型和制度变迁,制度变迁的主要方面是转型国家的政府职能的转换,政府职能转变不仅是政治学、公共行政管理研究的重要领域,也是经济法作用的最主要的领域。经济全球化对中国的影响表现在中国经济的转型过程中,即表现为中国的经济体制由计划经济体制向市场经济体制转变的制度变迁过程,经济发展模式由注重经济的单纯增长向国民经济的持续、快速、健康增长。经济转型的过程与国家的经济职能转变具有密切的联系,尤其是与国家干预经济是不可分割的。经济法在我国经济转型和参与经济全球化方面具有天然的优势,因为,经济法平衡协调自由市场和国家干预的法律手段,也是确定国家干预市场边界的依据,保护自由市场免受国家的任意干预和确保国家干预市场的法律条件。

我国经济转型的过程和法制建设进程相互联动、相互影响,经济转型过程

---

① 龙永图:《关于经济全球化问题》,载《光明日报》1998年10月3日。
② 郭连成:《经济全球化与转轨国家经济联动效应论》,载《世界经济与政治》2001年第12期。

需要法律制度的推进和保障,而法律制度的形成依据又是经济转型的结果,经济法更是确定和巩固经济转型成果的制度前提。我国经济转型的推动力量无疑是依靠国家的力量,国家与市场的消长关系是转型时期的基本特征,国家要推动经济转型就需要合理恰当的界定国家经济职能的范围和强度。对于国家的经济职能,除了宪法对国家权力的划分之外,主要由作为部门法意义上的经济法规范,经济法的功能之一就是设定和限定代表国家政府经济职能的广度和强度。经济职能反映在经济法中就是政府的经济权力和经济责任,中国经济转型时期的政府经济职能就是从"经济建设职能"向"经济服务职能"转变过程,在计划经济时代,政府的主要职能是经济建设,而市场经济条件下的政府职能主要是为国民经济发展提供各种基础服务设施和基础性制度安排。

三、经济全球化背景下的法律全球化

经济全球化的发展从两个方面推动着全球化的进程,一是从经济全球化过程中产生了大量的国际间共同适用的经济贸易规则和惯例,这些规则和惯例是经济全球化的结果,也是推动经济全球化的力量;二是经济全球化的发展推动着作为上层建筑的法律制度的全球化。全球化、经济全球化和法律全球化之间存在着内在的联系,全球化的核心是经济全球化,经济全球化的发展会产生某些经济交往规则的全球统一,这些相对统一的全球经济交往规则就是法律全球化开端;随之,法律全球化又推动着并加速了经济全球化的步伐,从而推动了全球化的进程。法律全球化离不开经济全球化的背景,经济全球化是法律全球化的平台,法律全球化是经济全球化的保障。

尽管学者们从不同角度出发,对经济全球化和法律全球化有不同认识,但是不可否认的是,经济全球化事实上就是市场经济秩序的国际化,它的作用超越民族国家和地域的限制,形成一个国际性的经济体系和规则体系,全球经济交往会形成技术标准的趋同和一致,国际标准会逐渐代替国家标准等技术标准体系,成为国际经济交往的技术条件,与之伴随的是有关经济技术领域的规则和法律的全球化。全球市场经济同样会导致宏观经济政策的一体化,世界市场经济秩序加强和完善的根本动因使民族国家已经不能为现代化的经济提供充分的发展空间,只有在更大的空间范围内,才能充分利用生产能力,并且技术进步在不断地扩大着生产能力和拓展市场空间。民族国家市场间的壁垒会提高国际市场拓展的交易成本,为了降低交易成本,20世纪后半期以来,在通讯和互联网技术的推动下,建立了以国际货币基金组织和世界贸易组织为代表的国家间经济组织和协调机制,推动了经济全球化和法律全球化的发展。各国企业为了加强国际竞争力,开始冲破民族国家市场的范围,以全球市场为目标进行

战略重组和整合,这些经济关系的变化和全球经济活动的扩展必然对法律调整提出了新的需求,一些新的具有全球适用的经济法律原则和规则逐渐建立起来。每个国家在国际经济交往领域,都要受到来自本国法之外的异国法的制约和影响,一如世界贸易法专家杰克逊所言,"几乎任何对迅速增强的国际经济相互依存性的回应性思考,都会为处理相互依存问题而导致出现一些对日益加强的国际合作的建议;由于国际间的约束机制和相互牵制,任何国家都不再能够有效地实施他们自己国家的经济法规"。①

四、经济法的变迁与经济全球化背景

制度变迁理论认为,制度是用来约束人的行为规则,包括正式制度和非正式制度。稳定的制度框架能够使人产生稳定的预期,而一定的制度体系也限制着个人的范围和机会,更为重要的是它能为微观经济活动提供一种激励机制。在现有的情况下,制度的适应和制度的需求是制度均衡,但制度均衡是一种相对的理想状态。人们对现有制度结构和制度安排的一种不满意或不满足状态则是制度不均衡,制度不均衡的长期存在必然会导致制度变迁。②根据制度变迁的动力不同可以分为诱致性变迁和强制性变迁。诱致性制度变迁指的是现行制度安排的变更或替代,或者是新制度的安排,它由个人或一群(个)人,在相应获利机会时自发倡导、组织和实行;强制性制度变迁由政府命令或法律引入和实行。③制度变迁的类型与过程具有多样性,主要有制度的形成、制度的发展、制度的退化和制度的重建。制度是从社会混乱中产生的,或者是从非再生产行为模式中产生的,或者是从基于"行为"的再生产模式中产生的;制度的发展就是制度的传承和延续;制度的退化就是从制度化脱离出来;制度的重建是从一种制度中退化出来后进入另一种制度,并且以不同的原则和方式进行组织。制度变迁的传导方式有自上而下的和自下而上的方式,前一种是通过国家或政府的权威加以推行,后者是由民间力量推行。

经济法的变迁属于制度变迁,变迁的传导方式是自上而下的,既由国家或者政府通过法律、政策等国家权威载体推行的变革。我国的经济转型本身就是一种制度变迁,经济法在经济转型中起到了重要作用,它是国家和政府推进经济改革的手段,也是经济改革的目标之一。中外经济法的产生过程表明,经济

---

① John H. Jackson:《The Jurisprudence of GATT & the WTO》,高等教育出版社2002年版,第411页。

② 王跃生:《没有规矩不成方圆》,上海三联书店2001年版,第22页。

③ 诺斯等:《财产权利与制度变迁》,上海三联书店2002年版,第384页。

法产生的经济环境是市场经济,市场在经济生活中的作用逐渐加强,同时伴随着国内市场失灵现象。西方主要国家经济法的产生和发展过程,实际上是自由资本主义向垄断资本主义和国家资本主义的变迁中形成的,市场竞争的"集体非理性"现象导致了市场固有缺陷的凸现,作为对市场机制缺陷进行救济的国家或政府干预出现了,国家的职能随之发生着重大变化。

如果要对整体意义上的西方国家经济法变迁过程进行分阶段,则可以分为三个比较明显的阶段,第一阶段从19世纪末期开始到20世纪30年代世界性经济危机出现;第二阶段从应对经济危机到20世纪70年代以石油危机为标志的新危机出现;第三阶段从20世纪80年代以来的经济全球化阶段。

在第一个阶段,国家和市场的关系具有一定的互补性,即通过国家的权威和力量消除阻碍市场运行的因素,防止经济力量过度集中和反垄断是经济法的主要领域。在该领域,以经营自由为理念构建的民商法制度不能消除市场经济自身的障碍,相应地,民商法制度运行的基础发生了变化,出现了民商法的失灵现象,通过国家对经济运行的干预来消弭自由市场运行的障碍,是市场经济法律选择的必然结果。

在第二个阶段,市场功能和国家职能重新定位,国家职能发生了重大变化,从维护社会安全职能向维护市场运行秩序和促进国家经济发展的职能转变,作为对市场缺陷的一种补救途径,国家担负起了调控和促进国民经济发展的重要职能。

在第三个阶段,经济全球化时期国家经济职能的调整和扩展,这一时期,市场由国内向国际扩张,市场的范围超出了民族国家职能的范围。随着经济全球化的推进,原来属于国家管辖权范围内的国内经济政策和经济法律制度越来越受到国际社会的关注,全球性的国际组织制定的规则逐渐成为国内政策和国内法的组成部分。一国的宏观经济政策和相应的宏观调控法律制度影响着别国经济运行环境,国际间经济政策和经济法的博弈随处显现。将不同国家的经济政策主张和法律制度整合成为国际经济法律制度是全球经济化和法律全球化的必然趋势,在这个整合过程中,国家经济力量和综合国力的强弱成为参与制定国际经济法律制度的主要因素,也是导致国际经济法律制度不平衡的主要原因。

第二节 经济法的国际性与民族性

一、经济法的国际性背景

从理论上讲,法律全球化有三种途径,第一种途径是,通过某几个国家的法律制度的示范效应，其他国家的法律制度相继仿效，从而导致世界上多数国家的法律制度趋于一致。实际上，这种法律的生成过程和法律的趋同现象在世界各国法律发展的道路上是可以找到一些痕迹的，例如，两大法系中各自的法律制度在某些方面具有共同性，大陆法系的民法传播就是以古代罗马法为蓝本，结合不同民族国家的历史传统，在不同的民族国家产生了同源的民法制度。但是，正是由于民法比较强烈的民族属性，以及民法生成的社会生活习俗，导致民法的国际属性和世界普适性有限，不会存在各个民族国家和地区普遍适用的民法。第二种途径是，在各国法律生成条件趋同的情况下，各国法律制度"自生自发"地趋于相同。这种情况出现的条件是不同国家存在法律形成的共同要素，但理念和基本规则一致的法律制度，尽管各国对这些法律制度的称谓不同，但是共同方面就是以市场经济为对象。尤其是20世纪30年代以来，为了克服市场经济所产生的危机，将市场经济的运行控制在国家可以控制的范围内，自由市场经济国家普遍采取了加强政府经济职能，从国家与市场的严格分离到国家和市场的结合，国家从市场之外进入市场体系，通过国家权力的运行，在遵循市场规律的前提下改变市场运行的要素，达到市场有序运行和国民经济健康发展的目的。社会主义国家的经济法是从国家和市场分离的基础上，对国家创立和规范市场活动的法律化。我国市场经济的创立过程具有国家主导的特色，国家逐渐退出市场领域，通过经济法界定国家和市场的边界。从该意义上说，各国监管和调控市场的法律制度最有"自生自发"地趋于相似和相同，所以市场经济法天然具有国际性。第三种途径是，通过国家间签订公约，各国采用一套共同制定的法律规则，使得各国法律通过"理性建构"而达到统一，这类法律规则是国际经济法的主体部分。这类法律制度有区域性的，也有世界性的，最具典型性的区域性法律制度是欧盟法律，最具世界性的是世界贸易组织法律制度。①这类贸易规则必须在成员方承诺的范围内适用于本区域，来约束成员方政府的某些行为，当然，国际经济法在国内或特定区域内的适用有多种途径，例如，直接在一个司法管辖区域内适用，有的国家或地区通过将国际经济法转化为国内法或者本区域内的法律制度，再适用于本司法管辖范围内。这种国际经济法的国内化之后所产生的法律制度也可以成为是实质意义的经济法。

二、经济法国际性的含义和表现

经济法的国际性是指经济法本身具有国际主义倾向。经济法的本质是以市

---

① 陶广峰：《经济全球化与中国经济法》，中国检察出版社2006年版，第245页。

场经济为调控对象,以某种强制力为依据,对市场经济中的反市场行为进行规制。市场的扩张性会导致市场的国际化甚至世界一体化,而世界性的市场所对应的克服反市场行为的强制性规则与各民族国家克服本国反市场行为的规则具有相似性。这样,产生于民族国家市场的经济法随着本国融入国际市场而表现出某些扩张性,当这种本国经济法的扩张性与他国经济法的扩张性在市场范围内产生冲突时,解决的方式有两种:一种是各国放弃坚持本国经济法规则,通过制定共同的经济法规则来替代民族国家意义上的经济法;另一种是处于共同市场的国家都选择适用一个国家的经济法规则来规制共同市场中与本国利益相关的市场行为。①当国际市场所容纳的民族国家数量增大之后,不同国家规制本国市场的经济法规则更加无法适用于国际市场,双边规则也不能适用多国参与的市场,此时,就需要多边的市场规制规则。各个民族国家在国际市场中的经济交往所遵守的经济规则对本国经济的发展会产生不同的影响,其中,对有些国家会产生积极方面的影响,而对另一些国家则可能产生负面影响。民族国家参与国际市场的目标是通过货物、服务和资本在不同国家间的流动,在国际比较优势的作用下,促进本国经济的发展,即各国都企图在参与国际市场中尽可能将本国利益最大化。在国际市场中,各国都希望将本国规制市场经济的规则适用于国际市场,这样,各国规制市场经济的法律制度都表现出了一定的国际适用性,通过本国经济法的国际性来维护本国经济主权和其他经济利益。

经济法的国际性主要表现为两种情况:一种是国内经济法的国际化,另一种是国际经济法的国内化。国内经济法的国际化是经济法国际性最为明显的表现,即国际间各种经济组织规则的建立和发展是国内经济法扩张的结果,这些国际经济组织规则的建立是国家间经济交往与合作的产物,是各民族国家在规制本国市场的基础上,协调本国利益和他国利益的产物。在经济法的国际化过程中,经济上占据主导地位国家的经济法往往具有更大的扩张性和国际适用性。例如,世界贸易组织规则之所以形成,存在着相应的基础,特别是发达市场经济国家的国内经济法,是该规则的主要基础,没有这个基础,世界贸易组织的建立尚需时日。也有人认为,拆除法制的障碍是启动国内经济法的国际化方式,因为市场的国际化使得各国政府调节市场的经济法发生各种冲突,主要表现为外汇壁垒、关税壁垒、市场准入限制等法制壁垒,为了拆除这些市场壁垒,国内经济法开始接受国际组织的国际调节,各国政府主动让渡部分自己的国家调节权,并形成新的法律部门,即国际经济法。②

---

① 陶广峰:《经济全球化与中国经济法》,中国检察出版社2006年版,第63页。
② 陈云良:《中国经济法的国际化路径》,中国政法大学出版社2004年版,第25页。

国际经济法的国内化是本国经济法具有国际性的另一种途径。正如有人所说的那样，在经济全球化的条件下，不能再将国内经济关系与国际经济关系割裂开来，孤立地研究国内经济关系或国家间的经济关系是不科学的。① 世界贸易组织是经济全球化的产物，同时它又进一步推动着经济全球化的进程。其顺应经济全球化的需要，要求各国实行经济（包括货物贸易、服务贸易、投资）自由化，而经济自由化的必然后果是各国国内的经济关系与国际经济关系的相互融合或一体化。② 在经济全球化和法律全球化的背景下，国际经济法和国内经济法之间的关系所面对的市场范围趋同，国际间的贸易、投资、金融等领域与本国经济关系在逐步加强，尤其是发达国家的国内经济关系基本上与国际经济关系是一致的，尽管国际经济法在各国的适用方式有所不同，但是将国际经济法内化为国内经济法并执行是其主要的方式之一。国际经济规则的国内适用是经济法国际化的主要途径，尤其是经济欠发达国家只有接受国际经济法，才能将本国经济融入国际经济之中，所谓的"法律接轨"就是接受成文的国际经济规则和接受发达国家的经济规则。国际经济法的国内化具有双重属性，既有促进本国经济发展的积极作用，也有阻碍本国经济发展的消极一面。

三、经济法民族性的含义

民族性的问题首先受到了人类学家的重视，这是适应西方殖民政策的需要的结果。殖民者为了有效地统治殖民地人民，就需要了解当地居民的风俗习惯、生活方式、好恶之道，以便作为殖民地政府处理原住居民问题的依据。对于这些研究者而言，所谓的民族性，即是指一个国家或一个民族所特有的人格特质及其生活方式，具体包括风俗、习惯、观念等。民族性问题和民族的概念存在着关联，斯大林在《马克思主义与民族问题》（1913）中，将民族定义为，民族是人们在历史上形成的一个有共同语言、共同地域、共同经济生活以及表现于共同文化上的共同心理素质的稳定的共同体。民族形成的心理因素是至关重要的，所以，心理学家对民族性的研究都是以群体人格的概念为基础。民族、国家、主权等概念联系起来是民族国家产生的前提，正如盖尔纳（Ernest Gellner）所指出的，民族国家是西方现代性的产物，是主权国家为适应工业社会的同质性和规范化的世俗文化而建构的。现代民族国家（nation-state）包含着两种共同体，即民族共同体和政治共同体，也就是在民族的范围内组织

---

① 余劲松：《WTO与国际经济法研究》，载陈安主编：《国际经济法论丛》（第7卷），法律出版社2003年版，第182页。

② 余劲松：《经济全球化与国际经济法》，载《法学家》2003年第3期。

第五编　经济法变迁论

政治的国家。作为现代民族国家共同体，民族提供了共同体的独特形式，而民主提供了共同体的政治内容。① 民族主义理论的经典作家班尼迪克·安德森（Benedict Anderson）有一个著名的论断：现代的民族主义是一个想象的共同体，是为了适应世俗社会现代性发展人为建构的产物。

法律与民族性的结合并非现代的事情，在西方法学界，德国历史法学家萨维尼在《论立法与法学的当代使命》一书中提出，"在人类信史展开的最为远古的时代，可以看出，法律已然秉有自身确定的特性，其为一定民族所特有，如同其语言、行为方式和基本的社会组织体制"。② 这种法律民族主义的立场就是强调法律的民族性，尤其强调法律的历史性，这种法律民族性的本质要求一个民族在独立自主地决定其法律发展道路是，还要关注法律所赖以存在的民族性基础，即关注法律发展和变迁的"本土资源"。法律的民族性与我国法律近代化之间存在密切的联系，我国法律的近代化与近代民族国家的成长是同步发展的。一方面，近代中国民族国家的形成推动了中国法律近代化运动，也推动了民族主义思想的产生；另一方面，近代中国发生的各种民族主义思想对法律近代化的追求成为近代民族国家形成的强大推动力。③

20世纪70年代以来，逐渐加剧的国际竞争压力和国际货币投机性流动导致民族国家寻求独立经济政策的自由受到了极大的限制，随着世界范围内资本的过度积累，国际竞争的压力并不是主要表现在资本的国际化。事实上，随着国家积极鼓励资本控制世界市场，资本的国际化已经成为克服资本积累障碍的主要手段。经济法的产生和发展变迁都表现出了民族性的特性，从中外经济法发展的历程看，经济法在每一个国家中的生成和发展都无一例外地表现出本土性和民族性特色，并没有脱离法的民族精神。经济法的民族性强调，在共同的空间结构中，经济法在各种模式的市场经济国家中都带有本民族特色，经济法的民族性特色其实是该民族的经济法在该国形成的历史的沉淀。④ 根据吉尔兹的理论，法律就是地方性知识，其所指的地方不只是指空间、时间、阶级和各种问题，而且也指特色，即把对所发生事件的本体认识与可能发生事件的本地

---

① ［英］厄内斯特·盖尔纳：《民族与民族主义》，韩红译，中央编译出版社2002年版，第50页。
② ［德］弗里德里希·卡尔·冯·萨维尼：《论立法与法学的当代使命》，许章润译，中国法制出版社2001年版，第7页。
③ 曹全来：《国际化与本土化——中国近代法律体系的形成》，北京大学出版社2005年版，第46页。
④ 李昌麒、黄茂钦：《论经济法的时空性》，载《现代法学》2002年第5期。

想象联系在一起。① 经济法也具有"地方性知识"的特点。

在全球化的法律语境中包含着一些共同的经济关系和社会关系，法律在保留其地域和民族特性的同时，也表现出共同性。但是法律理论和实践从一个特定的法律语境移植到另一个法律语境时，仍然会保留其产生和发展的本土历史文化传统社会环境的烙印。从20世纪70年代以来，由于国际竞争压力的加剧和国际货币投机性流动的增加，民族国家寻求独立经济政策的自由，事实上受到了极大的限制。② 经济全球化与民族国家之间的关系影响着，③甚至决定着经济法的全球化与民族性之间存在着张力，还是存在融合的可能性。从经济全球化对民族国家的影响看，贸易、对外直接投资以及金融资本的跨国流动，使得民族国家失去了通过制定政策来有效回应公民要求的能力，民族国家的经济法必然受到经济全球化的侵蚀。从经济法的民族性特色看，具有民族性的经济法必然产生抵制经济全球化和法律全球化的力量，来维护本民族国家的整体利益。经济法所具有的民族性和全球性的双重属性，决定了经济法在国际层面和全球化背景下存在自身的张力，如何在经济法的民族性和国际性之间寻求一种平衡，是经济法面对经济全球化和法律民族性需要解决的问题。④

四、经济全球化对经济法民族性的影响

经济全球化以一种积极的态度，试图将各国经济卷入其中，并对每个民族国家的经济法产生一种肢解和重组的力量，即肢解民族国家的经济法重组所谓的全球经济法或世界经济法。这个过程中，引导经济全球化的力量来自经济发达国家，对于经济全球化中被引领的国家来说，则处于被动的地位。

经济全球化对经济法民族性的影响，是通过全球经济规则的扩张完成的。全球经济规则的核心是资本的逐利规则，资本以摧毁一切民族国家所设定的壁垒力量向全球扩张，资本所到之处，资本运作的基本规则也随之而至，这就是对国际范围内经济关系的规制。全球经济规则的扩张对民族国家经济法必然产生冲击，这种冲击引起的民族国家反应，即是国家经济法与国际经济法的冲突与对抗。解决冲突的方法按有关学者的观点，可以将国际经济法完全纳入国

---

① [美]克利福德·吉尔兹：《地方性志是：事实与法律的比较透视》，邓正来译，载梁治平编：《法律的文化解释》，三联书店1998年版，第126页。
② [英]西蒙·克拉克：《阶级斗争和资本的全球性过度积累》，载[加]罗伯特·阿尔布里坦等主编：《资本主义的发展阶段：繁荣、危机和全球化》，张叙译，经济科学出版社2003年版，第91页。
③ 陶广峰：《经济全球化与中国经济法》，中国检察出版社2006年版，第251页。
④ 陶广峰：《全球化与中国经济法的发展进路》，载《南京大学学报》2005年第3期。

内，变成国内的经济法加以适用，还有一种方式就是建立经济冲突法①，通过经济冲突法来协调经济法的国际性和民族性，使得经济法的国际性与民族性达到均衡状态。我国的市场经济不同于西方市场经济，我国的市场经济以公有制为主体，政府运用经济和行政权力在经济体制建设中发挥着作用。当前的国际环境是经济全球化使各国经济上的相互依存加深，经济利益冲突加剧。在这种情况下，我国面对的问题是，既要实现全球经济的均衡发展，也要捍卫本国的经济主权；既要遵守全球经济规制规则，也要维护本国法制的权威和统一；既要承担本国对全球经济发展的义务，也要积极争取本国应当享有的经济权利。我国已加入世界三大经济组织，尤其是成为世界贸易组织的成员，我国在经济全球化中，首先要在激烈的国际竞争中维护本国利益，发展民族经济，如果没有国家权威和政府对经济生活的高效宏观调控，赶上发达国家经济发展水平的愿望就会成为"不切实际的幻想"。与此相适应，以调整市场微观规制和政府宏观调控关系为己任的中国经济法，应当成为中国特色的社会主义市场经济法律体系的核心内容，成为我国参与经济全球化的法律基础。

第三节 经济全球化与我国经济法的变迁路径

我国经济法的生产和发展大致可以分为三个阶段，即1978年到1992年的经济法初创阶段、1992年到2000年的快速发展阶段以及进入21世纪以来的逐渐完善和成熟阶段。②经济法的形成过程就是经济法形成条件逐渐成熟的过程，即发达的市场经济，规范的国家干预和健全的法治文明不断成熟的过程。③ 在经济法形成的三个条件中，成熟的市场机制是经济法成熟的前提条件，也是经济法能够回应国家经济生活的需要，是国家干预经济的条件；规范的国家干预是经济法发达的途径，经济法是国家在尊重市场规律的基础上，对市场"盲点"进行的补充，国家干预市场和市场自主运行二者本身并不矛盾，通过国家干预达到市场有序运行是经济法的首要任务，所以我国干预市场的制度化和法律化是经济法成熟和发达的主要途径；健全的法治文明是经济法成熟的标志，如果说民商法是建立在私人自由基础之上的法律制度，经济法则是建

---

① 参见杜涛：《经济冲突法：经济法的域外效力及其域外适用的理论研究》，载陈安主编：《国际经济法论丛》（第7卷），法律出版社2003年版，第184～246页。
② 陶广峰：《回顾与展望：中国经济法30年》，载《现代经济探讨》2008年第8期。
③ 李玉虎：《论经济法在新中国的形成》，载《科学、经济、社会》2004年第1期。

立在国家强制基础之上，通过经济法来经营市场必须是基于规则治理的法治，所以没有法治文明保障的经济法有可能演变成政府恣意干预经济的手段。在封闭的环境中，经济法是政府经济管理方式转变的结果，是政府经济政策的法律表现形式，而不是具有自身内涵的法律制度。我国经济改革开放初期出现的经济法现象是经济体制改革的产物，在没有国内经济法传统和国外可以直接借鉴的经济法规则的情况下，当时的经济法只能是一种"试错"机制的依据，是一种经济改革的权宜之计，这种不稳定性，甚至成为后来人们对经济法法律属性怀疑的依据。在开放条件下，经济法是国家监管国内市场和应对国际市场的法律制度，也是调控国民经济运行环境和回应国际经济运行趋势的法律手段。

新制度经济学派提出的"路径依赖性"原理，就是制度变迁一旦走上了某条基本路径，它的既定方向会在以后的发展中得到自我强化，很难甚至根本无法扭转。因此，在设计经济法发展方向时，必须考虑到制度的路径问题，如果不顾原有制度产生的背景、特征及其对经济发展和法律发展在方向上的规定性功能，就有可能使业已制定的经济法得不到市场经济的认可和社会的广泛认同。毕竟，经济法的变迁离不开利益的调整，新的经济法制度的运作不可避免地会对原有经济法制度造成冲击，不可避免地会危及到不同利益主体从旧制度中已经得到的利益。因此，国家和政府主导下的经济法制度创新必须顾及我国原有法律制度的民族性背景和经济法制度本身蕴含的民族精神，甚至要注意中国传统社会文化心理的反应。经济全球化的负面影响意味着每个参与其中的国家和地区都需要有一套完备的法律体系来维护本国的经济安全和经济预期，法律的民族性品格不能在经济全球化的潮流中被淹没，而是需要不断加强，这可能会形成一种悖论：即国家法律制度全球化和民族性之间的冲突，一方面要适用全球规则，另一方面要通过具有强烈民族特色的法律制度反对全球规则。在经济法的全球化与民族化之间取得一种平衡是经济法发展的关键，①经济法既不能失去民族品格，也不能放弃全球化的追求，二者之间存在着此消彼长的关系。我国经济法的变迁也是在全球化与民族化之间的"博弈"中发展的。

从我国经济法产生和发展的过程看，经济法的变迁路径开始于国内法的建立和完善，在经济全球化背景下，将国际经贸规则纳入国家法的体系，结合我国经济发展水平和法治进程制定适合我国经济发展的经济法。我国经济法变迁的目标是建立适合市场经济发展水平的经济法系统；我国经济法变迁的方式是

---

① 陶广峰：《全球化与中国经济法的发展进路》，载《南京大学学报》2005 年第 3 期。

依赖国家和政府的力量自上而下地推进；我国经济法变迁的过程是整合我国现行经济法和其他部门法制度，将我国已经承诺的国际经济规则整合到我国法律体系中，提升我国具有综合性和基础性的经济法的立法层次，加快宏观调控法的立法进程。

参考文献

一、国内著作

1. 陈汉生主编：《中国古代经济法制史纲》，电子工业出版社1990年版。
2. 陈乃新：《经济法理性论纲——以剩余价值法权化为中心》，中国检察出版社2004年版。
3. 陈云良：《中国经济法的国际化路径》，中国政法大学出版社2004年版。
4. 程宝山：《经济法基本理论研究》，郑州大学出版社2003年版。
5. 程信和、周林彬、慕亚平主编：《当代经济法研究》，人民法院出版社2003年版。
6. 董延林：《经济法原理问题》，中国方正出版社2004年版。
7. 葛洪义：《法律与理性——法的现代性问题解读》，法律出版社2001年版。
8. 胡象明：《经济政策与公共秩序》，湖北人民出版社2002年版。
9. 蒋自强：《经济思想通史》，浙江大学出版社2003年版。
10. 黎军：《行业组织的行政法问题研究》，北京大学出版社2002年版。
11. 李会明：《非市场失灵理论与中国市场经济实践》，方信会计出版社1996年版。
12. 梁治平：《寻求自然秩序中的和谐》，中国政法大学出版社1997年版。
13. 鲁篱：《行业协会经济自治权研究》，法律出版社2003年版。
14. 吕世伦、文正邦：《法哲学论》，中国人民大学出版社1999年版。
15. 马长山：《法治的社会根基》，中国社会科学出版社2003年版。
16. 马长山：《国家、市民社会与法治》，商务印书馆2002年版。
17. 米也天：《澳门法制与大陆法系》，中国政法大学出版社1996年版。
18. 苗力田主编：《亚里士多德全集》（第七卷），人民大学出版社1993年版。

19. 秦前红：《宪法变迁论》，武汉大学出版社2002年版。

20. 漆多俊：《经济法基础理论》（第三版），武汉大学出版社2000年版。

21. 邱本：《自由竞争与秩序调控》，中国政法大学出版社2001年版。

22. 沈宗灵：《现代西方法理学》，北京大学出版社1992年版。

23. 石少侠主编：《经济法概念》，法律出版社1999年版。

24. 史际春、邓峰：《经济法总论》，法律出版社1998年版。

25. 陶广峰主编：《经济法原理》，中国政法大学出版社2005年版。

26. 王保树：《经济法学原理》，社会科学文献出版社1999年版。

27. 王全兴：《经济法基础理论专题研究》，中国检察出版社2002年版。

28. 谢晖：《价值重建与规范选择——中国法制现代化沉思》，山东人民出版社1998年版。

29. 肖江平：《中国经济法学史研究》，人民法院出版社2002年版。

30. 袁祖社：《权力与自由》，中国社会科学出版社2003年版。

31. 张千帆：《宪政、法治与经济发展》，北京大学出版社2004年版。

32. 张世明：《经济法学理论演变研究》，中国民主法制出版社2002年版。

33. 张世明：《中国经济法历史渊源原论》，中国民主法制出版社2002年版。

34. 张守文：《经济法理论的重构》，人民出版社2004年版。

35. 张寿民主编：《外国经济法制史》，华东理工大学出版社1996年版。

36. 张树义：《中国社会结构变迁的法学透视——行政法学背景分析》，中国政法大学出版社2002年版。

37. 张文显：《法学基本范畴研究》，中国政法大学出版社1993年版。

38. 张武：《政府经济职权研究》，西南政法大学2003年博士学位论文。

39. 周冰：《不可企及的目标——经典计划经济理论剖析》，长春出版社1996年版。

二、外国译著

1. 《马克思恩格斯选集》（第1卷），人民出版社1972年版。

2. 《马克思恩格斯选集》（第3卷），人民出版社1995年版。

3. 《马克思恩格斯选集》（第4卷），人民出版社1995年版。

4. 《马克思恩格斯全集》（第25卷），人民出版社1984年版。

5. ［美］凯斯·R.孙斯坦：《自由市场与社会正义》，金朝武、胡爱平、乔聪译，中国政法大学出版社2001年版。

6. ［美］德沃金：《法律帝国》，李常春译，中国大百科全书出版社1996

年版。

7. ［美］道格拉斯·C. 诺思：《经济史中的结构与变迁》，陈郁、罗华平等译，上海三联书店、上海人民出版社 1994 年版。

8. ［美］E. 博登海默：《法理学——法哲学及其方法》，邓正来译，华夏出版社 1987 年版。

9. ［美］R. M. 昂格尔：《现代社会中的法律》，吴玉章、周汉华译，译林出版社 2001 年版。

10. ［美］R. 科斯、A. 阿尔钦、D. 诺思等著：《财产权利与制度变迁——产权学派与新制度学派译文集》，刘守英等译，上海人民出版社 1994 年版。

11. ［美］R. 科斯、A. 阿尔钦、D. 诺斯等著：《财产权利与制度变迁——产权学派与新制度学派译文集》，刘守英等译，上海人民出版社 1994 年版。

12. ［美］斯蒂格利茨：《政府为什么干预经济：政府在市场经济中的角色》，郑秉文译，中国物资出版社 1998 年版。

13. ［英］戴维·M. 沃克：《牛津法律大辞典》（中译本），李双元等译，光明日报出版社 1998 年版。

14. ［英］哈耶克：《自由秩序原理》，邓正来译，三联书店 1997 年版。

15. ［英］亚当·斯密：《国富论——国民财富的性质和起因的研究》，谢祖钧、孟晋、盛之译，中南大学出版社 2003 年版。

16. ［英］施米托夫：《国际贸易法文选》，赵秀文译，中国大百科全书出版社 1993 年版。

17. ［德］拉德布鲁赫：《法学导论》，米健等译，中国大百科全书出版社 1997 年版。

18. ［日］金泽良雄：《经济法概论》，满达人译，甘肃人民出版社 1988 年版。

19. ［日］丹宗昭信、厚谷襄儿：《现代经济法入门》，谢次昌译，群众出版社 1985 年版。

后　　记

　　哲学问题在市场经济的今天，很多年轻的朋友可能无暇思考。但对曾生活在物质匮乏年代的我们来说，却经常喜欢从哲学的角度思考"人"，考虑"终极关怀"问题。自 20 世纪 80 年代初在兰州大学法律系（现称法学院）从事法学教学与研究以来，自然对理论法学，特别是对法哲学思考关注的更多了。由于 20 世纪大学法科教师人数有限，加之课多，想单开一门法哲学课几乎是不可能的，于是接下了《法理学》课程，且给本科生、研究生一上就是十余年，并出版了一本《法理学》教材和《中西法律学说发展历程》专著。

　　20 世纪 90 年代中期以后，因学术旨趣和工作需要研究的专业已主要转向经济法，但对法哲学，尤其是经济法哲学的思考却没有间断。调入南京大学法学院后，仍为法律硕士等讲过几年法理学，后在为经济法专业的硕士生、博士生开设经济法学有关课程的同时，自然又有了开设《经济法哲学》课程的想法。几届硕士、博士学生对《经济法哲学》的教学反响不错。此时在博士生李培才（现为河南财经政法大学副教授）、蒋恩铭（现为南京大学学生处副处长）、张莉莉（现为河海大学法学院副教授）、李玉虎（现为西南政法大学经济法学院副教授）等的鼓励、支持下，产生了撰写《经济法哲学》的想法。他们四位博士生在资料收集、大纲拟定过程中付出了辛勤的汗水。特别是在初稿的写作时，他们四位更是不辞劳苦，废寝忘食，张莉莉对第一、二、三、十四章，李培才对第四、五、七、八、九、十章，蒋恩铭对第六章，李玉虎对第十一、十二、十三、十五章初稿的写作贡献之大，至今难以忘怀！

　　正是基于上述的积累和多年的思考，2007 年我又以《建构与创新：中国经济法哲学》为题，成功申请了国家社会科学基金的资助（项目编号：07BFX040）。后历经多年研究、思考，以及教学实践，课题于 2013

年10月结项,鉴定等级为"优秀"(证书号:20131453)。

  时光如梭,从对哲学的兴趣,到对法哲学、经济法哲学的思考、研究距今已近30年。说来惭愧,呈现在读者面前的这些文字,如若不是当时李培才、张莉莉、蒋恩铭、李玉虎四位博士生的鼓励和辛苦付出,估计至今也难以完成。虽然他们已毕业多年,且都已成为所在单位、部门的骨干,但他们当时来去匆匆、衣带渐宽的身影却常常出现……谢谢你们!

  这里,还要感谢经济法学和法学其他学科,以及经济学、哲学、政治学、历史学等学科的专家学者,是你们的大作给了我们启迪和思路,衷心地感谢你们!

  诸事杂陈,本书稿一定存在这样或那样的不足。敬企读者赐教,以待他日修订时更正。

陶广峰
2017年11月谨识于南京